Le guide de la création de site internet avec Dreamweaver MX 2004

Remy Lentzner

Le guide de la création de site internet avec Dreamweaver MX 2004

ESKA
Inter@ctive

ISBN 2.7472. 0673-4

Éditions ESKA Interactive
12, rue du Quatre-Septembre, 75002 Paris
Tél. : 01 42 86 55 73 - Fax : 01 42 60 45 35
www.eska.fr

Sommaire

Partie I : Bien commencer avec DreamWeaver MX 2004 1

Chapitre 1 : L'environnement de travail 3

- Configuration matérielle 4
- La fenêtre des documents pré-établis 6
  Dreamweaver est organisé pour développer des pages Web qui reconnaissent un langage de programmation 6
  Le code de l'entête d'un document HTML 8
  Le code des en-têtes des pages ASP 8
- L'espace de travail 10
  Le menu général 12
  La barre Insérer 20
  Les Panneaux 28
  Les propriétés de page 37
- Créer sa première page HTML 40
  À partir du démarrage 41
  Contrôler la présentation dans un navigateur 42
- Le code et la page de création 43
- En résumé 44

Chapitre 2 : Les sites et le protocole FTP 45

- Qu'est-ce qu'une application Web ? 46
  Des pages liées les unes aux autres 47
  La différence entre une page statique et une page dynamique 51
- Les serveurs 53
  Installation du Personnel Web Server 53
  Installation du serveur IIS sur Windows XP PRO 54

■ Les sites ... 55
Création d'un site Dreamweaver ... 55
La qualité d'un site ... 60
L'organisation d'un site passe par des dossiers ... 61
La carte du site ... 65
Qu'est-ce qu'un site distant ? ... 68
■ Le protocole FTP ... 71
Un peu d'histoire ... 71
Le fonctionnement du protocole FTP ... 71
Dreamweaver MX 2004 et le protocole FTP ... 72
Différence entre HTTP et FTP ... 74
■ Publication et acquisition de fichiers ... 75
Affichage immédiat des deux sites « local et distant » ... 76
Ouvrir un fichier pour y travailler ... 76
Enregistrer un fichier vers le serveur distant ... 77
Acquérir et Passer les fichiers ... 77
■ Le travail collaboratif ... 78
■ Les serveurs d'Évaluation ... 80
Un navigateur peut être utilisé pour afficher des pages ... 80
Le serveur d'évaluation local IIS ... 81
Le serveur d'évaluation EASYPHP 1.7 ... 83
■ En résumé ... 84

Chapitre 3 : Les technologies de serveur ... 85

■ La technologie EasyPHP ... 86
Téléchargement du package ... 86
Désactiver le service IIS ... 88
Dreamweaver MX 2004 et les pages PHP au sein d'une technologie de serveur PHP ... 89
Le langage PHP avec Dreamweaver MX 2004 ... 91
Les variables d'environnement dans PHP ... 105
■ La technologie asp ... 110
Les pages ASP fonctionnent sous IIS ... 111
Les composants ASP ... 113
■ La technologie Cold Fusion ... 115
Où trouver des infos en français sur Cold Fusion ? ... 115
Installation d'un serveur d'évaluation Cold Fusion ... 116

Création d'un formulaire avec Cold Fusion 117
Des balises spécifiques 122
La bibliothèque de balises Cold Fusion 125
■ En résumé 126

Chapitre 4 : La création d'une page Web 127

■ Manupulation du texte 128
Comment insérer du texte ? 128
Comment modifier la police de caractère ? 129
Comment modifier la taille des caractères ? 130
Comment modifier la taille des caractères de toute la page en une seule opération ? 130
Rechercher/Remplacer 131
La gestion des interlignes 132
■ Manipulation des listes 133
Créer une liste non ordonnée 134
Créer une liste numérotée 135
Modifier les propriétés d'une liste 135
Des retraits pour imbriquer des listes 136
Sélection automatique des éléments d'une liste 138
Comment insérer une barre horizontale ? 138
Modification des propriétés d'une barre horizontale 139
■ La page Web dans le contexte internet 140
Le fournisseur de données 140
Les paramètres FTP pour un serveur à distance 143
■ Les liens 149
Histoire du lien hypertexte 149
Comment créer un lien avec Dreamweaver ? 149
Un lien qui pointe vers une adresse HTTP 150
Les chemins absolus et relatifs 151
La couleur des liens 151
Une image considérée comme un lien 152
Un lien qui pointe vers une ancre nommée 153
Un lien de type e-mail 154
Les info-bulles d'un lien 155
Comment ouvrir une page spécifique liée par un lien ? 156
Comment vérifier les liens d'une page ? 156

- Conception d'une page d'après un modèle 157
  - Qu'est-ce qu'un modèle ? 157
  - Création d'un nouveau document à partir d'un modèle 158
  - Création d'un nouveau modèle 164
  - Ouverture d'un modèle existant 166
  - Insertion d'une région facultative dans un modèle 166
  - Le modèle imbriqué 170
  - Insertion d'une région répétée 170
  - Insertion d'un tableau répété 171
- Les bibliothèques 173
  - Affichage de la bibliothèque et insertion de code 173
  - Modification d'un élément de la bibliothèque 175
  - Mettre à jour toutes les pages d'un site à partir d'une bibliothèque 175
- En résumé 176

Chapitre 5 : Les préférences de DreamWeaver 177

- Les différents paramètres 178
  - La catégorie Général 178
  - La catégorie Accessibilité 180
  - La catégorie Aperçu dans le navigateur 181
  - La catégorie Barre d'état 182
  - La catégorie Calque 183
  - La catégorie Coloration du code 184
  - La catégorie Copier/coller depuis Office 185
  - La catégorie Correction du code 186
  - La catégorie Eléments invisibles 187
  - La catégorie Format de code 188
  - La catégorie Indicateur de code 190
  - La catégorie mode Mise en forme 191
  - La catégorie Nouveau Document 191
  - La catégorie Panneau 192
  - La catégorie Police 193
  - La catégorie Programme de validation 194
  - La catégorie Site 195
  - La catégorie Style CSS 196
  - La catégorie Surbrillance 197

La catégorie Type de fichiers / Editeurs 197
- Le dossier _mmServerScripts 198
- En résumé 201

Partie II : Le travail quotidien avec Dreamweaver 203

Chapitre 6 : La gestion des fichiers 205

- Enregistrement d'un document 206
  Enregistrer un document en changeant son type 206
  Enregistrer un document sur un serveur distant 207
  Enregistrer un document comme modèle 207
- Ouverture d'un document existant 208
- Importation ET EXPORTATION 209
  Importation de données 209
  Qu'est-ce que XML ? 210
  Importation d'un fichier Word 212
  Importation d'un fichier Excel 212
  Importation de données tabulaires 212
  Exportation de tableau 214
- Importation et correction du code externe 215
  Création d'une page HTML à partir de Word 215
  Importation d'une page HTML Word dans Dreamweaver 215
  Nettoyer le code HTML Word 216
  Un exemple de nettoyage de code à partie d'un fichier Word de 4 lignes 218
- En résumé 223

Chapitre 7 : Le traitement des images 225

- Les formats d'images 226
  Les formats d'images existants en informatique 226
  Les 3 formats d'images du WEB 227
  Comment insérer une image avec Dreamweaver ? 228
  Tous les attributs de la balise IMG dans le code HTML 229
  Les propriétés de l'image dans Dreamweaver 230

- Les techniques de manipulation des images 232
  - Sélectionner une image 233
  - Copier / Coller une image 233
  - Supprimer une image 234
  - Donner un nom à une image 234
  - La taille de l'image dans Dreamweaver 235
  - Redimensionner une image 236
  - Création d'une bordure dans une image 236
- Création d'un espace réservé de l'image 237
  - Création d'une image survolée 239
  - Création d'une barre de navigation 241
  - Création d'une zone réactive 243
- Qu'est-ce que Fiworks ? 244
  - L'environnement de travail 244
  - Les panneaux 245
  - La configuration matérielle pour Fireworks 247
  - Quelles nouveautés pour Fireworks ? 247
  - Les différents graphiques dans Fireworks 249
- Les objets Flash 251
  - Création d'un bouton Flash 252
  - Création d'un texte Flash 253
- Les Plug-in, Applet et composants ActiveX 254
  - Les Plug-ins 254
  - Les Applets 257
  - Les composants ActiveX et la balise OBJECT 258
  - La balise EMBED 261
- En résumé 263

Chapitre 8 : Les tableaux et les calques 265

- Les tableaux 266
  - Création d'un tableau 266
  - Les propriétés des cellules 268
  - Gestion des lignes et colonnes 269
  - Gestion des cellules 273
  - La grille et ses paramètres 280
  - Le mode Développé 281
  - Comment imbriquer des tableaux ? 282
  - Formater automatiquement un tableau 282

Trier un tableau 283
■ Les calques 285
Qu'est-ce qu'un calque ? 285
Comment insérer du texte dans un calque ? 288
Comment insérer un tableau dans un calque ? 288
Comment insérer une image dans un calque ? 289
Empêcher le chevauchement des calques 289
Imbrication de calques les uns dans les autres 290
Suivre l'organisation des calques dans le panneau calque 291
Position et dimensionnement précis d'un calque 292
■ En résumé 293

Chapitre 9 : Les cadres 295

■ Présentation des cadres 296
Les modèles de cadre 296
Les propriétés 298
Création d'un cadre dans une page vierge 299
Imbrication de cadres 300
Le panneau Cadres 300
■ Enregistrement des fichiers du Jeu de cadres 301
Enregistrement d'un jeu de cadres 301
Enregistrement d'un simple cadre 301
■ Affichage d'objets dans les cadres 301
Insertion d'une simple image dans un cadre 302
Insertion d'un texte Flash dans un cadre 302
Changer la couleur des cadres par le modèle des couleurs 303
■ Le code HTML des cadres 304
L'élément Frameset est employé à la place de l'élément Body 304
Des lignes dans une page 305
Des colonnes dans une page 307
Mélange HTML de colonnes et de lignes 307
L'intégration d'une image dans un frame 308
Les ascenseurs 309
Empêcher de modifier la taille d'un cadre dans une page 310
Les marges dans les cadres 311
La cible (Target) d'un lien dans un cadre 312
■ Le modèle objet de document 315

La hiérarchie des objets 315
L'organisme World Wide Web (W3C) 318
L'imbrication des cadres 319
■ Convertisseur de cadre HTML en Javascript 320
■ En résumé 322

Chapitre 10 : Les feuilles de style 323

■ Généralités 324
Comment écrire un style ? 324
Attribuer un style à plusieurs balises 325
Où placer un style dans la page HTML ? 325
■ Dreamweaver et les styles 326
Comment utiliser Dreamweaver pour définir les styles ? 326
Les styles imbriqués 328
Les balises employées dans les styles et en HTML4 329
Créer un style sans taper le code 335
■ Les classes, les balises ID, DIV et SPAN 338
L'attribut CLASS 338
L'identificateur du sélecteur 339
Les commentaires dans les styles 340
Quelques styles très souvent utilisés 340
L'élément DIV 342
L'élément SPAN 345
Les pseudo-classes 347
■ Le modèle en cascade 348
Les feuilles de style pré-établies de Dreamweaver 348
Comment lier une feuille de style sur un document ? 352
Utilisation des styles à partir d'une feuille de style liée 354
Création d'une feuille de style 355
Qu'est-ce que l'héritage ? 355
■ En résumé 358

Chapitre 11 : Les objets multimédia 359

■ Les fichiers audio 360
La qualité des sons 360
Comment enregistrer des sons sous Windows ? 361

Quelques types de fichiers audio et lecteurs associés 364
Les balises orientées multimédia 366
Utilisation du plug-in Flash pour l'écoute des fichiers sons 369
- La vidéo numérique 371
- En résumé 375

Partie III : Les bases de données 377

Chapitre 12 : Les objets principaux des bases de données 379

- Le cœur d'une base de données 380
Les tables 380
Les types de champs 382
Pas de doublons 384
La clé primaire 385
Quelques objets pour SQL Server 387
Les enregistrements 388
- Deux exemples de bases de données 390
Une table dans l'environnement de Microsoft Access 390
La base MySQL 393
- Premier contact avec le langage SQL 398
Le langage de manipulation des données LMD 398
Le langage de définition des données LDD 404
- En résumé 407

Chapitre 13 : Connexion en temps réel 409

- Côté-serveur, côté-client 410
Des scripts du côté du serveur 410
Les scripts du côté du client 413
- Les scripts avec Dreamweaver 417
- Connexion à une base Access avec vbscript et ado 420
Configuration d'un serveur FTP 420
Création d'une base Access et transfert FTP vers un site à distance 422
Connexion à une base Access avec VBScript 423
- Connexion à une base MySQL 428

Le serveur Apache 428
Création d'une base STAT avec EasyPHP 430
Connexion à une base MySQL avec Dreamweaver 435
- Les objets de Dreamweaver pour la gestion des enregistrements 439
Les comportements de serveur 439
Gestion des enregistrements 445
Quelques fonctions MySQL de base de données 451
- En résumé 453

Chapitre 14 : Les formulaires 455

- Les objets du formulaire 456
Insertion d'un formulaire 457
Insertion d'un champ de texte 458
Insertion d'une zone de texte 460
Insertion d'un bouton 461
Insertion d'une case à cocher 462
Insertion d'un bouton radio 462
Insertion d'une liste/menu 464
Insertion d'un champ de fichier 466
- Contact avec le serveur 468
Création d'un formulaire d'envoi des données 468
Récupération des données en provenance d'un formulaire 470
- En résumé 471

Partie IV : Programmation 473

Chapitre 15 : Le comportement des objets 475

- Pilotage événementiel des objets 476
Le panneau des comportements 476
Quelques événements 477
Programmation dans un formulaire 479
- Les codes proposés par Dreamweaver 483
Le texte 484
Les fonctions Javascript du navigateur 485

Les éléments de formulaires ... 489
- Référence aux manuels O'REILLY ... 491
- En résumé ... 491

Chapitre 16 : Le langage Javascript ... 493

- Quelques objets ... 494
- Des exemples simples ... 497

Affichage d'une ligne de texte dans un document ... 497
Affichage d'une boîte d'alerte ... 498
Des variables en action ... 498
Une fonction Javascript ... 498
Une boucle dans un script Javascript ... 499
La condition IF ... Then dans Javascript ... 499
La condition IF ... Then ... Else ... 500
Les opérateurs ET et OU ... 501
La boucle while ... 501
Invocation d'un script externe ... 502
Invocation d'un script provenant d'un serveur à distance ... 503
La boîte de dialogue de saisie Prompt ... 503
La boîte de dialogue de confirmation ... 504
Comment manipuler les chaînes de caractères en Javascript ? ... 504
Extraction d'une sous-chaîne ... 506
Transformation d'une chaîne en minuscule ou en majuscule ... 506
Toutes les techniques d'ouverture de fenêtre avec Javascript ... 506
Les événements ... 511
Les cases à cocher sont-elles cochées ? ... 513
Récupération de la sélection d'une liste ... 514

- En résumé ... 515

Index ... 517

Introduction

Bienvenue dans le monde de la conception des pages Web. Vous découvrirez dans ce livre un logiciel professionnel qui vous permettra de réaliser facilement des pages Internet. Au-delà du codage HTML classique en relation avec la présentation visuelle immédiate, cette nouvelle mouture de DREAMWEAVER MX 2004 propose un choix inégalé de dispositifs performants tels que la gestion de sites, un espace de travail ergonomique, des outils de programmation multiples, des feuilles de styles, la possibilité de gérer des bases de données et d'autres dispositifs, spécifiques à la création de pages dans le contexte Internet. Vous apprécierez également les nombreuses améliorations de l'environnement de développement, comme le dispositif des fenêtres de documents et les panneaux totalement intégrés dans la fenêtre principale. Cet ouvrage est structuré en quatre parties.

La première partie s'intéresse au démarrage de Dreamweaver 2004. Le chapitre 1 détaille l'environnement de travail. Le chapitre 2 rappelle les différences entre les sites tout en abordant le protocole FTP. Le chapitre 3 expose les technologies de serveur. Le chapitre 4 entre dans les détails de la création d'une page Web. Vous pourrez y découvrir les objets, les propriétés, et tous les outils nécessaires à la réalisation d'une page. Le chapitre 5 montre enfin les préférences du logiciel Dreamweaver MX 2004.

La partie 2 étudie les tâches quotidiennes que vous effectuerez avec Dreamweaver. Le chapitre 6 porte sur la gestion des fichiers, en particulier sur le chargement, la sauvegarde, l'importation et l'exportation des fichiers, mais également du code. Le chapitre 7 s'intéresse au traitement des images, le chapitre 8 aux tableaux et aux calques. Vous découvrirez au chapitre 9 les cadres et au chapitre 10 les dispositifs des styles, comme les modèles de styles en cascade et la présentation. Le chapitre 11 termine cette deuxième partie en traitant les objets multimédia comme les vidéos ou les animations.

La partie 3 est orientée vers les bases de données. Le chapitre 12 rappelle les principaux objets qui forment l'architecture d'une base de données : les tables, les champs, les relations et le langage SQL. Le chapitre 13 s'intéresse à la manière de se connecter à une base de données stockée sur un serveur Internet, ainsi qu'à la gestion des lignes d'une table avec Dreamweaver. Le chapitre 14 porte exclusivement sur les formulaires qui représentent le passage obligé pour un dialogue efficace entre un utilisateur et un serveur Internet. Vous pourrez découvrir dans ce chapitre différents objets, comme les boutons poussoirs, les listes déroulantes, les champs de saisie, et tous les outils proposés par Dreamweaver. La partie 4 s'adresse aux programmeurs. Le chapitre 15 détaille en profondeur le comportement des objets et la programmation des événements dans le contexte de Dreamweaver. Le chapitre 16 attire votre attention sur la puissance du langage de programmation Javascript.

Dreamweaver MX 2004 est un logiciel puissant et complet. Il vous aidera dans la réalisation de vos pages Web, simples ou complexes. N'hésitez pas me contacter si vous rencontrez des problèmes (`lentremy@noos.fr`), je vous répondrai le plus rapidement possible.

Vous souhaitant bonne lecture.

L'auteur.

Pour Isabelle

Partie I

Bien commencer avec DreamWeaver MX 2004

Cette première partie apporte les bases nécessaires à la compréhension de Dreamweaver MX 2004. Vous y découvrirez l'environnement de travail, la notion de site et de serveur, les outils de base pour la création des pages Web et les préférences qui représentent les principaux paramètres de configuration de Dreamweaver MX 2004.

——— Chapitre 1 : L'environnement de travail
——— Chapitre 2 : Les serveurs et les sites
——— Chapitre 3 : Les thechnologies de serveur
——— Chapitre 4 : La création d'une page Web
——— Chapitre 5 : Les préférences de DreamWeaver

Chapitre 1

L'environnement de travail

L'environnement de travail est votre poste de commandes pour la création de pages Web. N'hésitez pas à vous familiariser avec l'ensemble des menus, des fenêtres, des panneaux et des outils. Ce chapitre vous aidera dans la découverte des possibilités de l'environnement de travail. La liste suivante détaille les points essentiels.

——— Configuration matérielle
——— La fenêtre des documents pré-établis
——— L'espace de travail
——— Créer sa première page HTML
——— Le code et la page de création

Configuration matérielle

Pour travailler correctement avec Dreamweaver MX 2004, vous devez posséder un ordinateur assez puissant en termes de mémoire vive et de capacité de stockage. Les machines modernes sont aujourd'hui extrêmement sophistiquées et conviennent totalement pour un travail serein sur Dreamweaver. La configuration minimale requise pour Microsoft Windows est la suivante :

- Processeur Intel Pentium III ou équivalent, 800 Hz ou vitesse supérieure.
- Windows 98, Windows 2000, Windows XP ou Windows .NET Server 2003.
- Au minimum 128 Mo de mémoire RAM disponible (256 Mo recommandés).
- 275 Mo d'espace disque disponible.
- Moniteur 16 bits (couleurs) d'une résolution de 1024 x 768 pixels ou supérieur.

Remarque. Dreamweaver MX 2004 fonctionne aussi sur un ordinateur dont le microprocesseur est un Pentium II à 400 MH. Mais dans cette configuration, la mémoire vive du système doit être importante.

La configuration système requise sur un ordinateur Macintosh d'Apple est la suivante :

- Power Macintosh G3 ou supérieur, 500 MHz ou vitesse supérieure.
- Mac OS X 10.2.6.
- Au minimum 128 Mo de mémoire RAM disponible (256 Mo recommandés).
- 275 Mo d'espace disque disponible.
- Moniteur 16 bits (couleurs) d'une résolution de 1024 x 768 pixels ou supérieur (résolutions en millions de couleurs recommandées).

Pour installer correctement le logiciel, effectuez les opérations suivantes :

1. Insérez le CD de Dreamweaver dans le lecteur de CD-ROM.
2. Double-cliquez sur l'icône d'installation de Dreamweaver MX 2004.

3. Suivez les instructions à l'écran.
4. Redémarrez votre ordinateur si nécessaire.

Après l'installation de Dreamweaver, vous devrez activer le logiciel mais vous pouvez également tester le produit pendant 30 jours. Au- delà il vous faudra posséder un numéro de série.

La figure 1.1 montre la page WEB d'activation des produits de la marque Macromédia.

Figure 1.1 : Le site d'activation des produits Macromédia.

Si vous possédez un ordinateur avec un lecteur multimédia, vous pouvez suivre une visite guidée sur Dreamweaver (Figure 1.2)

Figure 1.2 : La visite guidée chez Dreamweaver.

La fenêtre des documents pré-établis

Au démarrage de Dreamweaver, les paramètres de configuration sont lus automatiquement de manière totalement transparente. Une fois cette opération terminée, Dreamweaver affiche immédiatement une fenêtre proposant de travailler avec un choix de documents pré-établis (Figure 1.3).

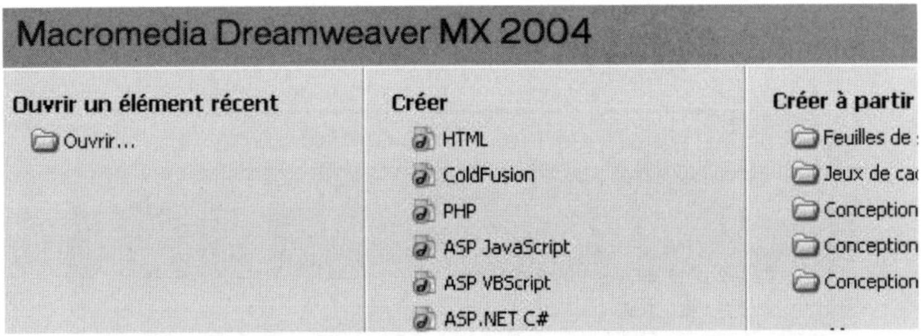

Figure 1.3 : Les types de documents pré-établis.

Remarque : Vous pouvez choisir de ne plus afficher la fenêtre de création de documents en cochant le paramètre « Ne plus afficher » en bas à gauche de la fenêtre.

Dreamweaver est organisé pour développer des pages Web qui reconnaissent un langage de programmation

Dreamweaver est un logiciel de développement de pages Web. Par conséquent vous l'employez lorsque vous voulez créer des pages rapidement sans vous préoccuper du code HTML sous-jacent. Cela dit, il est toujours intéressant d'étudier la manière dont une page Internet est structurée. Parce qu'une page Internet contient des objets comme des images, du texte, ou des animations, le lien commun entre tous ces objets est le langage HTML. Les documents pré-établis de Dreamweaver vous permettent de créer des pages interactives, avec des instructions de programmation écrites dans des langages aussi divers que Javascript, VBScript ou ColdFusion. Dreamweaver vous permet ainsi de choisir le type de langage au moment même de la création du document. Il insère dans l'en-tête de celui-ci tout un ensemble de paramètres nécessaires à l'écriture des instructions du langage choisi.

Les principaux langages disponibles dans Dreamweaver MX 2004 sont les suivants :

- **HTML**. C'est le langage à balises HyperText Markup Language utilisé dans toutes les pages Internet du monde entier. Il sert essentiellement à la présentation des informations.
- **COLDFUSION**. C'est un langage spécifique à la gestion des enregistrements dans une base de données. Ce langage est issu de la famille des produits Macromédia.
- **PHP**. Le langage Preprocessor HyPertext est un langage de script qui est employé à l'intérieur des pages HTML, Il vous permet de réaliser des actions/réponses vers une base de données MySQL dans un contexte Client-Serveur.
- **ASP JAVASCRIPT**. Les pages ASP (Active Server Page) sont les pages que vous créez pour accéder aux bases de données Microsoft SQL Server, Microsoft Access et plus généralement pour travailler avec tous les composants ActiveX du modèle COM (Component Object Model) de la gamme Microsoft Office. Le langage Javascript a été adapté à la gestion des bases de données au sein des pages ASP.
- **ASP VBSCRIPT**. Ce langage est issu de la longue et prestigieuse lignée du langage Microsoft Visual Basic. C'est un langage de script qui s'insère lui aussi au sein des balises HTML. Les techniques d'écriture sont différentes de celles de Javascript mais tout aussi performantes. Les pages ASP servent à la création d'applications dans un contexte Client-Serveur. D'une façon générale, les instructions de programmation ASP sont toujours exécutées du côté du serveur et non pas du client (c'est-à-dire du côté du visiteur d'une page Web.)
- **ASP.NET C#**. Le langage C# est le dernier né de la famille .NET. Il peut être utilisé dans les pages ASP.NET.
- **ASP.NET VB**. Microsoft ne pouvait pas abandonner Visual Basic dans le contexte de .NET FRAMEWORK. Sa dernière mouture s'appelle VB.NET. Toutes les nouvelles fonctions de la famille .NET y sont accessibles et par conséquent présentes dans les pages ASP.
- **JSP**. Les JavaServer Pages sont un standard permettant de développer des applications Web interactives. Une page Web JSP est repérable par l'extension .JSP. Le langage JSP est un langage de script exécuté du côté du serveur, au même titre que les scripts CGI, PHP ou ASP. Les JSP sont utilisables au sein d'une page Web en HTML, à l'aide de balises spéciales.

- **CSS**. Il s'agit du langage de définition des styles pour la présentation des informations dans un document HTML.

Lorsque vous créez un document HTML, Dreamweaver met en place une structure de codification dans l'entête du document. Si vous désirez voir le code sous-jacent dans une page de Dreamweaver, cliquez sur les boutons **Code** ou **Fractionner**. Le bouton **Code** affichera le code écrit automatiquement dans Dreamweaver. Le bouton **Fractionner** scindera votre page en deux. Vous pourrez voir le code évoluer au fur et à mesure de votre travail dans la page.

Le code de l'entête d'un document HTML

Le code suivant montre la partie de code que Dreamweaver crée automatiquement lorsque vous choisissez de créer un document HTML.

```
<!DOCTYPE HTML PUBLIC "-//W3C//DTD HTML 4.01 Transitional//EN"
"http://www.w3.org/TR/html4/loose.dtd">
<html>
<head>
<title>Document sans nom</title>
<meta http-equiv="Content-Type" content="text/html; charset=iso-8859-1">
</head>
<body>
</body>
</html>
```

La première ligne est un appel aux références de l'organisme W3C ou World Wide Web qui définit les balises HTML et les caractéristiques de la version du langage HTML utilisé. Vous pouvez reconnaître les balises <HTML>, <HEAD>, <TITLE> et <META> qui composent la plupart des pages Internet.

Le code des en-têtes des pages ASP

La technologie ASP permet de réaliser des pages Internet avec lesquelles un visiteur peut envoyer des informations vers un serveur Internet. Lorsque les informations sont structurées à l'aide de formulaire au sein même des pages ASP, le serveur peut récupérer ces données en renvoyant une réponse. La programmation de ces pages s'effectue à l'aide des langages Javascript, VBScript, C# ou VB.NET. Le code suivant montre l'en-tête créé automatiquement par un document **ASP JavaScript**

```
<%@LANGUAGE="JAVASCRIPT" CODEPAGE="1252"%>
<!DOCTYPE HTML PUBLIC "-//W3C//DTD HTML 4.01 Transitional//EN" "http://www.w3.org/TR/
html4/loose.dtd">
<html>
<head>
<title>Document sans titre</title>
<meta http-equiv="Content-Type" content="text/html; charset=iso-8859-1">
</head>
<body>
</body>
</html>
```

Le code suivant montre l'en-tête créé automatiquement par un document **ASP VBScript**

```
<%@LANGUAGE="VBSCRIPT" CODEPAGE="1252"%>
<!DOCTYPE HTML PUBLIC "-//W3C//DTD HTML 4.01 Transitional//EN" "http://www.w3.org/TR/
html4/loose.dtd">
<html>
<head>
<title>Document sans titre</title>
<meta http-equiv="Content-Type" content="text/html; charset=iso-8859-1">
</head>
<body>
</body>
</html>
```

Le code suivant montre le début d'en-tête créé automatiquement par un document **ASP.NET C#**

```
<%@ Page Language="C#" ContentType="text/html" ResponseEncoding="iso-8859-1" %>
<!DOCTYPE HTML PUBLIC "-//W3C//DTD HTML 4.01 Transitional//EN" "http://www.w3.org/TR/
html4/loose.dtd">
<html>
<head>
<title>Document sans titre</title>
```

Le code suivant montre de début d'en-tête créé automatiquement par un document **ASP.NET VB**

```
<%@ Page Language="VB" ContentType="text/html" ResponseEncoding="iso-8859-1" %>
<!DOCTYPE HTML PUBLIC "-//W3C//DTD HTML 4.01 Transitional//EN" "http://www.w3.org/TR/
html4/loose.dtd">
<html><head>
```

L'espace de travail

Au démarrage de Dreamweaver, une fenêtre apparaît et vous demande de sélectionner le mode d'affichage désiré pour l'espace de travail (Figure 1.4). Une fois le mode choisi, vous pouvez le changer à tout instant en sélectionnant les options de menu **Edition/ Préférence/ Changer d'espace de travail**.

Les modes sont de deux ordres :

- **Designer**. Il s'agit d'un espace de travail intégré utilisant l'interface MDI ou Multiple Document Interface. Dans ce dispositif, toutes les fenêtres de document et tous les panneaux sont rassemblés à l'intérieur d'une même fenêtre. Les groupes de panneaux sont ancrés à droite de la fenêtre. C'est le paramétrage par défaut la plupart du temps.
- **Codeur**. Ce paramètre correspond au même espace de travail intégré avec les groupes de panneaux ancrés à gauche.

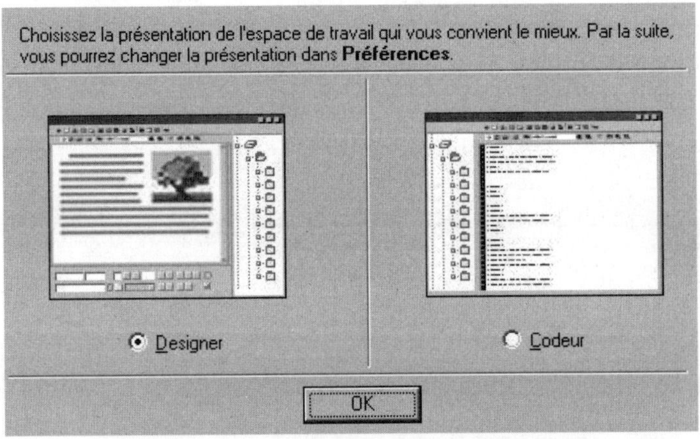

Figure 1.4 : Vous pouvez choisir un mode d'affichage spécifique.

Lorsque le mode d'affichage a été sélectionné sur Designer, Dreamweaver 2004 affiche l'espace de travail comme le montre la figure 1.5. La fenêtre est structurée en plusieurs parties qui déterminent des fonctionnalités particulières.

- **Le menu général**. Le menu des 10 options est placé dans la partie la plus haute de la fenêtre.
- **La barre d'outils Insérer.** Ce dispositif permet d'afficher tous les objets qui sont nécessaires à la réalisation d'une page Internet. Vous pouvez choisir d'afficher un groupe d'objets en sélectionnant le petit triangle noir dont la pointe est dirigée vers le bas.
- **Les Fenêtres/Panneaux**. Cette fonctionnalité permet d'afficher un nombre considérable de paramètres à l'intérieur de nombreux panneaux placés à droite ou à gauche de la fenêtre de Dreamweaver.
- **La fenêtre des propriétés**. Cette fenêtre permet d'afficher les propriétés de tous les objets que vous insérerez dans la fenêtre de création. Il peut s'agir de la couleur, de la forme, de la position d'un objet mais aussi de l'alignement ou des marges.

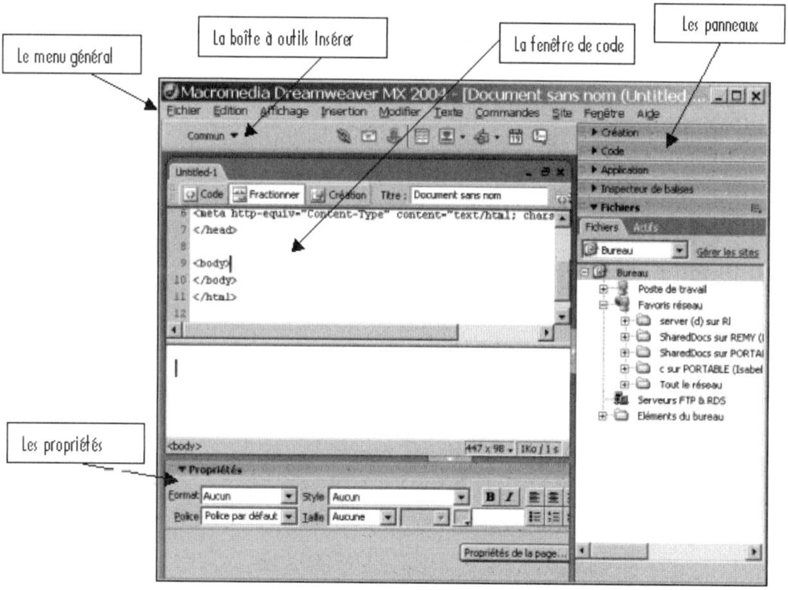

Figure 1.5 : L'espace de travail.

Le menu général

Tous les dispositifs que vous pouvez employer pour placer ou modifier des objets dans la fenêtre de création sont accessibles par le menu qui se compose des options suivantes :

- **FICHIER / EDITION / AFFICHAGE / INSERTION**
- **MODIFIER / TEXTE / COMMANDES / SITE**
- **FENETRES / AIDE**

L'option de menu **FICHIER** permet d'effectuer la gestion classique des documents. Vous pouvez ainsi ouvrir, fermer, enregistrer un document mais également exporter ou importer divers fichiers. La figure 1.6 montre toutes les possibilités de cette option.

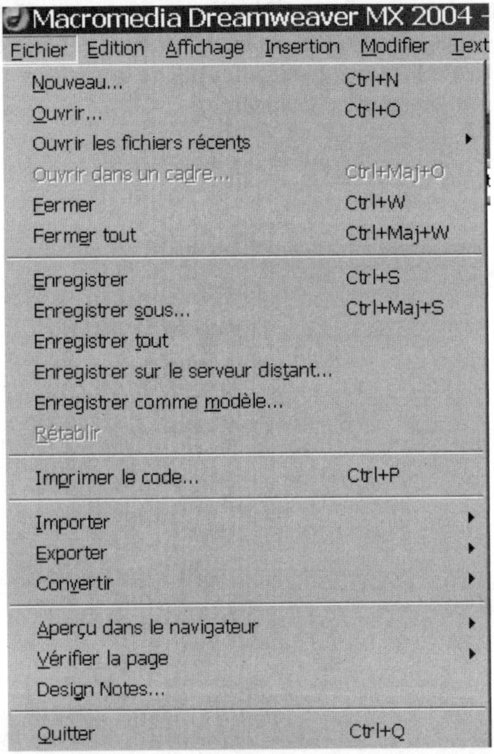

Figure 1.6 : L'option de menu FICHIER.

La deuxième option de menu **EDITION** (Figure 1.7) est plus orientée vers la gestion des objets sélectionnés. Vous pourrez effectuer les traditionnels Copier/Coller/Rechercher/Remplacer sur des textes mais aussi sur des objets. Il vous sera possible d'afficher une bibliothèque de balises HTML (Figure 1.8), mais aussi toutes celles qui interviennent au sein des langages reconnus dans Dreamweaver MX 2004. Vous pourrez également afficher et modifier les **préférences** de Dreamweaver MX 2004 ainsi que les raccourcis clavier.

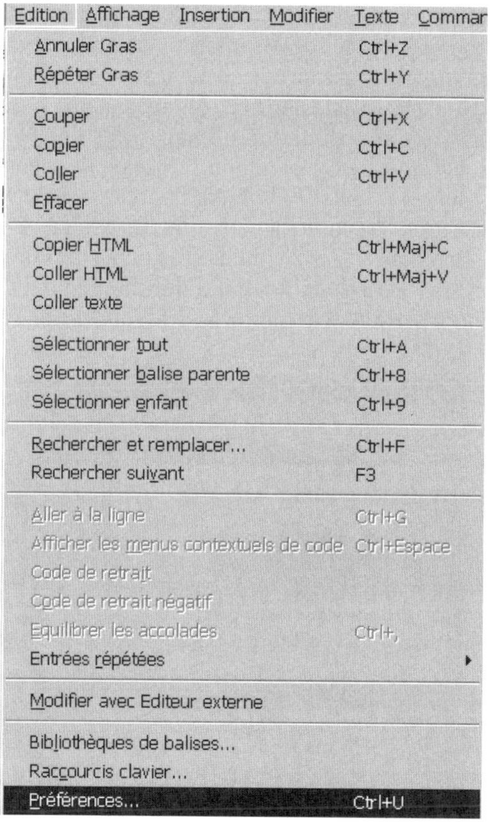

Figure 1.7 : L'option de menu EDITION.

La troisième option de menu **AFFICHAGE** s'intéresse en premier lieu à l'affichage des informations dans la fenêtre (Figure 1.9). Vous pouvez choisir le mode **Création** pour afficher uniquement les textes et les objets, le mode **Fractionner** pour afficher les textes ainsi que le code HTML sous-jacent. En d'autres termes, vous affichez le code qui crée justement le texte et les objets que vous placez dans la fenêtre. La dernière option **Code** n'affiche que la fenêtre de code. Vous pouvez l'utiliser lorsque vous codez directement une page HTML. D'autres affichages sont possibles, comme les assistances visuelles, les différents modes d'affichage des tableaux, les règles, les grilles, les outils ou la possibilité de visualiser ou non les panneaux.

L'option de menu **INSERTION** propose l'insertion de tous les objets prévus dans Dreamweaver MX 2004. Vous pouvez ainsi manipuler les balises, les images et les objets images (les espaces réservés d'images, les images survolées, les barres de navigation et les objets Fireworks). Vous pouvez aussi travailler avec les médias, en d'autres termes les objets flash, les visualisateurs d'images, les objets Shockwave, les applets, les ActiveX ou les Plug-in. L'option de menu Insertion vous propose toute une palette d'objets pour les formulaires comme les champs de saisie, les boutons poussoirs, les cases à cocher, les boutons de radio, les étiquettes et bien d'autres objets qui favorisent le dialogue entre un visiteur et un serveur d'information. La figure 1.10 montre le menu Insertion et la figure 1.11 le sous-menu Formulaire.

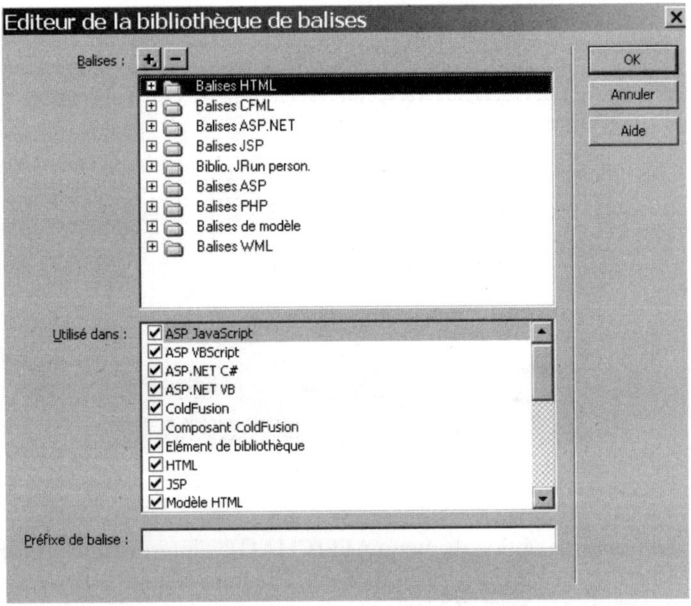

Figure 1.8 : L'éditeur de la bibliothèque de balises.

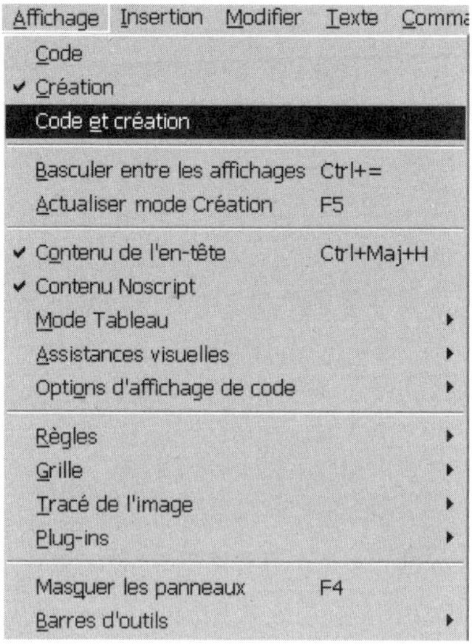

Figure 1.9 : L'option de menu AFFICHAGE.

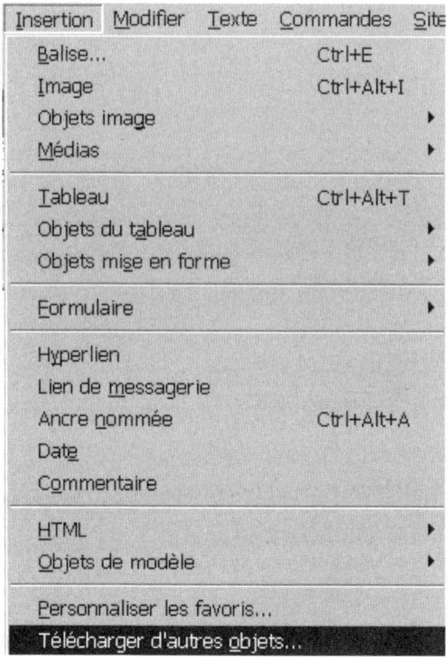

Figure 1.10 : L'option de menu INSERTION.

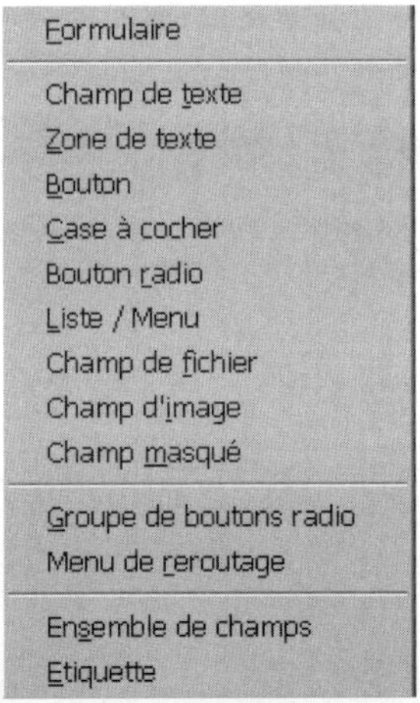

Figure 1.11 : Le sous-menu FORMULAIRE.

Le menu **MODIFIER** permet d'effectuer des modifications sur les propriétés des objets insérés mais également sur les objets eux-mêmes. C'est le cas pour la gestion des lignes et des colonnes des tableaux, les jeux de cadres, les images, etc. La figure 1.12 montre les caractéristiques de l'option Modifier.

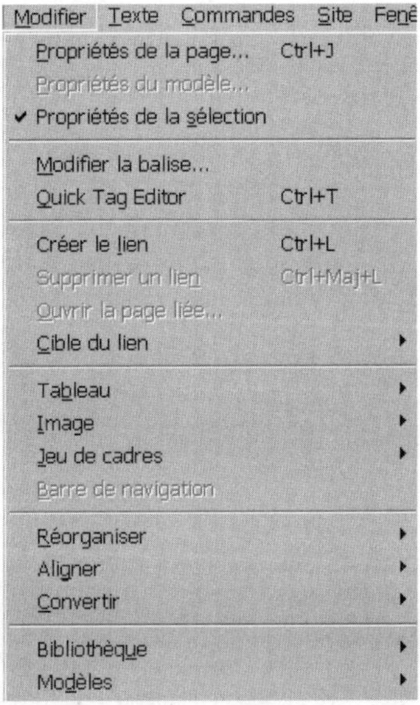

Figure 1.12 : L'option de menu MODIFIER.

L'option de menu **TEXTE** s'intéresse au formatage des textes placés dans la page de création. La figure 1.13 montre les différentes possibilités.

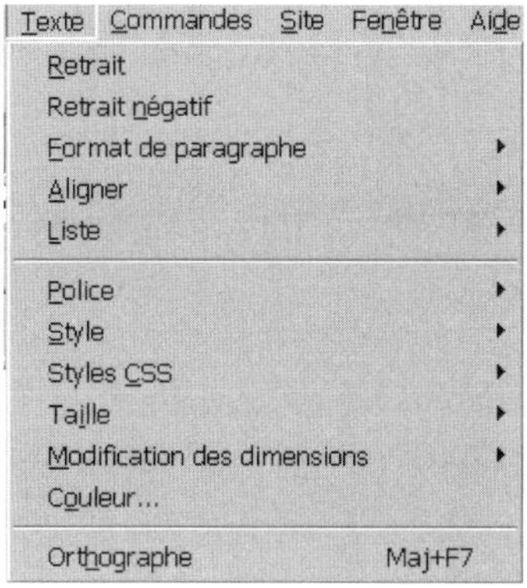

Figure 1.13 : L'option de menu TEXTE.

L'option de menu **COMMANDES** (Figure 1.14) propose un dispositif d'enregistrements de tâches que vous pouvez reproduire par la suite. Vous pouvez également gérer des extensions à Dreamweaver, c'est-à-dire mettre en mémoire des programmes annexes pour des applications spécifiques. Un dispositif de nettoyage du code HTML est proposé ainsi qu'un ensemble d'options de formatage et de tri des tableaux.

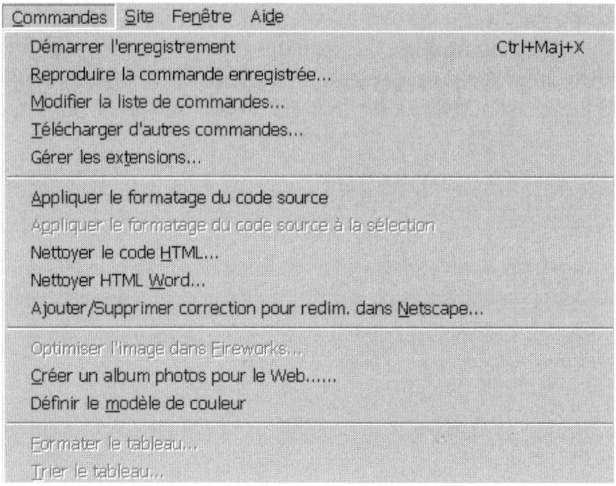

Figure 1.14 : L'option de menu COMMANDES.

L'option de menu **SITE** (Figure 1.15) vous permet de gérer les sites distants, d'évaluation et locaux, sur lesquels vos pages Internet seront stockées. Lorsque vous développez une application Internet avec Dreamweaver, vous devez tester d'abord vos pages et vos liens sur un site d'évaluation ou sur un site en local. Par la suite vous les téléchargez vers un site définitif.

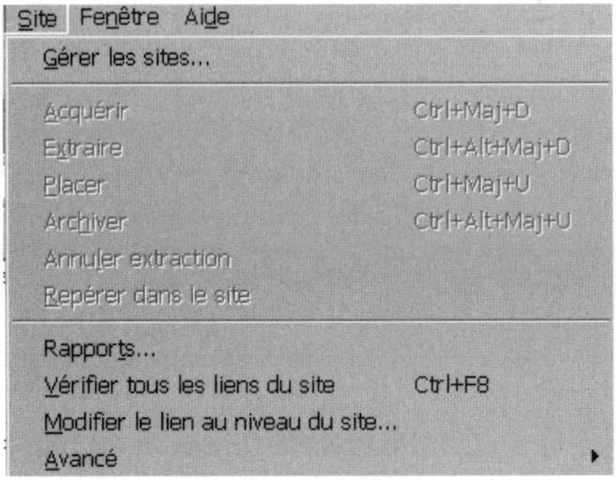

Figure 1.15 : L'option de menu SITE.

L'option de menu **FENETRE** vous permet d'afficher à volonté tous les panneaux correspondant aux dispositifs spécifiques de Dreamweaver. La figure 1.16 montre les différentes possibilités.

La dernière option du menu est l'**AIDE** en ligne (Figure 1.17). Vous y trouverez de nombreuses informations issues du manuel O'REILLY et l'index classique d'une page d'aide. Dans cette option de menu, vous pourrez aussi activer votre logiciel si vous ne l'avez pas encore fait.

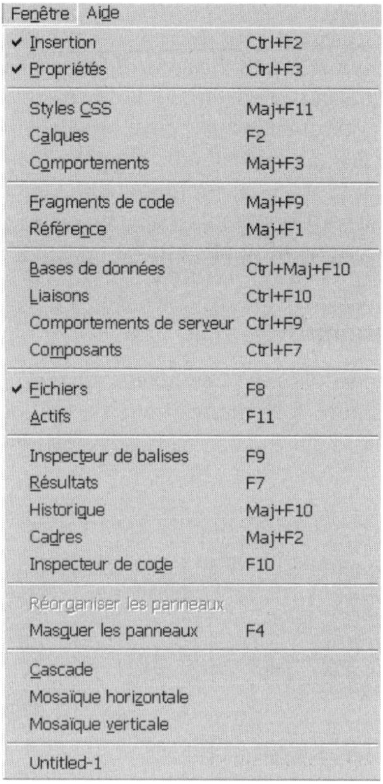

Figure 1.16 : L'option de menu FENETRE.

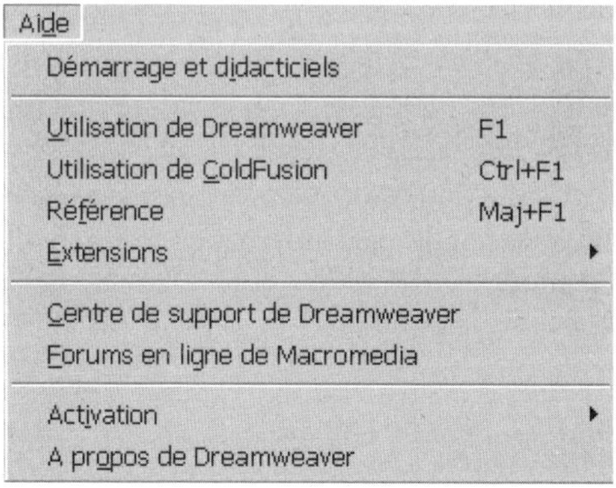

Figure 1.17 : L'option de menu AIDE.

La barre Insérer

Les boutons qui composent la boîte à outils **Insérer** permettent de créer de nombreux objets dans la page de création de Dreamweaver. Après l'insertion de n'importe quel objet, vous pouvez modifier les propriétés de cet objet. Celui-ci peut être un tableau, un calque ou bien une simple image. Il peut également s'agir d'objets de programmation comme des dispositifs de connexion à des bases de données. Lorsque vous survolez l'objet à l'aide du pointeur de la souris, une info-bulle affiche le nom de ce bouton.

La catégorie Commun

La catégorie **Commun** contient des objets souvent employés au sein des pages Internet. La figure 1.18 montre cette barre d'outils.

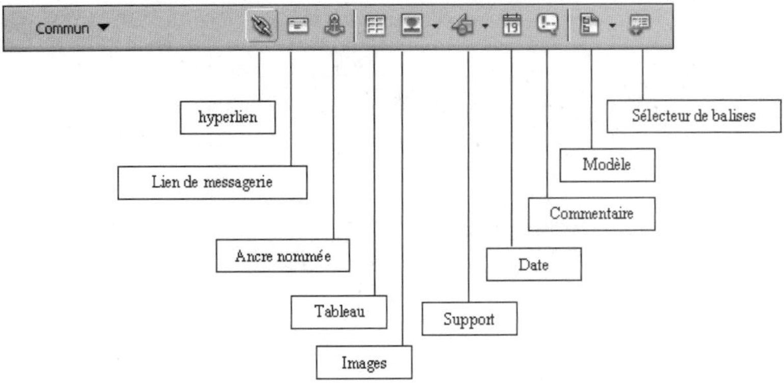

Figure 1.18 : La catégorie Commun.

La liste suivante détaille les différents objets de la catégorie Commun.

- **Hyperlien**. Il s'agit d'un texte coloré et souligné par défaut qui, s'il est cliqué, affiche une autre page Internet en fonction d'une adresse définie dans les propriétés de cet hyperlien. Des paramètres annexes permettent de définir la destination de la page invoquée.

- **Lien de messagerie**. Il s'agit d'un texte coloré et souligné par défaut qui, s'il est cliqué, invoque le programme de messagerie implanté sur votre ordinateur. Des paramètres permettent de définir l'adresse de destination.
- **Ancre nommée**. Une ancre nommée permet de définir un marqueur dans un document. Elle est souvent placée au niveau d'une rubrique spécifique ou en haut d'un document. Il est possible de définir par la suite des liens vers cette ancre et ainsi, le visiteur peut se déplacer rapidement vers cette partie de document.
- **Tableau**. Lorsque vous placez cet objet dans la zone de création, une boîte de dialogue **Tableau** s'affiche immédiatement à l'écran. Vous pouvez définir le nombre de lignes et de colonnes, la largeur du tableau en nombre ou en pourcentage, la largeur de la bordure, la marge intérieure des cellules et l'espacement entre les cellules. Vous pouvez aussi définir des en-têtes et des légendes.
- **Images**. Vous pouvez insérer une image, placer une zone réservée pour une image, définir une image survolée, c'est-à- dire une image qui change d'aspect quand vous déplacez le pointeur de la souris au-dessus de l'image. Vous pouvez insérer un fichier HTML Fireworks ou définir une barre de navigation. Vous pouvez enfin définir des zones de réactivité pour certaines images.
- **Support**. Ce paramètre vous permet d'insérer des fichiers de type Flash, des boutons Flash, des textes Flash, des objets Shockwave, des applets, des paramètres, des ActiveX ou des Plug-ins.
- **Date**. Vous pouvez insérer une date avec un formatage spécifique.
- **Commentaire**. Vous pouvez afficher des commentaires.
- **Modèle**. Cet objet vous permet de créer un modèle, un modèle imbriqué, une région modifiable, une région facultative, une région répétée, une région facultative répétée, un tableau répété.
- **Sélecteur de balises**. Ce paramètre affiche le sélecteur de balises.

La catégorie Mise en Forme

La catégorie **Mise en Forme** permet d'agir sur la mise en forme des calques, des balises DIV, des tableaux ou des cadres. La figure 1.19 montre cette barre d'outils.

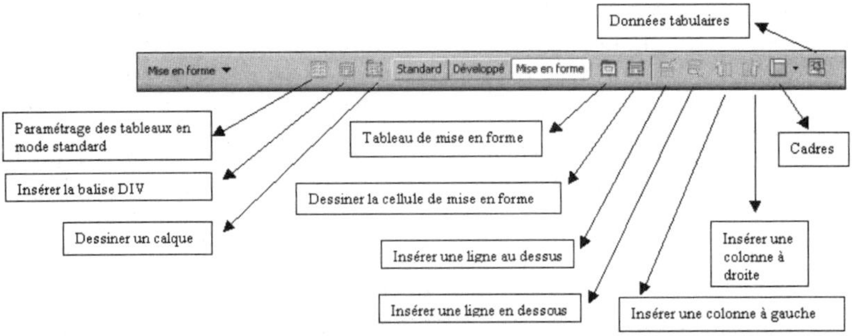

Figure 1.19 : La catégorie Mise en forme.

La liste suivante détaille les différents objets de la catégorie Mise en forme.

- **Tableau en mode standard**. Ce mode permet de définir des tableaux par l'intermédiaire d'une boîte de dialogue.
- **Insérer la balise DIV**. Une balise DIV dans l'écriture HTML permet de repérer des paramètres divers que vous appliquez par la suite à des blocs de texte contenus dans votre document. Vous emploierez très fréquemment ce type de balise lorsque vous travaillerez avec des feuilles de style CSS.
- **Dessiner un calque**. Un calque est un dispositif qui permet de placer des textes ou d'autres objets d'une manière extrêmement précise dans la page Internet. De nombreuses propriétés sont disponibles dans la fenêtre des propriétés du calque.
- **Mode Standard**. Vous utilisez ce mode lorsque vous créez un tableau pour la première fois.
- **Mode Tableaux développés**. Dans ce mode, des espaces et des largeurs de bordure sont insérés pour faciliter la modification des tableaux.
- **Mode Mise en forme**. Avec ce mode d'affichage vous effectuez la mise en page des cellules et des tableaux avant d'ajouter du contenu.
- **Tableau de mise en forme**. Cette commande permet de dessiner un tableau à l'intérieur même d'un tableau déjà existant, lui-même placé dans le mode mise en forme.
- **Dessiner la cellule de mise en forme**. Cette commande permet de dessiner une cellule à l'intérieur d'un tableau existant.

- **Insérer une ligne au-dessus**. Cette option permet d'insérer une ligne au-dessus d'un groupe de cellules d'un tableau, à partir du moment où le pointeur est justement placé dans une cellule du tableau.
- **Insérer une ligne en dessous**. Cette option permet d'insérer une ligne au-dessous d'un groupe de cellules d'un tableau, à partir du moment où le pointeur est justement placé dans une cellule du tableau.
- **Insérer une colonne à gauche**. Cette option permet d'insérer une colonne à gauche d'un groupe de colonnes d'un tableau, à partir du moment où le pointeur est justement placé dans une cellule du tableau.
- **Insérer une colonne à droite**. Cette option permet d'insérer une colonne à droite d'un groupe de colonnes d'un tableau, à partir du moment où le pointeur est justement placé dans une cellule du tableau.
- **Cadres**. Cette commande permet de partager la page en de multiples cadres. Chaque cadre correspond à un fichier spécifique qui sera enregistré par la suite.
- **Données tabulaires**. Cette option permet de récupérer des données formatées avec des séparateurs comme des virgules ou des points virgules.

La catégorie Formulaire

Cette catégorie permet d'insérer les objets faisant partie d'un formulaire dans une page Internet. Un formulaire est utilisé pour établir un dialogue entre un client et un serveur, en d'autres termes entre un navigateur quelconque et un ordinateur hébergeant un serveur à distance. La figure 1.20 montre cette barre d'outils.

Figure 1.20 : La catégorie Formulaire.

La liste suivante détaille les différents objets de la catégorie Formulaire.

- **Formulaire**. Cet objet insère le contenant d'un formulaire avec la balise <Form> associée à une méthode Post. Un formulaire envoie des données vers un serveur qui les récupère selon le protocole de communication HTTP. La programmation nécessaire à la récupération des données peut s'effectuer avec des pages ASP, PHP, ou JSP.

- **Champ de texte**. Cet objet insère une zone de saisie définie par la balise <Input type="texte"> associée.
- **Champ masqué**. Cet objet insère un champ masqué défini par la balise <Input type="hidden">. Ce type de champ est souvent utilisé en programmation pour passer des variables nommées d'un navigateur vers un serveur.
- **Zone de texte**. Il s'agit d'une zone à une - ou plusieurs - lignes dans laquelle vous pouvez saisir des informations. Vous pouvez définir le nombre de lignes ou la largeur des caractères. Cet objet est défini par la balise spécifique <textarea name="zone">
- **Case à cocher**. Cet objet permet de sélectionner un choix spécifique à l'aide d'une encoche. Vous pouvez choisir d'activer ou non son état initial. La balise employée est <input type="checkbox">
- **Bouton radio**. Cet objet insère un bouton de type radio en appliquant la balise <input type="radio". Les boutons radio font référence aux anciens postes de radio où vous sélectionniez une chaîne en appuyant sur un seul bouton.
- **Groupe de boutons radio**. Cet objet permet de placer plusieurs boutons radio en une seule opération.
- **Liste/Menu**. Cet objet permet d'insérer une liste déroulante en employant la balise <select>.
- **Menu de reroutage**. Cet objet crée une liste ou un menu d'options qui renvoie le visiteur vers une autre page pré-définie.
- **Champ d'image**. Cet objet permet d'insérer une image dans le formulaire.
- **Champ de fichier**. Cet objet affiche un bouton Parcourir dans le formulaire.
- **Bouton**. Cet objet affiche un bouton de validation Submit. Vous pouvez modifier les caractéristiques de ce bouton grâce à ses propriétés. Lorsque vous avez terminé de renseigner un formulaire, le bouton de validation déclenche une action spécifique qui envoie les informations vers le serveur par l'intermédiaire d'une adresse http écrite dans le paramètre Action de la balise <Form>.
- **Etiquette**. Il s'agit d'un texte qui décrit un objet particulier intégré dans le formulaire.
- **Jeu de champ**. Cet objet permet de définir un jeu de champs par l'intermédiaire de la balise <FieldSet>.

La catégorie Texte

Cette catégorie permet d'agir sur du texte ou objet placés dans la page de création de Dreamweaver. La figure 1.21 montre cette barre d'outils.

Figure 1.21 : La catégorie TEXTE.

La liste suivante détaille les différentes balises HTML :

- **A^{A}.** Cet objet affiche l'éditeur de balises de polices.
- **B**. Avec la balise <B>, vous placez les textes en gras (bold).
- **I**. Avec la balise <I>, vous placez les textes en italique.
- **S**. Avec la balise <S>, vous soulignez les textes.
- **Em**. Vous pouvez accentuer des textes avec cette balise.
- **Retour Chariot**. Vous pouvez insérer un retour chariot, matérialisé par la balise <P>.
- **[""]**. Cet objet permet d'insérer des citations par l'intermédiaire de la balise <blockquote>.
- **PRE**. La balise <PRE> vous permet de définir des textes pré-formatés.
- **UL**. La balise <UL> permet de définir des listes de mots non ordonnées.
- **H1**. Cette balise <H1> affiche un en-tête de type 1.
- **H2**. Cette balise <H2> affiche un en-tête de type 2.
- **H3**. Cette balise <H3> affiche un en-tête de type 3.
- **OL**. Cette balise permet d'afficher une liste numérotée.
- **LI**. Cette balise permet de définir des éléments de liste.
- **DL**. Cette balise permet de définir une liste des définitions.
- **DT**. Cette balise permet de définir les termes de définition de liste.
- **DD**. Cette balise permet de définir les descriptions de définition de liste.
- **ABBR**. Cette balise permet de définir des abréviations.
- **W3C**. La balise <Acronyme> permet de définir des acronymes.
- **BR**. Cet objet permet de définir des caractères spéciaux (Figure 1.22).

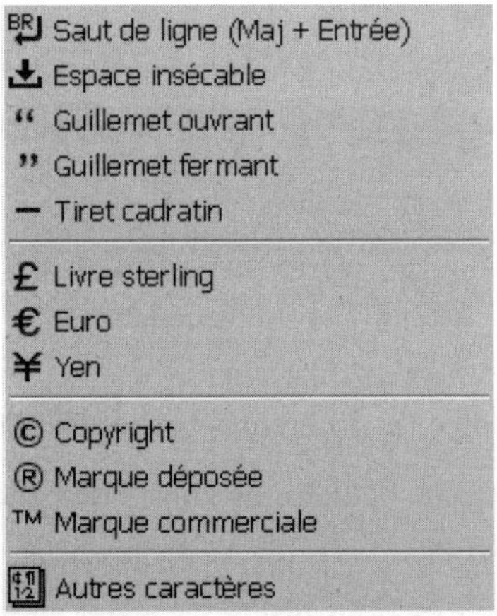

Figure 1.22 : Les caractères spéciaux.

La catégorie HTML

Cette catégorie permet d'insérer certains objets spécifiques aux pages HTML. La figure 1.23 montre cette barre d'outils.

Figure 1.23 : Les objets spécifiques des pages HTML.

- Le premier outil permet d'insérer une barre horizontale dans la page.
- Le deuxième outil est spécifique à la partie en-tête d'une page HTML décrite dans la balise <HEAD>. Vous pouvez y insérer une description de la page, des mots-clés permettant un référencement ultérieur par l'intermédiaire de la balise <META>, des liens divers et d'autres paramètres.
- Le troisième outil concerne les tableaux. Vous pouvez y trouver toutes les balises indiquant les lignes, les colonnes et les en-têtes.
- Le quatrième outil permet d'insérer des jeux de cadres et des cadres flottants.
- Le cinquième outil définit le langage de script que vous désirez employer pour programmer votre page.

La catégorie Application

La figure 1.24 montre les outils de cette catégorie essentiellement portée vers la gestion d'un jeu d'enregistrements issu d'une table ou du résultat d'une requête SQL lorsqu'une base de données a été définie dans le contexte d'un serveur d'évaluation, à distance ou personnel.

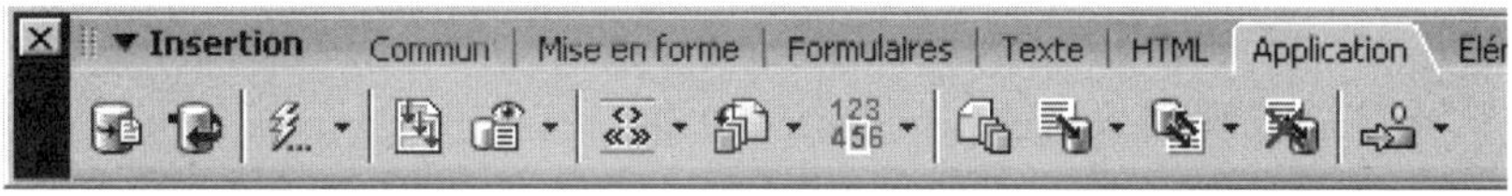

Figure 1.24 : Les outils de gestion d'un jeu d'enregistrements issu d'une base de données.

La liste suivante détaille les différents outils de gauche à droite :

- **Jeu d'enregistrements**. Il s'agit d'un groupe de lignes issu d'une table ou du résultat d'une requête SQL (Structured Query Language). Vous devez établir auparavant le type de site que vous employez. Il peut s'agir d'un site Web personnel, d'un site d'évaluation ou d'un site de production.
- **Procédures stockées**. Il s'agit d'un groupe d'instructions SQL dans lequel vous pouvez faire passer des variables. Le résultat peut être un jeu d'enregistrements mais aussi une action sur des tables comme des mises à jour de lignes.
- **Données dynamiques**. Elles représentent des données que vous mettez en relation avec un jeu d'enregistrements et un type d'objet comme les champs, les tableaux, les cases à cocher, les groupes de boutons ou les listes de sélection.
- **Région répétée**. Il s'agit d'un dispositif qui vous permet d'afficher plusieurs enregistrements à la fois sur la même page. Cela correspond à une grille d'enregistrements.
- **Afficher la région**. Ce dispositif permet d'afficher ou de masquer une région en fonction des résultats renvoyés par un jeu d'enregistrements. Par exemple en supposant que le résultat d'une requête soit nul, vous pourriez décider de ne pas afficher une région ou un objet spécifique.
- **Pagination du jeu d'enregistrements**. Cet outil vous permet de vous déplacer au sein d'un jeu d'enregistrements. Par exemple vous pourriez décider d'afficher le premier enregistrement d'une longue suite de lignes issue d'une requête SQL.

- **Aller à la page d'informations détaillées**. Dreamweaver vous permet de créer une sorte de relation de « un à plusieurs » dans le contexte de pages présentant des informations sur deux niveaux. La page principale répertorie des enregistrements et la page d'informations détaillées fournit des informations plus détaillées sur chaque enregistrement.
- **Afficher le nombre d'enregistrements**. Ce dispositif vous permet de connaître des informations sur le nombre d'enregistrements, et ceux de début et de fin.
- **Ensemble de pages principale-détails**. Vous pouvez créer très rapidement un système de page à deux niveaux pour les pages ColdFusion, ASP, JSP et PHP.
- **Insérer un enregistrement**. Ce dispositif vous permet de créer un formulaire prévu pour l'insertion des enregistrements.
- **Mettre à jour l'enregistrement**. Ce dispositif vous permet de créer un formulaire prévu pour la mise à jour des enregistrements.
- **Supprimer l'enregistrement**. Ce dispositif vous permet de créer un formulaire prévu pour la suppression des enregistrements.

Remarque : La catégorie éléments Flash insère des éléments Flash tandis que la catégorie Favoris permet de regrouper et d'organiser les boutons de la barre Insérer que vous utilisez le plus souvent.

Les Panneaux

L'organisation de Dreamweaver MX 2004 est assez originale tant dans sa conception que dans ses objectifs. Tous les dispositifs sont regroupés au sein d'une même fenêtre, dans laquelle s'accrochent des panneaux. La liste suivante détaille les principaux :

- **Le panneau des propriétés**. On l'appelle également Inspecteur des propriétés. C'est celui qui vous permet de modifier les propriétés de tous les objets que vous sélectionnez dans votre travail de conception.
- **La gestion des fenêtres**. Les fenêtres sont placées à droite de la fenêtre par défaut et peuvent contenir plusieurs panneaux de paramètres spécifiques à la conception des pages Internet.

Reconstruire le groupe de panneaux d'origine

Au fur et à mesure de votre travail, vous serez amenés à fermer des panneaux et à en ouvrir d'autres par l'intermédiaire de l'option de menu Fenêtre. Pour remettre l'ensemble des panneaux proposés à l'installation de Dreamweaver, effectuez les opérations suivantes :

1. Cliquez sur Editon / Préférences.
2. Sélectionnez la catégorie Général.
3. Cliquez sur le bouton « Changer d'espace de travail ».
4. Cliquez sur le bouton OK après avoir choisi l'autre affichage « Codeur » si vous étiez sous l'affichage « Designer ».
5. Fermez la boîte de dialogue avec le bouton OK.
6. Fermez et redémarrez Dreamweaver. Vous pourrez constater que les panneaux d'origine sont totalement revenus avec l'autre présentation.
7. Recommencez l'opération si vous désirez changer de présentation.

Le panneau des propriétés

Cette fenêtre est essentielle dans votre travail, puisqu'elle vous permet de modifier les caractéristiques propres de chaque objet (ou d'un simple mot) dans la fenêtre de création de Dreamweaver. Par exemple vous pourriez changer la couleur d'un texte ou bien la forme, la position, la taille ou d'autres paramètres. Pour modifier les propriétés d'un objet ou d'un texte, effectuez les opérations suivantes :

1. Sélectionnez l'objet ou le texte.
2. Modifiez les propriétés dans le panneau des propriétés

Remarque : Si le panneau des propriétés n'est plus affiché, cliquez sur l'option de menu Fenêtre / Propriétés ou tapez sur les touches Ctrl F3.

La figure 1.25 montre ce panneau très important dans Dreamweaver.

Figure 1.25 : Le panneau des propriétés.

La liste suivante détaille les différents outils du panneau des propriétés.

- **Format**. La présentation des textes que vous tapez dans la fenêtre de création est modifiable grâce à cette propriété. Vous pouvez afficher en même temps la fenêtre de code et la fenêtre de création pour mieux apercevoir le résultat, au fur et à mesure de vos modifications. Vous constaterez en sélectionnant plusieurs formats que les paramètres de balises <H> changent lorsque vous sélectionnez un format différent. Les balises <H1>, <H2>, <H3>, <H4>, <H5> et <H6> influent sur la taille du texte dans la page Internet. Si vous écrivez le code HTML, n'oubliez pas de fermer la balise en plaçant un caractère </H>. La figure 1.26 montre les deux parties de création et de code.

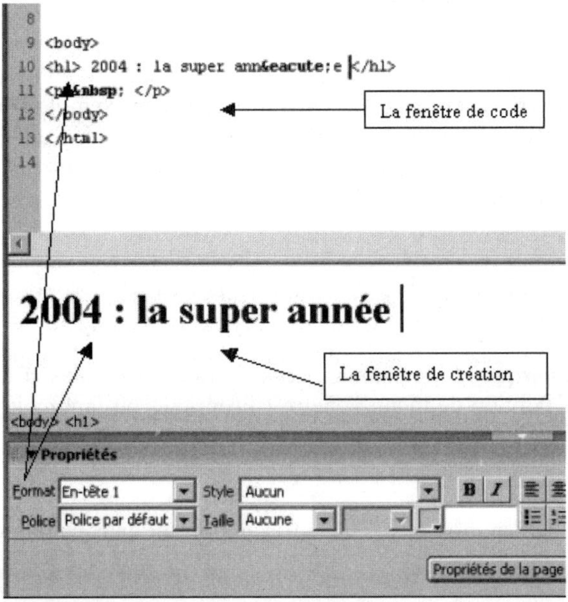

Figure 1.26 : Les deux fenêtres Création et Code sont en relation directe avec le panneau des propriétés.

- **Police**. Cette propriété vous permet de modifier le style de police appliqué sur un ou plusieurs mots sélectionnés. Vous pourrez remarquer que le code emploie la balise <SPAN> (étendre en anglais) pour définir la police. Certaines polices ne sont pas affichées d'entrée de jeu dans la liste déroulante de la propriété. Pour insérer une nouvelle police, effectuez les opérations suivantes :
  1. Cliquez sur la propriété Police.
  2. Sélectionnez « Modifier la liste des polices » dans la liste.
  3. Dans la boîte de dialogue qui apparaît, sélectionnez la police désirée dans la liste « Polices disponibles ».
  4. Cliquez sur le bouton représentant deux triangles dont la pointe est dirigée vers la gauche. Le nom de la police choisie s'affiche alors dans la liste « Polices choisies ».
  5. Cliquez sur le bouton OK pour terminer. Le nom de la police est alors disponible dans la propriété Police. Remarquez que l'affectation d'une police (sur un ou plusieurs mots) crée une balise <SPAN>...</SPAN> dans la fenêtre de code.
- **Style**. Les polices sont totalement liées aux styles. Lorsque vous devez appliquer une police de caractères à un groupe de mots, Dreamweaver considère que vous risquez de le faire plusieurs fois, et crée alors un style numéroté contenant tous les paramètres nécessaires à l'application de la police. Vous serez surpris de découvrir que les styles se numérotent tout seul au fur et à mesure que vous sélectionnez une autre police. Le principe d'application d'une police est assez simple. Vous employez les balises **<STYLE>** et **<SPAN>** ainsi que l'expression **.STYLE** *numéro* afin de définir un style numéroté de manière totalement arbitraire. La balise **SPAN** étend simplement le style à un groupe de mots.
- **Taille**. Il s'agit de la taille des caractères qui concerne soit une police déterminée, (de 1 à 7), soit une taille de police relative (de +/- 1 à +/- 7) à la taille de BASEFONT dont la valeur par défaut est 3.
- **Couleur**. Vous pouvez afficher un groupe de mots dans la couleur sélectionnée par l'intermédiaire du sélecteur de couleurs. Vous pouvez aussi taper directement une valeur hexadécimale dans la zone de texte adjacente.
- **B**. Le bouton « gras » applique une balise <B> ou <strong> au texte sélectionné.
- **I.** Le bouton « italique » applique soit une balise <I> soit <em> au texte sélectionné.

- **Aligné à gauche**. Pour aligner à gauche le texte sélectionné.
- **Centré**. Pour centrer le texte sélectionné
- **Aligné à droite**. Pour aligner à droite le texte sélectionné.
- **Justifié**. Pour justifier le texte sélectionné.
- **Liste simple**. Ce dispositif crée une liste à puces à partir du texte sélectionné. Si aucun texte n'est sélectionné, une nouvelle liste à puces est définie.
- **Liste numérotée**. Ce dispositif crée une liste numérotée à partir du texte sélectionné.
- **Retrait du texte**. Ce dispositif augmente la mise en retrait du texte sélectionné, en insérant la balise <BLOCKQUOTE>.
- **Retrait négatif du texte**. Ce dispositif diminue la mise en retrait du texte sélectionné, en supprimant une balise <BLOCKQUOTE>.
- **Lien**. Ce dispositif crée un lien hypertexte sur le texte sélectionné. Vous pouvez cliquer sur l'icône de dossier pour rechercher un fichier ou bien faire glisser l'icône « Pointer vers un fichier » sur un fichier du panneau « Site » ou encore faire glisser un fichier du panneau « Site » directement sur la zone de texte.
- **Pointer vers un fichier**. Ce dispositif vous permet de tirer un trait vers un fichier que vous désirez pointer.
- **Rechercher un fichier**. Cette option ouvre la boîte de dialogue « Sélectionner un fichier ».
- **Cible**. Ce dispositif vous permet de spécifier la destination d'une page HTML invoquée grâce à l'adresse définie dans la zone lien. Les possibilités sont les suivantes :
  - _ **BLANK** pour charger le document lié dans une nouvelle fenêtre.
  - _ **PARENT** pour charger le document lié dans le jeu de cadres parent ou dans la fenêtre parente du cadre contenant le lien.
  - _ **SELF** pour charger le document lié dans le même cadre ou la même fenêtre que le lien.
  - _ **TOP** pour charger le document lié dans la fenêtre de base du navigateur, en supprimant tous les cadres.

Un exemple de code avec deux styles

Supposons que vous définissiez un seul mot dans la page avec une taille de caractère assez grosse. Dreamweaver créera automatiquement un autre style de caractère qu'il appliquera dans le groupe de mot. Considérez la phrase suivante créée dans la page de création :

2004 : Le chiffre d'affaire est en hausse

Le mot hausse possède une taille de 18 alors que les autres caractères sont à 11. Etudiez le code suivant proposé par Dreamweaver. Vous découvrirez deux styles de caractères applicables à deux endroits différents.

```
<html>
<style type="text/css">
.Style1 {font-family: "Times New Roman", Times, serif}
.Style17 {font-size: 18px}
</style>
<body>
<span class="Style1">2004 : Le chiffre d'affaire est en <span class="Style17">hausse</
span></span>
</body>
</html>
```

La gestion des fenêtres

Les fenêtres sont nombreuses et possèdent de très nombreux dispositifs. Vous pouvez les employer au fur et à mesure des besoins.

Fermer une fenêtre

Pour fermer une fenêtre, effectuez les opérations suivantes :

1. Cliquez du droit sur le petit carré placé à droite de la barre du titre de la fenêtre (Figure 1.27).
2. Choisissez l'option « Fermer le groupe de panneaux ».

Vous pouvez aussi cliquer du gauche sur le petit carré et choisir « Fermer le groupe de panneaux ».

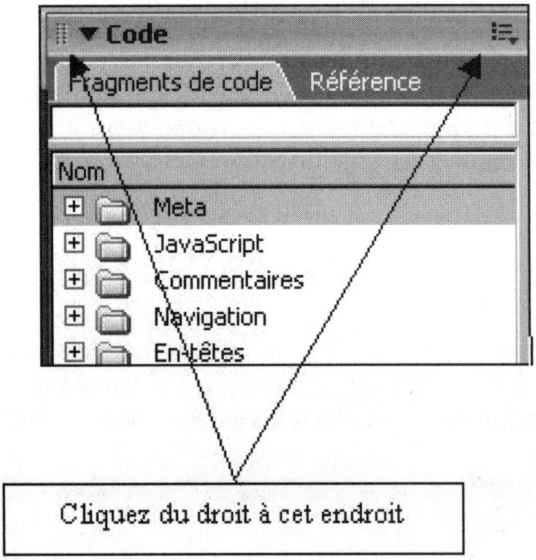

Figure 1.27 : Fermer un groupe de panneaux.

Afficher et masquer les panneaux

Grâce au menu Fenêtre, vous pouvez afficher ou masquer à volonté les panneaux en cochant les panneaux désirés. Le dispositif Raccourci clavier de Dreamweaver MX 2004 facilite l'affichage immédiat des fenêtres. Il s'agit d'un jeu de touches personnalisées que vous définissez en fonction de vos besoins. Pour modifier les raccourcis clavier existants, effectuez les opérations suivantes :

1. Cliquez sur l'option de menu Edition.
2. Cliquez sur Raccourci Clavier.
3. Choisissez le jeu actuel Macromédia Standard.
4. Dans la boîte de dialogue « Raccourci clavier » (Figure 1.28) sélectionnez une commande et modifiez si besoin les raccourcis dans les zones de saisie placées en dessous de la liste.

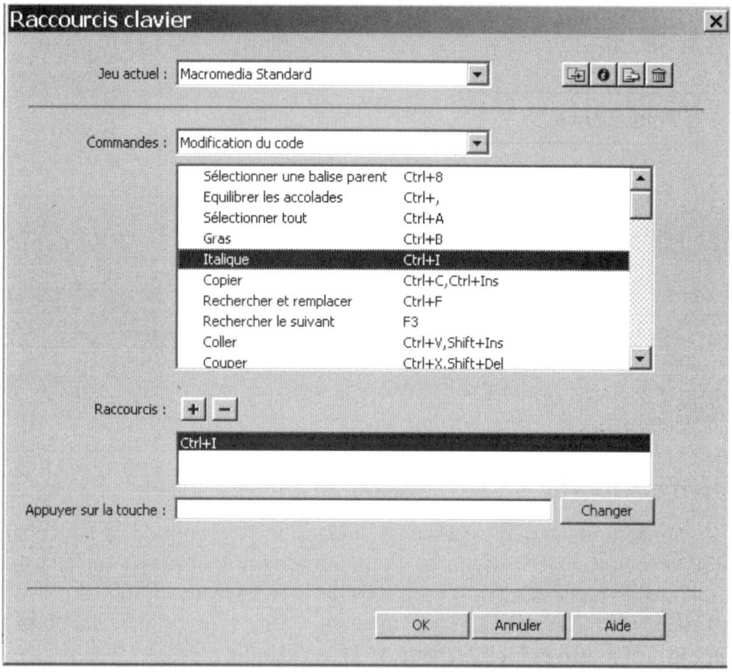

Figure 1.28 : La boîte de dialogue Raccourci clavier.

Rendre un groupe de panneaux flottant

Vous pouvez transformer un groupe de panneaux en le faisant flotter au centre de la fenêtre principale. Pour réaliser cette opération, effectuez les opérations suivantes :

1. Cliquez du gauche sur le point d'ancrage du groupe de panneaux situé à l'extrême gauche du panneau.
2. Maintenez le bouton enfoncé et faites glisser le panneau au centre de la fenêtre principale. La figure 1.29 montre le groupe de panneau dans sa nouvelle disposition.

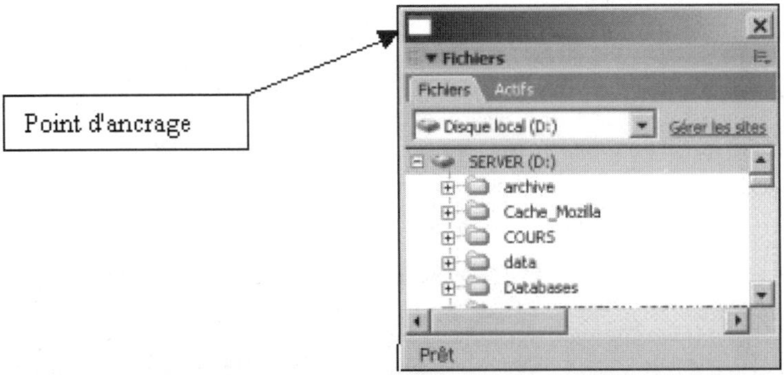

Figure 1.29 : Un groupe de panneaux flottant.

Redimensionner les panneaux

Pour agrandir la fenêtre de droite, placez le pointeur de la souris sur la barre verticale et déplacez-la tout en maintenant le bouton gauche enfoncé. Vous pouvez aussi développer ou réduire la fenêtre en cliquant sur le dispositif placé au milieu de la barre verticale. Cela permet d'agrandir très rapidement la fenêtre principale sans pour autant fermer les groupes de panneaux. La figure 1.30 montre ce dispositif.

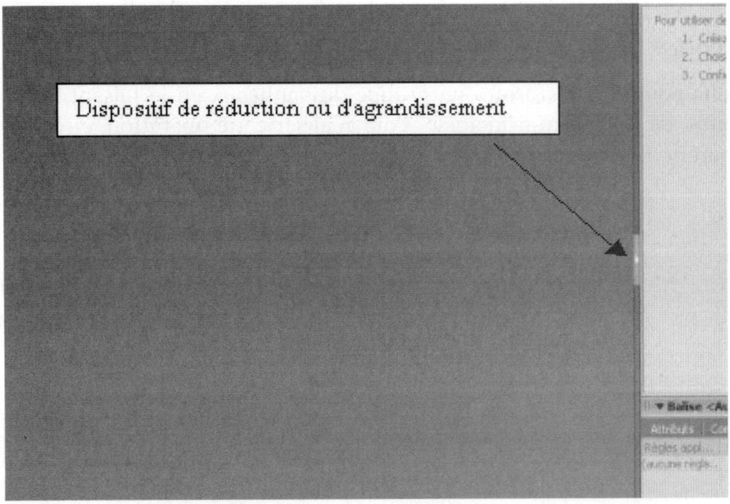

Figure 1.30 : Le dispositif de réduction ou d'agrandissement de la fenêtre principale.

Choisir les panneaux d'un groupe

Un panneau peut s'insérer dans un groupe de panneaux spécifique. Lorsqu'un groupe est fermé, le petit triangle noir est dirigé vers la droite, et vous ne voyez plus le contenu.

En cliquant sur le triangle, sa pointe se dirige vers le bas et le groupe s'ouvre. Effectuez les opérations suivantes pour inclure divers panneaux dans un groupe :

1. Ouvrez le groupe de panneaux.
2. Cliquez du droit sur un des onglets.
3. Cliquez sur « Grouper 'onglet' avec ».
4. Choisissez un groupe dans la sélection affichée.

Remarque. Un groupe de panneaux vous permet d'accéder plus facilement aux nombreux dispositifs proposés avec cette nouvelle version de Dreamweaver MX 2004. Le groupe « Balise » est particulièrement intéressant parce qu'il vous permet de définir une page en cliquant simplement sur des paramètres, le code HTML se mettant à jour automatiquement dans la fenêtre de code.

Les propriétés de page

Vous pouvez modifier les paramètres généraux de la page avant ou après la saisie. Ces paramètres influent sur l'affichage des caractères saisis dans la page. Par exemple vous pouvez modifier la police de caractères ou la taille, la couleur du texte, la couleur d'arrière plan, les marges du texte ou bien placer une image d'arrière plan. Tous ces paramètres sont accessibles grâce au bouton **Propriétés de la page** placé en bas de la fenêtre des propriétés. La figure 1.33 montre les propriétés que vous pouvez modifier dans la catégorie **Aspect** des propriétés de Page.

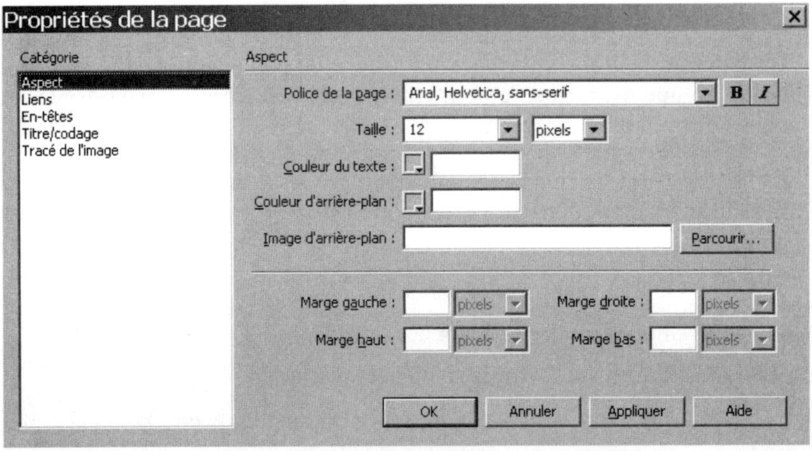

Figure 1.31 : Les paramètres d'aspect de la page.

Lorsque le visiteur d'une page clique sur un lien dans n'importe quelle page Internet, celui-ci change de couleur la plupart du temps. D'autres paramètres interviennent également dans la gestion des liens comme la couleur des liens de survol ou des liens visités. La figure 1.32 montre les propriétés que vous pouvez modifier dans Dreamweaver en ce qui concerne ces liens.

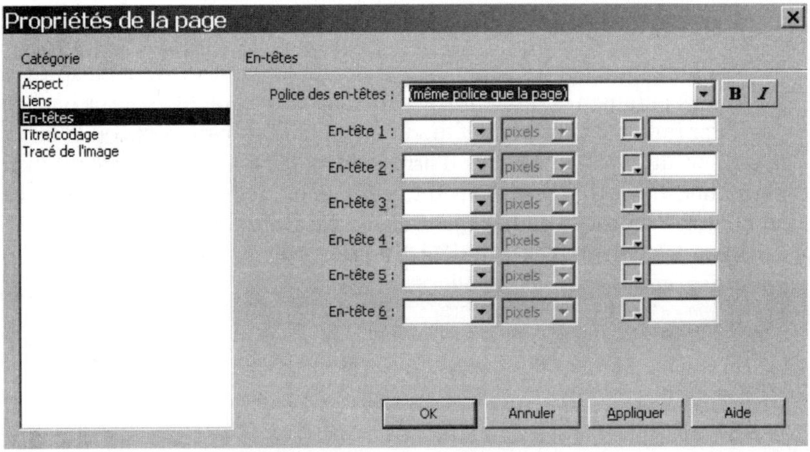

Figure 1.32 : Gestion des liens dans une page.

Un autre type de paramètres concerne les en-têtes. Vous pouvez modifier en une seule opération la taille des caractères, la couleur et la police. La figure 1.33 montre ce dispositif particulièrement intéressant.

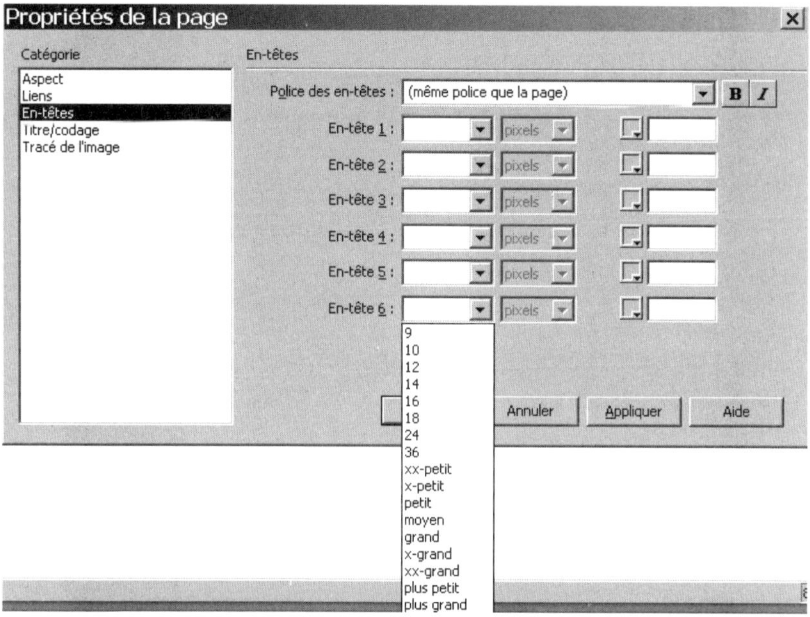

Figure 1.33 : Modification des paramètres généraux pour les en-têtes.

La catégorie **Titre/codage** permet de spécifier le titre de la page qui s'affiche dans la barre de titre de la fenêtre de document et dans la plupart des fenêtres du navigateur. Le paramètre Encodage du document détaille le codage utilisé pour les caractères dans le document. Pour l'anglais et les langues d'Europe occidentale, choisissez Occidental. La figure 1.34 montre les différentes possibilités.

La dernière catégorie de la boîte de dialogue des propriétés de page concerne le **Tracé de l'image** (Figure 1.35). Il s'agit d'insérer un fichier image utilisé comme guide lors de la reproduction d'une mise en page créée dans une application graphique comme Macromedia Fireworks.

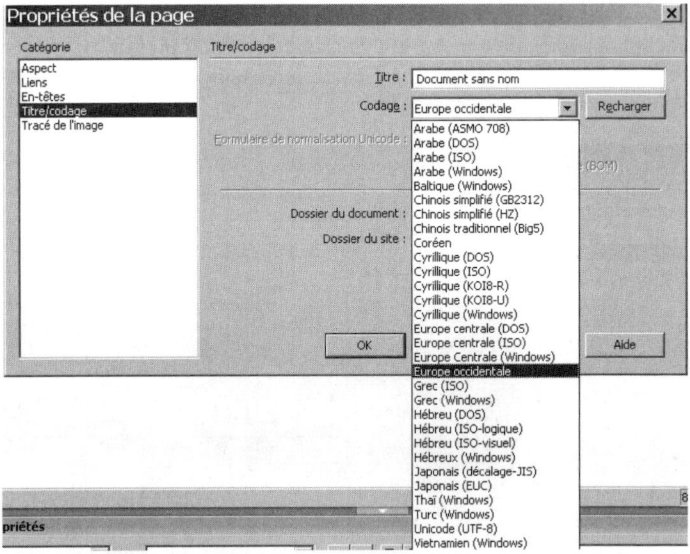

Figure 1.34 : Les différents codages d'une page HTML en fonction des langues utilisées.

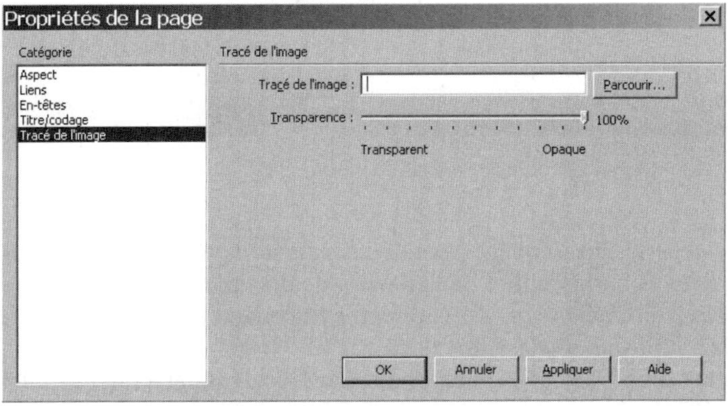

Figure 1.35 : Le tracé de l'image.

Créer sa première page HTML

Dans Dreamweaver MX 2004, écrire une page Web est un jeu d'enfant. Tous les paramètres sont accessibles par l'intermédiaire des inspecteurs de balises ou de la fenêtre des propriétés. Les étapes suivantes détaillent un exemple de création de page

À partir du démarrage

Dans cette section vous allez définir une page Web en utilisant tous les dispositifs possibles de Dreamweaver MX 2004, mais sans vous intéresser au code HTM créé automatiquement. Pour commencer un document HTML dès le démarrage de Dreamweaver, suivez les instructions de mise en page :

1. Démarrez Dreamweaver MX 2004.
2. Dans la page de démarrage, sélectionnez « Créer HTML ».
3. Cliquez sur l'onglet « Création ».
4. Indiquez un titre de page dans la zone de texte « Titre », située à droite de l'onglet « Création ». Vous pourrez remarquer que le titre s'affiche dans l'onglet de la page.
5. Enregistrez votre page par les options de menu Fichier/Enregistrer Sous ou Fichier/Enregistrer.
6. Commencez par saisir le texte dans la page vierge.

La figure 1.36 montre la saisie de la nouvelle page HTML.

Figure 1.36 : Saisie de texte dans la page.

Remarque. Si vous désirez passer à la ligne, enfoncez la touche **Entrée.** Vous pouvez également employer les touches **Shift Entrée** pour éviter un trop grand interligne.

Contrôler la présentation dans un navigateur

Vous pouvez employer tous les dispositifs mis à votre disposition dans Dreamweaver MX 2004 pour modifier la présentation. N'oubliez pas de sélectionner les caractères ou les groupes de mots avant de les mettre en forme. Une fois cette opération terminée, vous devez contrôler la page dans votre navigateur. Il est possible de définir la liste des navigateurs en effectuant les opérations suivantes :

1. Cliquez sur l'outil représenté par une terre bleue.
2. Choisissez l'option « Modifier la liste des navigateurs ».
3. Cliquez sur le petit + pour choisir un autre navigateur. La figure 1.37 montre cette boîte de dialogue issue des préférences de Dreamweaver MX 2004.

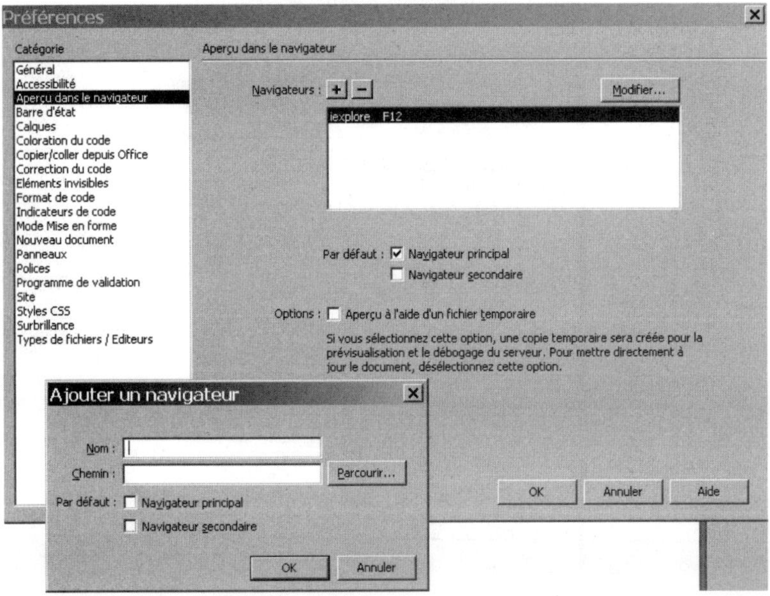

Figure 1.37 : Choix d'un autre navigateur.

Lorsque votre navigateur Internet est sélectionné, vous pouvez y afficher votre page, comme le montre la figure 1.38.

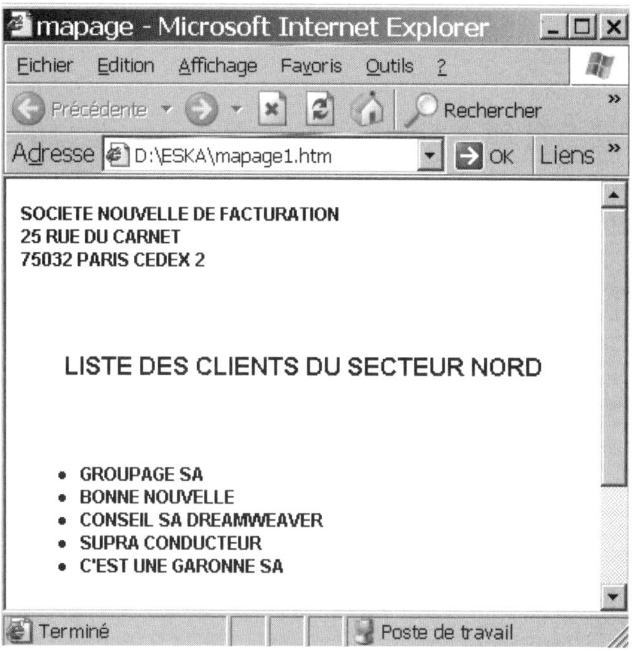

Figure 1.38 : Une page affichée dans le navigateur Internet Explorer.

Le code et la page de création

Dreamweaver est un outil de développement de pages Internet. De par cette caractéristique, vous pouvez visualiser le code au moment même où vous insérez du texte ou des objets dans la page de création. Ce dispositif est très pratique parce qu'il permet de se familiariser avec l'écriture du code HTML.

- Pour consulter le code automatiquement créé par Dreamweaver, cliquez sur l'onglet **Fractionner** pour voir les deux parties code et objets.
- Pour ne consulter simplement que le code, cliquez sur l'onglet **Code**.
- Pour sélectionner une ligne dans le code, cliquez sur le numéro de la ligne.

En affichant le panneau des balises en même temps que vous consultez le code, vous pouvez modifier les caractéristiques d'affichage directement à partir du panneau. Par exemple en sélectionnant la ligne de la balise <BODY>, vous pouvez modifier la couleur de la page ou des caractères pour toute la page. La figure 1.39 montre la ligne sélectionnée et le sélecteur de couleur en action.

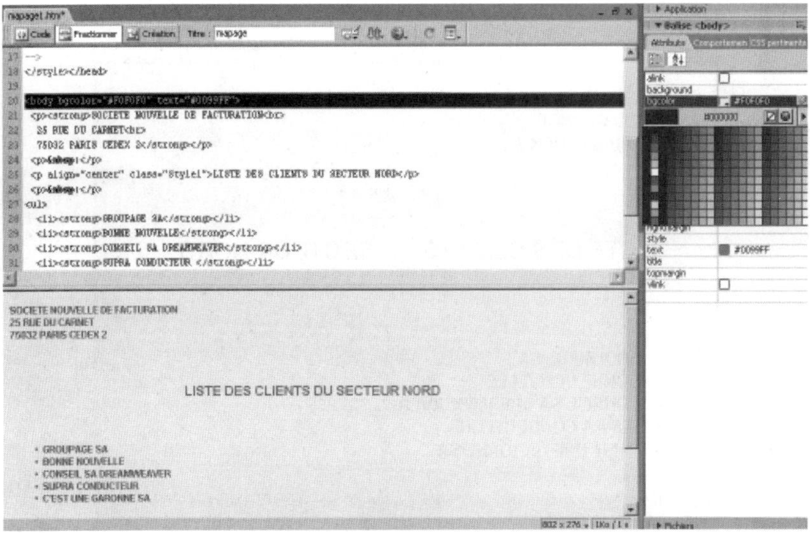

Figure 1.39 : Le panneau des balises est un outil précieux de modification des propriétés des objets.

En résumé

Ce chapitre a montré la nouvelle organisation de Dreamweaver MX 2004. Les dispositifs de présentation, comme les fenêtres et les panneaux, permettent de travailler efficacement à l'élaboration de pages Web. Le chapitre 2 s'intéressera aux dossiers, aux pages statiques et dynamiques, aux connexions HTTP et FTP et aux différents types de sites mis à disposition pour transférer une page Web sur un serveur Internet.

Chapitre 2

Les sites et le protocole FTP

L'échange d'informations entre un navigateur et un serveur s'effectue toujours par l'intermédiaire de plusieurs protocoles de communication, sous-jacents au réseau Internet. Le mécanisme de mise en place de ces transferts de données s'effectue dans Dreamweaver par la notion de Site. On distingue ainsi les sites locaux, distants et d'évaluation. Ce chapitre vous permet de découvrir ces notions très particulières décrites dans les sections suivantes.

——— Qu'est-ce qu'une application Web ?
——— Les serveurs
——— Les sites
——— Le protocole FTP
——— Publication et acquisition de fichiers
——— Le travail collaboratif
——— Les serveurs d'évaluation

Qu'est-ce qu'une application Web ?

Le développement d'une application Internet résulte toujours d'un dialogue entre un serveur et un navigateur. Lorsque vous utilisez Internet Explorer, Netscape Navigator ou un autre logiciel d'exploration de pages Web, vous affichez une page grâce à une adresse spécifique qui pointe vers un serveur. Le visiteur d'une page peut ainsi consulter des informations, répondre à des questions, remplir des zones de texte, enfoncer des boutons poussoirs ou visualiser des images ou des fichiers multimédia. Le dialogue établi entre un navigateur et un serveur représente la concrétisation d'un effort sans précédent de recherches visant à mettre en place une connexion entre différents réseaux. Une application Web est la partie visible d'un échange de données entre différents logiciels.

Il y a trois niveaux de communication qui interviennent entre le moment où vous écrivez une adresse HTTP dans la zone de saisie de l'adresse du navigateur, et le moment où le serveur vous répondra en affichant une page spécifique.

- Le premier niveau de communication est le protocole de communication TCP/IP (Transfert Control Protocol / Internet Protocol) qui intervient dans le transfert des datagrammes c'est-à-dire des groupes de bits qui circulent au sein du réseau des réseaux.
- Le deuxième niveau est le protocole de communication HTTP ou Hypertexte Transfert Protocol. Il intervient lorsque vous effectuez une requête vers un serveur.
- Le troisième niveau de communication est le protocole de communication FTP ou File Transfert Protocol. Ce dernier permet de transférer des fichiers entre les ordinateurs « clients » et les ordinateurs « serveurs ». On parle souvent de relation Client/Serveur lorsqu'on veut caractériser les spécificités de l'environnement Internet.

L'ensemble des dispositifs TCP/IP, HTTP et FTP est la base des échanges d'information entre les navigateurs et les serveurs du monde entier, au sein d'une application Web. Cette dernière possède toujours deux volets :

- **Une page Web développée exclusivement pour le visiteur**. Il peut s'agir d'un portail ou d'une page d'accueil d'un domaine spécifique. Cette page est en général écrite avec un langage qui ne peut pas modifier le système propre du visiteur. Le langage de programmation le plus répandu est Javascript. De nombreuses pages peuvent être créées avec d'autres langages comme VBScript, PHP, C#, PERL et d'autres encore.

- **Des programmes que vous avez écrits pour l'environnement du serveur**. Leur tâche est d'agir en fonction des requêtes du visiteur. Par exemple, lorsqu'une personne valide des zones de saisie dans un formulaire, les informations sont envoyées directement vers le serveur et récupérées par un programme chargé de les traiter en renvoyant le cas échéant d'autres informations. Les langages utilisés côté-serveur pour traiter cette information sont capables de reconnaître l'environnement du serveur grâce à des variables de serveurs dont l'initiale commence toujours par « HTTP_variables ».

Des pages liées les unes aux autres

Dans toute application Web, les pages sont liées les unes aux autres par des liens. Pour organiser de manière efficace votre application, vous devez regrouper les pages dans des dossiers séparés. Par exemple si vous créez une application Web pour un pharmacien, certains dossiers contiendront des pages de médicaments, d'autres des pages de fournisseurs, d'autres encore des pages de demande d'information ou de commande. L'architecture de votre site est,du coup, très importante. Une application doit être accessible à tout le monde et avec une grande simplicité.

Remarque : Lorsqu'une page est invoquée, il faut se poser la question de savoir si cette page arrive dans une nouvelle fenêtre ou bien dans la fenêtre d'origine (on l'appelle aussi fenêtre parent). Cette remarque est importante parce que d'une façon générale, le visiteur ne reste que très peu de temps sur une page Internet. S'il ferme la fenêtre, il faut trouver un moyen de le remettre « sur l'application » sans qu'il ait une action à effectuer. En d'autres termes il faut lui éviter de perdre le fil de l'application. Vous devez aussi réfléchir à la dimension internationale d'une application avec des pages en langues étrangères. Dreamweaver MX 2004 fournit une infrastructure complète permettant la mise au point d’applications et de sites complexes en liant les pages les unes aux autres.

La figure 2.1 montre deux pages très simples appelées **Accueil.htm** et **Liste1.htm**.

Ces deux pages sont stockées sur le disque dur **C:** d'un ordinateur. La liaison entre deux pages nécessite la création d'un lien Hypertexte entre ces deux pages. Le premier lien de la page **Accueil.htm** appelle la deuxième page, tandis que le deuxième lien de la page **Liste1.htm** appelle la première page. Ce qui fonctionne en local sur un ordinateur fonctionnera évidemment de la même manière sur un site Internet au niveau d'un serveur. Vous pourrez constater un peu plus loin dans ce chapitre l'étonnante facilité avec laquelle les pages peuvent être mises à jour dans les dossiers, qu'ils soient locaux ou à distance.

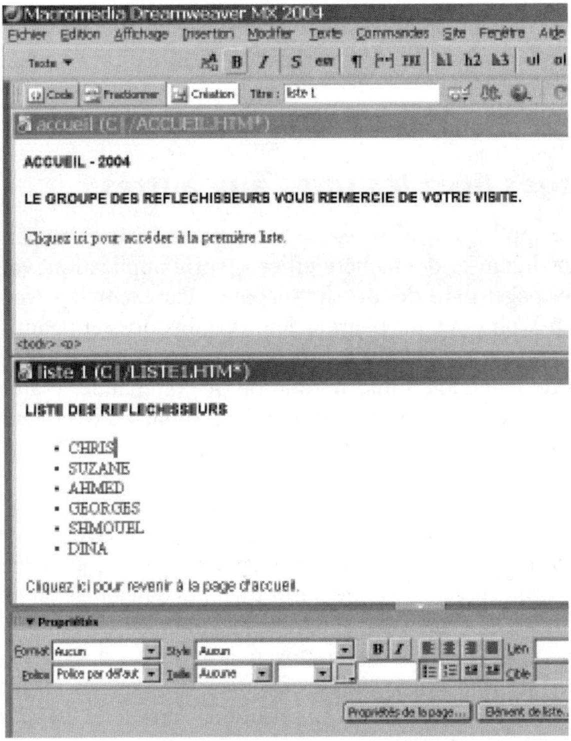

Figure 2.1 : Les deux pages HTML sont créées dans la fenêtre principale de Dreamweaver.

Comment créer une page HTML ?

Pour créer des pages, effectuez les opérations suivantes :

1. Créez une page HTML vierge après l'ouverture de Dreamweaver.
2. Placez les textes de présentation dans la partie « Page de création ».
3. Enregistrez la page.

4. Recommencez les mêmes opérations pour la deuxième page. Une fois les pages créées, vous devez mettre en place un lien Hypertexte qui pointera vers l'autre page.

Comment créer un lien hypertexte ?

Pour créer un lien à partir d'un texte déjà écrit dans la page, effectuez les opérations suivantes :

1. Sélectionnez le texte à transformer en Hypertexte.
2. Cliquez sur l'option de menu Insertion / Hyperlien. Vous pouvez constater que le texte sélectionné s'affiche dans la boîte de dialogue « Hyperlien » (Figure 2.2).
3. Choisissez une page HTML dans la zone « Lien ».
4. Choisissez le type de destination pour la page. Vous pouvez choisir _Blank, _Parent, _Self ou _Top.
5. Cliquez sur le bouton OK pour terminer.

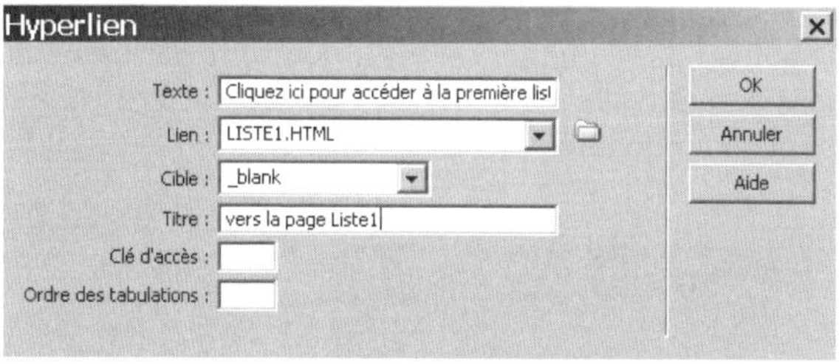

Figure 2.2 : Définition de l'hyperlien.

Après avoir défini un lien Hypertexte, vous constaterez que celui-ci est souligné. Vous pourrez tester le résultat en visualisant la page dans un navigateur.

Comment voir le résultat d'une page dans un navigateur ?

Pour consulter le résultat de votre travail dans un navigateur, effectuez les opérations suivantes :

1. Cliquez sur le bouton qui ressemble à une terre bleue.
2. Choisissez votre navigateur (Figure 2.3).
3. Fermez la fenêtre du navigateur pour revenir dans Dreamweaver MX 2004.

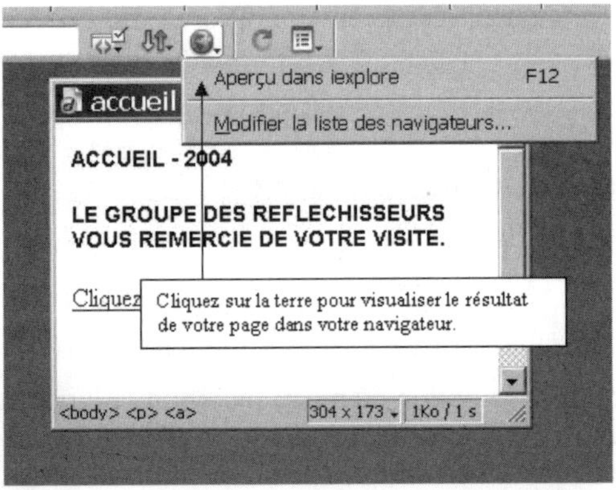

Figure 2.3 : Aperçu de la page dans un navigateur.

Le dispositif des onglets

Dreamweaver vous permet de travailler avec plusieurs pages en même temps. Pour passer d'une page à l'autre, cliquez sur l'onglet indiquant le nom de la page. Vous pouvez aussi cliquer du droit pour afficher un menu contextuel facilitant les opérations de maintenance de page. La figure 2.4 montre deux pages et le menu contextuel.

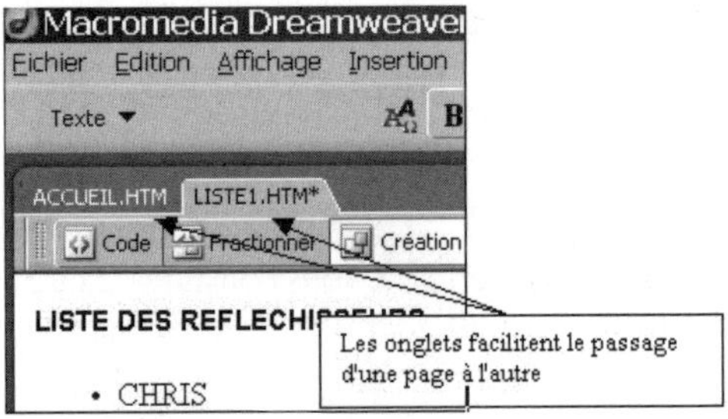

Figure 2.4 : Le dispositif des onglets.

Le dispositif « Pointer vers un fichier »

Lorsque vous avez besoin de pointer une page pour définir la destination d'un lien Hypertexte, le dispositif « Pointer vers un fichier » est particulièrement utile pour définir ce lien. Ce mécanisme a la forme d'une rondelle que vous trouverez à côté de la zone de texte « lien ».

1. Maintenez le pointeur de la souris sur la rondelle.
2. Déplacez la souris vers l'onglet de la page que vous désirez pointer. La figure 2.5 montre ce dispositif en action.

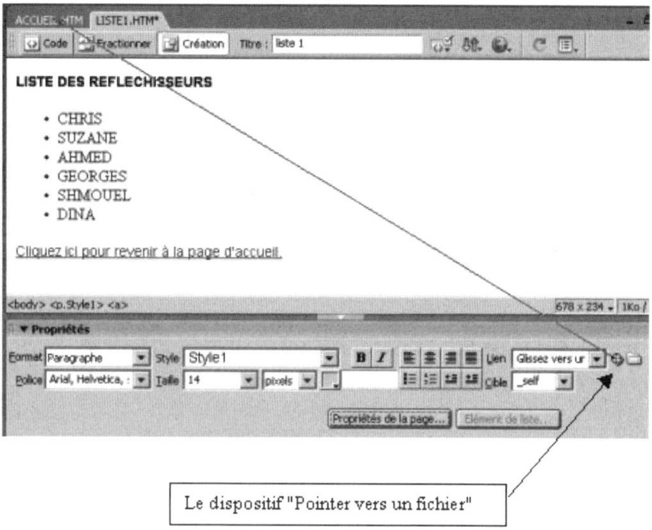

Fichier 2.5 : Le dispositif de pointage de Dreamweaver MX 2004.

La différence entre une page statique et une page dynamique

Une page statique est une page dont le contenu ne change jamais à moins que le concepteur n'en décide autrement. La plupart des portails ou pages d'accueil sont statiques. Elles sont stockées sur un serveur à distance et disponibles par l'intermédiaire d'une adresse HHTP. Une page dynamique contient des informations renvoyées par le serveur en fonction d'une demande spécifique du visiteur. Par exemple si vous demandez la liste des livres d'informatique sur le site des éditions ESKA, vous recevrez une information sur une page prévue pour répondre à toute sorte de requêtes. La page est dynamique lorsqu'elle est recréée à chaque requête et renvoyée vers le navigateur. En ce qui concerne les langages de programmation utilisés pour créer des pages dynamiques, les programmeurs emploient des langages capables de reconnaître l'environnement du serveur (ASP, PHP, etc.). La figure 2.6 montre une page statique.

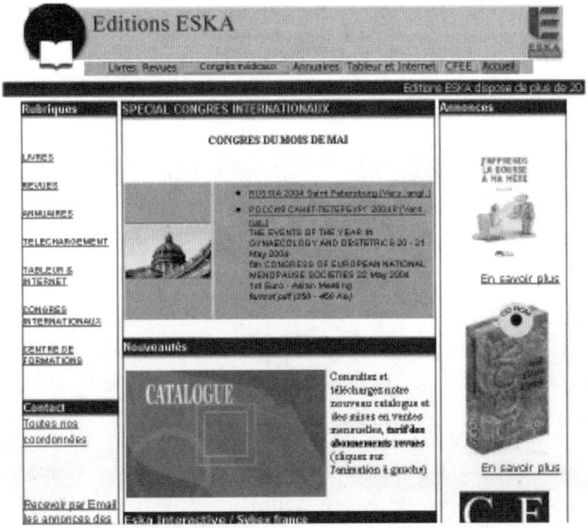

Figure 2.6 : Une page d'accueil est statique.

La figure 2.7 montre une page dynamique. La partie du haut permet de poser une question et celle du bas récupère la réponse en provenance du serveur.

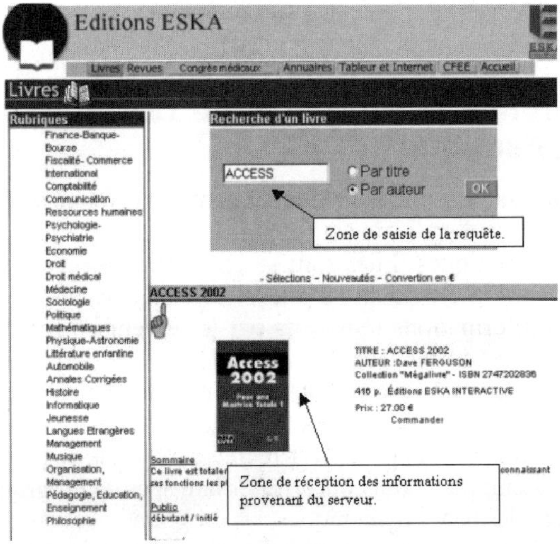

Figure 2.7 : Une page dynamique.

Remarque : Vous pouvez tout à fait réaliser une page statique avec Dreamweaver MX 2004 sans programmation. Par contre vous ne pourrez concevoir une page dynamique sans un minimum de connaissance de la programmation du contexte Client-Serveur.

Les serveurs

Un serveur est une machine qui sert de l'information. En général une grosse machine est reliée à un nombre d'ordinateurs important et les données circulent d'une machine à l'autre. Lorsque le nœud central de communication emploie une technologie à base de navigateurs Internet (comme Netscape, Opéra, Internet Explorer, ou un autre), on dit que le réseau est organisé au sein d'un intranet. Dans le contexte Internet, un serveur est une machine qui est reliée au réseau des réseaux 24 h sur 24. Les navigateurs peuvent s'y connecter par l'intermédiaire du protocole de communication HTTP. Lorsque vous développez une application Internet, vous devez tester vos pages avant de les intégrer définitivement sur le serveur. Ces tests peuvent être réalisés sur des serveurs locaux, c'est-à-dire sur des dispositifs simulant un serveur à distance.

Installation du Personnel Web Server

Sur les anciennes versions de Windows 95/98/Me, vous pouvez employer le serveur PWS ou Personnel Web Server. Pour installer ce serveur local, recherchez le répertoire Windows98\Add-ons\PWS du CD d'installation de Windows 98 (1re édition) ou 95, et exécutez le programme Install.exe. Lorsque l'installation est terminée, consultez l'arborescence du répertoire C:\INETPUB. Celui-ci contient l'ensemble des répertoires nécessaires à la création d'une application Web locale. Pour démarrer le serveur Web personnel, effectuez les opérations suivantes :

1. Cliquez sur Démarrer/Programme/Serveur Web Personnel Microsoft.
2. Sélectionnez « Gestionnaire du serveur Web Personnel ».

Des informations sont par la suite disponibles en tapant l'adresse **http://localhost** dans votre navigateur ou par l'option « Documentation en ligne » du menu Démarrer/Programme/Serveur Web Personnel Microsoft.

Remarque : Tout site Web possède un répertoire de base qui indique un point de départ. La plupart du temps le répertoire **C:\Inetpub\wwwroot** contient toutes les pages HTML, ASP ou autres. Lorsque vous souhaitez visualiser une page spécifique présente sur un serveur, vous tapez l'adresse **http://domaine//lapage.html**.

Installation du serveur IIS sur Windows XP PRO

IIS ou Internet Information Server est le dispositif de base des plates-formes Windows 2000 Server et XP Pro en ce qui concerne les échanges d'information dans le contexte Client-Serveur. Après l'installation du serveur IIS, les fichiers sont placés dans le répertoire **\inetpub\wwwroot**, et vous y accédez en tapant une adresse du type **http://nom_du_serveur/nom_du_fichier** dans le navigateur. D'une manière générale, ce type de serveur permet de partager des informations au sein d'une base de données, mais aussi de programmer des composants externes, comme les dispositifs qui indiquent le nombre de visiteurs d'une page Internet. Pour installer le service IIS sur la famille Windows 2000 / XP Pro, effectuez les opérations suivantes.

1. Cliquez sur Démarrer/Paramètres/Panneau de configuration.
2. Cliquez sur l'icône Ajout/Suppression de programmes.
3. Choisissez Ajouter ou supprimer des composants Windows.
4. Dans la boîte de dialogue Assistant Composant de Windows, cochez l'option Service Internet IIS.
5. Cliquez sur le bouton détail et sélectionnez toutes les options. Après l'installation, vous constaterez la création d'un répertoire personnel, **C:\INETPUB**, contenant de nouveaux sous-répertoires.

La figure 2.8 montre l'arborescence créée à cette occasion.

Remarque : Une fois le serveur local installé, employez Dreamweaver MX 2004 pour mettre en place toutes les pages Web que vous désirez avant de les transférer définitivement sur un serveur Internet. Vous devrez indiquer tout un ensemble de paramètres pour définir le serveur qui sera nécessaire à l'application développée.

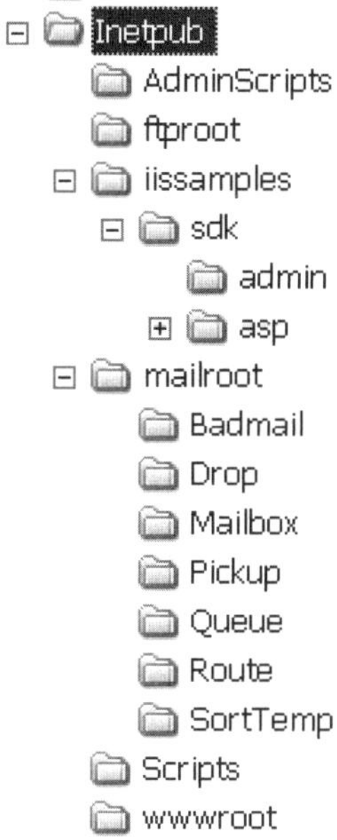

Figure 2.8 : L'architecture du serveur local IIS sur Windows XP Pro.

Les sites

La notion de site est extrêmement importante dans Dreamweaver MX 2004. Une application Internet est toujours stockée sur un site distant et doit être disponible 24 heures sur 24. Dreamweaver vous propose une gestion de sites paramétrables très performante.

Création d'un site Dreamweaver

Pour créer un site Dreamweaver, effectuez les opérations suivantes :

1. Démarrez Dreamweaver.
2. Dans la fenêtre de démarrage, cliquez sur « Site Dreamweaver ».
3. Entrez un nom de site dans la zone de saisie de la fenêtre « Définition du site » (Figure 2.9).

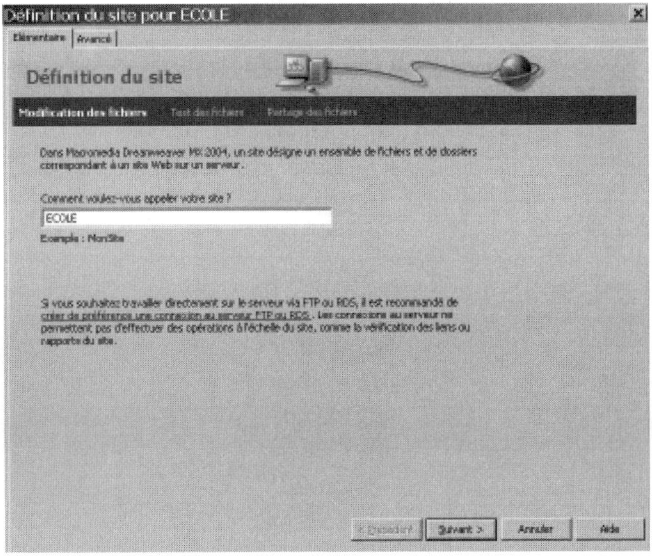

Figure 2.9 : Définition du site.

4. Cliquez sur le bouton Suivant.
5. Répondez Oui à la question « Voulez-vous utiliser une technologie de serveur ? », si vos pages contiendront des instructions d'accès à des bases de données ou à des composants proposés par le serveur. Il peut s'agir par exemple du dispositif qui affiche le nombre de visiteurs sur une page. Répondez Non s'il n'y a pas de technologie de serveur. La figure 2.10 montre cette deuxième fenêtre. Dans cet exemple vous choisirez la technologie de serveur ASP Javascript. On va supposer que les pages à développer contiendront du code Javascript et qu'elles seront capables de manipuler les composants spécifiques à un serveur local IIS.
6. Cliquez sur le bouton Suivant.
7. Choisissez la façon de travailler les pages de votre application au cours du développement. Vous pouvez sélectionner trois options :
   a. Modifier et tester localement.
   b. Modifier localement puis télécharger vers le serveur distant d'évaluation.
   c. Modifier directement sur le serveur distant d'évaluation. La figure 2.11 montre la fenêtre de sélection du mode de travail.

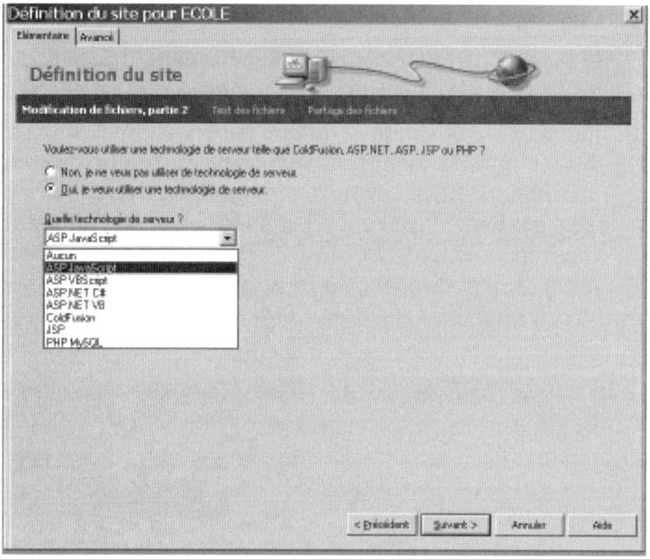

Figure 2.10 : Une technologie de serveur permet de travailler avec les dispositifs proposés par le serveur.

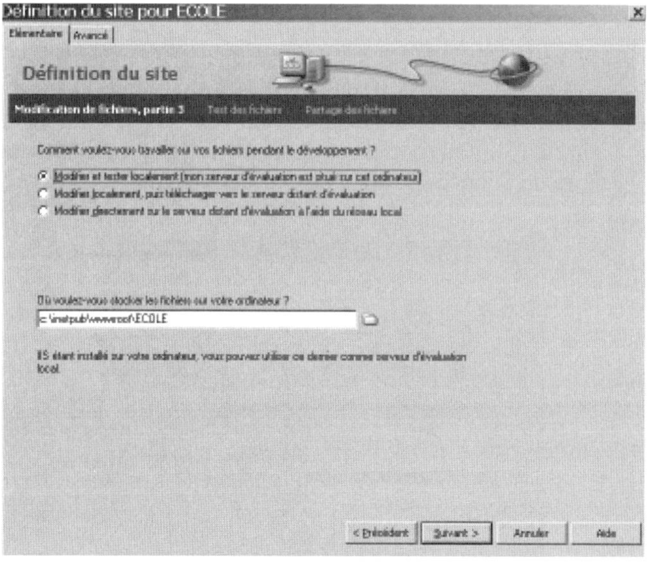

Figure 2.11 : Le mode de gestion des pages d'une application.

8. Cliquez sur le bouton Suivant.
9. Indiquez l'URL (Uniform Resource Locator) nécessaire pour tester les pages Web. Testez-la puis cliquez sur le bouton Suivant.
10. Indiquez si vous désirez qu'une page soit copiée sur un serveur distant après sa modification (Figure 2.12). Lorsque vous effectuez une modification sur une page dans Dreamweaver, celle-ci n'est pas immédiatement répercutée sur un serveur à distance. Si vous répondez Oui, Dreamweaver vous demandera ensuite de renseigner le type de connexion que vous mettrez en place pour transférer les fichiers vers le serveur à distance.

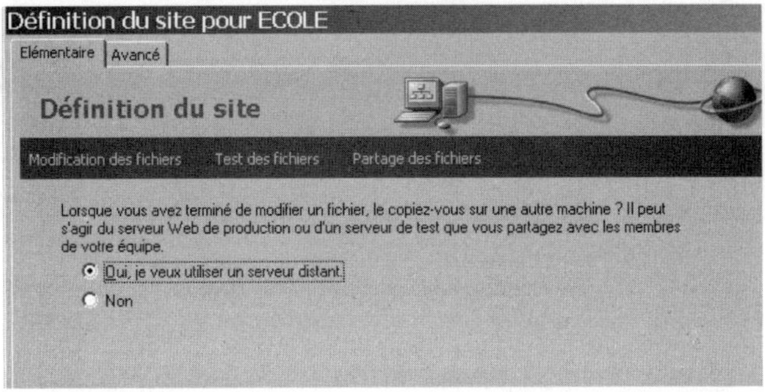

Figure 2.12 : Modification ou non des pages vers le serveur à distance.

11. Renseignez le mode de connexion vers le serveur à distance (Figure 2.13). Vous pouvez choisir : Aucun, FTP, Local/Réseau, RDS, Base de données Source Safe et WebDAV.

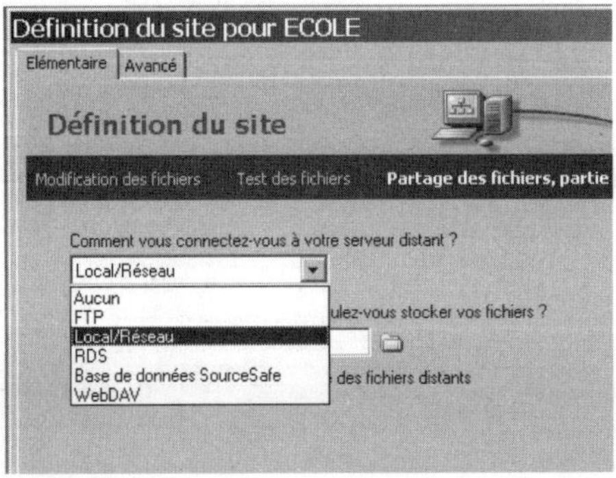

Figure 2.13 : Le mode de connexion au serveur à distance.

12. Indiquez si vous souhaitez activer l'archivage et l'extraction de fichiers. Cette option, intéressante dans le cadre d'un travail collaboratif (Figure 2.14), permet d'éviter que deux personnes ne puissent modifier un même fichier en même temps.

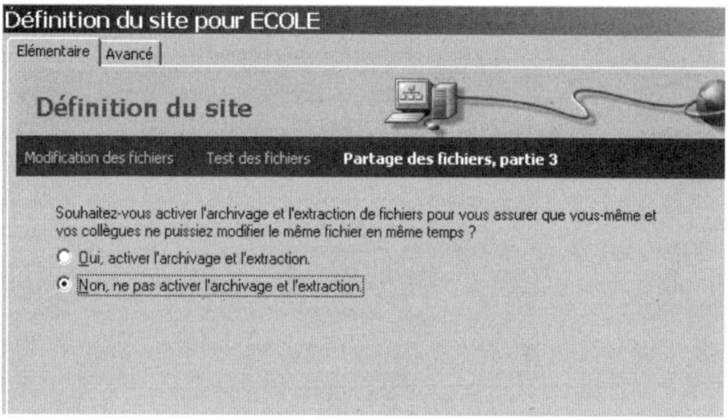

Figure 2.14 : Choix de l'activation et de l'archivage.

Tous les paramètres précédents de définition du site peuvent être revisités en effectuant les opérations suivantes :

1. Cliquez sur l'option de menu Site/Gérer les sites.
2. Dans la boîte de dialogue « Gérer les sites », cliquez sur le nom du site que vous avez défini (Figure 2.15) puis sur le bouton « Modifier ».

Figure 2.15 : Sélection d'un site déjà existant.

3. Modifiez les informations nécessaires en changeant de catégorie (Figure 2.16).

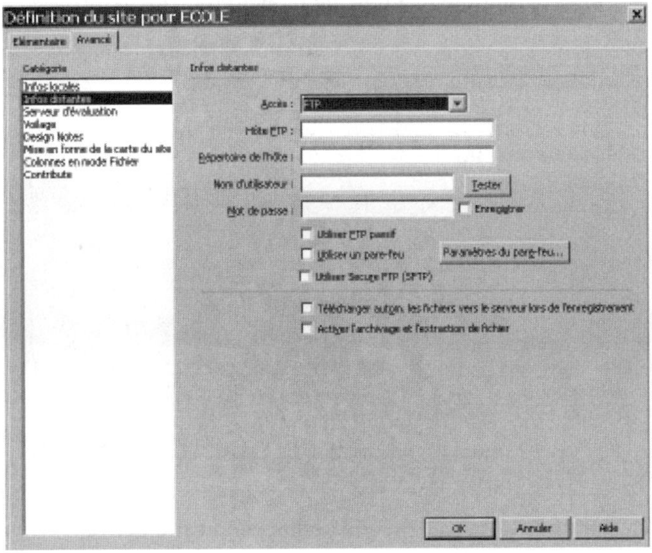

Figure 2.16 : Modification des informations d'un site déjà créé.

La qualité d'un site

Pour réaliser un site de qualité, vous devez respecter certaines règles de mise en place. La liste suivante détaille quelques grands principes.

- **La qualité visuelle**. Vos pages Internet doivent être claires. Si votre visiteur ressent du plaisir à regarder votre site, il y reviendra sans aucun doute. Une page bien faite est toujours plus agréable qu'une page terne et ennuyeuse. Cela dit, si l'information est capitale pour un visiteur donné, la présentation n'aura plus aucune importance.
- **Aisance de la navigation**. Vous passez d'une page à l'autre en utilisant des liens Hypertextes. Par conséquent vous devez absolument éviter que le visiteur ne se perde en route. La conception du site doit aussi favoriser la recherche d'une information. En d'autres termes votre internaute doit pouvoir aller vers l'endroit désiré le plus rapidement possible. En cas de perte de chemin, vous devez favoriser le retour vers la page d'accueil, en aidant le visiteur si nécessaire.

- **Utilisation des technologies multimédia.** La plupart des systèmes d'exploitation emploient des technologies qui favorisent le développement des applications vidéo ou sonores. Employez ces technologies pour créer une approche agréable et efficace de la page. Restez sobre. Evitez les dispositifs qui présentent plus d'inconvénients que d'avantages. Employez avec justesse les images animées ou clignotantes comme les « animated gif », le multifenêtrage, l'utilisation des Plugins, les applications JavaScript, VBScript ou les Applets Java.
- **Intérêt pédagogique.** En gardant à l'esprit qu'un visiteur ne reste pas plus d'un quart de minute sur un site, il est astucieux de lui proposer de nouvelles connaissances pour garder son esprit éveillé.
- **Qualité des sources d'information.** Le visiteur vous fera confiance s'il est assuré de la véracité de l'information fournie. Gardez à l'esprit qu'une information bien présentée peut sembler exacte même si ses sources ne sont pas fiables. L'honnêteté est un joyau. Des erreurs ou des faussetés disqualifieront votre site.

L'organisation d'un site passe par des dossiers

La plupart du temps le démarrage d'un site est un fichier **index.htm**. Il peut s'agir d'une page d'accueil, d'un portail vers d'autres sites ou simplement d'un menu général. À partir du moment où votre application comporte de nombreuses images, vous devez les classer par domaine et les stocker dans des dossiers différents. Une fois cette organisation définie, Dreamweaver la mémorisera et sera capable de recréer les liens, si d'aventure certains sont supprimés. L'exemple suivant montre l'organisation d'un site de plats cuisinés. Un dossier MIAMMIAM (Figure 2.17) contient plusieurs dossiers qui contiendront les pages HTML et les images nécessaires au site. Toutes les pages HTML que vous pourrez créer avec Dreamweaver seront stockées dans le répertoire C:\MIAMMIAM\HTML. Vous avez vu plus haut la manière de mettre en place un site Dreamweaver.

Figure 2.17 : L'organisation du site de plats cuisinés comporte des dossiers d'images.

Ici, dans cet exemple de site de cuisine, vous allez créer un nouveau site mais sans technologie de serveur.

1. Démarrez Dreamweaver MX 2004.
2. Dans la fenêtre de démarrage, cliquez sur Site Dreamweaver.
3. Cliquez sur l'onglet Avancé.
4. Dans la zone « Nom du site », indiquez la description du site. Dans cet exemple il s'agit de CUISINE (Figure 2.18).
5. Dans la zone « Dossier racine local », indiquez le dossier dans lequel les pages HTML seront sauvegardées.
6. Dans la zone « Dossier des images par défaut », indiquez le dossier concerné.
7. Dans la zone `http://www` vous pouvez indiquer un autre site faisant fait référence à votre propre site. N'indiquez rien si vous n'avez pas d'information à ce sujet.
8. Le cache est un dispositif qui enregistre les informations concernant les actifs du site (les images, les fichiers sonores, les animations, les plugins, les applets, et les autres agréments d'un site Web.)
9. Dans la catégorie « Infos distantes », sélectionnez « Aucun » dans la zone accès.
10. Dans la catégorie « Serveur d'évaluation », sélectionnez « Aucun » dans la zone « Modèle de serveur » (Figure 2.19).

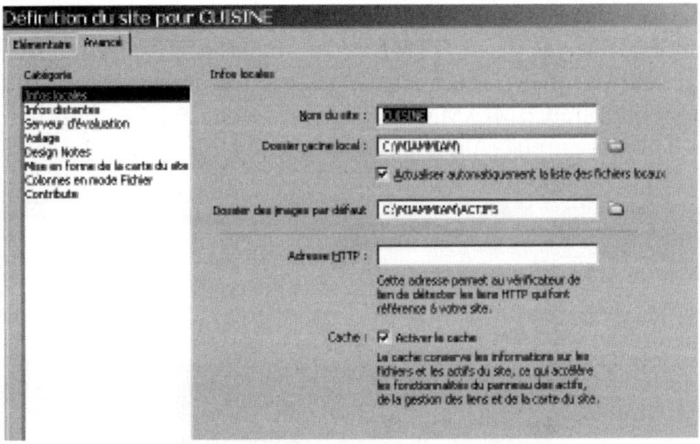

Figure 2.18 : Les informations du site Cuisine.

Lorsque le site Dreamweaver a été défini, vous pouvez consulter tous les dossiers à l'intérieur du panneau Fichier. Pour afficher ce panneau, effectuez les opérations suivantes :

1. Cliquez sur l'option de menu Fenêtre.
2. Sélectionnez Fichier ou tapez la touche F8.

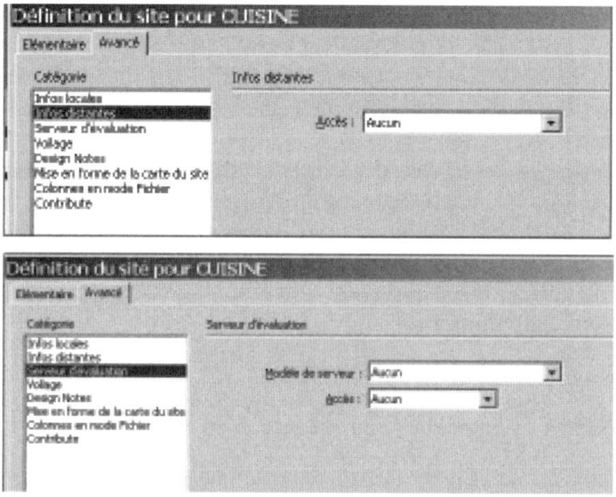

Figure 2.19 : Le site ne comporte pas de serveur d'évaluation.

La figure 2.20 montre le panneau Fichiers, très utilisé dans Dreamweaver. Il comporte deux onglets, Fichiers et Actifs.

Les actifs sont les objets qui vont agrémenter votre site et sont composés de plusieurs dispositifs : les images, les couleurs, les adresses URL, les objets Flash, les objets Shockwave, les films, les scripts, les modèles, la bibliothèque. La figure 2.21 montre l'onglet **Actif** dans le panneau Fichiers.

Une fois les dossiers définis, créez les pages de votre site sans trop vous attacher à la présentation. L'intérêt de cette étape est de relier les pages les unes aux autres à l'aide des liens. Lorsque toutes les pages seront reliées ensemble, vous pourrez afficher une **carte du site**. Ce dispositif montre une présentation générale de toutes les pages avec tous les objets qui sont insérés à l'intérieur. La figure 2.22 montre la page (Index.htm) de départ du site CUISINE dans Internet Explorer.

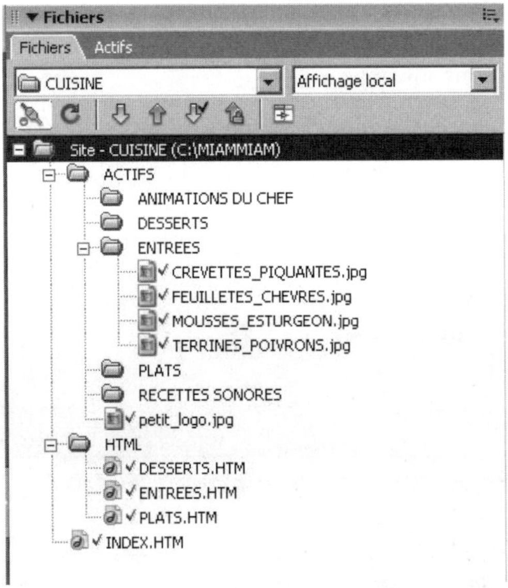

Figure 2.20 : Le panneau Fichiers vous permet de visualiser d'un seul coup d'œil tous les dossiers du site local.

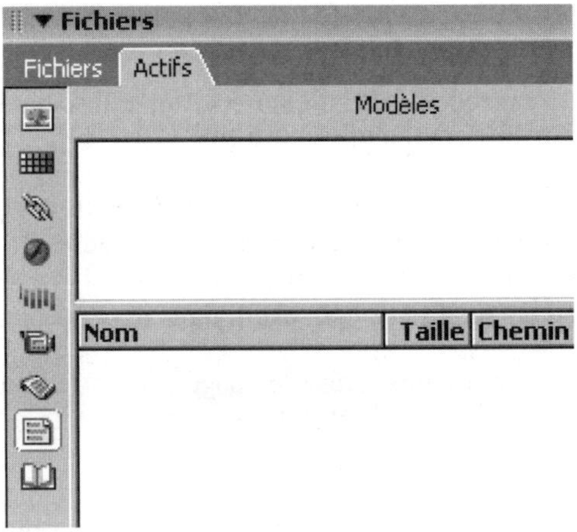

Figure 2.21 : Les actifs d'un site Dreamweaver.

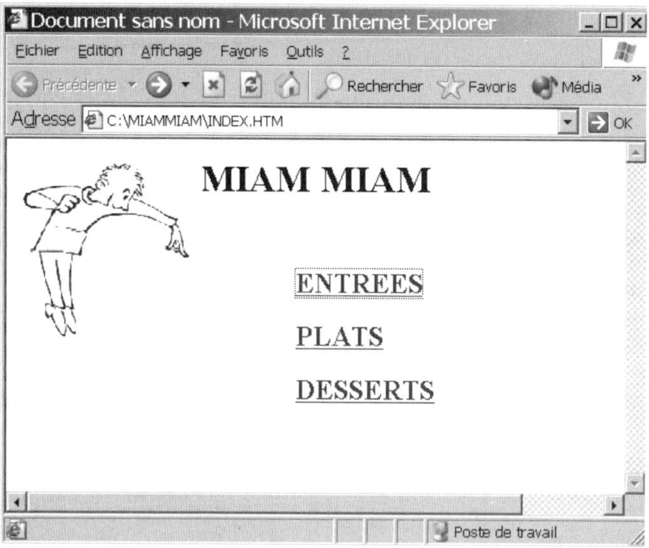

Figure 2.22 : Le menu général Index.htm.

Remarquez que chaque option du menu est simplement un lien qui pointe vers une autre page. Une image a été insérée dans la page grâce au dispositif de calque de Dreamweaver.

Un calque est un objet conteneur de texte, que vous pouvez très facilement disposer sur votre page. La liste suivante détaille les liens pointant vers les pages HTML.

- Le lien ENTREES pointe vers la page ENTREES.HTM
- Le lien PLATS pointe vers la page PLATS.HTM.
- Le lien DESSERTS pointe vers la page DESSERTS.HTM.

La carte du site

Pour visualiser d'un seul coup d'œil toute l'organisation de votre site, Dreamweaver MX 2004 propose le dispositif de la carte du site. Vous devez renseigner certaines informations au niveau des paramètres généraux de votre site. Pour définir les paramètres de la carte du site, effectuez les opérations suivantes :

1. Cliquez sur l'option de menu Site.
2. Cliquez sur gérer les Sites.
3. Sélectionnez le nom du site que vous désirez et cliquez sur le bouton Modifier.
4. Cliquez sur l'onglet Avancé dans la fenêtre de définition du site (Figure 2.23).
5. Sélectionnez la catégorie « Mise en forme de la carte du site ».
6. Indiquez la page d'accueil.
7. Cochez les options et fermez la fenêtre en cliquant sur le bouton OK.
8. Cliquez sur le bouton Terminer de la fenêtre de gestion des sites.

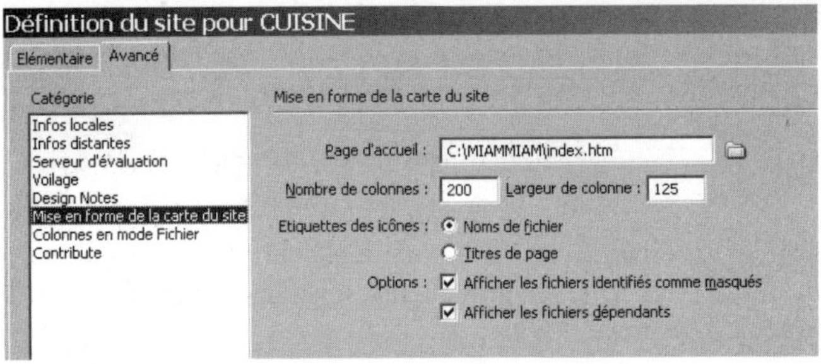

Figure 2.23 : Les paramètres de la carte du site.

Une fois les paramètres définis, revenez sur le panneau Fichiers et sélectionnez l'option « Affichage de la carte » comme le montre la figure 2.24.

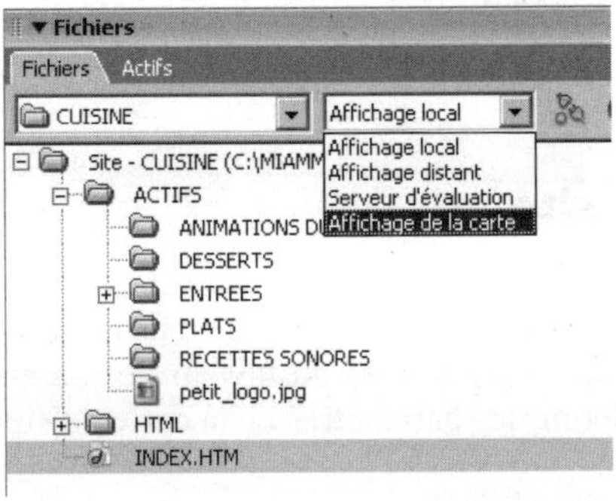

Figure 2.24 : Sélection de l'affichage de la carte.

Dreamweaver affiche immédiatement l'organisation générale du site en cours (Figure 2.25).

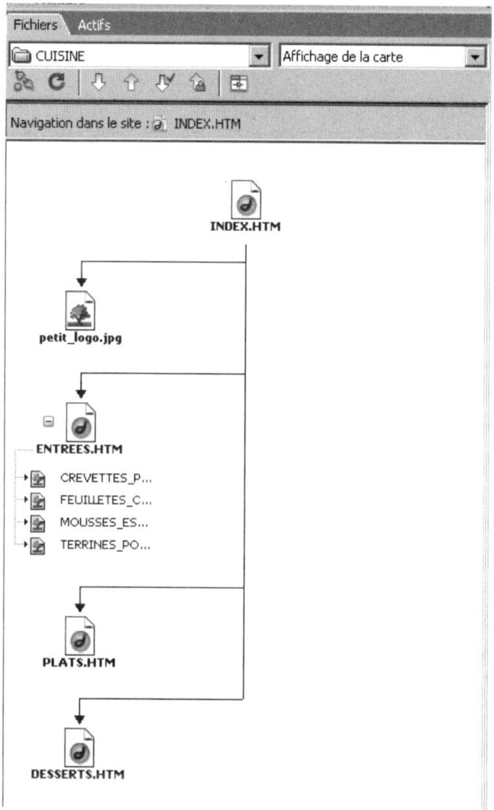

Figure 2.25 : La carte du site.

Si vous désirez consulter rapidement toutes les images de votre site, choisissez l'onglet **Actifs** dans le panneau Fichiers. Dreamweaver affichera l'image dans la partie du haut et le nom du fichier dans la partie basse (Figure 2.26).

Remarque : Si la liste n'est pas à jour dans la partie inférieure du panneau Actifs, cliquez du droit et choisissez l'option

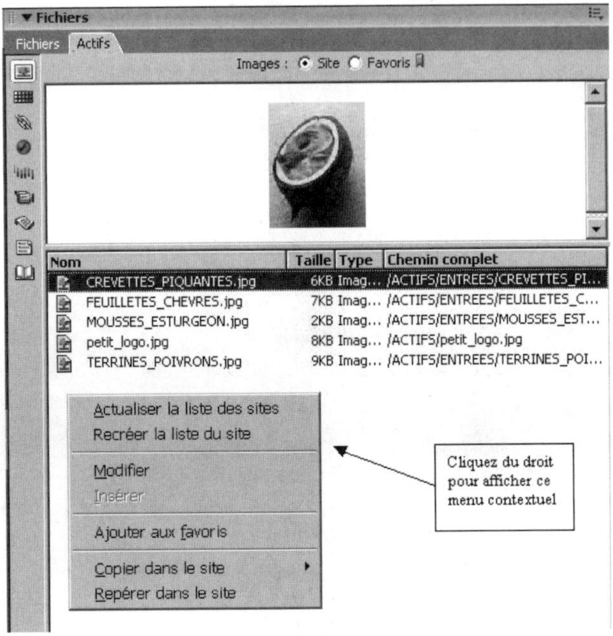

Figure 2.26 : L'onglet Actifs permet de consulter rapidement les images du site.

Qu'est-ce qu'un site distant ?

Un site distant est une organisation de dossiers et de pages, spécifiques à une application Internet. Le dossier de base d'un site distant est toujours déterminé par votre fournisseur d'accès. Il correspond au dossier racine du dossier local. Dreamweaver vous recommande fortement de créer deux structures de dossiers identiques, l'une en local, l'autre à distance. Le principe de base est le transfert des fichiers modifiés localement vers le site distant. Une fois ces modifications effectuées sur le site local, vous demandez à Dreamweaver de copier ces modifications vers le site distant. C'est la raison pour laquelle les deux structures, locale et distante, doivent être rigoureusement identiques. Dans le cas contraire vous risqueriez de ne pas transférer correctement certaines modifications et de perdre des liens entre les différentes pages. La figure 2.27 montre l'organisation d'un site distant proposé par un fournisseur Internet.

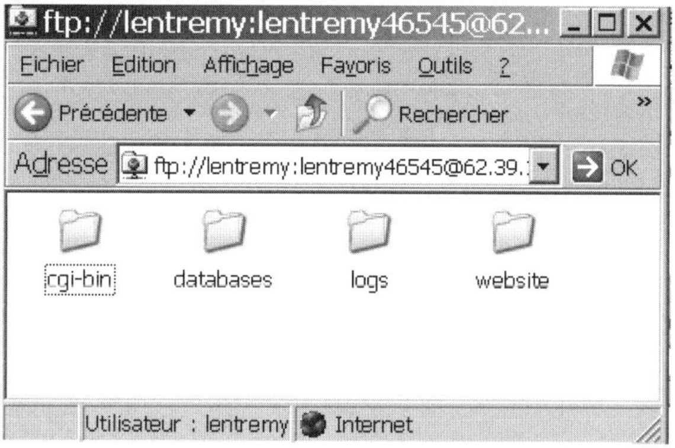

Figure 2.27 : Un site distant.

Le panneau Fichiers de Dreamweaver MX 2004 facilite la visualisation des pages stockées sur un site distant. Il suffit de sélectionner l'option « Site distant » dans la liste déroulante du panneau. Définissez les paramètres du site distant en cliquant sur le lien « Définir un site distant » (Figure 2.28).

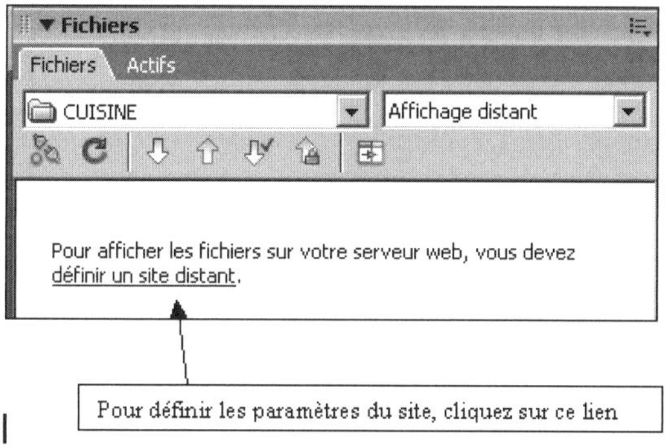

Figure 2.28 : Le site distant a besoin de paramètres de connexion.

Pour se connecter à un site distant, Dreamweaver MX 2004 emploie plusieurs méthodes. Vous constaterez que la connexion FTP (File Transfert Protocol) est la plus couramment utilisée. La figure 2.29 montre les différentes méthodes de connexion disponibles dans Dreamweaver MX 2004.

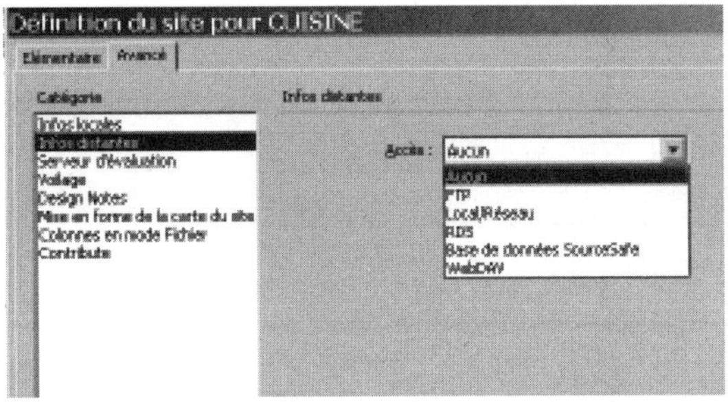

Figure 2.29 : Les méthodes de connexion aux sites distants.

La liste suivante détaille les modes d'accès :

- **Aucun**. Il n'y aucune connexion à distance.
- **FTP**. Il s'agit du protocole de communication File Transfert Protocol qui facilite les transferts de fichiers dans le contexte d'Internet. Ce mode de communication est plus rapide que la communication de données entre un navigateur et un serveur via le protocole HTTP.
- **Local/Réseau**. Employez ce paramètre si vous désirez tester vos pages sur un serveur local comme IIS ou PWS. Les fichiers et pages divers sont alors copiés sur le dossier racine simulant le serveur à distance. En général il s'agit du dossier C:\inetpub\wwwroot\.
- **RDS**. Le Remote Development Services permet une connexion vers un serveur Web d'un ordinateur qui exécute l'application ColdFusion (gestionnaire de bases de données relationnelles).
- **Base de données SourceSafe**. Une base de données Visual SourceSafe est un dispositif de base de données qui gère les affectations et les droits des utilisateurs dans le programme Administrateur Visual SourceSafe. Seul Windows prend en charge la base de données SourceSafe avec Microsoft Visual SourceSafe.
- **WEBDAV**. Le protocole Web-based Distributed Authoring and Versioning est une extension du protocole HTTP qui favorise l'édition et la gestion collaborative des documents. WEBDAV est une architecture qui permet aux internautes de prendre une part plus active au développement d'Internet.

Le protocole FTP

La création d'Internet a révolutionné la vie des personnes et des entreprises par la possibilité d'échanger massivement des informations. Le réseau des réseaux d'ordinateurs a été au départ créé pour les scientifiques et s'est par la suite diversifié pour devenir un moyen de communication mondial accessible par tout un chacun.

Un peu d'histoire

L'année 1969 voit la création du réseau ARPANET, un des ancêtres d'Internet comprenant quatre serveurs Web. En 1972 la création du premier logiciel de courrier électronique est officialisée. En 1975, les programmeurs créent le protocole permettant le transfert de fichiers. On l'appellera FTP ou File Transfert Protocol. En 1979, le système Usenet officialise les Newsgroups, c'est-à-dire les groupes de discussions. C'est en 1980 que naît le réseau Internet. Le protocole de communication TCP/IP est créé en 1982. Les noms de domaines ou système DNS sont créés en 1984. À ce moment-là plus de 1000 serveurs Web existent aux USA. 1987 est l'année de la création du format graphique GIF par la société Compuserve et en 1989 est créé le langage HTML (Hypertext Markup Language) issu du protocole de communication HTTP (Hypertext Transfert Protocol) et des adresses URL (Uniform Resourse Locator). En 1990 plus de 100 000 serveurs Web existent et le premier navigateur pour le Web apparaît sur le marché. Les années suivantes vont être des périodes d'une intense créativité de la part de tous les programmeurs enthousiastes qui mettent en place les principes de diffusion des premiers documents audio et vidéo sur le Net. En 1992 le cap d'un million de serveurs Web est atteint.

Le fonctionnement du protocole FTP

FTP est un protocole de communication entre deux ordinateurs client et serveur. Lorsque vous désirez télécharger des fichiers du client vers le serveur, vous adressez d'abord une requête au serveur pour commencer une communication. En d'autres termes, vous faites une demande au serveur pour savoir si celui-ci peut recevoir ou envoyer des données, comme le numéro que vous tapez sur le clavier de votre téléphone avant de commencer à parler. L'adresse valide du protocole FTP a la forme suivante :

- FTP:NOM_USER:MOTPASSE@NOM_DOMAINE ou
- FTP:NOM_USER:MOTPASSE@ADRESSE_IP

Par exemple :

- FTP://LENTREMY:LENTREMY146075@62.39.109.23/

L'intérêt du protocole FTP réside dans sa capacité à transférer de gros fichiers soit en binaire soit en ascii. Pour effectuer un transfert de fichier d'un ordinateur local vers un serveur à distance, vous pouvez employer un logiciel FTP gratuit comme les shareware WS_FTP32, CuteFTP ou LeechFTP mais aussi Dreamweaver MX 2004 qui intègre en son sein tous les dispositifs de transferts FTP de fichiers. La liste suivante détaille les paramètres de communication nécessaires à tout transfert FTP :

- **HostName**. C'est le nom du domaine de votre hébergeur. Il peut s'agir d'une expression telle que **MAPAGE.NOOS.FR** ou **FTP://PAUL.HAUCHON:ABCD@FTPPERSO.FREE.FR**.
- **User ID**. C'est le nom de l'utilisateur.
- **Password**. C'est le mot de passe.

Une fois ces paramètres définis, de nombreuses actions sont autorisées sur les fichiers et dossiers stockés à distance. Par exemple vous pouvez supprimer ou créer un nouveau répertoire. Vous avez la possibilité de rafraîchir l'affichage des dossiers et des fichiers tout en affichant certaines informations. Ces paramètres vous permettent d'afficher une arborescence du serveur, de publier des fichiers vers cette arborescence ou de recopier des fichiers du serveur vers votre disque dur.

Dreamweaver MX 2004 et le protocole FTP

Pour effectuer des transferts de fichiers avec Dreamweaver, vous devez renseigner certaines informations de configuration. Pour modifier ces paramètres, effectuez les opérations suivantes :

1. Cliquez sur l'option de menu Site/Gérer les sites.
2. Sélectionnez le site désiré.
3. Cliquez sur le bouton Modifier.
4. Sélectionnez l'onglet Avancé.
5. Choisissez la catégorie « Infos Distantes ».
6. Indiquez les paramètres FTP.

La figure 2.30 montre les paramètres de la catégorie « Info Distantes » pour cet accès FTP.

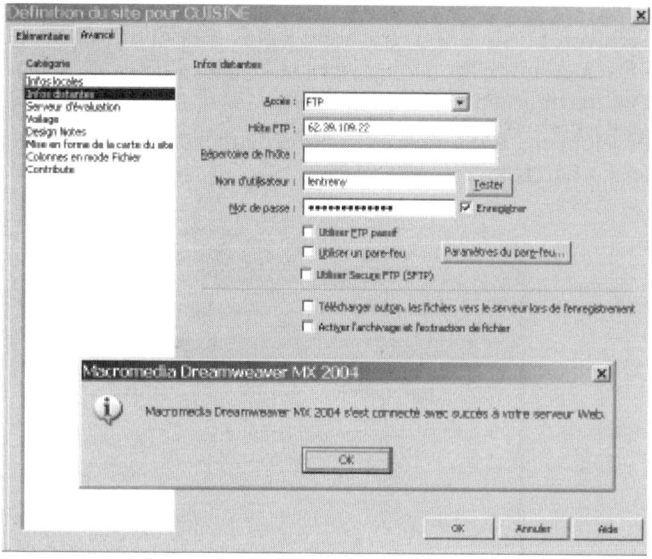

Figure 2.30 : Les paramètres de connexion au site FTP dans Dreamweaver MX 2004.

Une fois la configuration FTP terminée, le panneau **Fichiers** affiche tous les dossiers et les pages du site distant. Si vous ne les voyez pas malgré le choix « **Site distant** » de la liste du panneau, cliquez sur le bouton « **Connecter à un hôte distant** » placé à gauche du bouton « **Actualiser** » (Figure 2.31). La liste suivante détaille les principales actions de la barre d'outils du panneau Fichiers que vous pouvez effectuer.

- **Connecter à un hôte distant**. Cette option permet à Dreamweaver de se reconnecter automatiquement au site FTP.
- **Actualiser**. Cette option réactualise l'affichage.
- **Acquérir le(s) fichier(s)**. Cette option vous permet de copier les fichiers depuis le site distant vers le site local (Download).
- **Placer le(s) fichier(s)**. Cette option place ou publie les fichiers sur le site distant. En utilisant cet outil, vous copiez les fichiers depuis le site local vers le site distant (Uploading).

- **Extraire le(s) fichier(s)**. Lorsque plusieurs personnes travaillent en même temps sur le même site distant, il faut éviter une modification d'un fichier par deux personnes. Vous pouvez personnaliser l'acquisition d'un fichier par certains paramètres du site grâce à cette option.
- **Archiver**. Lorsque vous travaillez à plusieurs sur un site distant, vous pouvez archiver les fichiers, c'est-à-dire les libérer pour permettre à d'autres utilisateurs de les modifier
- **Développer / Réduire**. Cette option permet de réduire ou de développer l'arborescence du site distant.

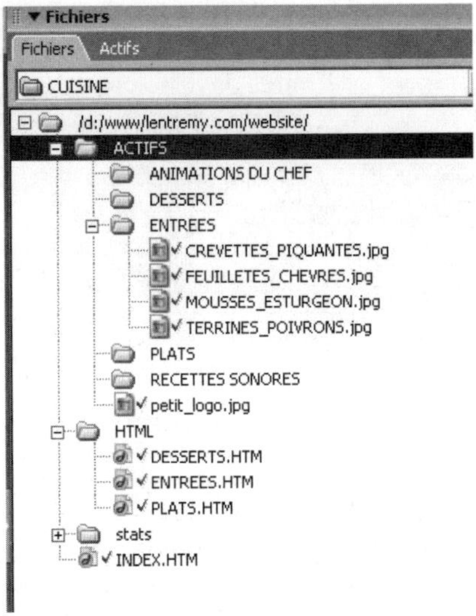

Figure 2.31 : Vous pouvez accéder aux fichiers et dossiers du site distant grâce au panneau Fichiers.

Différence entre HTTP et FTP

Le protocole HTTP (Hypertext Transfert Protocol) permet de recevoir et d'envoyer des informations par un canal de communication asynchrone. Il s'agit d'un ensemble de procédures qui effectuent les opérations suivantes :

1. Je saisis une adresse dans mon navigateur Internet sous la forme `http://www.adresse.domaine` ou http://adresse.domaine.
2. Internet (en réalité le protocole TCP/IP) tente d'établir une connexion avec un serveur qui écoute 24 h sur 24 les adresses qui « frappent à sa porte ».

3. Une fois la connexion établie, le serveur renvoie une page HTML (ou un autre type de page) qui correspond à la demande du navigateur client.
4. La communication se termine.

Contrairement au protocole HTTP, le protocole de communication FTP conserve un canal ouvert jusqu'à ce que vous lui disiez d'arrêter ou qu'une erreur se produise. Une fois les paramètres de configuration définis, Dreamweaver est capable de récupérer les fichiers du site distant vers le site local ou réciproquement.

Vous pouvez également copier/coller des fichiers par l'intermédiaire d'un navigateur Internet, tout en utilisant le protocole de communication FTP. Il suffit de renseigner les bons paramètres d'adresse dans la zone dédiée à cet effet au navigateur. La figure 2.32 montre une page Internet Explorer et une adresse FTP.

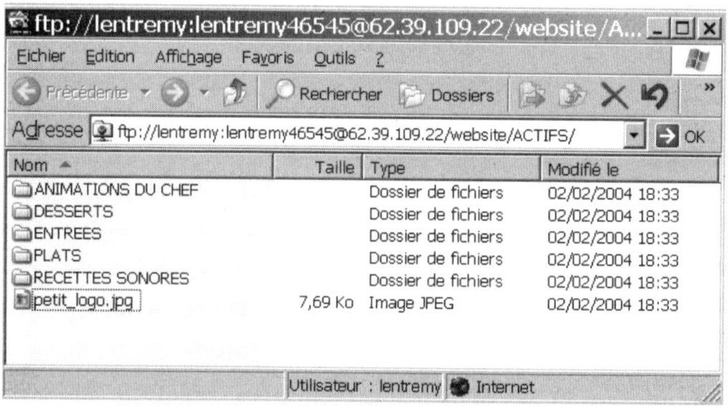

Figure 2.32 : Une adresse FTP peut être employée au sein même d'un Navigateur Internet.

Publication et acquisition de fichiers

Lorsque vous voulez mettre au point des pages de votre site Web, vous pouvez les sélectionner soit à partir du site local, soit à partir du site distant. Dès que vous choisissez l'affichage voulu, Dreamweaver lit les informations et affiche l'ensemble du répertoire des fichiers dans le panneau Fichiers. Vous pouvez par exemple tester facilement les deux affichages en ajoutant de nouveaux fichiers dans le site local. Un dispositif particulièrement intéressant permet de visualiser immédiatement les deux sites, local et distant.

Affichage immédiat des deux sites « local et distant »

Pour voir les fichiers des sites distant et local d'un seul coup d'œil, effectuez les opérations suivantes :

1. Ouvrez le panneau Fichiers.
2. Cliquez sur le bouton Réduire/Afficher.

La fenêtre du panneau Fichiers se coupe en deux et vous pouvez y distinguer les sites local et distant ainsi que leurs fichiers et pages correspondants. La figure 2.33 montre cette nouvelle organisation de Dreamweaver MX 2004.

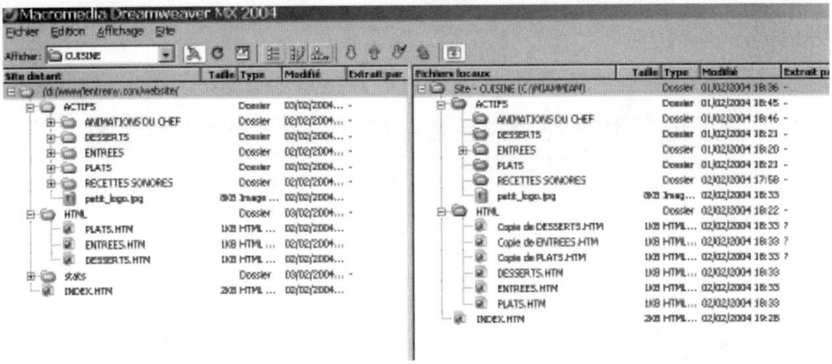

Figure 2.33 : Visualisation des deux sites « distant et local ».

Remarque : Vous pouvez très facilement copier un fichier du site local vers le site distant en déplaçant le nom du fichier d'une fenêtre à l'autre. Vous pouvez aussi supprimer un fichier grâce à la touche Suppr. Le bouton Actualiser (touche F5) réactualise la liste en fonction de la position du pointeur. Le bouton Carte du site affiche immédiatement la carte du site de la fenêtre en cours.

Ouvrir un fichier pour y travailler

Pour mettre à jour un fichier quelconque, effectuez les opérations suivantes :

1. Choisissez le site désiré, local ou distant dans le panneau Fichiers.
2. Double-cliquez sur le nom du fichier.

Toutes les pages que vous placez dans la partie gauche de la fenêtre principale sont accessibles par l'intermédiaire des onglets. Gardez à l'esprit que de nombreuses manipulations sont possibles grâce au bouton droit de la souris qui affiche un menu contextuel.

Enregistrer un fichier vers le serveur distant

Pour enregistrer un fichier, effectuez les opérations suivantes :

1. Cliquez sur l'option de menu Fichier.
2. Sélectionnez Enregistrer sur le serveur distant.

Remarque : Pour enregistrer un fichier sur le site local, sélectionnez l'option Enregistrer ou Enregistrer Sous.

Acquérir et Passer les fichiers

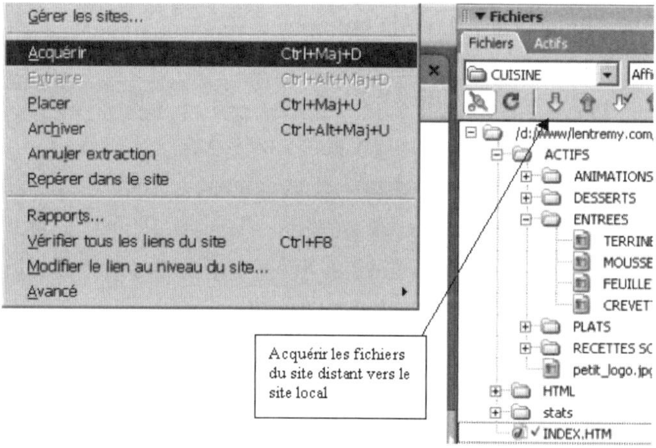

Figure 2.34 : Acquérir les fichiers.

L'option **Acquérir les fichiers** permet de récupérer dans le site local tous les fichiers situés sur le site distant. Faites attention parce que ce dispositif peut écraser les modifications que vous auriez effectuées sur les fichiers du site local. Vous pouvez acquérir les fichiers soit à partir du menu Site/ Acquérir, soit à partir du panneau Fichiers (Figure 2.34).

Dans le sens inverse l'option **Passer les fichiers** vous permet de placer (Publier) tous les fichiers du site local vers le site distant. Cette opération peut écraser les fichiers déjà existants sur le serveur. N'effectuez cette opération que si vous êtes absolument sûr de transférer les fichiers du contexte local vers le contexte distant.

Le travail collaboratif

Dreamweaver MX 2004 permet de travailler à plusieurs sur des fichiers stockés sur un site distant. Pour éviter que plusieurs personnes ne puissent modifier un même fichier, un dispositif d'extraction vous permet de spécifier des informations au moment de l'ouverture du fichier distant qui est alors marqué par un mot et une adresse e-mail définis dans le panneau de configuration des sites. Pour définir le paramétrage d'extraction de fichiers, effectuez les opérations suivantes :

1. Cliquez sur l'option de menu Site/Gérer les sites.
2. Sélectionnez le site désiré.
3. Cliquez sur le bouton Modifier.
4. Sélectionnez l'onglet Avancé.
5. Dans la catégorie « Infos distantes », cochez l'option « Extraire les fichiers à l'ouverture » (Figure 2.35).
6. Indiquez un nom dans la zone de texte « Nom d'extraction ».
7. Indiquez une adresse e-mail dans la zone de texte Courriel.
8. Cliquez sur le bouton OK pour fermer la fenêtre et le bouton Terminer pour revenir à Dreamweaver.
9. Positionnez votre pointeur de souris sur le fichier à extraire.
10. Cliquez du droit et sélectionnez l'option **Extraire**.
11. Cliquez sur le bouton Développer/Réduire. Vous constaterez que la partie « Site distant » affiche le fichier ouvert et la description que vous avez saisie dans les paramètres du site (Figure 2.36). Une encoche verte est alors visible devant le fichier.

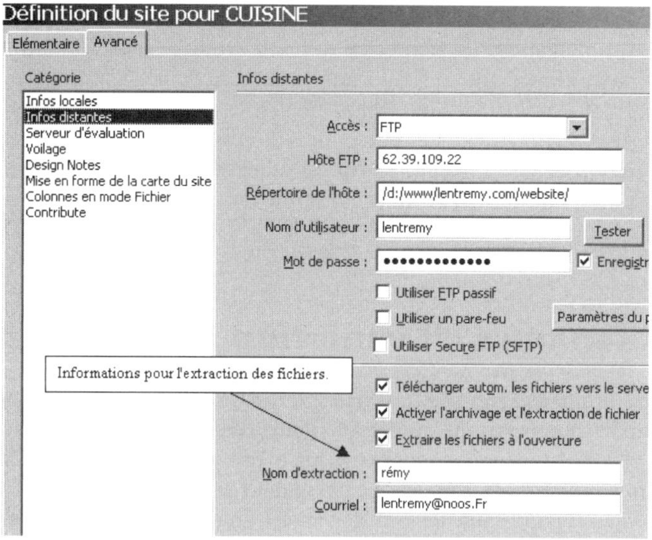

Figure 2.35 : Les paramètres d'extraction des fichiers sur le site distant.

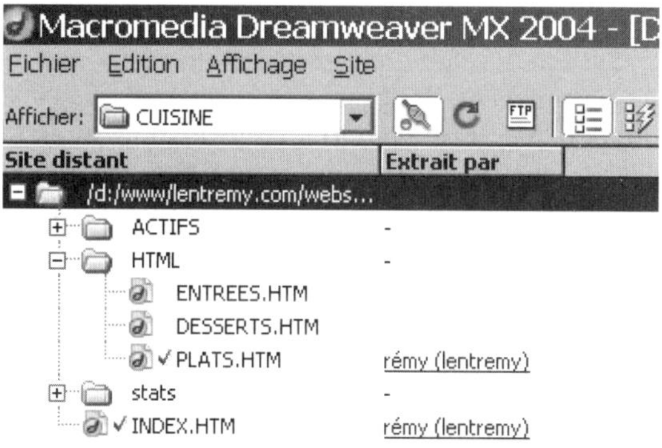

Figure 2.36 : Un fichier extrait et ses informations connexes.

Remarque : Une coche de couleur rouge indique qu'une autre personne dispose du fichier extrait. Un symbole représentant un cadenas indique que le fichier est en lecture seule. L'archivage d'un fichier équivaut à l'opération inverse c'est-à-dire à le remettre à la disposition des autres personnes, qui peuvent du coup l'extraire et le modifier de nouveau. Si vous étudiez le contenu du répertoire distant à l'aide d'un autre programme de transfert FTP, vous constaterez qu'un fichier **.LCK** est visible près du fichier extrait.

Les serveurs d'Évaluation

Un développement informatique commence toujours par une phase de tests. La plupart des personnes qui travaillent avec Dreamweaver créent leurs pages et les testent immédiatement sur le navigateur de leur ordinateur en ouvrant simplement les pages. Le navigateur sert alors d'afficheur de pages Web. Mais lorsque des accès à des bases de données ou des composants spécifiques sont requis, une organisation plus structurée est demandée. On appelle **serveur d'évaluation** un groupe de programmes qui simule un vrai serveur Internet. Cette organisation peut prendre plusieurs formes en fonction des configurations et des systèmes d'exploitation. Par exemple sur les systèmes Windows 95/98/Me, le serveur d'évaluation est le **PWS** ou le Personal Web System. Il s'agit d'un très vieux dispositif pratiquement abandonné depuis l'avènement des systèmes Windows NT/2000/XP. Sur ces systèmes NT/2000/XP, le serveur **IIS** (Information Interchange System) répond à pratiquement toutes les demandes des programmeurs et développeurs de sites Web. Il existe un autre type de serveur appelé **apache** fonctionnant dans l'organisation **easyphp**. Ce dispositif est gratuit et vous permet de créer des pages Web qui utilisent le langage PHP.

Un navigateur peut être utilisé pour afficher des pages

N'importe quel navigateur Internet peut afficher une page Web stockée sur un disque dur. Il suffit simplement d'ouvrir le fichier. Effectuez les opérations suivantes pour ouvrir n'importe quelle page HTML dans Internet Explorer :

1. Ouvrez le navigateur Internet Explorer.
2. Cliquez sur Fichier / Ouvrir.

3. Dans la boîte dialogue « Ouvrir » cliquez sur le bouton « Parcourir » pour afficher l'ensemble des fichiers présents sur votre disque dur.
4. Sélectionnez le fichier que vous désirez ouvrir.

Le serveur d'évaluation local IIS

Dans Windows XP PRO, vous pouvez utiliser le serveur IIS qui simule un serveur d'application Internet. Le répertoire **C:\inetpub\wwwroot** est la racine du serveur. C'est à l'intérieur de ce dossier que vous placez tous vos fichiers et pages HTML. Lorsqu'une page **Index.htm** se trouve stockée dans ce répertoire, une adresse spécifique **http://localhost/index.htm** ou **http://localhost/** indiquée dans le navigateur Internet Explorer affiche immédiatement le contenu de la page. Pour réactualiser la page, tapez sur la touche **F5** dans le navigateur.

On dit qu'un serveur local est un serveur d'évaluation quand il réagit de la même manière qu'un serveur Internet en réel. En d'autres termes, vous pouvez effectuer tous les tests que vous désirez, sur des pages HTML ou autres, au sein de ce serveur d'évaluation. Vous pouvez par la suite publier les pages de manière définitive sur Internet.

Pour paramétrer un serveur d'évaluation avec Dreamweaver, effectuez les opérations suivantes :

1. Cliquez sur l'option de menu Site / Gérer les sites.
2. Sélectionnez le site désiré et choisissez l'onglet Avancé.
3. Sélectionnez « Serveur d'évaluation » dans la fenêtre de définition de site.
4. Choisissez le modèle de serveur.
5. Choisissez l'accès au serveur, en général il s'agit de l'accès « Local/Réseau ».
6. Indiquez le dossier du serveur d'évaluation. Il s'agit de C:\Inetpub\wwwroot\ la plupart du temps sur un serveur de type IIS ou PWS.
7. Indiquez le préfixe de l'URL par `http://localhost/` pour un serveur d'évaluation de type IIS.

La figure 2.37 montre les paramètres pour un serveur d'évaluation ASP.NET VB.

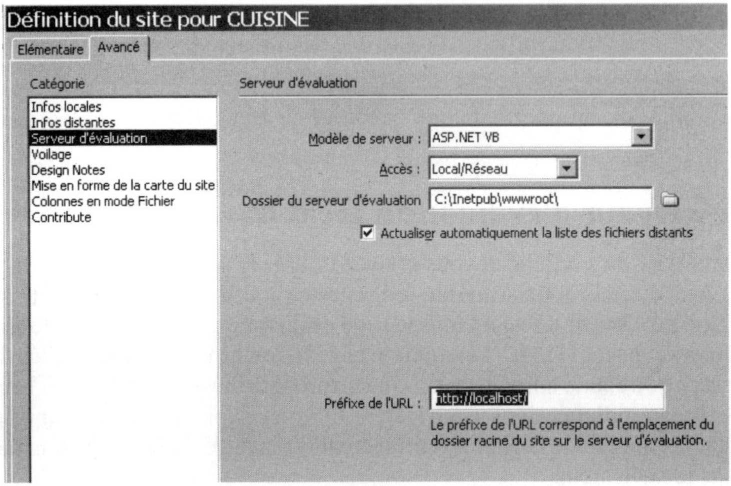

Figure 2.37 : Les paramètres d'un serveur d'évaluation.

La figure 2.38 montre les fichiers et pages HTML présents dans le panneau Fichiers, lorsque vous choisissez « Serveur d'évaluation » dans la liste du panneau.

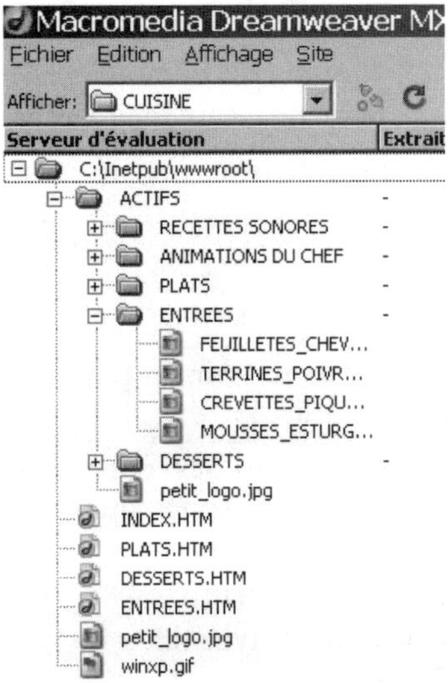

Figure 2.38 : Les fichiers du serveur d'évaluation dans IIS.

Le serveur d'évaluation EASYPHP 1.7

Un autre monde existe hors du contexte de Microsoft, et en particulier le package de logiciels libres EASYPHP. Il s'agit de tout un ensemble de programmes gratuits que vous pouvez vous procurer sur Internet. Une fois installée, l'application EasyPHP définit un serveur d'évaluation puissant et ouvert. Le chapitre 3 de ce livre détaillera son téléchargement, son installation et ses caractéristiques. La figure 2.39 montre la page d'accueil de la version EsayPHP 1.7.

De la même façon que pour le serveur IIS, vous pouvez afficher des pages HTML, par l'intermédiaire d'une adresse classique :

- HTTP:/ /NOM_ORDINATEUR/ NOM_DE_LA_PAGE.

La page d'accueil est accessible par l'adresse :

- HTTP://127.0.0.1/HOME/

Remarque : Vous ne pourrez pas faire fonctionner en même temps les serveurs d'évaluation IIS et EasyPHP sur un même ordinateur. Il vous faudra déconnecter IIS dans Windows XP Pro.

Figure 2.39 : La page d'accueil du serveur d'évaluation EASYPHP.

Le répertoire créé lors de l'installation du package EasyPHP 1.7 est différent du serveur IIS (Figure 2.40). Les pages que vous créerez dans Dreamweaver auront toutes l'extension PHP.

Figure 2.40 : Le répertoire du serveur EasyPHP.

En résumé

Dans ce chapitre vous avez étudié la notion d'application Web, de protocole FTP, ainsi que les dispositifs de Dreamweaver qui facilitent le transfert des pages vers les sites locaux ou distants. Vous avez pu mesurer la richesse d'exploitation du panneau Fichiers dans le transfert des informations. Le chapitre 3 s'intéressera aux technologies de serveur et à leurs composants.

Chapitre 3

Les technologies de serveur

Lorsque vous désirez contrôler les informations qui parviennent à un serveur à distance, vous écrivez des scripts qui emploient des technologies de serveur. Ainsi, certains serveurs peuvent gérer des bases de données, d'autres utilisent des composants serveurs spécifiques. Les pages destinées au navigateur sont souvent écrites en langage HTML, mais celles qui agissent du côté du serveur, sont écrites dans d'autres langages capables d'effectuer des actions plus complexes. Ce chapitre s'intéresse à trois technologies réputées : EasyPHP, ASP et ColdFusion.

- La technologie EASYPHP
- La technologie ASP
- La technologie COLD FUSION

La technologie EasyPHP

Le package EasyPHP installe et configure automatiquement un environnement de travail spécifique à un serveur de données. Vous pouvez ainsi gérer un serveur appelé Apache, programmer avec le langage PHP, travailler avec des bases de données de type MySQL et employer des outils et des composants qui facilitent les développements de sites Web.

Téléchargement du package

La dernière version disponible sur le Net est **EasyPHP 1.7**. Elle est composée des produits Apache 1.3.27, PHP 4.3.3, MySQL 4.0.15 et PhpMyAdmin 2.5.3. Dreamweaver reconnaît les caractéristiques du langage PHP. Vous pouvez ainsi créer des pages en fonction de cette technologie de serveur, et une fois testées, ces dernières peuvent être publiées définitivement sur un serveur qui reconnaît cet environnement EasyPHP. Les produits MySQL, PHP et le serveur Apache mettent à votre disposition un outil de développement très puissant utilisé par des millions de personnes. Son essor n'a été possible que grâce à sa gratuité et parce que de très nombreuses personnes ont apporté et apportent encore leur contribution au développement des produits. Vous pouvez consulter le site `http://www.easyphp.org/` pour télécharger ce package (Figure 3.1).

Une fois EasyPHP installé et démarré, vous pouvez commencer à travailler avec la base de données MySQL et programmer en langage PHP. Une base de données MySQL vous permet de manipuler des tables, des requêtes et toutes les autres parties qui composent un gestionnaire de base de données. Le cœur du système repose sur un langage SQL amélioré. Pour créer une base de données MySQL, vous devez d'abord démarrer le serveur Apache puis afficher l'administrateur de base de données. Vous pouvez télécharger la dernière version de EasyPHP à l'adresse suivante :

`http://www.easyphp.org/telechargements/dn.php?F=easyphp1-7.`

Une fois le package installé sur votre ordinateur, exécutez le programme par les opérations suivantes :

1. Démarrer.
2. Programme.
3. EasyPHP 1.7
4. EasyPHP.

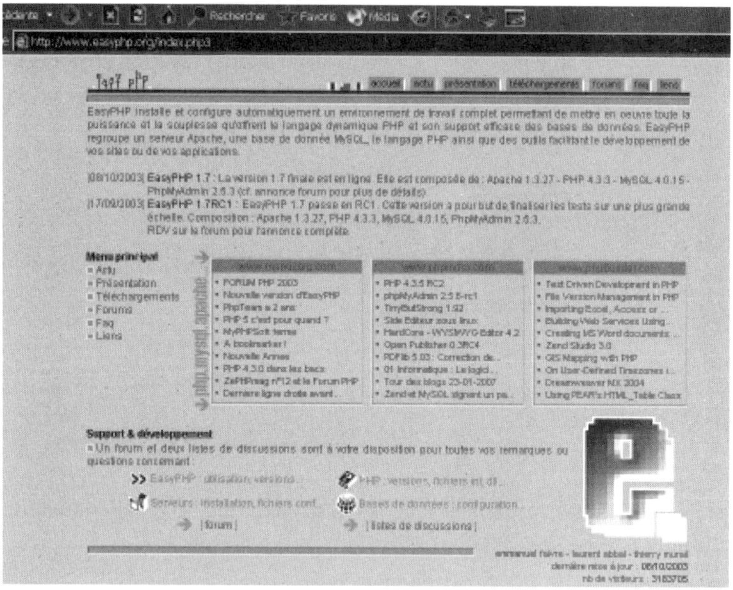

Figure 3.1 : La page d'accueil de EasyPHP.

Un signe noir doit s'afficher sur la barre des programmes en bas à droite de l'écran. En double-cliquant dessus, une fenêtre de paramétrage s'affiche (Figure 3.2). Vérifiez bien que le statut des produits Apache et MySQL est démarré. Vous devez voir une pastille verte sur la fenêtre.

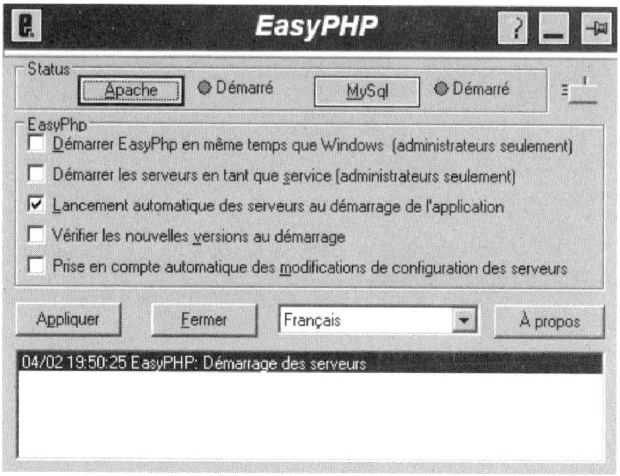

Figure 3.2 : Le démarrage des serveurs dans l'application EasyPHP.

Désactiver le service IIS

Vous ne pouvez pas installer correctement l'application EasyPHP si le service qui gère le serveur IIS sur Windows est en action. Pour effectuer cette désinstallation, suivez les opérations suivantes :

1. Cliquer sur le bouton Démarrer.
2. Sélectionnez Paramètres / Panneau de configuration.
3. Cliquez sur l'icône Outils d'administration.
4. Cliquez sur Services.
5. Double-cliquez sur le service Administration IIS.
6. Dans la zone « Type de démarrage », sélectionnez « Désactivé » (Figure 3.3).
7. Fermez les fenêtres.

Après la désactivité du service, les serveurs de EasyPHP peuvent être réinitialisés avec succès.

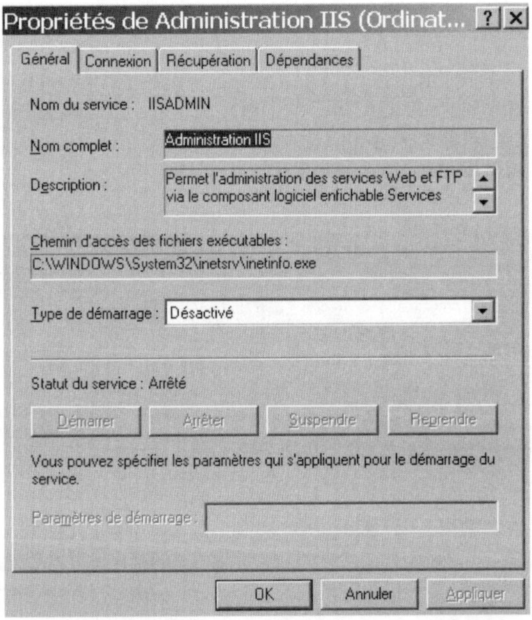

Figure 3.3 : Désactivation du service IIS dans Windows XP.

Dreamweaver MX 2004 et les pages PHP au sein d'une technologie de serveur PHP

Vous pouvez employer Dreamweaver MX 2004 pour créer des pages PHP reconnaissables par le serveur d'évaluation EasyPHP. Il suffit de créer un site Dreamweaver en indiquant les paramètres nécessaires à cet objectif.

1. Démarrer Dreamweaver.
2. Dans la fenêtre de présentation, cliquez sur l'option « Site Dreamweaver ».
3. Cliquez sur l'onglet Avancé pour visualiser d'un seul coup d'œil les paramètres du site.

La figure 3.4 montre les infos locales. Vous devez créer un répertoire local pour y sauvegarder les pages PHP.

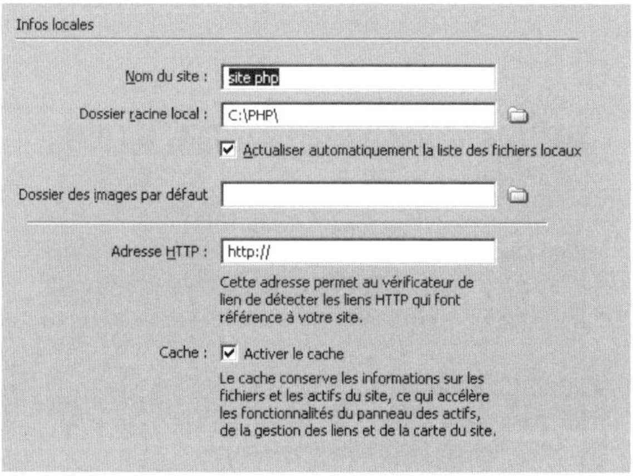

Figure 3.4 : Les informations locales du site PHP.

4. Cliquez ensuite sur la catégorie « Serveur d'évaluation ». Lors de l'installation du package de EasyPHP, le serveur d'évaluation se situe au niveau du répertoire C:\Program Files\EasyPHP1-7\www\. Le préfixe de l'URL est `http://localhost/`. La figure 3.5 montre cette page de paramètres.

Une fois ces informations définies, vous pouvez créer votre première page **Index.php** à l'aide de Dreamweaver. Cliquez simplement sur l'option **Créer PHP**, définissez votre page dans la partie création et enregistrez-la sous le nom Index.php. La figure 3.6 montre une simple page avec une image.

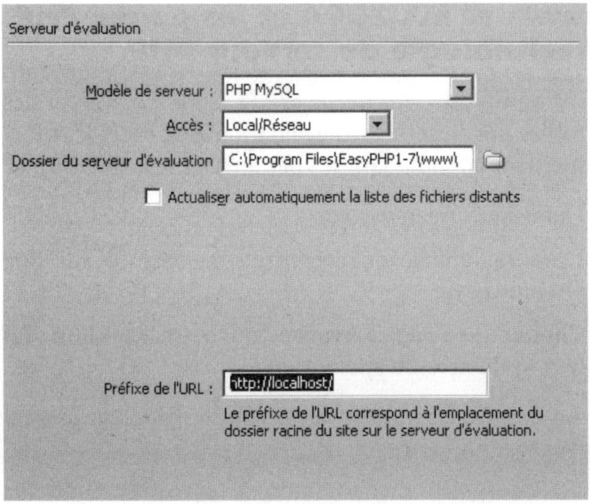

Figure 3.5 : Les paramètres du serveur d'évaluation dans la technologie PHP.

Figure 3.6 :Une page PHP ressemble aux autres pages HTML.

A priori il n'y a pas de différence notable entre la création d'une page PHP et d'une page HTML. Cependant une page PHP est organisée pour gérer des instructions de programmation PHP et pouvoir, si nécessaire, accéder à des bases de données et à toutes les fonctionnalités du serveur Apache. Dans le monde Microsoft, vous ne pourriez pas effectuer la même chose avec une page HTML, et il vous faudrait programmer du VBScript ou du Javascript avec une page ASP.

Le langage PHP avec Dreamweaver MX 2004

La langage PHP ou PreProcessor Hypertext est un langage de script employé à l'intérieur des pages HTML. Il permet également de reconnaître très facilement les objets en relation avec la base de données MySQL. PHP s'intègre bien dans les applications créées pour les réseaux Internet, mais aussi intranet. Contrairement aux autres plates-formes qui emploient deux technologies de programmation différentes selon que vous vous situez côté-client ou côté serveur, PHP s'intègre parfaitement soit du côté du navigateur soit du côté du serveur. Lorsque vous écrivez une application Internet qui ne nécessite par d'accès à des bases de données, vous pouvez réaliser toutes vos pages avec HTML et un langage comme Javascript ou Vbscript. Les pages que vous enregistrez sur votre serveur sont alors des pages HTML. Mais dès que vous devez inclure des composants spécifiques ou des accès à des bases de données, vous devez employer des pages ASP si vous travaillez avec la technologie Microsoft IIS. En termes d'apprentissage, PHP n'est pas particulièrement difficile mais il faut du temps pour le maîtriser totalement.

Pour visualiser l'aide en ligne de PHP, effectuez les opérations suivantes :

1. Cliquez du droit sur l'icône noire matérialisant EasyPHP.
2. Cliquez sur Aide.
3. Sélectionnez « Introduction » ou « Débuter le PHP ». Dans ce dernier cas, vous accédez immédiatement au site de documentation du langage PHP (Figure 3.7) **http://www.manucorp.com**.

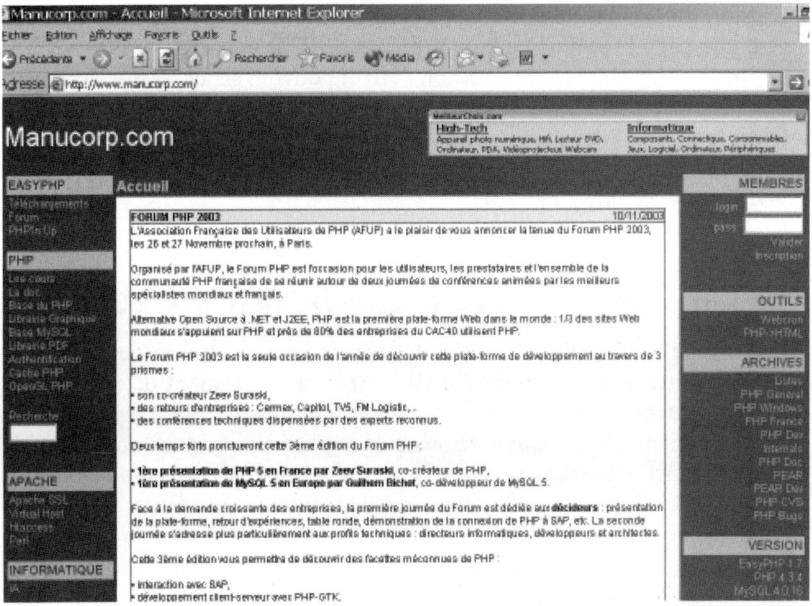

Figure 3.7 : Un site remarquable pour une documentation sur le langage PHP.

Comment écrire le code PHP ?

Vous pouvez écrire des instructions PHP dans la partie code de la fenêtre principale de Dreamweaver MX 2004. La syntaxe d'écriture du code PHP est assez simple. Les instructions sont toujours entourées des signes <? et ?>. Pour commencer à taper des instructions PHP dans Dreamweaver, effectuez les opérations suivantes :

1. Créez une page PHP par l'intermédiaire de la fenêtre de démarrage.
2. Supprimez toutes les lignes qui apparaissent dans le code.
3. Entrez le code à la main.
4. Enregistrez la page en n'oubliant pas de préciser l'extension .PHP.

La figure 3.8 montre deux lignes de code PHP qui affichent un texte dans un navigateur.

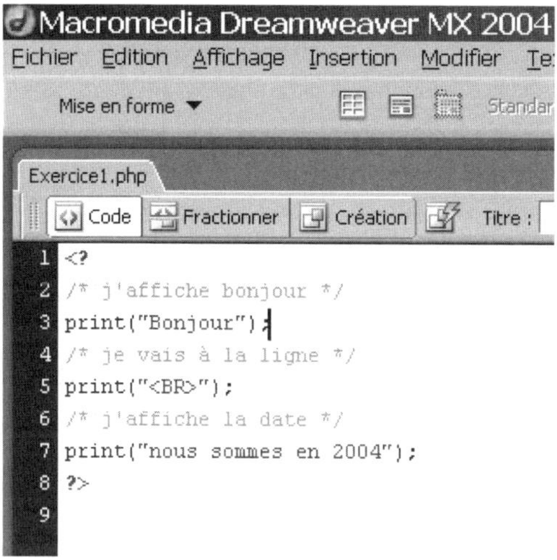

Figure 3.8 : Ecriture d'instructions PHP dans Dreamweaver 2004.

Exécution immédiate du code PHP

Pour voir le résultat immédiat de votre programmation, cliquez sur le bouton « Aperçu/Débogage dans le navigateur » (Figure 3.9). Vous pouvez choisir le navigateur Internet Explorer ou sélectionner un autre navigateur par défaut.

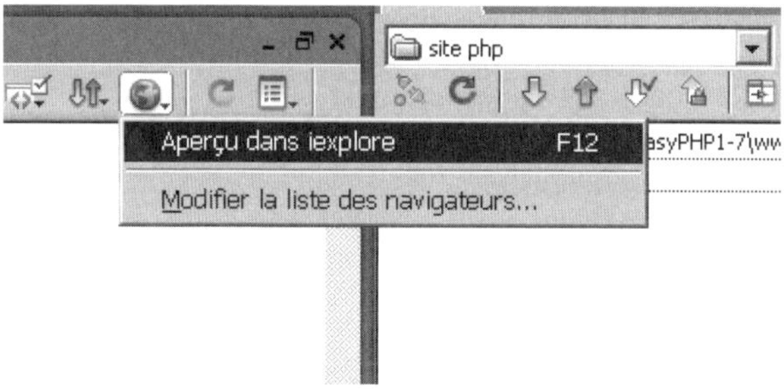

Figure 3.9 : Exécution immédiate du code PHP dans votre navigateur.

Dreamweaver vous demandera de sauvegarder votre page, chargera le navigateur tout en affichant le résultat (Figure 3.10).

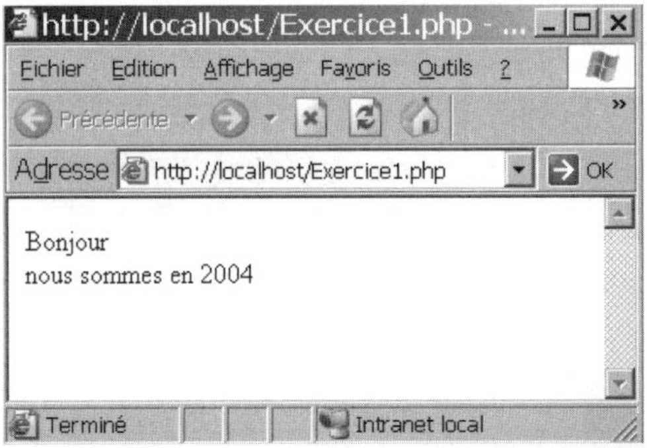

Figure 3.10 : Affichage du résultat de votre code PHP dans le navigateur.

Comment concaténer des chaînes de caractères ?

Dans PHP vous concaténez (collez ensemble) des chaînes de caractères en utilisant le signe point. Par exemple le code suivant affiche trois mots en les séparant par un espace.

```
<?
print("LE SOIR "." LE JOUR "." LE MATIN");
?>
```

Ecrire des commentaires dans le code PHP

Pour écrire des commentaires dans le code PHP, employez les signes suivants :

- /* pour débuter le commentaire et */ pour finir le commentaire ;
- // suivi du commentaire ;
- # suivi du commentaire.

Le code suivant montre quelques exemples de commentaires :

```
<?
//une variable est toujours précédée du signe $
$A="le soir ";
# une instruction se termine par le signe ;
$B="le matin ";
```

```
$C="le jour ";
/* l'instruction Print affiche dans la navigateur */
print($A.$B);
?>
```

Les variables

Dans PHP, une variable est toujours précédée du signe $. Une variable représente un conteneur qui contient une seule valeur, numérique ou alphabétique, comme une boîte à chaussure qui ne contiendrait qu'une seule chaussure. Vous pouvez effectuer des calculs numériques sur des variables sans avoir à les déclarer comme dans d'autres langages plus rigoureux.

Le code suivant montre un exemple de calcul :

```
<?
$a=100;
$b=200.36;
print $a + $b;
?>
```

Le code suivant montre comment vous pouvez mélanger des variables alphanumériques et numériques :

```
<?
$a=100 ;
$c="Le montant HT est :" ;
$d="Le montant TTC est : " ;
print $c.$a."<br>" ;
print $d.$a * 1.186 ;
?>
```

Remarquez le signe . pour la concaténation des variables. Vous pouvez voir le résultat de cette concaténation de variables de types différents sur la figure 3.11.

Les caractères spéciaux dans PHP

Pour afficher des caractères spéciaux comme des guillemets ou des apostrophes directement dans la page, vous devez employer les conventions détaillées sur le tableau 3.1.

Tableau 3.1 : Les caractères spéciaux dans PHP.

Caractère	Description
\O	Indique un caractère ASCII 0 ou NULL
\'	Indique un caractère Apostrophe.
\"	Indique un caractère Guillemet.
\b	Indique un caractère Retour Arrière (backspace).
\n	Indique un caractère Nouvelle ligne.
\r	Indique un caractère Retour Chariot.
\t	Indique un caractère Tabulation.
\\	Indique un caractère \.
\%	Indique un caractère %.
_	Indique un caractère _.

Le code suivant montre un exemple d'affichage d'un guillemet dans une page.

```
<?
print "voici un guillemet " . "\"" ;
?>
```

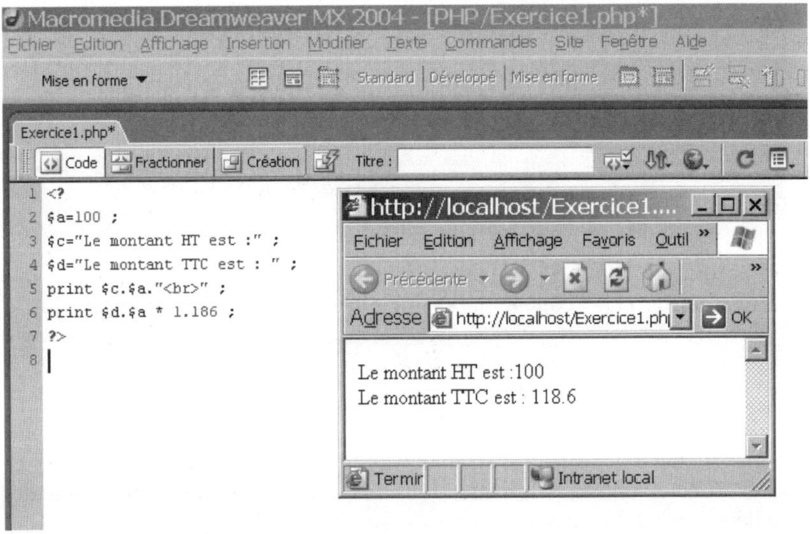

Figure 3.11 : Concaténation de variables de types différents.

Mélanger des instructions PHP et HTML pour créer une page dynamique

PHP et HTML font bon ménage. Vous pouvez très facilement mélanger des instructions PHP et HTML pour créer une page spécifique. Lorsque des instructions PHP créent une page au moment de l'exécution du code, on dit que la page est dynamique. Lorsqu'une page est créée par des objets simples sans programmation, on dit que la page est statique. Lorsque vous tapez le signe < dans le code PHP, Dreamweaver affiche immédiatement une liste déroulante qui propose toutes les balises du langage HTML. Ce dispositif (Figure 3.12) est très pratique et facilite grandement la rédaction du code.

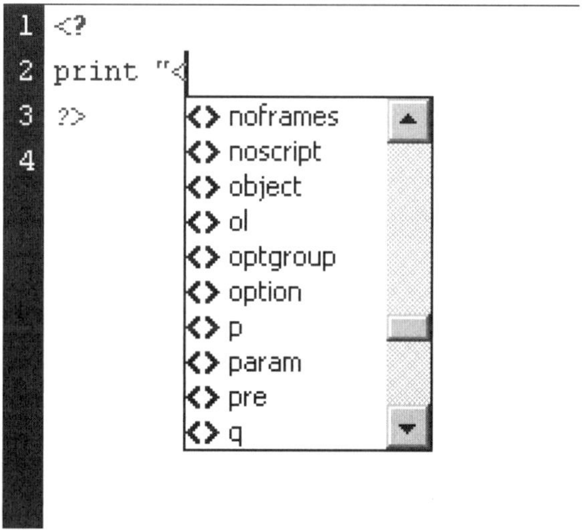

Figure 3.12 : Le dispositif d'aide à la rédaction du code dans Dreamweaver MX 2004.

Le code suivant montre un exemple de création d'une page HTML à partir d'instructions PHP et la figure 3.13 le résultat dans Internet Explorer.

```
<?
print "<HTML><BODY>";
print "<H1>PHP SUPER</H1>";
print "</BODY></HTML>";
?>
```

Figure 3.13 : Création d'une page dynamique.

Si vous ne connaissez par le langage HTML par cœur, laissez faire Dreamweaver MX 2004. Placez le texte dans la partie création de la fenêtre principale, modifiez les propriétés, récupérez le code HTML et transformez-le en code PHP. Par exemple la figure 3.14 montre une phrase dans Dreamweaver.

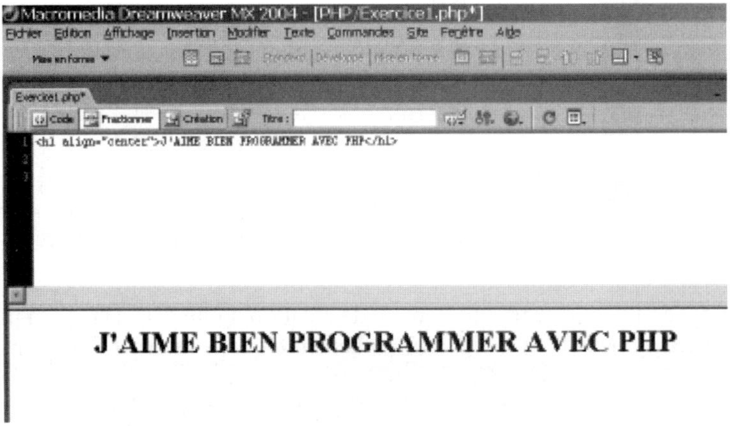

Figure 3.14 : Affichage automatique des instructions HTML dans la fenêtre de code.

Le code suivant montre comment vous pouvez très facilement reprendre les instructions HTML dans le code PHP. La phrase HTML créée automatiquement par Dreamweaver est :

```
<h1 align="center">J'AIME BIEN PROGRAMMER AVEC PHP</h1>
```

Vous la transformez en phrase PHP en changeant les guillemets qui entourent le paramètre de la clause **align** par des apostrophes.

```
<?
Print "<h1 align='center'>J'AIME BIEN PROGRAMMER AVEC PHP</h1>"
?>
```

Les opérateurs dans PHP

Les opérateurs les plus courants dans PHP sont les opérateurs de calculs, binaires et de comparaison. Le tableau 3.2 détaille les opérateurs de calcul.

Tableau 3.2 : Les opérateurs de calcul.

Opérateur	Description
+	Addition
-	Soustraction
*	Multiplication
/	Division
%	Modulo
$a+=5	Equivalent à $a = $a + 5

Le code suivant montre un exemple d'incrémentation de variable :

```
<?
$a=1;
$a+=5;
Print $a;
?>
```

L'expression $a+=5 est équivalente à $a=$a+5. Comme la variable $a valait 1 au début du programme, le résultat est 6. Le tableau 3.3 détaille les opérateurs binaires.

Tableau 3.3 : Les opérateurs binaires.

<table>
<tr><th>Opérateur</th><th>Description</th></tr>
<tr><td>$a & $b</td><td>Les bits placés à 1 dans $a et $b sont définis à 1.</td></tr>
<tr><td>$a | $b</td><td>Les bits placés à 1 dans $a ou $b sont définis à 1.</td></tr>
<tr><td>$a ^ $b</td><td>Les bits placés à 1 dans $a ou dans $b sont définis à 1.</td></tr>
<tr><td>~$a</td><td>Les bits placés à 1 dans $a sont définis à 0 et réciproquement.</td></tr>
<tr><td>$a<<$b</td><td>Décalage à gauche des bits de $a dans $b.</td></tr>
<tr><td>$a>>$b</td><td>Décalage à droite des bits de $a dans $b.</td></tr>
</table>

Le tableau 3.4 montre les opérateurs de comparaison.

Tableau 3.4 : Les opérateurs de comparaison.

Opérateur	Expression
$a = = $b	Cette expression est vraie si $a est égal à $b.
$a = = = $b	Cette expression est vraie si $a est égal à $b, et s'ils sont de même type.
$a!= $b	Cette expression est vraie si $a est différent de $b.
$a <> $b	Cette expression est vraie si $a est différent de $b.
$a < $b	Cette expression est vraie si $a est plus petit strictement que $b.
$a > $b	Cette expression est vraie si $a est plus grand strictement que $b.
$a <= $b	Cette expression est vraie si $a est plus petit ou égal à $b.
$a >= $b	Cette expression est vraie si $a est plus grand ou égal à $b.

Les structures de contrôle

Vous employez des structures de contrôle lorsque vous avez besoin de contrôler le bon déroulement des instructions PHP au fur et à mesure de leur exécution.

L'opérateur IF

Vous pouvez tester des expressions conditionnelles avec cette instruction. PHP propose des variables d'environnement qui renseignent sur l'identité de l'environnement du serveur et de ses caractéristiques. Par exemple la variable d'environnement **$OS** vous donne le nom du système d'exploitation.

```
<?
$ip = getenv("OS");
Print $ip ;
?>
```

Vous testez une condition logique en employant la syntaxe suivante :

```
<?
if (variable==valeur ) ;
{
action 1 ;
}
?>
```

Par exemple :

```
<?
// je récupère le nom du système d'exploitation dans une variable
$ip = getenv("OS");
//je teste
if ($ip=="Windows_NT");
{
print "le système OS est Windows NT";
}
?>
```

L'opérateur IF ... ELSE

Avec cette instruction vous testez une condition et une sortie de test oui/non. Si la condition est vraie vous exécutez une instruction, sinon vous en exécutez une autre. Gardez à l'esprit de ne pas mettre de point virgule après l'expression de condition IF.

```
<?
if (variable == valeur)
{
expression 1 ;
}
else
{
expression 2 ;
}
?>
```

Par exemple le code suivant teste le contenu de la variable d'environnement SERVER_PORT. Si la valeur est 80, un message s'affiche sinon un autre.

```
<?
//je récupère une variable d'environnement
$port = getenv("SERVER_PORT");
if ($port == 80)
{
print "le port est correct";
}
else
{
print "le port est différent de 80";
}
?>
```

L'opérateur IF ... ELSEIF

L'opérateur **ELSEIF** permet d'effectuer des tests multiples sur le contenu d'une variable. La syntaxe est la suivante :

```
<?
IF (condition 1)
{
Expression 1;
}
elseif (condition 2)
{
Expression 2;
}
elseif (condition 3)
{
Expression 3;
}
?>
```

Par exemple le code suivant teste la valeur d'une variable :

```
<?
$X=2;
IF ($X==1)
{
```

```
Print "prime : 100";
}
elseif ($X==2)
{
Print "prime : 200";
}
elseif ($X==3)
{
Print "prime : 300";
}
?>
```

Les boucles

Vous pouvez effectuer plusieurs répétitions d'expressions PHP grâce à la notion de boucle.

La boucle While

Une boucle While permet d'effectuer une série d'instructions tant qu'une condition logique est vraie. Lorsque celle-ci devient fausse, la boucle s'arrête. La structure de l'expression est la suivante :

```
<?
WHILE (condition)
{
Expression ;
}
?>
```

Le code suivant affiche 10 fois la valeur d'une variable dans une fenêtre (Figure 3.15).

```
<?
$X=1;
WHILE ($X<=10)
{
Print "valeur " . $X . "<BR>";
$X=$X+1;
}
?>
```

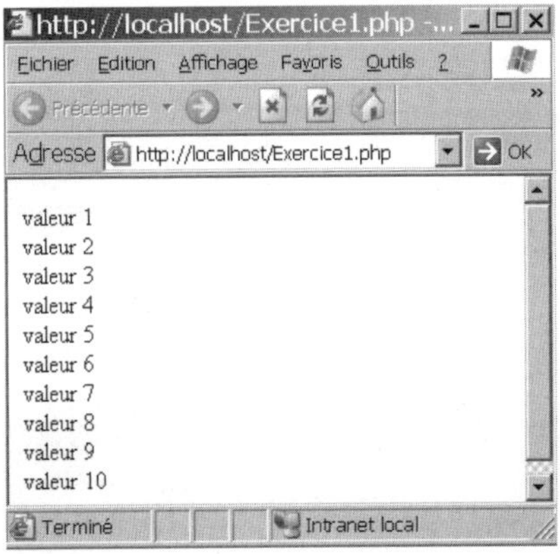

Figure 3.15 : Une boucle en action dans PHP.

La boucle FOR

Vous employez cette boucle pour contrôler un nombre précis de répétitions. La syntaxe est la suivante :

```
<?
For (Expression1;Expression2;Expression3)
Instructions
?>
```

- Le premier paramètre **Expression1** indique la valeur de départ d'un pointeur.
- Le paramètre **Expression2** indique une condition logique à tester pour que la boucle continue.
- À la fin de chaque itération, l'**Expression 3** est exécutée.

Le code suivant effectue une boucle 5 fois sur une instruction PHP.

```
<?
FOR ($i=0; $i<=5 ; $i=$i+1)
{
Print "valeur ".$i."<BR>";
}
?>
```

Remarquez que l'expression **$i=$i+1** est équivalente à **$i++**. Le code précédent pourrait donc s'écrire :

```
<?
FOR ($i=0; $i<=5 ; $i++)
{Print "valeur ".$i."<BR>";}
?>
```

Les variables d'environnement dans PHP

Un serveur Internet est composé d'un grand nombre de paramètres qui définissent l'environnement du serveur. Ces paramètres sont des variables d'environnement que vous pouvez visualiser très facilement avec l'instruction PHPINFO ou à l'aide de l'icône PHP.

1. Cliquez du droit sur l'icône PHP.
2. Choisissez l'option Administration dans le menu contextuel qui apparaît immédiatement.
3. Cliquez sur l'option PHPINFO dans la fenêtre (Figure 3.16).

L'ensemble des variables est disponible d'un seul coup d'œil.

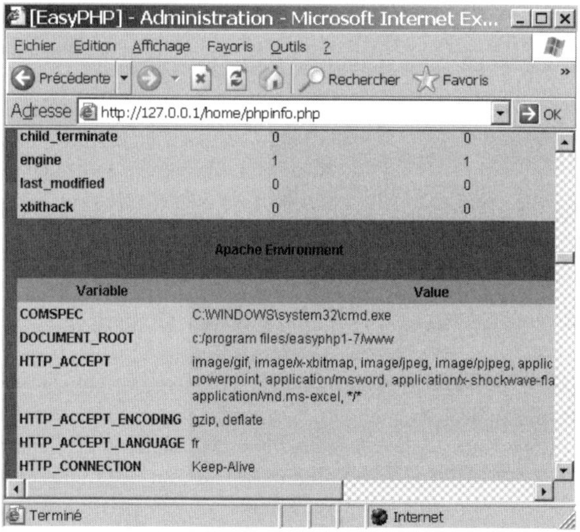

Figure 3.16 : Les variables d'environnement dans la fenêtre d'administration de PHP.

Le code suivant affiche toutes les variables d'environnement dans votre navigateur :

```
<?
PHPINFO()
?>
```

Tableau 3.5 : Quelques variables d'environnement.

Variables	Description
ALL_HTTP	Tous les en-têtes HTTP envoyés par le client.
ALL_RAW	Tous les en-têtes bruts tels qu'ils sont envoyés par le client.
ALLUSERSPROFILE	Indique le chemin C:\Documents and Settings\All Users.
APPDATA	Indique le chemin C:\Documents and Settings\REMY\Application Data.
APPL_MD_PATH	Le chemin de la référence au W3C.
APPL_PHYSICAL_PATH	Le chemin physique.
AUTH_PASSWORD	Une valeur pour l'authentification du client.
AUTH_TYPE	La méthode d'authentification utilisée par le serveur pour valider des utilisateurs qui tentent d'accéder à un script protégé.
AUTH_USER	Le nom d'un utilisateur authentifié.
CERT_COOKIE ID	Une chaîne employée comme signature pour un certificat client.
CERT_FLAGS	1 si le certificat client est présent.
CERT_ISSUER	Champ émetteur du certificat client (O=MS, OU=IAS, CN=nom d'utilisateur, C=USA).
CERT_KEYSIZE	Taille de la clé de connexion Secure Sockets Layer.
CERT_SECRETKEYSIZE	Taille en bits de la clé privée du certificat serveur.
CERT_SERIALNUMBER	Champ du numéro de série du certificat client.
CERT_SERVER_ISSUER	Champ émetteur du certificat serveur.
CERT_SERVER_SUBJECT	Champ objet du certificat serveur.
CERT_SUBJECT	Champ objet du certificat client.
COMMONPROGRAMFILES	Indique le chemin C:\Program Files\Fichiers communs.
COMPUTERNAME	Nom de l'ordinateur.

Variables	Description
COMSPEC	Renvoie le programme exécutable de commande. Par exemple C:\WINDOWS\system32\cmd.exe.
CONNECTION	Indique si la connexion est active (Keep-Alive.)
CONTENT_LENGTH	Longueur du contenu spécifié par le client.
CONTENT_TYPE	Le type de données du contenu.
DATE_LOCAL	La date en local.
DOCUMENT_PATH_INFO	Le chemin du répertoire du client.
DOCUMENT_ROOT	Le chemin physique du répertoire racine. Par exemple C:/program files/easyphp1-7/www
GATEWAY_INTERFACE	La version de la spécification CGI utilisée par le serveur. Par exemple CGI/1.1.
HOMEDRIVE	Indique le lecteur de base C:
HOMEPATH	Indique le chemin \Documents and Settings\REMY
HOST	Indique l'adresse de l'hôte client 127.0.0.1
HTTP_REQUEST	GET /home/phpinfo.php HTTP/1.1
HTTP_ACCEPT	La valeur de l'en-tête qui contient la liste des types Mime acceptés par le navigateur WWW. Il peut s'agir des types image/gif, image/x-xbitmap, image/jpeg, image/pjpeg, application/vnd.ms-powerpoint, application/msword, application/x-shockwave-flash, application/vnd.ms-excel, */*
HTTP_ACCEPT_CHARSET	Contient la liste des jeux de caractères acceptés par le navigateur Web appelant.
HTTP_ACCEPT_ENCODING	Contient une liste des méthodes de codage acceptées par le navigateur Web appelant (gzip, deflate).
HTTP_ACCEPT_LANGUAGE	Une chaîne décrivant la langue à utiliser.
HTTP_CONNECTION	Contient des informations sur l'état de la connexion HTTP entre le serveur et le navigateur appelant. La valeur Keep-Alive indique par exemple que le navigateur attend une réponse.
HTTP_COOKIE	La chaîne de cookie qui était incluse dans la demande.
HTTP_HOST	Le nom de domaine ou l'adresse IP de la ligne d'adresse du navigateur (127.0.0.1)
HTTP_REFERER	Une chaîne contenant l'URL de la page. http://127.0.0.1/home/index.php

Variables	Description
HTTP_USER_AGENT	Une chaîne décrivant le navigateur qui a envoyé la demande. Mozilla/4.0 (compatible; MSIE 6.0; Windows NT 5.1)
HTTPS	ON si la demande est arrivée par l'intermédiaire d'un canal sécurisé (SSL) ou OFF si la demande provient d'un canal non sécurisé.
HTTPS_KEYSIZE	Taille de la clé de connexion Secure Sockets Layer.
HTTPS_SECRETKEYSIZE	Taille de la clé privée du certificat serveur.
HTTPS_SERVER_ISSUER	Champ émetteur du certificat serveur.
HTTPS_SERVER_SUBJECT	Champ objet du certificat serveur.
INSTANCE_ID	Identification de l'instance IIS du serveur Web.
INSTANCE_META_PATH	Le chemin dans la métabase de l'instance de IIS.
LOCAL_ADDR	L'adresse du serveur sur lequel la demande est arrivée.
LOGON_USER	Le compte Windows auquel l'utilisateur est connecté.
LOGONSERVER	La chaîne du réseau (\\nomOrdinateur)
NUMBER_OF_PROCESSORS	Indique le nombre de processeurs.
OS	Indique le système d'exploitation.
PATH	Indique le chemin C:\WINDOWS\system32;C:\WINDOWS;C:\WINDOWS\System32\Wbem
PATH_INFO	Informations sur le chemin et les données fournies au script.
PATH_TRANSLATED	Le chemin physique de l'URL. Par exemple C:/program files/easyphp1-7/home/phpinfo.php
PATHEXT	Indique les extensions courantes .COM;.EXE;.BAT;.CMD;.VBS;.VBE;.JS;.JSE;.WSF;.WSH
PHP_SELF	Indique le chemin /home/phpinfo.php
PROCESSOR_ARCHITECTURE	Indique l'architecture du processeur (x86)
PROCESSOR_IDENTIFIER	Indique l'identifiant du processeur (x86 Family 5 Model 8 Stepping 12, AuthenticAMD)
PROCESSOR_LEVEL	Indique le niveau du processeur (5)
PROCESSOR_REVISION	Indique la révision du processeur (080c)

Variables	Description
PROGRAMFILES	Indique le chemin C:\Program Files
QUERY_STRING	La requête stockée dans la chaîne située après le point d'interrogation (?) dans la demande HTTP.
REFERER	Indique le client appelant (http://127.0.0.1/home/index.php)
REMOTE_ADDR	L'adresse IP de l'hôte distant qui effectue la demande. Par exemple 127.0.0.1
REMOTE_HOST	Contient l'adresse du domaine de l'ordinateur serveur par lequel le script a été appelé.
REMOTE_IDENT	Contient des informations de protocole.
REMOTE_PORT	Le port de l'ordinateur client (souvent 80).
REMOTE_USER	Le nom envoyé par l'utilisateur.
REQUEST_METHOD	La méthode utilisée pour effectuer la demande (GET, HEAD, POST).
REQUEST_URI	Indique l'adresse Internet /home/phpinfo.php
SCRIPT_FILE_NAME	Le chemin physique du script sur l'ordinateur serveur. Par exemple c:/program files/easyphp1-7/home/phpinfo.php
SCRIPT_NAME	Un chemin virtuel vers le script qui est exécuté. /home/phpinfo.php
SERVER_ADDR	Contient l'adresse IP de l'ordinateur serveur. Par exemple 127.0.0.1
SERVER_ADMIN	L'adresse de l'administrateur serveur enregistré dans la configuration du serveur Web. admin@localhost
SERVER_NAME	Le nom d'hôte, l'alias DNS ou l'adresse IP du serveur.
SERVER_PORT	Le numéro de port qui a été installé pour le serveur Web.
SERVER_PORT_SECURE	Si la demande est traitée sur le port sécurisé, cette valeur est 1 sinon la valeur est égale à 0.
SERVER_PROTOCOL	La version du protocole HTTP supporté par le serveur Web (en général HTTP/1.1)
SERVER_SIGNATURE	Indique la signature du serveur <ADDRESS>Apache/1.3.27 Server at <A HREF="mailto:admin@localhost">127.0.0.1</A> Port 80</ADDRESS>

Variables	Description
SERVER_SOFTWARE	Le nom et la version du logiciel serveur qui répond à la demande et exécute la passerelle. Le format est nom/version. Par exemple Apache/1.3.27 (Win32) PHP/4.3.3
SESSIONNAME	Indique le nom de la session (Console)
SYSTEMDRIVE	Indique le lecteur du système (C:)
SYSTEMROOT	Indique la racine du système (C:\WINDOWS)
TEMP	Indique le chemin C:\DOCUME~1\REMY\LOCALS~1\Temp
TMP	Indique le chemin C:\DOCUME~1\REMY\LOCALS~1\Temp
URL	Spécifie la partie de base de l'URL.
USER_NAME	Le nom de l'utilisateur.
USER-AGENT	Par exemple Mozilla/4.0 (compatible; MSIE 6.0; Windows NT 5.1).
USERDOMAIN	Indique le nom de l'utilisateur du domaine RL
USERPROFILE	Indique le chemin C:\Documents and Settings\REMY
WINDIR	Indique le chemin C:\WINDOWS
X-POWERED-BY	PHP/4.3.3

Le code suivant montre comment vous pouvez employer toutes les variables dans une expression PHP.

```
<?
Print getenv("DOCUMENT_ROOT")."<BR>";
Print getenv("OS")."<BR>";
Print getenv("PATH")."<BR>";
?>
```

La technologie asp

ASP ou Active Server Page est la technologie de Microsoft pour les échanges d'information entre un serveur et un poste client. Il s'agit d'un package de programme formalisant un dispositif standard capable de générer dynamiquement des pages HTML. Une page ASP est reconnaissable par son extension .ASP et se caractérise par la présence de balises <% et %>, à l'intérieur desquelles vous pouvez programmer soit en Javascript, soit en

VBScript. Une page ASP est traditionnellement créée pour être utilisée du côté du serveur. Par exemple les opérations de base de données qui créent ou suppriment des enregistrements doivent être effectuées sur le serveur qui contient la base de données. Dans une application Web, une page HTML peut être proposée au visiteur sur son navigateur. Celle-ci peut contenir un formulaire avec des champs de saisie, des boutons poussoirs, des zones de liste mais les instructions qui doivent agir sur la base de données doivent obligatoirement se trouver sur l'environnement du serveur. La technologie ASP permet de gérer cette dualité Client-Serveur très facilement grâce à la programmation des objets Microsoft ADO ou ActiveX Data Object. Tout comme le code PHP, le code ASP peut être mélangé à du code HTML à l'aide de balises spécifiques. Une page dynamique ASP est une page qui crée du code HTML en amont.

Les pages ASP fonctionnent sous IIS

Vous pouvez créer des pages ASP dans l'environnement du serveur Microsoft IIS. Une fois le serveur en fonction, Dreamweaver MX 2004 permet de créer des pages ASP et de les tester avec un serveur d'évaluation. Si vous travaillez avec Windows XP Pro, effectuez les opérations suivantes pour activer votre serveur IIS :

1. Cliquez sur Démarrer.
2. Sélectionnez Paramètres / Panneau de configuration.
3. Cliquez sur Outils d'administration.
4. Sélectionnez Services.
5. Double-cliquez sur l'option Administration IIS.
6. Dans la fenêtre des propriétés, sélectionnez Type de démarrage « Automatique ».
7. Cliquez sur le bouton OK pour terminer.

Lorsque le serveur IIS est en fonction, vous pouvez créer plusieurs types de pages ASP avec Dreamweaver.

- Des pages ASP avec une programmation en langage Javascript.
- Des pages ASP avec une programmation en langage VBScript.
- Des pages ASP.NET avec une programmation en langage C# dans le nouvel environnement .NET FRAMEWORK.

- Des pages ASP.NET avec une programmation en langage VB.NET.

Remarque : Gardez à l'esprit qu'une page HTML est créée la plupart du temps pour un visiteur de votre site qui découvre votre page d'accueil. Une fois la première impression passée, le visiteur va se déplacer de page en page. Si vous voulez qu'il laisse ses coordonnées, vous devrez lui fournir une page spécifique qui enverra des informations vers le serveur. Ce dernier devra alors récupérer les données et les stocker dans une base de données. La programmation ASP est capable de capter les données qui proviennent de pages HTML et de les stocker dans une table au sein d'une base de données du côté du serveur.

Le code suivant montre un exemple de code ASP VBScript.

```
<HTML>
<script language="VBScript" RUNAT="SERVER">
Response.Write("Bonjour")
</script>
</HTML>
```

En général les pages ASP sont écrites pour des opérations côté serveur, comme la gestion des bases de données qui impose l'utilisation des deux composants de Microsoft ADODB.CONNECTION et ADODB.RECORDSET. Le premier permet de se connecter à une base de données, le deuxième aux enregistrements. Rappelons qu'une base de données est composée de tables, de requêtes et de procédures stockées qui sont des conteneurs de programmes SQL (Structured Query language). SQL est un langage très connu dans le monde de l'informatique et spécifique à la manipulation des bases de données. Le code suivant est écrit en VBScript dans une page ASP stockée sur un serveur Internet. Il montre une opération d'extraction de données à partir d'une table par l'intermédiaire d'une instruction SQL. Les informations extraites sont renvoyées vers le navigateur dans un formulaire de façon dynamique.

```
<HTML>
<script language="VBScript" RUNAT="SERVER">
Set CN = CreateObject("ADODB.CONNECTION")
'je définis le fournisseur de données
CN.Provider="Microsoft.Jet.OLEDB.4.0"
'je définis une chaîne de connexion vers la base de données
```

```
CN.ConnectionString=Server.MapPath("../..") & "\CLIENT.MDB"
'j'ouvre la base de données
CN.Open()
'je définis un objet recordset
Set RC=CreateObject("ADODB.RECORDSET")
'je définis une variable
dim STR
'je définis une instruction SQL qui utilise des informations
'provenant d'un formulaire client
STR ="SELECT * FROM INSTRUMENT "
STR = STR & "WHERE CODE =" & "'" & Request.Form("D2") & "'"
'j'ouvre le jeu d'enregistrements
RC.OPEN STR,CN
'je renvoie les informations dans un formulaire créé en dynamique vers le navigateur
du client
Response.write("<FORM NAME='FVA' METHOD='POST' ACTION='MOD.ASP'>")
Response.write("CODE : <input name='code' type='text'
value=" & RC("CODE") & "><BR>")
Response.write("PRIX : <input name='prix' type='text'
value=" & RC("PRIX") & "><BR>")
Response.write("</FORM>")
'je clos les variables objets
SET CN = NOTHING
SET RC = NOTHING
</SCRIPT>
</HTML>
```

Les composants ASP

Un composant est un programme que vous pouvez insérer dans votre code ASP pour ajouter une certaine fonctionnalité. L'exemple classique est le dispositif qui comptabilise le nombre de visiteurs de votre page. Il existe de très nombreux composants qui apportent des fonctionnalités graphiques à vos pages. Par exemple la figure 3.17 montre le site de Fusion Charts.

Vous pouvez aussi employer d'autres composants graphiques de dessin qui permettent de créer des images animées GIF ou des formats d'images JPG, PNG, BMP, TGA et PCX. Le tableau 1.6 détaille quelques composants proposés par la plupart des fournisseurs Internet.

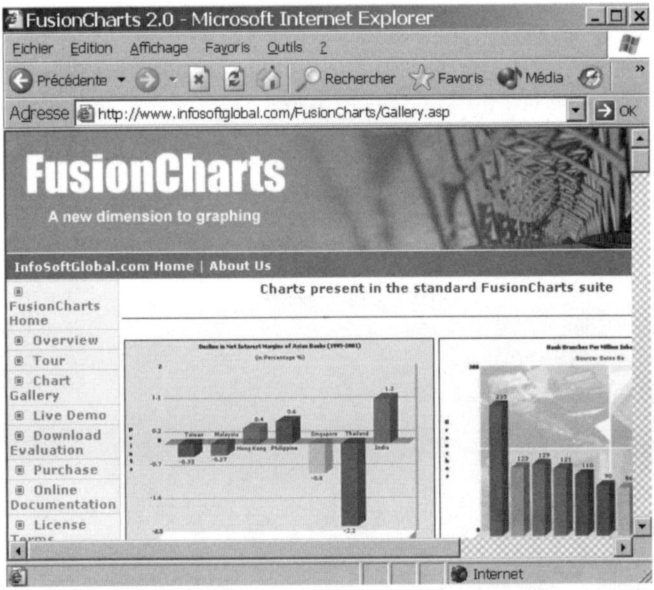

Figure 3.17 : Un composant graphique pour des pages ASP.

Tableau 3.6 : Des exemples de composants ASP.

Jmail	Ce composant vous permet d'envoyer des mails directement de vos pages ASP à l'insu ou non de l'internaute.
SmartUpload	Ce composant vous permet d'uploader ou de downloader des fichiers, images ou bases de données.
S Image Util	Ce composant vous permet de déterminer la taille d'une image, de lire et décompresser les images de formats jpg, gif ou bmp, de changer la taille d'une image ou d'écrire du texte dans une image.
Image Size	Ce composant vous permet de déterminer la taille en pixel de n'importe quelle image de types Gif, Jpg, Bmp ou Png.
AspPing	Ce composant permet le pinging à partir d'une page ASP.
LastMod	Ce composant vous permet d'afficher la dernière date de modification des fichiers.
Cdonts	Ce composant vous permet d'envoyer des mails, à l'image de JMail.
My Little Calendar	Ce composant vous permet d'intégrer un calendrier configurable dans vos pages ASP.

Microsoft propose des scripts d'exemples que vous pouvez étudier sur le répertoire du serveur IIS : **C:\Inetpub\iissamples\sdk\asp**. Le code suivant montre un exemple de composant **AdRotator_VBScript.asp**.

```
<%@ LANGUAGE = VBScript %><% Option Explicit %><!
************************ Cet exemple est fourni uniquement à des fins pédagogiques.
Ils ne sont pas destinés à une utilisation dans un environnement de production, pour
laquelle ils n'ont pas été testés, et Microsoft ne fournit aucun support pour ces
scripts.
**********************************************!>
<HTML DIR=LTR><HEAD><TITLE>Exemple Ad Rotator</TITLE></HEAD><BODY BGCOLOR="White"
TOPMARGIN="10" LEFTMARGIN="10"><!-- Display header. --><FONT SIZE="4" FACE="ARIAL,
HELVETICA"><B>Exemple Ad Rotator</B></FONT><BR><HR SIZE="1" COLOR="#000000"><%Dim
objAd                         Set objAd = Server.CreateObject("MSWC.AdRotator")%><%=
objAd.GetAdvertisement("adrot.txt") %> <A HREF="AdRotator_VBScript.asp"> Revisiter la
page </A></BODY></HTML>
```

La technologie Cold Fusion

Cold Fusion est un outil de développement de création d'applications dynamiques pour des sites interactifs Internet ou Intranet. Cold Fusion intègre des technologies de serveurs et des fonctionnalités de bases de données relationnelles et de courriel. Autant ne pas se voiler la face, il s'agit d'une technologie relativement compliquée à mettre en œuvre par rapport à une simple page Web statique. ColdFusion est totalement intégré dans Dreamweaver MX 2004 et vous pouvez intégrer ses balises spécifiques à l'intérieur du code HTML standard. Vous pouvez employer Cold Fusion pour travailler avec des bases de données diverses comme FoxPro, Access, Paradox, ou SQL Server.

Où trouver des infos en français sur Cold Fusion ?

Toute la documentation de Cold Fusion dans Dreamweaver MX 2004 est en anglais mais vous pouvez trouver de nombreux sites Internet en français sur Cold Fusion. Par exemple la figure 3.18 montre la page d'accueil de **cfmfrance.com** à l'adresse http://www.cfmfrance.com/.

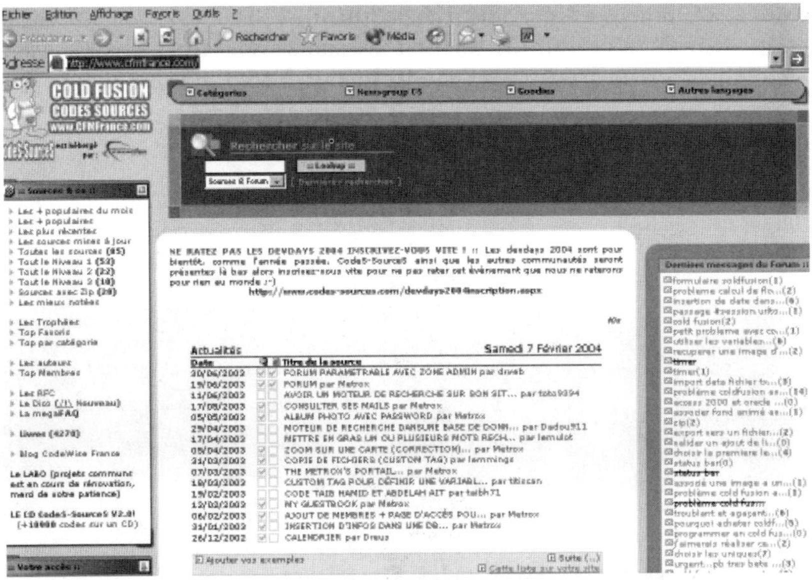

Figure 3.18 : un site francophone sur Cold Fusion.

Installation d'un serveur d'évaluation Cold Fusion

Comme toute application de Dreamweaver qui nécessite un serveur spécifique, vous devez installer un serveur d'évaluation avec la technologie de Cold Fusion avant de commencer à programmer ou à utiliser les balises intégrées dans Dreamweaver. Pour installer un tel serveur, effectuez les opérations suivantes :

1. Démarrez Dreamweaver.
2. Dans la page de démarrage, cliquez sur l'option **Site Dreamweaver**.
3. Cliquez sur l'onglet **Avancé** dans la fenêtre de définition du site.
4. Indiquez un nom de site dans la zone « nom de site ».
5. Indiquez un répertoire local pour sauvegarder les futurs fichiers en relation avec votre application Cold Fusion.
6. Sélectionnez la catégorie **Serveur d'évaluation**
7. Choisissez **Cold Fusion** comme modèle de serveur.

8. Choisissez **Local/Réseau** comme accès au réseau.
9. Indiquez le dossier du serveur d'évaluation. Il peut s'agir du même dossier que pour le serveur IIS soit **C:\Inetpub\wwwroot**.
10. Fermez la fenêtre en cliquant sur le bouton OK. Dreamweaver crée un serveur d'évaluation de technologie Cold Fusion.

La figure 3.19 montre les paramètres de la catégorie.

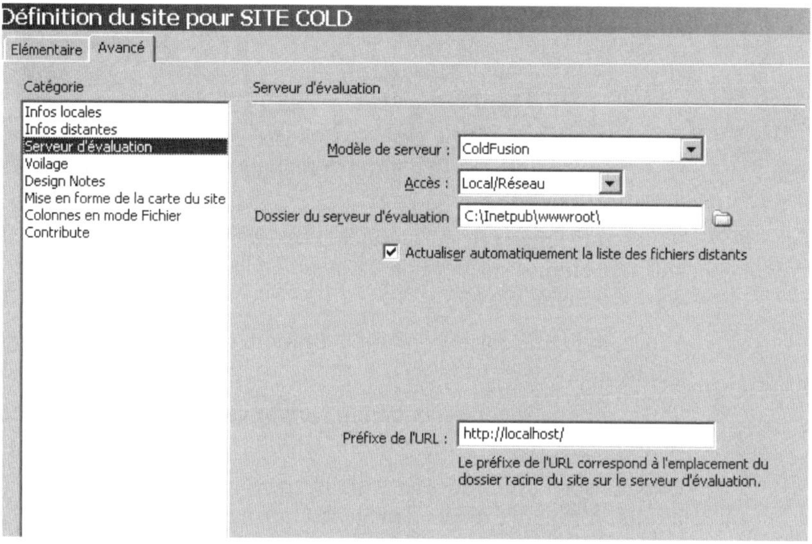

Figure 3.19 : Les paramètres du serveur d'évaluation Cold Fusion.

Création d'un formulaire avec Cold Fusion

Une fois le serveur d'évaluation en fonction, vous pouvez créer votre première page Cold Fusion dans Dreamweaver en effectuant les opérations suivantes :

1. Choisissez l'option « **Créer une page Cold Fusion** » dans la page de démarrage de la fenêtre principale de Dreamweaver MX 2004.
2. Cliquez sur l'option Formulaire dans la barre **Insérer** pour faire apparaître les outils du formulaire (Figure 3.20).

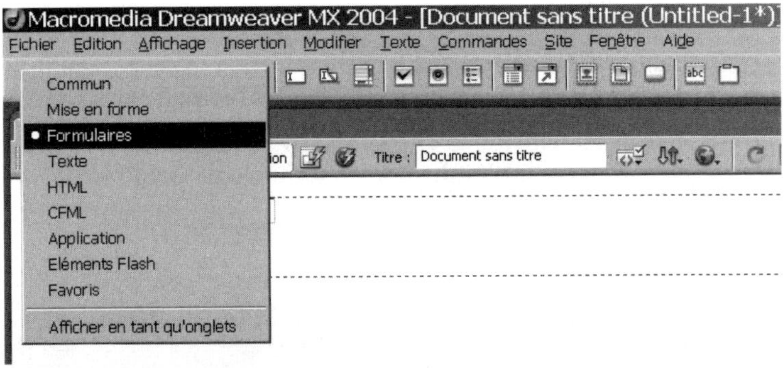

Figure 3.20 : Les outils du formulaire dans la barre Insérer.

3. Cliquez sur l'outil Formulaire. Un rectangle rouge s'affiche dans la partie création.
4. Affichez la fenêtre des propriétés si celle-ci n'est pas apparente. Il suffit de cliquer sur l'option de menu Fenêtre/Propriétés ou bien sur les touches Ctrl F3.
5. Tapez un libellé correspondant à **Prénom** puis sur l'outil **Champ de texte.**
6. Tapez un libellé correspondant à **Nom** puis sur l'outil **Champ de texte.**
7. Cliquez sur l'objet **Bouton** dans la barre Insérer. La figure 3.21 montre les quatre objets dans le formulaire.
8. Enregistrez la page. Vous constaterez que l'extension est .CFM

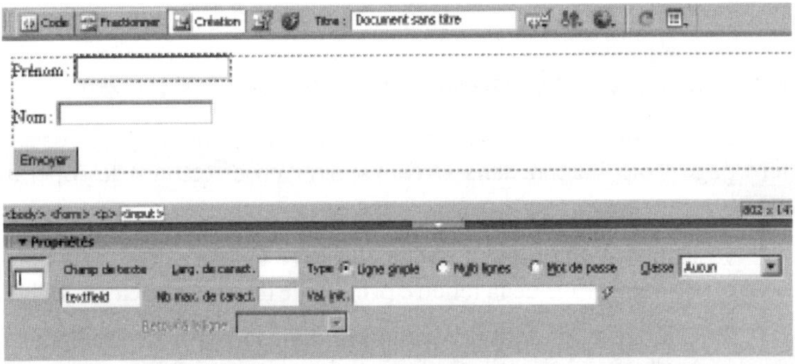

Figure 3.21 : Les objets du formulaire sont placés à l'intérieur d'un rectangle.

Si vous désirez visualiser le résultat du formulaire, vous pouvez cliquer sur les boutons **débogage du serveur** ou **Aperçu dans le navigateur** (Figure 3.22).

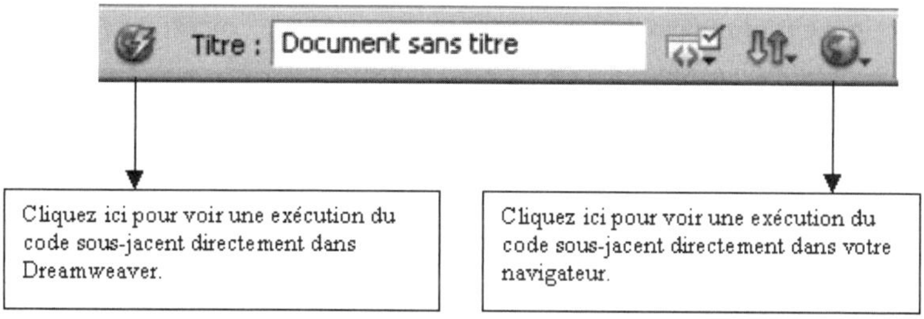

Figure 3.22 : Exécution du code dans Dreamweaver ou dans un navigateur.

Une fois les objets du formulaire mis en place, vous devez paramétrer leurs propriétés dans la fenêtre des propriétés.

Les propriétés du formulaire

Pour consulter les propriétés du formulaire, cliquez sur le rectangle rouge. La figure 3.23 montre les propriétés affichées par défaut.

Figure 3.23 : Les propriétés du formulaire.

La liste suivante détaille les propriétés du formulaire.

- **Nom du formulaire.** Il s'agit du nom donné au formulaire. Vous pouvez indiquer n'importe quelle valeur.
- **Action.** Il s'agit de l'action qui sera effectuée lorsque le visiteur cliquera sur le bouton de validation de formulaire. Ce bouton est spécifique au formulaire et permet d'enclencher une action grâce à cette propriété. Par exemple si vous indiquez une page spécifique stockée sur le serveur, Dreamweaver exécutera les instructions de cette page. Il peut s'agit d'une page ColdFusion mais aussi HTML, ASP, ou autre.

- **Cible.** Cette propriété permet de choisir la destination de l'information qui provient du serveur. Les valeurs sont : **_blank**, **_parent**, **_self** ou **_top**.
- **Méthode**. Un formulaire envoie des informations vers un serveur qui les reçoit et agit en conséquence. La forme d'envoi des informations dépend du protocole de communication HTTP qui est un protocole de communication asynchrone. En d'autres termes, lorsque vous tapez une adresse dans un navigateur Internet, vous demandez l'ouverture d'une communication vers un serveur, d'un transfert d'information, puis d'une fermeture de communication. La méthode d'envoi des informations relève d'un principe basé sur les méthodes POST ou GET. La méthode POST envoie les informations du formulaire sous une forme protégée. La méthode GET envoie les informations sous une forme visible par le visiteur. Ces deux méthodes sont issues des caractéristiques du protocole HTTP. La plupart du temps, les formulaires envoient les données par la méthode POST. D'autre part lorsque le serveur reçoit les informations, il les manipule de façon différente selon que vous avez utilisé la méthode POST ou la méthode GET. Tout est ici une affaire de programmation en fonction des besoins.
- **Enctype**. Ce paramètre force le formulaire à envoyer les informations saisies par le visiteur en fonction de chaque objet et de certaines normes définies par Cold Fusion.

Les propriétés du champ de texte

La liste suivante détaille les propriétés que vous pouvez renseigner dans un champ de texte (Figure 3.24).

Figure 3.24 : Les propriétés du champ de texte.

- **Larg de caractères**. Il s'agit de la largeur affichée dans la zone.
- **Type**. Ce paramètre indique si vous pouvez saisir du texte sur une ou plusieurs lignes ou bien s'il s'agit s'un mot de passe.
- **Classe**. Ce paramètre permet d'appliquer un style pré-déterminé.
- **Cham de texte**. Vous indiquez un nom de zone.

- **Nb max de caract**. Vous indiquez le nombre maximal de saisies de caractères.
- **Val init**. Il s'agit de la valeur par défaut de la zone.

Toute modification des propriétés dans la fenêtre principale de Dreamweaver modifie le code sous-jacent à la page. Le code suivant montre la programmation du formulaire. La page Cold Fusion emploie ici les balises classiques HTML.

```
<!DOCTYPE HTML PUBLIC "-//W3C//DTD HTML 4.01 Transitional//EN" "http://www.w3.org/TR/
html4/loose.dtd">
<html>
<head>
<title>Document sans titre</title>
<meta http-equiv="Content-Type" content="text/html; charset=iso-8859-1">
</head>
<body>
<form action="HTTP://LOCALHOST/RECUP.CFM" method="post" name="MONFORM" target="_blank"
id="MONFORM">
   <p>Pr&eacute;nom :
     <input name="TXTPRENOM" type="text" id="TXTPRENOM" size="20">
</p>
   <p>Nom :
     <input name="NOM" type="text" id="NOM" value="" size="20">
</p>
   <p>
     <input type="submit" name="Submit" value="Envoyer">
   </p>
</form>
</body>
</html>
```

Considérez l'expression contenue dans la balise Form :

```
<form action="HTTP://LOCALHOST/RECUP.CFM" method="post" name="MONFORM" target="_blank"
id="MONFORM">
```

Le paramètre **action** invoque la page RECUP.CFM stockée sur le serveur. Cette page récupère les valeurs envoyées par le formulaire. Le code suivant montre la programmation de cette récupération :

```
<CFOutput>
    Votre nom : #MONFORM.TXTNOM# <br>
    Votre Prénom : #MONFORM.TXTPRENOM#
</CFOutput>
```

Des balises spécifiques

Le langage Cold Fusion est très particulier et spécifique à la gestion des bases de données. De nombreuses personnes se posent la question de sa raison d'être en tant que langage d'applications. Les détracteurs de Cold Fusion soutiennent que la technologie ASP est plus rapide avec un plus grand nombre d'utilisateurs. Il n'empêche, la nouvelle version de Dreamweaver a intégré toutes les balises en son sein, avec la volonté de ne pas l'abandonner. Le tableau 1.7 décrit ses balises les plus caractéristiques.

Tableau 3.7 : Les balises de Cold Fusion.

Balises	Description
CFABORT	Cette balise arrête le traitement d'une page à une position donnée.
CFAPPLICATION	Cette balise est utilisée dans une balise CFFORM et CFAPPLET. Elle vous permet de référencer des applets java personnalisés qui ont été pré-enregistrées.
CFBREAK	Active ou désactive des variables session de niveau client.
CFCACHE	Accélère considérablement la vitesse de défilement des pages dans le cas où le contenu dynamique n'a pas besoin d'être rechargé à chaque fois. Cette balise crée un fichier temporaire.
CFCASE	Est utilisé en relation avec les balises CFSWITCH et CFDEFAULTCASE.
CFCATCH	Vous permet de gérer des erreurs d'exécution en relation avec la balise CFTRY.
CFCOL	Définit l'en-tête de colonne d'un tableau.
CFCOLLECTION	Vous permet de créer des collections VERITY.
CFCOOKIE	Définit des variables de cookies en incluant des opérations d'expiration et de sécurité.
CFDEFAULTCASE	Est utilisé avec les balises CFCASE et CFSWITCH afin d'évaluer une expression de contrôle.
CFDUMP	Indique le contenu des variables pour des objectifs de débogage.

Balises	Description
CFEXIT	Permet d'annuler un traitement en cours en relation avec la balise personnalisée CFML.
CFFILE	Permet de manipuler les attributs de fichiers.
CFFLUSH	Vide les données disponibles pour un client.
CFFORM	Permet de construire un formulaire.
CFGRAPH	Affiche une représentation graphique des données.
CFGRAPHDATA	Spécifie un point de donnée qui doit être affiché.
CFGRID	Vous permet de placer un contrôle grille à l'intérieur d'un formulaire.
CFGRIDCOLUMN	Spécifie les données dans une colonne d'un objet Grille.
CFGRIDROW	Spécifie les données dans une ligne d'un objet Grille.
CFGRIDUPDATE	Effectue la mise à jour des données d'une grille vers une source ODBC.
CFHEADER	Génère les en-têtes HTTP.
CFHTMLHEAD	Ecrit un texte en incluant HTML vers la section HEAD d'une page spécifique.
CFHTTP	Cette balise vous permet d'exécuter des opérations POST et GET sur des fichiers.
CFHTTPPARAM	Requis pour des opérations CFHTTP POST.
CFIF	Il s'agit de la clause IF.
CFELSEIF	Il s'agit de la clause ELSEIF.
CFELSE	Il s'agit de la clause ELSE.
CFINCLUDE	Vous permet d'incorporer des références de fichiers à des pages Cold Fusion.
CFINDEX	Permet de trier des collections de données afin d'effectuer des recherches plus rapides avec la balise CFSEARCH.
CFINPUT	Permet de créer un bouton dans un formulaire.
CFINSERT	Insère un nouvel enregistrement dans la source de données.
CFLOCATION	Ouvre une page Cold Fusion ou HTML.
CFLOCK	Permet de placer un verrou spécifique sur une balise spécifique dans le contexte client-serveur.
CFLOOP	Fait partie des techniques de répétition d'instructions.
CFMAIL	Vous permet de générer des messages e-mail et de les publier vers un serveur.
CFMAILPARAM	Attache un fichier ou ajoute un en-tête à un message e-mail.
CFMODULE	Permet d'invoquer une balise personnalisée à utiliser dans votre application Cold Fusion.
CFOBJECT	Permet d'appeler des objets de types COM et CORBA.

Balises	Description
CFOUTPUT	Affiche le résultat d'une requête de base de données ou d'une autre opération.
CFPARAM	Utilisé pour tester l'existence de paramètres en fournissant une valeur par défaut si le paramètre n'existe pas.
CFPROCPARAM	Spécifie une information pour un paramètre dans une procédure stockée.
CFPROCRESULT	Spécifie le nom d'un jeu de résultat que d'autres balises Cold Fusion utilisent pour accéder au jeu de résultat à partir d'une procédure stockée.
CFQUERY	Passe les instructions SQL vers votre source de données.
CFQUERYPARAM	Contrôle les types de données d'un paramétrage de requêtes.
CFREPORT	Exécute un état prédéfini de type Crystal Reports.
CFRETHROW	Est utilisé dans le contexte du traitement des erreurs.
CFSAVECONTENT	Sauvegarde le contenu généré de la balise cfsavecontent.
CFSCHEDULE	Fournit une interface de programmation pour le moteur Cold Fusion.
CFSCRIPT	Encapsule l'ensemble des instructions CFScript.
CFSEARCH	Exécute des recherches sur des données indexées dans une collection Verity.
CFSELECT	Est utilisé dans un formulaire pour créer des listes.
CFSET	Définit une variable Cold Fusion variable.
CFSETTING	Est utilisé pour contrôler les divers aspects du traitement d'une page.
CFSILENT	Supprime toutes les sorties produites par le CFML à l'intérieur de la portée d'une balise.
CFSLIDER	Est utilisé dans un formulaire pour placer un contrôle glissière.
CFSTOREDPROC	C'est la balise principale utilisée pour exécuter des procédures stockées.
CFSWITCH	Utilisé pour tester de multiples conditions.
CFTABLE	Construit un tableau dans votre page Cold Fusion.
CFTEXTINPUT	Utilisé dans un formulaire pour construire une zone de saisie de texte.
CFTRANSACTION	Groupe un ensemble de requêtes dans le contexte d'une transaction.
CFTREE	Permet de définir un contrôle TREE.

Balises	Description
CFTREEITEM	Trie un arbre de données.
CFTRY	Utilisé pour tester des erreurs d'exécution en relation avec la balise CFCATCH.
CFUPDATE	Met à jour des enregistrements dans une source de données.

La bibliothèque de balises Cold Fusion

Vous pouvez afficher l'ensemble des balises dans la bibliothèque des balises de Dreamweaver MX. Effectuez les opérations suivantes :

1. Cliquez sur l'option de menu Edition.
2. Sélectionnez Bibliothèque de balises.
3. Choisissez Balises CFML en cliquant sur le petit signe +

La figure 3.25 montre la fenêtre de la bibliothèque des balises.

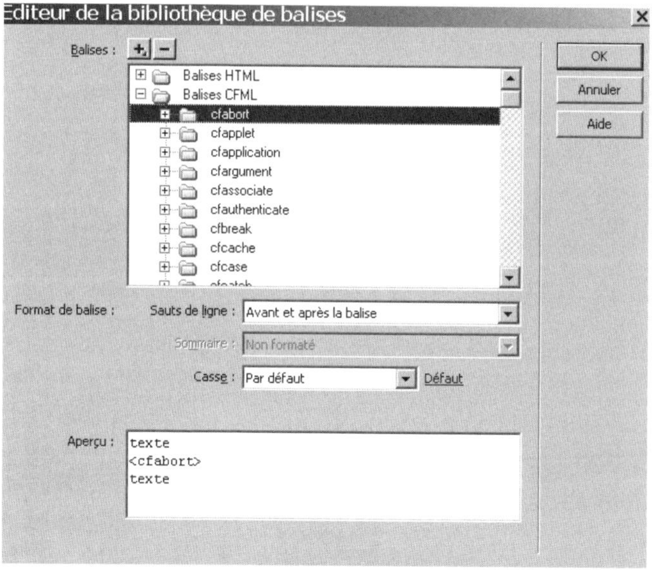

Figure 3.25 : La bibliothèque des balises.

En résumé

Ce chapitre a rappelé différentes technologies de serveur que vous pouvez employer à l'intérieur de Dreamweaver. Les dispositifs EASYPHP/ PHP et IIS/ASP sont les deux grands challengers dans la bataille de la domination des langages de programmation dans le contexte Client-Serveur. La technologie Cold Fusion est toujours d'actualité dans Dreamweaver MX 2004. Le chapitre 4 revient sur des notions plus simples et s'intéresse en profondeur à la création d'une page et ses multiples dispositifs.

Chapitre 4

La création d'une page Web

Dreamweaver MX 2004 vous aide considérablement à créer votre page Web sans écrire une seule ligne de code HTML. Il est quand même utile de connaître ce langage aujourd'hui universel afin de modifier certaines lignes de code plus rapidement. Les objets que vous placez dans une page sont invoqués des menus ou des barres d'outils. Ce chapitre rappelle les notions fondamentales de manipulation des textes, des listes, des liens et vous propose également de découvrir les modèles de pages Internet ainsi que les bibliothèques.

——— Manipulation du texte
——— Manipulation des listes
——— La page Web dans le contexte internet
——— Les liens
——— Conception d'une page d'après un modèle
——— Les bibliothèques

Manupulation du texte

Dreamweaver est un traitement de texte extrêmement perfectionné qui vous permet de manipuler des polices de caractères, des tailles, des styles, des couleurs mais aussi des mots, des paragraphes ou des phrases, tout en affichant le code HTML sous-jacent.

Comment insérer du texte ?

Vous pouvez insérer du texte de plusieurs façons :

- En tapant le texte directement dans la page de création.
- En sélectionnant du texte d'un autre logiciel et en effectuant un simple copier/coller.
- En important un fichier de texte.
- En ouvrant un fichier HTML.

Une fois le texte placé dans la page, vous pouvez le travailler comme n'importe quel traitement de texte. Si vous désirez voir le code HTML créé automatiquement par Dreamweaver MX 2004, cliquez sur l'onglet **Fractionner** ou **Code**. Par exemple si vous tapez la phrase suivante : « La bataille du rail commence au début du siècle », Dreamweaver affichera le code suivant :

```
<html>
<body>
La bataille du rail commence au d&eacute;but du si&egrave;cle
</body>
</html>
```

Le texte est toujours placé à l'intérieur d'une balise <BODY> et </BODY>. Au fur et à mesure de votre travail dans le texte, le code s'enrichira de balises HTML différentes. Par exemple, si vous mettez en gras le texte précédent, le code sera transformé de la manière suivante :

"La bataille du rail commence au début du siècle"

```
<body>
<strong> La bataille du rail commence au d&eacute;but du si&egrave;cle </strong>
</body>
```

Remarque : Vous pouvez remarquer qu'un groupe de lettres indiquent les caractères accentués. Par exemple le "é" du mot **débute** est transformé en **é**

Si vous placez certains caractères en italique, Dreamweaver écrira le code HTML adéquat. Le texte suivant comporte des caractères en gras et en italique.

La bataille du rail commence *au début du siècle*

```
<body>
<em> La bataille du rail commence <strong>au d&eacute;but du si&egrave;cle</strong> </
em>
</body>
```

Vous pouvez remarquer que les balises peuvent être insérées les unes dans les autres. Si vous écrivez le code HTML directement dans la page de code, n'oubliez pas de fermer les balises avec la barre oblique.

Comment modifier la police de caractère ?

Pour modifier la police d'un groupe de caractères, effectuez les opérations suivantes :

1. Sélectionnez le texte à modifier.
2. Cliquez dans le menu Texte/Police, puis sur le groupe désiré ou bien employez la fenêtre des propriétés dans la liste Police (Figure 4.1).

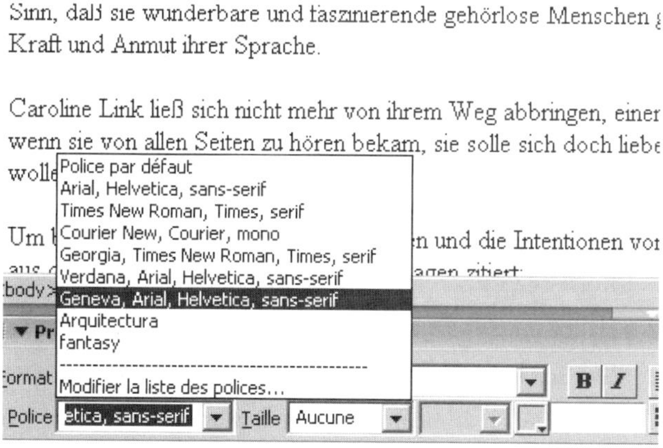

Figure 4.1 : Modification de la police du texte par la fenêtre des propriétés.

Comment modifier la taille des caractères ?

Dans le langage HTML, vous ne pouvez modifier très précisément les caractères qu'en utilisant le dispositif des styles. Les propriétés permettent néanmoins de modifier facilement la taille des caractères. Pour modifier cette dernière, effectuez les opérations suivantes :

1. Sélectionnez le texte à modifier.
2. Cliquez sur la liste des tailles dans la fenêtre des propriétés et choisissez la valeur désirée.

Les tailles dépendent des polices employées et la taille 3 est considérée comme la police par défaut. Le code HTML ci-dessous montre un exemple d'agrandissement de caractères. Vous pourrez constater que Dreamweaver emploie des styles de caractères pré-définis pour agrandir le texte.

```
<html>
<style type="text/css">
<!--
.Style1 {
    font-size: large;
    font-style: italic;
}
-->
</style>
<body>
<span class="Style1"> La bataille du rail commence <strong>au d&eacute;but du
si&egrave;cle</strong> </span>
</body>
</html>
```

Comment modifier la taille des caractères de toute la page en une seule opération ?

Pour modifier en un seul coup de main la taille de tous les caractères d'une page entière (sans sélectionner de texte), effectuez les opérations suivantes :

1. Cliquez sur Edition.
2. Choisissez Préférences.
3. Sélectionnez la catégorie Polices.
4. Modifiez la taille des polices dans la liste Proportionnelle ou fixe.
5. Cliquez sur le bouton OK pour fermer la fenêtre des préférences.

La figure 4.2 montre la fenêtre des préférences de taille de police de caractères.

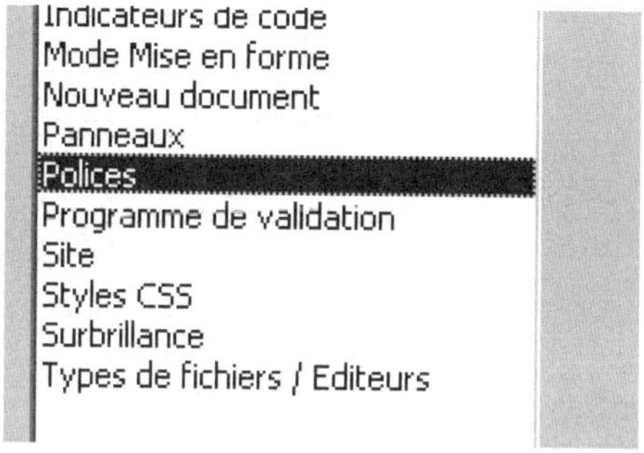

Figure 4.2 : Changer la taille des caractères pour toute la page.

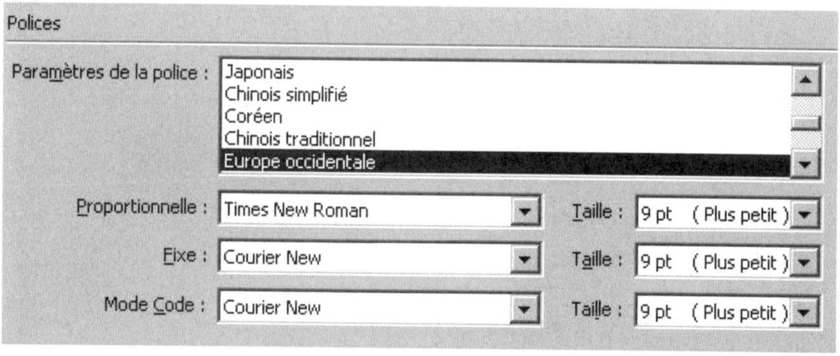

Figure 4.3 : Les param tres des polices.

Rechercher/Remplacer

Vous pouvez rechercher un texte dans la page et le remplacer par un autre en effectuant les opérations suivantes :

1. Cliquez sur le menu Edition.
2. Choisissez Rechercher et Remplacer.
3. Saisissez le texte cherché dans la zone « Rechercher » et le texte de remplacement dans la zone « Remplacer ». La figure 4.4 montre la boîte de dialogue et ses différentes options.

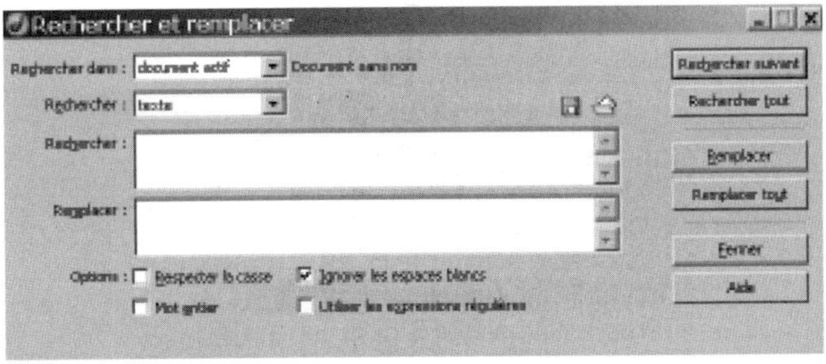

Figure 4.4 : Rechercher et Remplacer un texte.

Pour que Dreamweaver tienne compte de la différence entre les majuscules et les minuscules, cochez l'option « Respecter la casse ». Si vous désirez qu'une recherche commence à un endroit particulier, placez le pointeur de votre souris à cet endroit et cliquez sur le bouton « Rechercher Suivant ». Vous pouvez aussi rechercher des caractères dans plusieurs objets. La liste « Rechercher dans » propose plusieurs options :

- Document actif.
- Document Ouvert.
- Dossier.
- Fichiers sélectionnés.
- Site local en cours.

Vous pouvez rechercher le texte dans le code source, dans le texte lui-même, et dans les balises associées.

La gestion des interlignes

Un paragraphe en HTML est un groupe d'éléments séparé par la balise <P> en début de paragraphe et </P> à la fin du paragraphe. Lorsque vous tapez un mot dans la page et que vous appuyez sur la touche Entrée, Dreamweaver insère immédiatement ces deux balises dans la fenêtre de code (Figure 4.5).

Remarque : Vous constaterez que le fait de passer d'un paragraphe à l'autre vous oblige à sauter deux lignes. Pour éviter ce problème, enfoncez les touches **Maj Entrée**. Dreamweaver insère une balise spécifique <BR> dans le code. Une autre solution à ce problème est d'employer les styles qui permettent alors de définir de manière extrêmement précise l'interligne entre deux paragraphes.

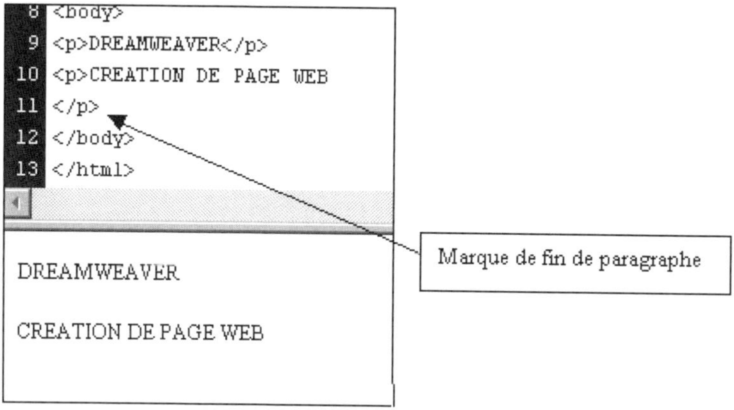

Figure 4.5 : Les paragraphes dans Dreamweaver MX 2004.

Le code suivant montre le code HTML qui insère un retour de paragraphe.

```
<body>
<p>La bataille du rail</p>
<p>commence</p>
```

Le code ci-dessus montre le même texte avec un passage à la ligne.

```
<body>
<p>
La bataille du rail
<br>
commence</p>
```

Manipulation des listes

Vous employez des listes pour spécifier des groupes d'information de même nature.

Elles sont mises en place par certaines balises HTML :

- **<UL>**. Cette balise crée une liste non ordonnée.

- **<OL>**. Cette balise crée une liste numérotée.
- **<LI>**. Cette balise est employée pour caractériser chaque élément dans une liste.

Créer une liste non ordonnée

Pour définir une liste non ordonnée, effectuez les opérations suivantes avec la barre **Insérer** placée sur la catégorie **Texte**.

1. Cliquez sur la balise **UL** sur la barre Insérer. Vous pouvez aussi cliquer sur le bouton **liste simple** dans le panneau des propriétés, en bas de la fenêtre principale de Dreamweaver.
2. Tapez le texte dans la page.

La figure 4.6 montre un exemple de villes placées dans une liste simple. Le code suivant montre la programmation HTML de cette liste.

```
<ul>
  <li>Paris</li>
  <li>Lyon</li>
  <li>Marseille</li>
</ul>
```

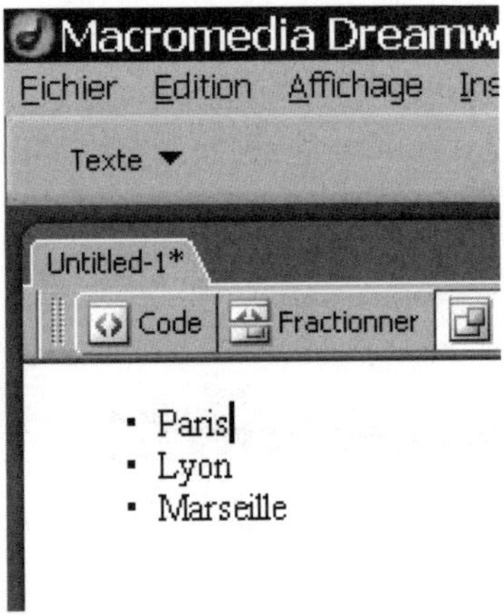

Figure 4.6 : Une liste simple dans Dreamweaver.

Créer une liste numérotée

Pour définir une liste numérotée, effectuez les opérations suivantes avec la barre **Insérer** placée sur la catégorie **Texte**.

3. Cliquez sur la balise **OL** sur la barre Insérer. Vous pouvez aussi cliquer sur le bouton **liste numérotée** dans la fenêtre des propriétés.
4. Tapez le texte dans la page.

Le code suivant montre la programmation HTML de cette liste. Pour insérer une nouvelle ligne numérotée, placez simplement le curseur au début de la ligne et appuyez sur la touche Entrée.

```
<ol>
  <li>IIS</li>
  <li>COLDFUSION</li>
  <li>APACHE - EASYPHP</li>
</ol>
```

Remarque : Pour supprimer une liste, sélectionnez les éléments de la liste et cliquez sur le bouton de liste qui apparaît enfoncé dans l'inspecteur de propriétés.

Modifier les propriétés d'une liste

Vous pouvez modifier les symboles d'une liste en changeant les propriétés de celle-ci. Effectuez les opérations suivantes :

1. Placez votre curseur sur un des éléments de la liste.
2. Cliquez sur l'option de menu Texte / Liste / Propriété de la liste.
3. Choisissez la nouvelle forme de la liste dans la zone « Type de liste ».
4. Choisissez le style d'affichage des numéros dans la zone « Style ».
5. Choisissez le numéro de démarrage dans la zone « Démarrer le comptage ».

La figure 4.7 montre la boîte de dialogue des propriétés de liste dans Dreamweaver MX 2004.

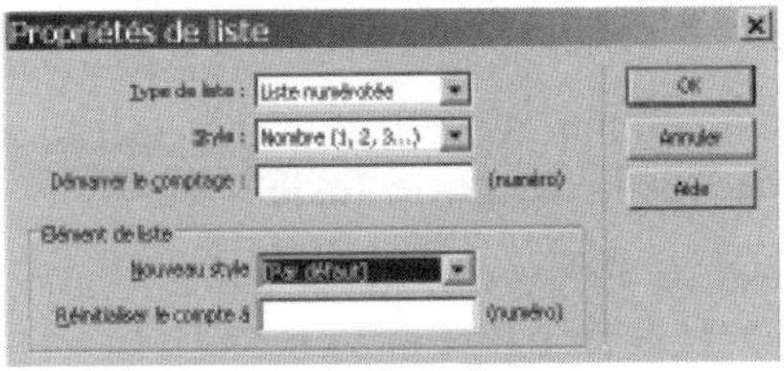

Figure 4.7 : Les propriétés de liste.

Des retraits pour imbriquer des listes

Vous pouvez placer des listes à l'intérieur d'autres listes en utilisant simplement le retrait de paragraphes. Effectuez les opérations suivantes :

1. Tapez les éléments de la 1re liste.
2. Lorsque vous désirez placer une deuxième liste, enfoncez la touche Entrée pour vous placer sur la ligne suivante.
3. Cliquez sur le bouton « **Retrait du texte** ». Vous constaterez que la deuxième liste est renumérotée à 1.

La figure 4.8 montre plusieurs retraits et listes renumérotées. Employez l'autre bouton « **Retrait négatif du texte** » de l'inspecteur des propriétés pour changer de niveau dans une liste.

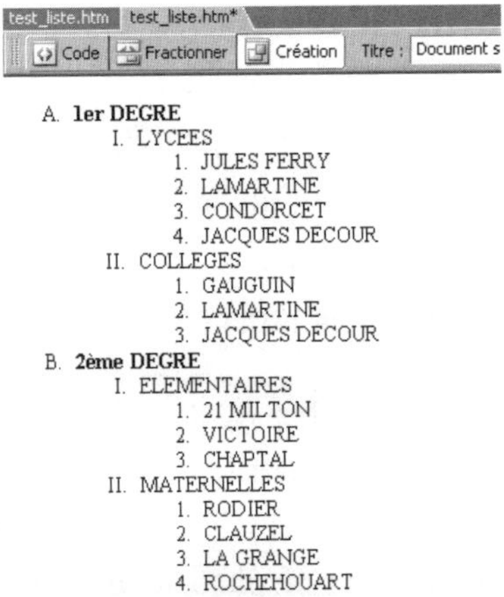

Figure 4.8 : Des listes imbriquées très simplement.

Le code suivant montre la structure de cette liste à plusieurs niveaux.

```
<ol type="A">
  <li><strong>1er DEGRE
  </strong>
    <ol type="I">
      <li>LYCEES
        <ol>
          <li>JULES FERRY</li>
          <li>LAMARTINE</li>
          <li>CONDORCET</li>
          <li>JACQUES DECOUR</li>
        </ol>
      </li>
      <li>COLLEGES
        <ol>
          <li>GAUGUIN</li>
          <li>LAMARTINE</li>
          <li>JACQUES DECOUR</li>
        </ol>
      </li>
    </ol>
  </li>
  <li><strong>2&egrave;me DEGRE </strong>
    <ol type="I">
      <li>ELEMENTAIRES
        <ol>
          <li>21 MILTON</li>
          <li>VICTOIRE</li>
          <li>CHAPTAL    </li>
        </ol>
      </li>
      <li>MATERNELLES
      </li>
    </ol>
  </li>
  <ol>
    <ol>
      <li>RODIER</li>
      <li>CLAUZEL</li>
      <li>LA GRANGE</li>
      <li>ROCHEHOUART</li>
    </ol>
  </ol>
```

```
</ol>
<p> </p>
```

Sélection automatique des éléments d'une liste

Dreamweaver MX 2004 met à votre disposition la **barre d'état** dans la page de création. Ce dispositif affiche les balises insérées au fur et à mesure dans la page. Lorsque vous cliquez sur ces balises, vous sélectionnez automatiquement la ou les lignes qui s'y rapportent. La figure 4.9 montre le sélecteur de balises dans la page.

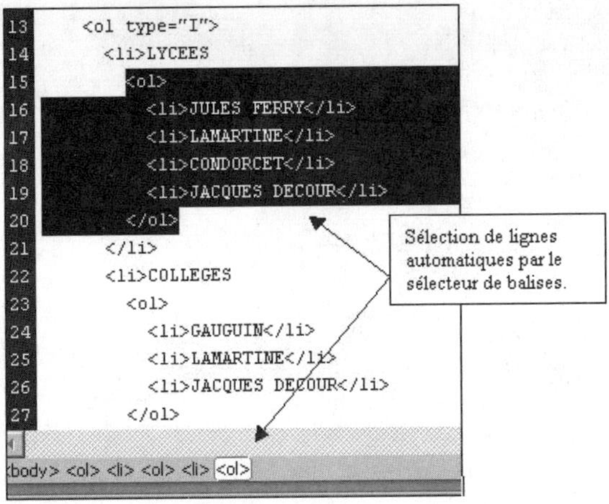

Figure 4.9 : Le sélecteur de balises dans Dreamweaver MX 2004.

Comment insérer une barre horizontale ?

Pour insérer une barre horizontale, effectuez les opérations suivantes :

1. Placez votre curseur à l'endroit de l'insertion de la barre.
2. Cliquez sur la catégorie HTML de la barre **Insérer** (Figure 4.10).
3. Cliquez sur l'outil Barre horizontale.

Le code suivant montre la balise HTML **<HR>** utilisée pour réaliser ce trait horizontal.

```
<body>
<ul>
  <li>IIS</li>
  <li>COLDFUSION</li>
  <li>APACHE - EASYPHP </li>
</ul>
<hr>
</body>
```

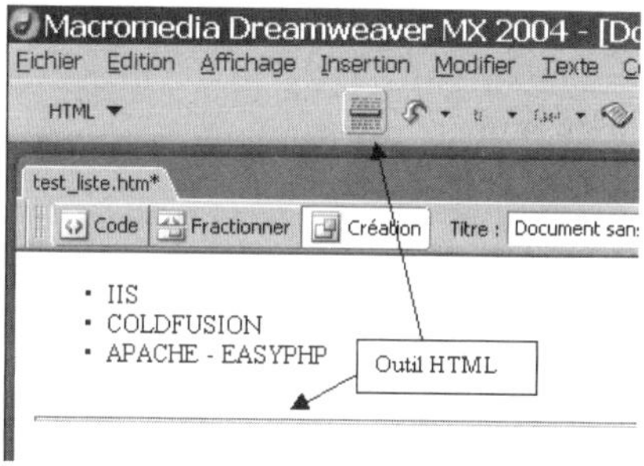

Figure 4.10 : Tracé d'une ligne horizontale.

Modification des propriétés d'une barre horizontale

Vous pouvez modifier les propriétés de cette barre par l'intermédiaire de la fenêtre des propriétés (Figure 4.11).

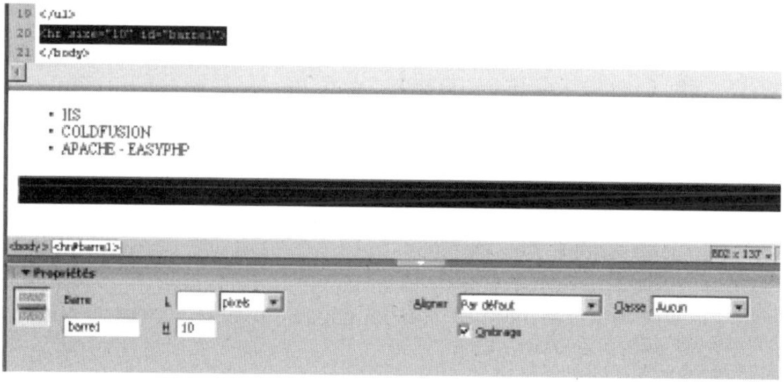

Figure 4.11 : Modification des paramètres d'une ligne horizontale.

Remarque : La zone **L** (largeur) de la fenêtre des propriétés vous permet de préciser une largeur fixe en pixel ou bien une valeur en pourcentage. Dans ce dernier cas la largeur varie suivant la taille de la fenêtre du navigateur.

La page Web dans le contexte internet

Une fois votre page créée, il faut la publier sur un serveur internet. Elle deviendra ainsi disponible 24 h sur 24. Toute la question est de trouver le bon fournisseur du serveur.

Le fournisseur de données

Toutes les compagnies qui vendent un accès au réseau Internet proposent systématiquement un espace personnalisé minimal de 10 à 20 Mo qui vous est strictement réservé. Vous pouvez ainsi stocker des fichiers et par conséquent des pages HTML ou d'autres types de pages. Vous devez vous poser la question de la technologie de serveur que vous allez employer pour réaliser vos pages. En d'autres termes, allez-vous programmer en HTML simplement ou bien dans un autre langage (Javascript, VBScript, PHP, ASP, PERL, Cold Fusion, etc.) ? Comptez-vous employer des bases de données pour votre application et si oui, de quel type ? S'agira-t-il d'une base Access, MySQL, SQL Server, ou d'une source de données ODBC ? Gardez à l'esprit qu'en fonction des réponses à ces questions le fournisseur d'accès à Internet sera différent.

Programmation - dans la page du visiteur

Lorsque vous créez une page HTML, vous insérez des objets, du texte et souvent de la programmation, qu'on appelle programmation côté-client. Par exemple il peut s'agir de tests multiples qui contrôlent si le visiteur a bien rempli toutes les zones de saisie dans la page. Il peut s'agir également d'une mise en forme de listes de données, juste avant l'apparition de la page dans le navigateur du visiteur. Les langages qui sont employés pour écrire des instructions côté-client doivent être reconnus par tous les navigateurs du monde entier. La liste suivante détaille trois langages universellement connus :

- JavaScript

- VBScript
- PHP

Il faut du temps pour apprécier toutes les fonctionnalités de ces langages de programmation, mais une fois acquis, ils vous permettent de développer un grand nombre d'applications côté-client.

La figure 4.12 montre un site pédagogique d'apprentissage du Javascript : http://www.ccim.be/ccim328/js/Jscript.htm.

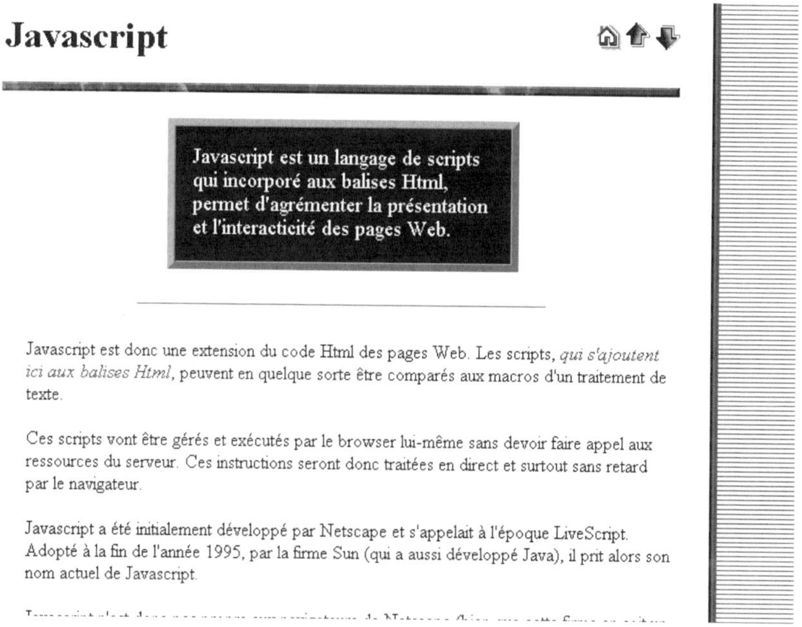

Figure 4.12 : Un site d'apprentissage du JavaScript.

Programmation côté-serveur

Lorsque vous manipulez des objets de bases de données (tables, requêtes, procédures stockées) sur un serveur à distance, vous effectuez des actions sur une base de données stockée au sein d'un ordinateur dont vous ne connaissez pas l'adresse physique, mais simplement l'adresse logique. Vous employez ainsi des instructions qui agissent sur la base de données distante.

Les programmes que vous écrivez sont des scripts côté-serveur, c'est-à-dire des ensembles d'instructions qui agissent sur des objets stockés à distance. Les langages employés doivent donc être spécialisés en fonction de la technologie du serveur.

- Si votre fournisseur Internet propose un serveur basé sur la technologie Microsoft IIS, vous programmerez avec le langage ASP.
- Si votre fournisseur Internet propose un serveur basé sur la technologie PHP/APACHE, vous programmerez avec le langage PHP.
- Si votre fournisseur Internet propose un serveur basé sur la technologie Cold Fusion, vous programmerez avec le langage Cold Fusion.
- D'autres technologies existent bien évidemment comme Oracle, Perl, etc.

Vous avez pu remarquer que Dreamweaver MX 2004 s'adapte à de nombreuses technologies et facilite l'accès aux fichiers grâce aux différents types de serveurs. Les chapitres précédents ont montré la relative facilité de transfert de fichiers vers les serveurs locaux, d'évaluation ou à distance. Une fois la technologie de serveur choisie, il ne vous reste plus qu'à trouver le bon fournisseur Internet. La figure 4.13 montre la réponse dans le moteur de recherche Google sur la chaîne de caractères **hébergement ASP**.

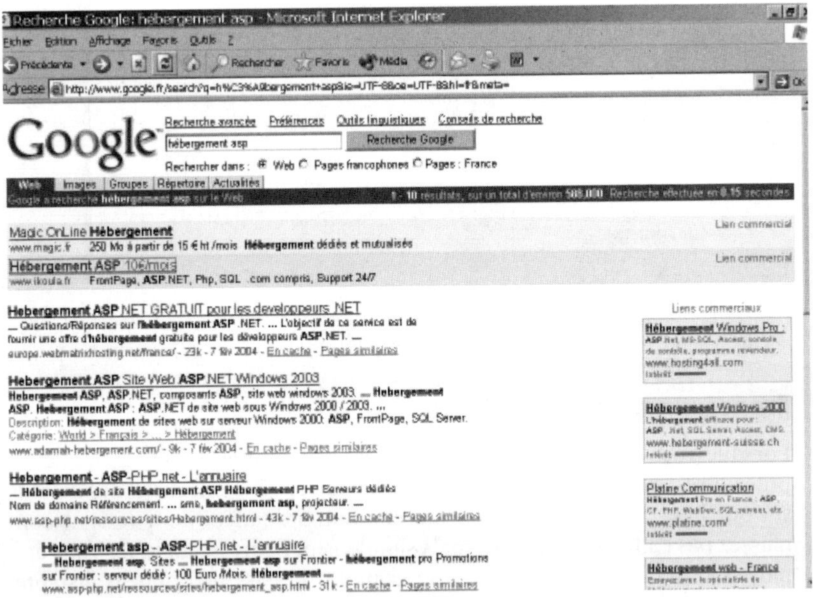

Figure 4.13 : Recherche d'un hébergeur ASP.

Les fournisseurs Internet proposent également différentes fonctionnalités comme des composants ou des dispositifs graphiques que vous insérez dans vos pages ASP, PHP ou autres. Le fournisseur Prosygma (`http://www.prosygma.com/net3.htm`) propose plusieurs formules (la moins chère est de 10 euros par mois) et héberge des configurations ASP ou PHP. La liste suivante détaille une des formules à 26 euros par mois.

- Un espace disque de 100 Mo sur disque SCSI.
- Prise en charge du FrameWork .NET SP2 et des ASP.
- Un accès FTP pour publier votre site. Vous pouvez mettre à jour votre site en temps réel à tout moment grâce à n'importe quel logiciel de transfert FTP.
- De nombreux composants ASP : AspHttp, Cs Draw Graph, AspImage, AspPop3, AspEmail, Jmail, AspSmartMail, AspSmartUpload, Image Size, AspPing, LastMod, AspTear, AspDns, Cdonts, SimageUtil, Diwhois, AspInet.
- Gestion de l'ASP 3 et du PHP 4.
- Gestion des bases de données Access et MySql via ODBC ou DSN less, au choix.
- Un répertoire Cgi-Bin pour exécuter vos applications CGI, PERL.
- Deux outils d'analyses de statistiques détaillées en français : Webalyser et Report Magic.
- Un serveur SMTP au nom de votre site afin d'envoyer vos e-mails.
- Un serveur POP afin de recevoir vos e-mails (comptes de messagerie non limités), possibilité de mettre en place des alias, des redirections et une adresse Catch All.
- Possibilité d'avoir des sous-domaines.
- Une plate-forme de gestion sécurisée vous permet de gérer vos accès ftp, vos messageries, vos statistiques, vos liens Odbc, de visualiser l'état du réseau en temps réel.
- Un trafic illimité.

Les paramètres FTP pour un serveur à distance

Vous avez étudié aux chapitres précédents les différents paramètres FTP nécessaires aux transferts des fichiers et pages HTML ou autres. Gardez à l'esprit qu'il existe des programmes gratuits, appelés Shareware, qui permettent également de transférer des fichiers d'un ordinateur local vers un site à distance. Il est parfois plus commode de transférer certains fichiers par ce biais-là plutôt que d'employer les techniques de Dreamweaver.

Le programme CUTEFTP

Un des programmes utilisés par les développeurs de sites Web est le shareware **CuteFTP**. La figure 4.14 montre cette application en action. Que ce soit dans Dreamweaver ou ailleurs, les paramètres FTP que vous devez renseigner pour accéder à un serveur à distance sont toujours les mêmes :

- **Adresse de l'hôte**. Il s'agit de l'adresse du serveur à distance. Elle est composée soit d'une adresse IP soit d'une adresse HTML classique.
- **Le nom de l'utilisateur**. Il s'agit du nom que vous avez choisi lors de l'établissement de votre contrat avec le fournisseur d'accès Internet.
- **Le mode de passe**. Il s'agit d'un mot de passe.
- **Le répertoire à distance.** Il s'agit d'un répertoire (non obligatoire) qui définit l'emplacement des fichiers et des pages.

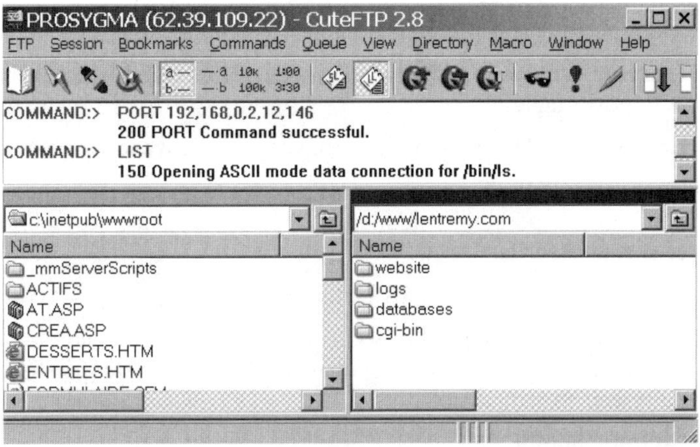

Figure 4.14 : Un programme gratuit de transfert FTP.

La figure 4.15 montre les paramètres dans l'application CuteFTP.

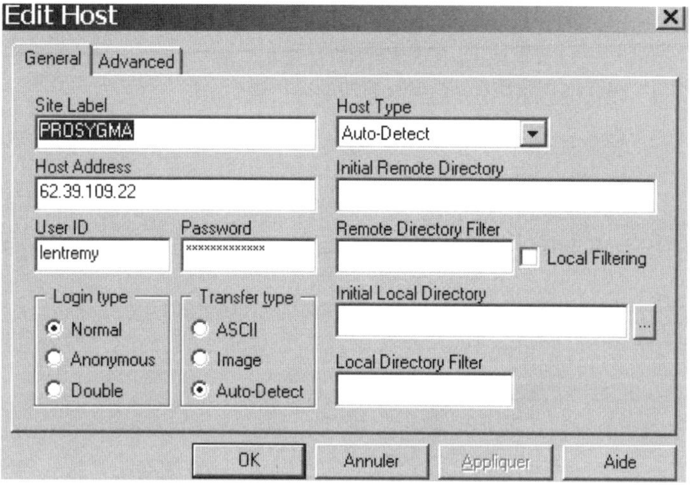

Figure 4.15 : Les paramètres de transfert FTP.

Définition d'un serveur à distance dans Dreamweaver

Pour effectuer des transferts de fichiers ou de pages d'un ordinateur local vers un serveur à distance, vous devez évidemment renseigner certains paramètres de connexion. Dreamweaver fonctionne toujours sur trois fronts dans ce contexte de communication. Il considère toujours :

- Un site local.
- Un site à distance.
- Un site d'évaluation.

Les dossiers comportant les fichiers et les sous-dossiers sur le site local et le site à distance doivent être rigoureusement les mêmes pour les transferts, les échanges, les placements, ou les extractions de fichiers ou de pages. Avant de créer un nouveau site Dreamweaver, créez un dossier local sur votre ordinateur dans lequel seront stockés toutes les pages et tous les fichiers qui interviendront sur le site à distance. Une fois cette opération effectuée, vous pouvez commencer à créer ce que Dreamweaver appelle un « **site Dreamweaver** ». Il s'agit en réalité de tout un ensemble de paramètres de communication définissant les caractéristiques de votre application. Avant de commencer à mettre en place les pages, les liens, les objets dans les pages, la programmation côté-client et côté-serveur, vous devez définir très précisément les informations nécessaires au transfert des fichiers par l'intermédiaire du protocole FTP.

La première série de paramètre concerne le site local. Effectuez les opérations suivantes pour saisir ces informations :

1. Cliquez sur l'option Site / Gérer les sites.
2. Créez un nouveau site ou bien sélectionnez un site existant et cliquez sur le bouton Modifier.
3. Cliquez sur l'onglet Avancé. La figure 4.16 montre la page de la catégorie Infos Locales.

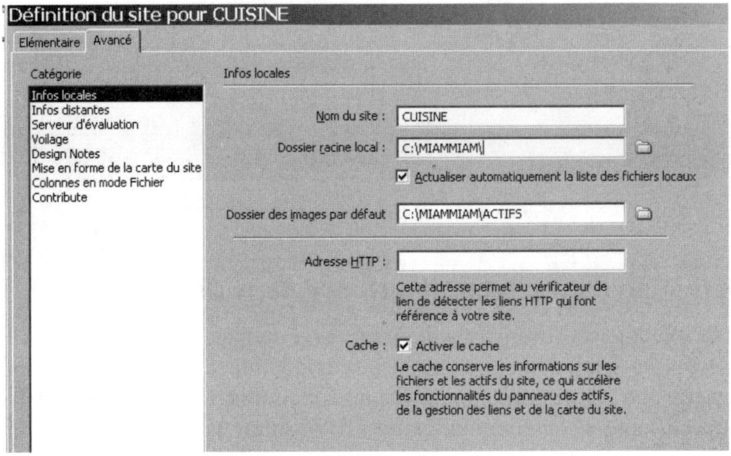

Figure 4.16 : Les informations du site local.

La deuxième série d'information concerne la catégorie des infos à distance (Figure 4.17). Il s'agit en général des informations pour une connexion FTP.

La troisième série de paramètres concerne la catégorie du serveur d'évaluation. Lorsque vous demanderez à Dreamweaver de tester une page en cours de modification, au sein d'un navigateur Internet, Dreamweaver utilisera une adresse par défaut qui est celle proposée par votre fournisseur Internet pour accéder à vos pages. La figure 4.18 montre ces paramètres.

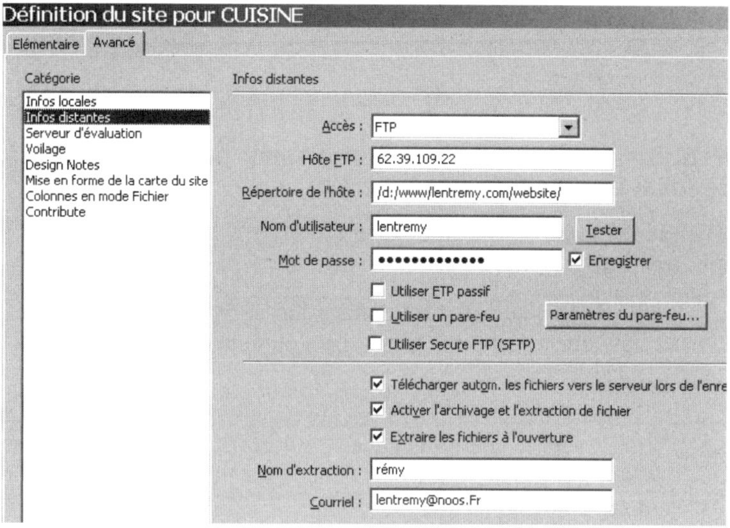

Figure 4.17 : Les informations du site distant.

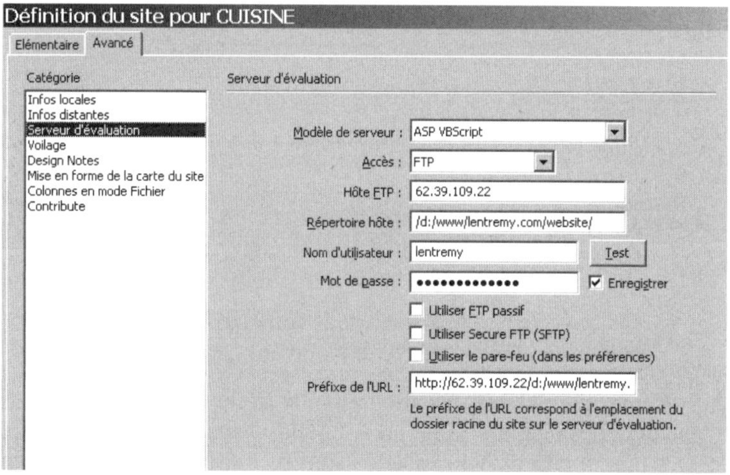

Figure 4.18 : Les paramètres du serveur d'évaluation.

Remarque : Le panneau Fichier est votre centre de contrôle pour le transfert des fichiers du serveur local vers le serveur à distance et réciproquement.

Méthode de travail dans Dreamweaver pour la gestion du site local et du site à distance

La bonne méthode de travail en ce qui concerne les transferts de fichiers dans Dreamweaver MX 2004 est la suivante :

1. Réalisez d'abord votre application complète avec vos liens, pages, objets dans les pages, programmations diverses sur le **site local**.
2. Lorsque toutes les pages ont été enregistrées, **placez** le site entier local **vers le site à distance**. C'est la flèche bleue dirigée vers le haut qui transfère tous les fichiers du site local vers le site à distance (Figure 4.19).

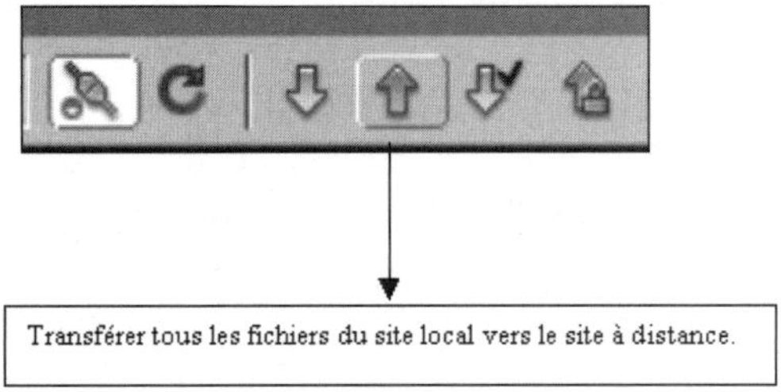

Figure 4.19 : La barre des outils de transfert dans le panneau Fichier.

3. Testez votre page d'accueil dans votre navigateur Internet en ayant bien fermé Dreamweaver auparavant.

Remarque : Faites très attention à la flèche dirigée vers le bas (Acquérir les Fichiers). Elle provoque la recopie de tout le site distant vers le site local. Vous risquez ainsi d'écraser des pages sur lesquelles des modifications de dernière minute ont été effectuées, mais qui n'ont pas encore été publiées.

Les liens

Les liens permettent au visiteur de passer d'une page à l'autre au cours de sa visite sur un site Internet. La plupart du temps les liens changent de couleur une fois cliqués, mais ce n'est pas obligatoire. Les liens des pages Web permettent de « surfer » au sein de la masse d'informations disponibles sur Internet.

Histoire du lien hypertexte

En 1945, des scientifiques américains se sont intéressés à une technique mélangeant l'optique, l'électronique et la mécanique afin de créer un dispositif de liens entre plusieurs microfilms. Dans les années 60, Doug Engelbart met au point un prototype original, le « oNLine System » (NLS), capable de parcourir et créer des pages hypertextes. Ce n'est qu'en 1965 que Ted Nelson invente le mot hypertexte. Le tournant de l'hypertexte et du Web est finalement pris en 1980, où Tim Berners-Lee écrit un programme de type porte-documents, qui permet de créer des liens entre n'importe quels documents. Tim Berners-Lee écrit en 1989 un document à destination du CERN qui vise à améliorer la gestion du système d'information. Ce document servira de base à l'élaboration du Web tel que nous le connaissons aujourd'hui. Le 12 novembre 1990, Tim Berners-Lee et Robert Cailliau reformulent le projet hypertexte original et à Noël 1990, on peut surfer sur le Net. À partir de l'année 1991, les dispositifs proposés au visiteur d'une page sont améliorés, les sources des programmes sont postées sur les news, de très nombreux services sont déployés. En janvier 1993, il existe environ 50 serveurs HTTP. Le 30 avril 1993, le directeur du CERN déclare que les technologies du Web doivent rester libres de droit et librement utilisables par tous. En juillet 1994, le W3C est fondé. C'est désormais l'organisme chargé de réglementer les standards en vigueur sur le Web et l'Internet.

(Source `http://www.themanualpage.org/internet/internet_histowww.php3` et http://www.w3.org/History.html)

Comment créer un lien avec Dreamweaver ?

Pour créer un lien dans une page, effectuez les opérations suivantes :

1. Tapez le texte qui servira de lien vers une page.

2. Sélectionnez le texte.
3. Indiquez la page de destination du lien dans la zone **lien** de la fenêtre des propriétés à l'aide du dispositif **Rechercher le fichier**. Vous pouvez employer le dispositif de pointage **Pointer vers un fichier** pour sélectionner la page dans la fenêtre **Fichiers**, ou bien vous pouvez également déplacer-glisser le nom de la page de destination dans la zone **lien**.

Une fois le lien créé, testez votre page dans votre navigateur pour vérifier que le lien fonctionne et que la page attendue s'affiche correctement dans le navigateur. Dreamweaver propose aussi un autre dispositif appelé **Hyperlien** qui est accessible à partir de la barre **Insérer**. Des informations sont alors demandées dans une boîte dialogue.

Un lien qui pointe vers une adresse HTTP

Un lien indique toujours à l'explorateur de charger une nouvelle adresse URL (Uniform Ressource Locator) en utilisant le protocole HTTP ou un protocole différent. Lorsque vous placez un lien avec Dreamweaver, vous créez automatiquement une balise spécifique qui détermine le lien dans une page. Par exemple le code suivant montre un exemple de lien qui pointe vers une page **html/entrees.htm**.

```
<a href="HTML/ENTREES.HTM">ENTREES</a>
```

- La balise **<a>** correspond à une ancre.
- Le paramètre **href** (Hypertext Reference) indique l'adresse http.

Une adresse http représente la structure interne d'un lien, et selon le type de liaison que vous utiliserez, vous devrez inclure différentes parties de l'URL. Cette adresse peut comporter l'expression File:// à la place de http:/ /. Lorsque File est utilisé, il s'agit d'un chargement de fichier. Avec l'expression http, vous indiquez des spécificités de serveur, de domaine, de scripts et de fichier.

Une adresse http pourrait se résumer à la formule suivante :

```
http://nom_domaine.Nom_du_serveur/Répertoire/Nom_Fichier.
Extension
```

En général après http:// vient le nom du serveur suivi du nom du domaine. Il peut exister plusieurs serveurs dans un domaine particulier, par exemple au sein d'une grande entreprise. Après le nom du serveur vient l'emplacement du répertoire sur le serveur. Ce répertoire peut être un répertoire réel, ou un nom plus court qui indique un emplacement réel dont le nom est assez long. On dit qu'on « mappe » le nom physique par un alias. La dernière partie de l'adresse est le nom du fichier avec son extension qui parfois n'est pas obligatoire.

Les chemins absolus et relatifs

Vous pouvez écrire les chemins des pages de plusieurs manières :

- **Le chemin absolu**. C'est la façon la plus simple de créer un lien vers une page dans un même dossier. Pour créer un lien de manière absolue, placez le nom du fichier entre guillemets comme dans l'expression <A href="http://www.entree.htm">. On indique ici l'adresse complète et figée.
- **Le chemin relatif au document**. Vous pouvez taper simplement le nom du fichier dans la zone **lien**. Le navigateur cherchera ce fichier dans le même dossier que celui de la page qui contient le lien.
- **Le chemin relatif à la racine du site**. Dans ce type de lien, le navigateur va devoir rechercher des pages qui se trouvent dans des dossiers différents. Les chemins relatifs à la racine commencent toujours par une barre oblique, avec ou sans les deux petits points "..". Par exemple vous pourriez écrire "**../html/entrees.htm**" ou bien "**../../html/entrees.htm**".

La couleur des liens

Par défaut la couleur de n'importe quel lien est le blanc. Vous pouvez modifier la couleur de nombreux paramètres concernant les liens en effectuant les opérations suivantes :

1. Sélectionnez votre lien.
2. Cliquez sur l'option de menu **Modifier / Propriétés de la page**.
3. Sélectionnez la catégorie **Liens**. La figure 4.20 montre les différents paramètres.

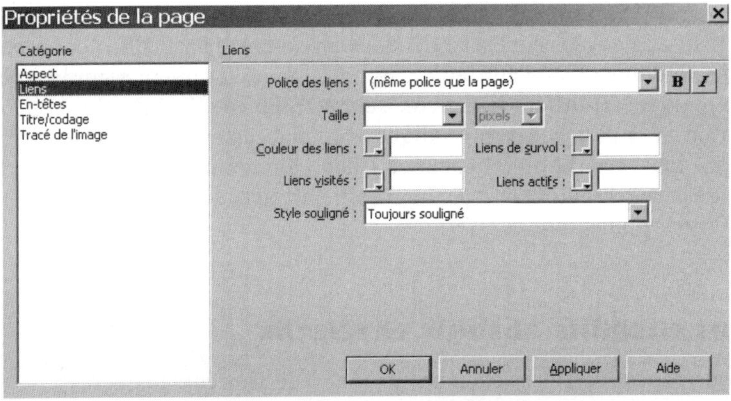

Figure 4.20 : Modification des paramètres de couleurs des liens.

Les liens peuvent changer de couleur lorsqu'ils ont été visités, ou bien lorsque vous les survolez seulement.

Une image considérée comme un lien

Si vous désirez qu'un visiteur puisse accéder à une page par l'intermédiaire d'une image et non pas d'un texte, vous devez renseigner les propriétés de lien de l'image. La figure 4.21 montre les propriétés de l'image. Remarquez les deux propriétés **src** et **lien** qui interviennent directement dans le lien.

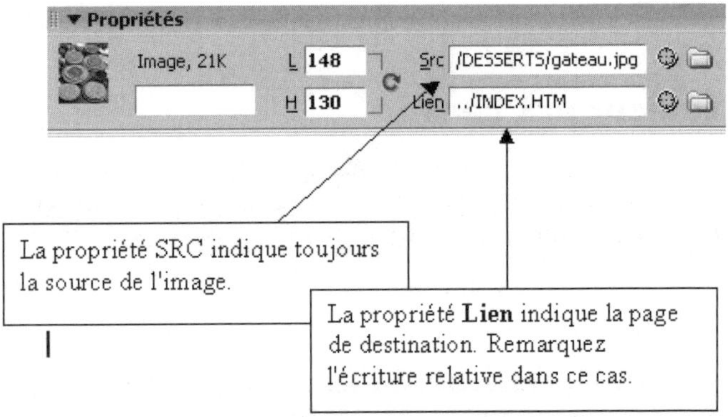

Figure 4.21 : Les propriétés de l'image.

Le code suivant montre les deux paramètres dans l'expression HTML :

```
<a href="../INDEX.HTM">
<img src="../ACTIFS/DESSERTS/gateau.jpg" width="148" height="130" border="0"
>
```

Un lien qui pointe vers une ancre nommée

Lorsqu'un visiteur consulte une page Web qui comporte un très long texte, il est judicieux de lui proposer de revenir rapidement sur un ou plusieurs paragraphes pour lui éviter d'employer l'ascenseur. Pour réaliser ce tour de passe-passe, vous insérez d'abord des **ancres nommées** dans la page, puis des liens vers ces ancres par la suite. Par exemple ce type d'ancre facilite le retour à la page du haut ou à la dernière page du document.

Création de l'ancre nommée

Pour créer une ancre nommée, effectuez les opérations suivantes :

1. Placez le point d'insertion à la fin du paragraphe concerné.
2. Cliquez sur l'option de menu « Insertion / Ancre nommée » ou sur l'outil « Ancre nommée » dans la barre d'outils « Insérer » en sélectionnant auparavant la « Catégorie Commun ».
3. Indiquez un nom dans la boîte de dialogue « Ancre nommée ». Une ancre s'affiche immédiatement dans la page (Figure 4.22).

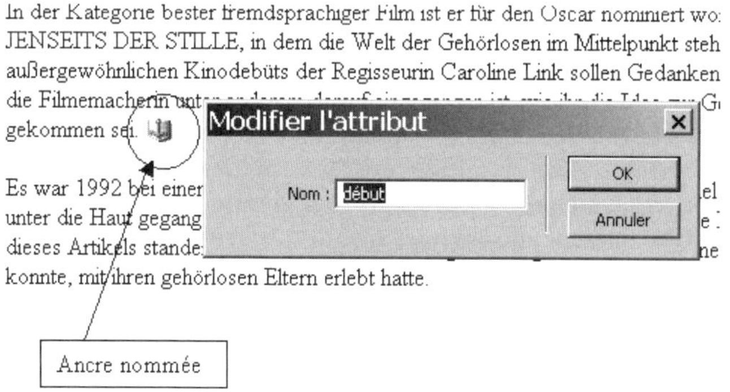

Figure 4.22 : Une ancre nommée dans Dreamweaver.

Création du lien vers une ancre nommée

Pour créer un lien vers n'importe quelle ancre déjà nommée dans votre page, effectuez les opérations suivantes :

1. Tapez un texte en relation avec la destination de l'ancre. Par exemple si vous désirez que le visiteur retourne au début du document, le texte peut être « Début de la page ».
2. Sélectionnez le texte.
3. Cliquez dans la zone Lien qui doit être vide.
4. Cliquez sur le dispositif **Pointer vers Fichier** de Dreamweaver vers l'ancre nommée. Vous constaterez que la zone lien contient l'expression **#Début**. Le signe # précède le nom de l'ancre (Figure 4.23).

Figure 4.23 : Le signe # est toujours affecté à une ancre nommée.

Le code suivant montre l'expression HTML qui définit une ancre nommée.

```
<a name="début"></a>
```

Un lien de type e-mail

Vous pouvez créer un lien de messagerie, soit par l'outil **lien de messagerie** dans la barre **Insérer** (catégorie **Commun**), soit en choisissant l'option de menu Insertion / Lien de messagerie. Un tel lien permet au visiteur de la page d'envoyer un courriel à partir d'un simple texte dans la page. Pour créer ce type de lien, effectuez les opérations suivantes :

1. Placez le curseur à la position désirée.
2. Cliquez sur le bouton « Lien de messagerie » dans la barre d'outils « Insérer ».

3. Indiquez le texte du lien de messagerie et l'adresse e-mail dans la boîte de dialogue (Figure 4.24).

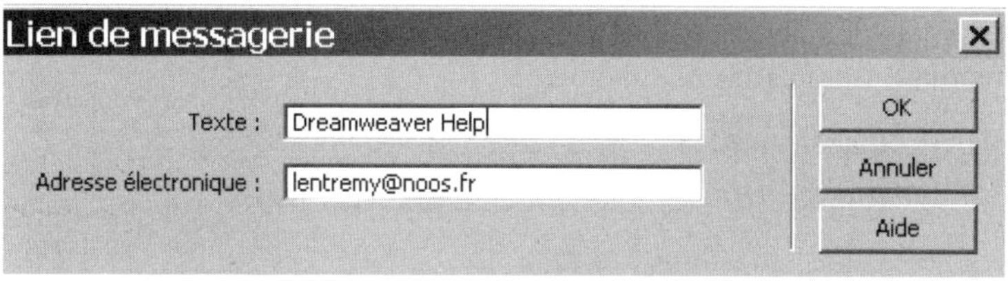

Figure 4.24 : Création d'un lien de messagerie.

Le code suivant montre le lien dans l'expression HTML.

```
<a href="mailto:lentremy@noos.fr">Dreamweaver HELP</a>
```

Les info-bulles d'un lien

Pour que votre visiteur distingue une info-bulle lorsque sa souris survole un lien, ajoutez la clause **Title="texte de survol"** dans la balise **<A paramètres>**. Par exemple la ligne suivante affiche le texte « TOUTES LES ENTREES » au moment où le visiteur déplace la souris sans cliquer sur le lien ENTREES (Figure 4.25).

```
<A HREF="HTML/ENTREES.HTM" TITLE="TOUTES LES ENTREES" >ENTREES
```

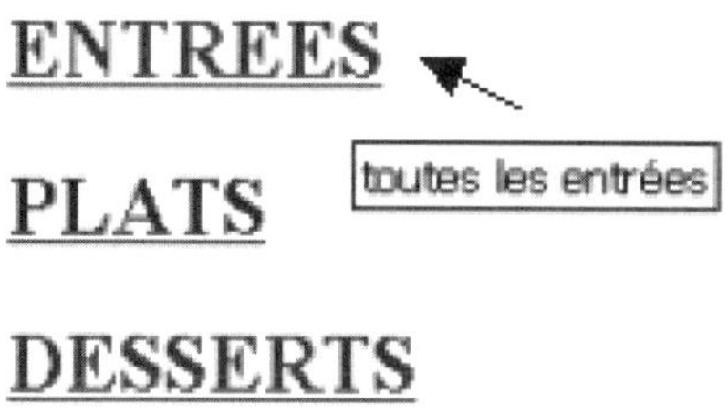

Figure 4.25 : Affichage d'une inf- bulle sur un lien.

Comment ouvrir une page spécifique liée par un lien ?

Dans une application comprenant de nombreuses pages liées les unes aux autres par des liens, vous pouvez ouvrir immédiatement une page liée en effectuant les opérations suivantes :

4. Placez votre curseur à l'intérieur du lien.
5. Cliquez sur l'option de menu Modifier.
6. Choisissez Ouvrir la page liée.
7. Cliquez le bouton Afficher si une boîte de dialogue vous informe que la page est déjà verrouillée par un autre utilisateur.

Comment vérifier les liens d'une page ?

Dreamweaver MX 2004 vous permet de vérifier les liens d'une page en affichant un récapitulatif des problèmes potentiels. Pour effectuer une telle vérification, suivez les instructions ci-dessous :

1. Ouvrez la page contenant les liens.
2. Cliquez sur l'option de menu Fichier.
3. Choisissez Vérifier la page / Vérifier les liens.
4. Dans le panneau Résultat, cliquez sur l'onglet Vérifier les liens. Un triangle vert apparaît à gauche de la fenêtre (Figure 4.26).
5. Cliquez sur le triangle vert horizontal et choisissez l'option de vérification désirée.

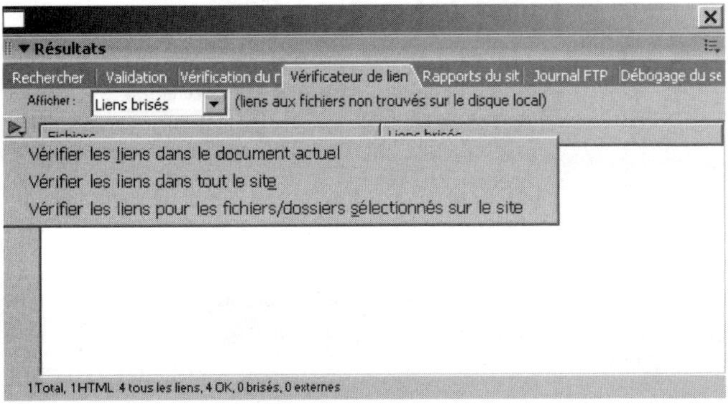

Figure 4.26 : Vérification des liens.

Pour tester ce dispositif de Dreamweaver, renommez un ou deux fichiers dans le dossier local et relancez la vérification des liens. La figure 4.27 montre deux liens brisés et la possibilité de repointer correctement les liens.

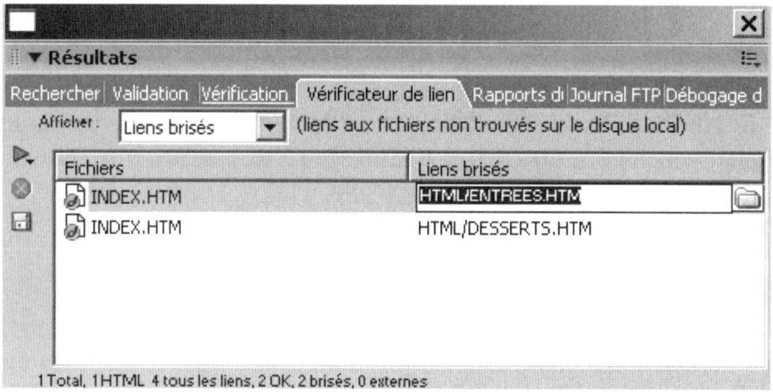

Figure 4.27 : Les liens brisés dans Dreamweaever MX 2004.

Conception d'une page d'après un modèle

Une application Internet est toujours composée de plusieurs pages, dont certaines parties sont identiques. Par exemple l'en-tête, le pied de page, les menus de navigation, les logos, ou encore les fonds d'écran. Dreamweaver propose deux dispositifs intéressants qui facilitent la gestion des pages : les **modèles** et les **bibliothèques**.

Qu'est-ce qu'un modèle ?

Un modèle de Dreamweaver est une maquette verrouillée dans laquelle vous ne pouvez modifier que certaines régions modifiables. Dreamweaver verrouille automatiquement la plupart des régions d'une page au moment de son enregistrement. Vous insérez par la suite des régions ou des paramètres modifiables dans le modèle. Gardez à l'esprit qu'une nouvelle page créée à partir d'un modèle possède d'entrée de jeu des régions non modifiables. La liste suivante détaille les quatre types de régions spécifiques pour un modèle :

- **Région modifiable**. Il s'agit d'une région non verrouillée dans une page basée sur un modèle. Un modèle doit contenir au moins une région modifiable et s'il n'y en a pas, les pages créées à partir du modèle ne pourront être modifiées.
- **Région répétée**. Il s'agit d'une section de la mise en page d'un document qu'il est possible de reproduire. Les sections répétées sont modifiables.
- **Région facultative**. Il s'agit d'une section d'un modèle contenant des éléments facultatifs (texte ou image), qui apparaîtront ou non dans les documents créés à partir du modèle.
- **Attributs de balises modifiables**. Il s'agit d'attributs de balise qui sont déverrouillés afin que les utilisateurs puissent les modifier dans les pages créées à partir du modèle.

Remarque : Vous ne pouvez commencer à travailler sur les modèles qu'à partir d'une page vierge, dans la fenêtre principale de Dreamweaver.

Création d'un nouveau document à partir d'un modèle

Pour créer un nouveau document à partir d'un modèle existant, effectuez les opérations suivantes :

1. Cliquez sur l'option de menu Fichier / Nouveau.
2. Dans la fenêtre « Nouveau Document », choisissez la catégorie désirée.
3. Choisissez le type de modèle dans la liste du milieu.
4. Cliquez sur le bouton Créer pour terminer.

Dreamweaver propose 9 types de catégories différentes pour les nouveaux documents :

- Page de base.
- Page dynamique.
- Page modèle.
- Autre.
- Feuille de style en cascade.

- Conception de page CSS.
- Conception de page.
- Conception de page (accessibilité).

La figure 4.28 montre les différentes **Pages de base**.

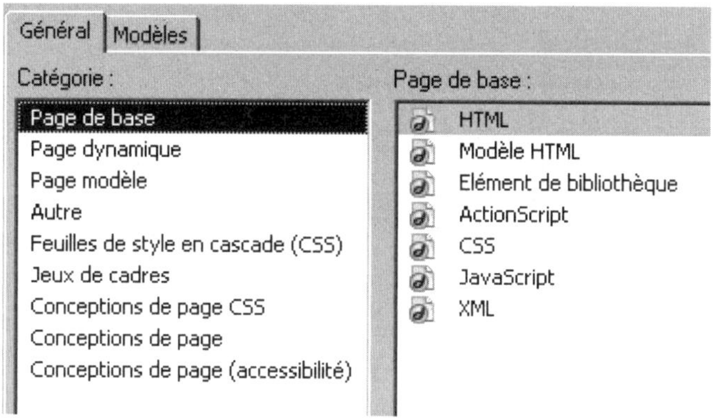

Figure 4.28 : Les modèles de pages de base.

La figure 4.29 montre les différentes **pages dynamiques**.

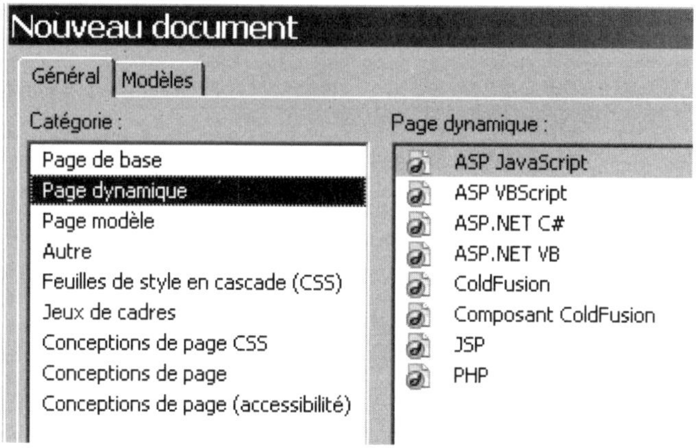

Figure 4.29 : Les modèles pour une page dynamique.

La figure 4.30 montre les différents **pages modèles**.

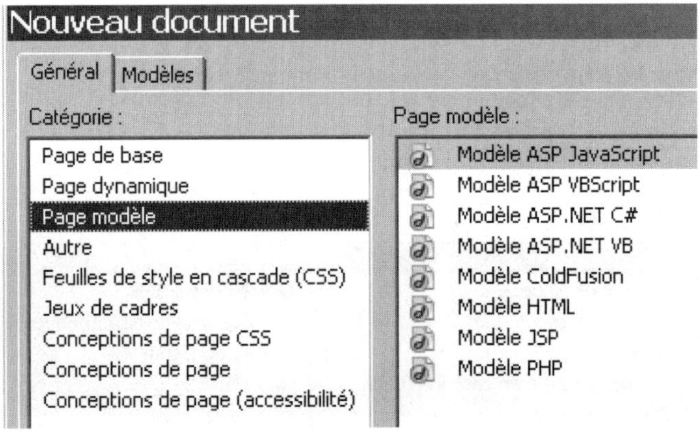

Figure 4.30 : Les pages modèles.

La figure 4.31 montre d'autres pages.

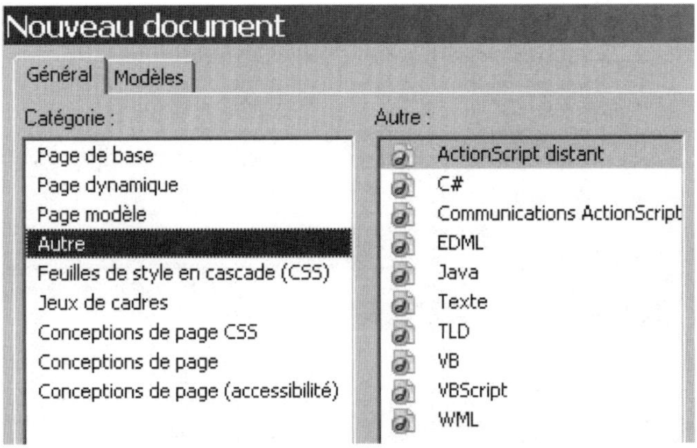

Figure 4.31 : D'autres pages dans Dreamweaver MX 2004.

La figure 4.32 montre les différentes feuilles de styles que vous pouvez créer à partir d'un modèle.

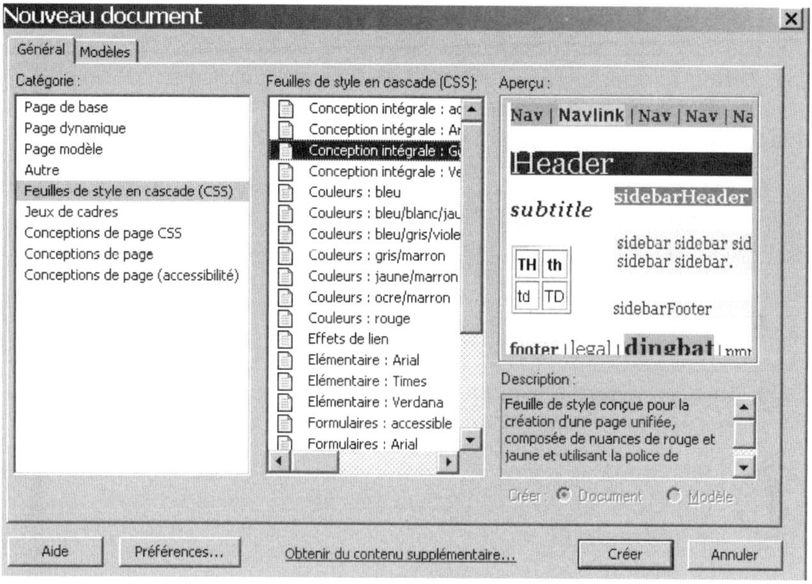

Figure 4.32 : Les modèles de feuille de style.

La figure 4.33 montre les différents modèles de jeux de cadres.

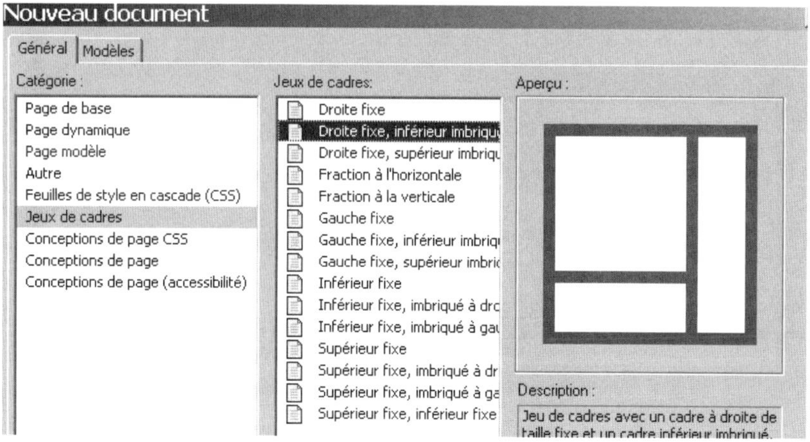

Figure 4.33 : Les jeux de cadres.

La page 4.34 montre différentes conceptions de page CSS (Cascade Style Sheets ou feuille de styles en cascade). Les feuilles de styles CSS permettent de définir des paramètres de format d'affichage (description de style) que vous affectez par la suite à des balises dans la page HTML. L'application de la feuille de style peut se faire selon trois niveaux différents :

- **Externe.** La description des différents formats est contenue dans un unique fichier **CSS** qui peut s'appliquer à plusieurs pages HTML liées à ce fichier CSS. Les paramètres d'appel de la feuille de style sont définis dans l'en-tête de la page HTML grâce à la balise <LINK>.
- **Interne**. La description du format d'affichage est contenue dans l'en-tête <HEAD> de la page HTML et s'applique ainsi à toute la page.
- **Incorporé**. La description est contenue dans le corps de la page HTML et s'applique à une portion choisie du document.

Remarque : Gardez à l'esprit que les feuilles de style et certaines propriétés ne sont pas toutes lues par les navigateurs de versions antérieures à 4.

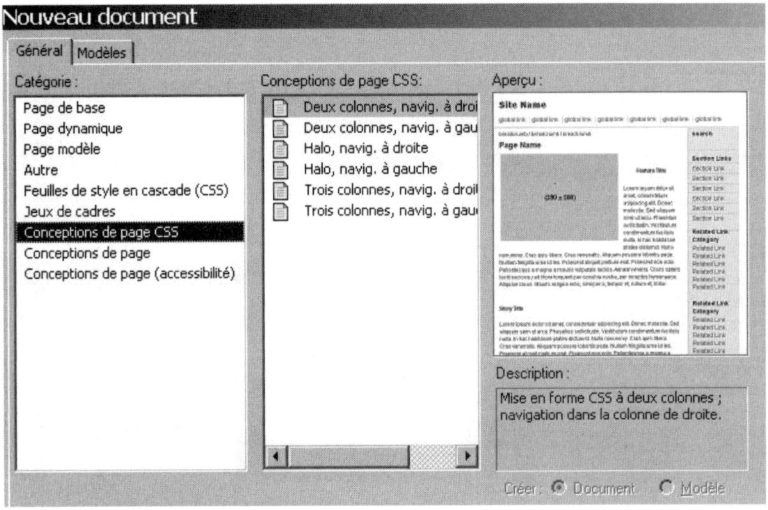

Figure 4.34 : Les modèles de feuilles de style CSS (Cascade Style Sheets).

La figure 4.35 montre les différents types de conception de pages.

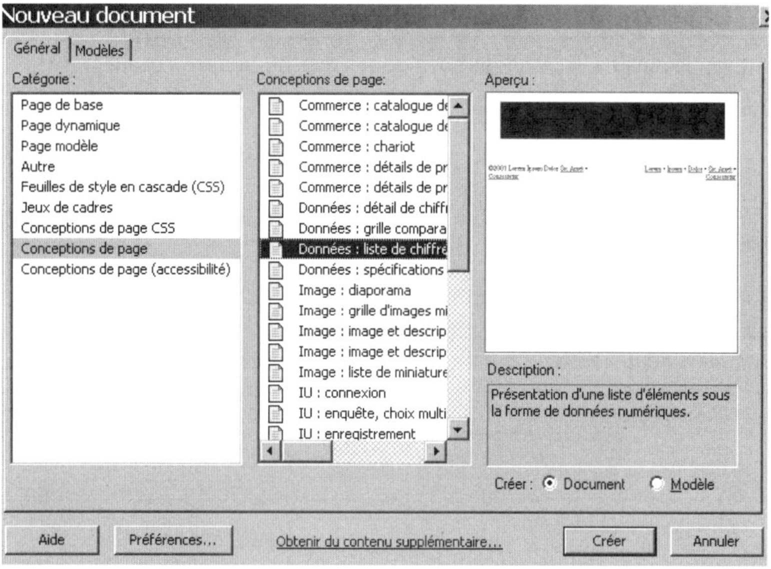

Figure 4.35 : Les conceptions de page.

La figure 4.36 montre d'autres modèles de pages.

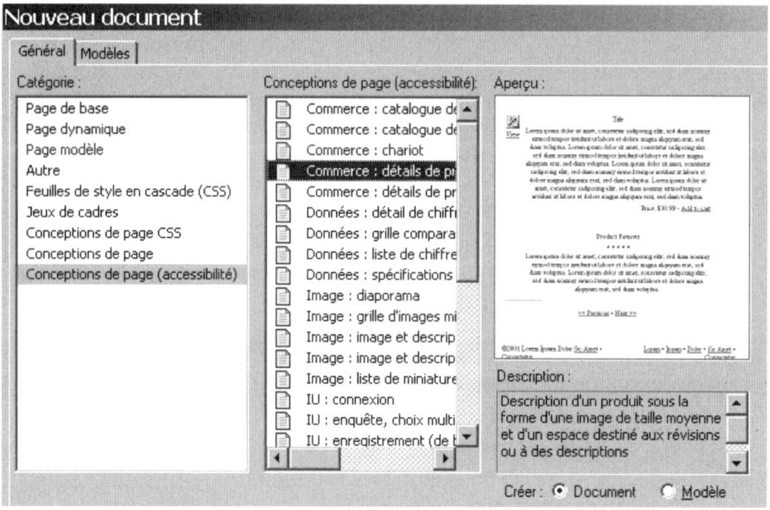

Figure 4.36 : Les modèles de pages (accessibilité).

Création d'un nouveau modèle

Suivez les instructions ci-dessous pour créer un nouveau modèle :

1. Créez une page HTML vierge.
2. Cliquez sur l'option de menu « Insertion ».
3. Cliquez sur « Objets de modèles ».
4. Sélectionnez « Créer un modèle ».
5. Enregistrez la page.

La figure 4.37 montre la boîte dialogue d'enregistrement du modèle. Un fichier modèle possède une extension .DWT ou Dreamweaver Template.

Figure 4.37 : Enregistrement du modèle au cours de sa création.

Une fois le modèle créé, vous devez y insérer des régions modifiables.

Insertion de régions modifiables

Pour créer une région modifiable :

1. Faites d'abord votre mise en page avec les images, les textes qui seront figés comme les adresses d'en-tête, et les objets nécessaires à votre modèle.
2. Placez le point d'insertion à l'emplacement désiré sur la page pour la région modifiable.
3. Sélectionnez l'option Insertion / Objet de modèles / Région modifiable.
4. Tapez le texte que vous désirez voir apparaître dans la région modifiable.

5. Enregistrez le modèle.

La figure 4.38 montre la page modèle avec certaines régions modifiables :

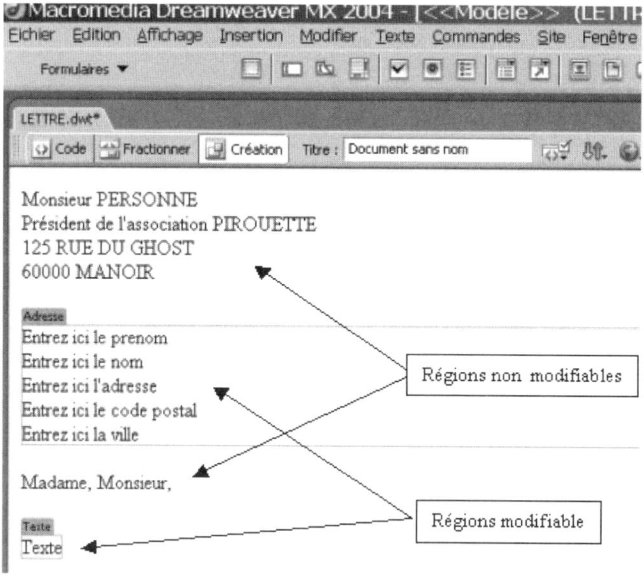

Figure 4.38 : Une page modèle avec des régions modifiables

Création d'une nouvelle page à partir d'un modèle personnalisé

Une fois un modèle personnalisé enregistré, vous pouvez créer une nouvelle page basée sur ce modèle.

1. Cliquez sur l'option de menu Fichier / Nouveau.
2. Cliquez sur l'onglet « Modèles ».
3. Sélectionnez le site Dreamweaver dans la colonne de gauche.
4. Choisissez le nom du modèle puis cliquez sur le bouton Créer pour terminer.

La figure 4.39 montre la boîte de dialogue « Nouveau à partir d'un modèle ».

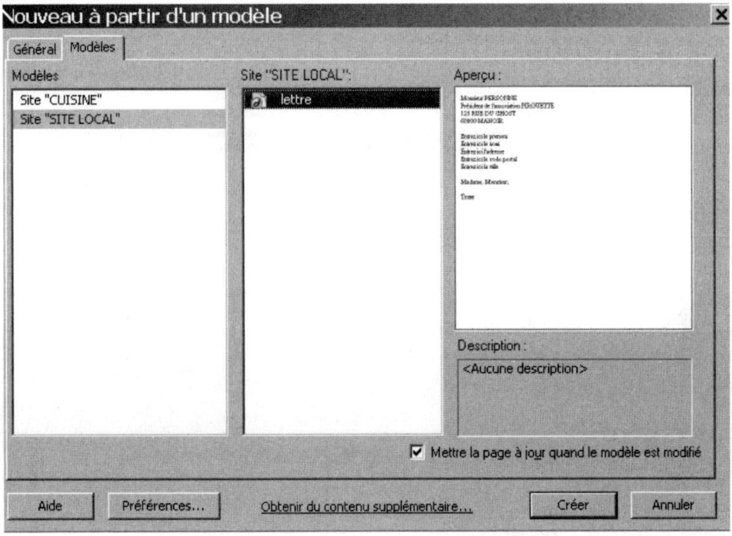

Figure 4.39 : Création d'un document à partir d'un modèle personnalisé.

Ouverture d'un modèle existant

Pour ouvrir et modifier un modèle personnalisé existant sur votre disque dur, effectuez les opérations suivantes :

1. Cliquez sur Fichier.
2. Cliquez sur Ouvrir.
3. Sélectionnez « Fichiers de modèle (*.dwt) » dans la zone « Fichiers de type ».
4. Entrez dans le dossier « Templates » et choisissez le modèle que vous désirez modifier.
5. Cliquez sur le bouton « Ouvrir » pour terminer.

Insertion d'une région facultative dans un modèle

Vous utilisez une région facultative lorsque des éléments doivent être affichés ou masqués dans des documents basés sur un modèle. Ce dispositif est intéressant parce que vous insérez des régions dans un modèle en relation avec un mot clé.

Création d'un nouveau modèle avec des régions facultatives

Pour créer un modèle possédant plusieurs régions facultatives, procédez de la manière suivante :

1. Créez un nouveau modèle en choisissant Fichier / Nouveau / Modèle HTML.
2. Cliquez sur Insertion.
3. Cliquez sur Objets de modèles.
4. Cliquez sur Région Facultative.
5. Indiquez un mot clé correspondant à la région. Par exemple le mot clé CV1 correspondra à la région Monsieur (Figure 4.40).

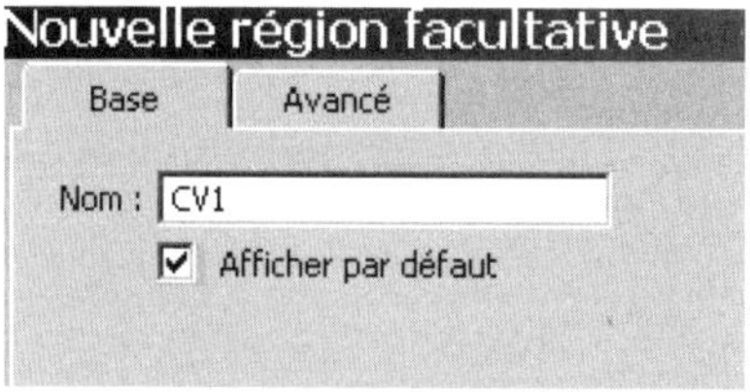

Figure 4.40 : Saisie d'un mot clé correspondant à une région facultative.

6. Cliquez sur le bouton OK pour fermer la fenêtre.
7. Une fois la zone créée, modifiez le texte de la zone facultative qui doit apparaître dans le futur document créé à partir du modèle (Figure 4.41).

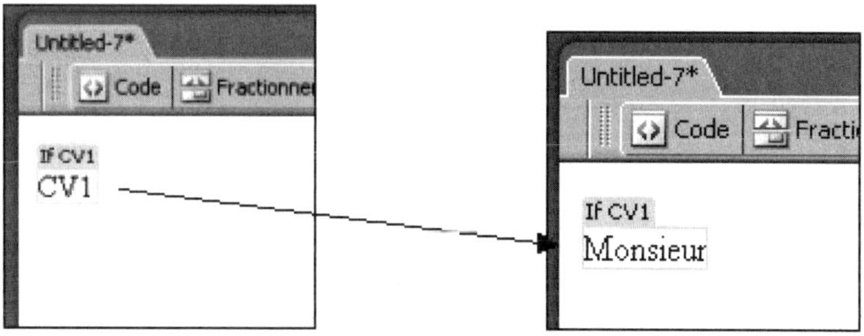

Figure 4.41 : La zone facultative dans la page.

8. Recommencez l'opération pour créer une deuxième région facultative en relation avec un autre mot clé.
9. Créez ensuite une région modifiable.

La figure 4.42 montre les deux régions facultatives.

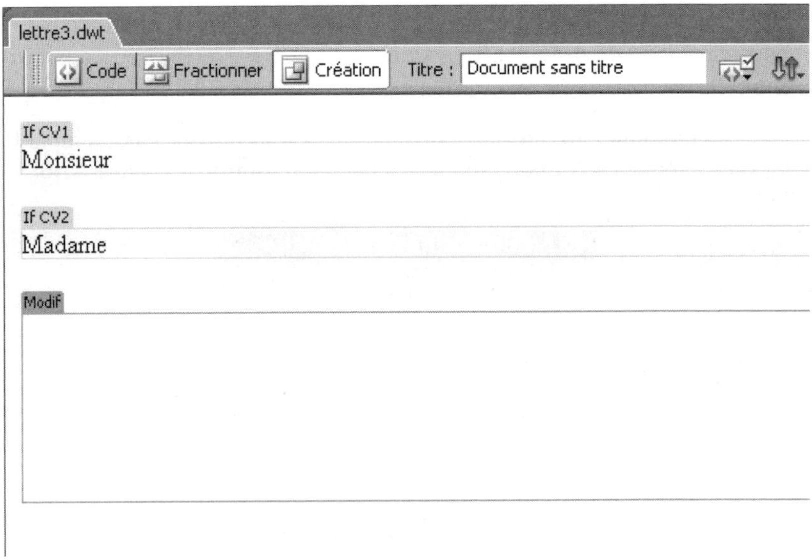

Figure 4.42 : Les deux région facultatives dans le modèle.

Le code suivant montre les expressions HTML pour ces régions facultatives.

```
<body>
<!-- TemplateBeginIf cond="CV1" -->
<p>Monsieur</p>
<!-- TemplateEndIf --><!-- TemplateBeginIf cond="CV2" -->
<p>Madame</p>
<!-- TemplateEndIf -->
<!-- TemplateBeginEditable name="Modif" --> <br>
<!-- TemplateEndEditable -->
</body>
</html>
```

Choisir une région facultative dans un document basé sur un modèle

Lorsque vous créez un nouveau document à partir du modèle, certaines régions peuvent être affichées dans une fenêtre « Propriétés du modèle » en cochant les mots clés. Les régions prédéfinies apparaissent alors automatiquement.

1. Cliquez sur Fichier / Nouveau.
2. Cliquez sur l'onglet « Modèles ».
3. Sélectionnez le modèle désiré.
4. Cliquez sur le bouton Créer.
5. Cliquez sur l'option de menu Modifier.
6. Cliquez sur Propriétés du Modèle.

La figure 4.43 montre la boîte de dialogue des propriétés du modèle et les valeurs clés visibles dans la liste. Cochez la case à cocher si vous désirez afficher le texte correspondant à une valeur clé. Le document affiche immédiatement la région désirée.

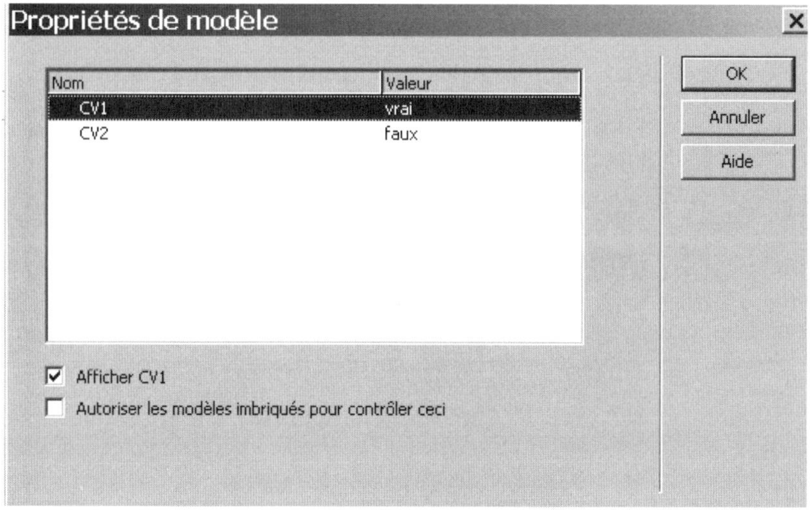

Figure 4.43 : Choix d'une valeur facultative.

Le modèle imbriqué

Les modèles imbriqués sont des modèles imbriqués dans d'autres modèles.

1. Créez un nouveau document basé sur un modèle existant.
2. Enregistrez ce document comme nouveau modèle. Toutes les régions modifiables du modèle de base sont transmises aux documents basés sur ce modèle imbriqué.

Remarque : Les régions modifiables qui seront transmises aux documents sont entourées d'un cadre bleu. Vous pouvez transformer une région au départ modifiable en une région non modifiable entourée d'un cadre orange au lieu de bleu.

Insertion d'une région répétée

Une région répétée est une région qui se répète horizontalement lorsque vous cliquez le petit signe + du dispositif spécifique affiché automatiquement. En général une région répétée est utilisée pour les tableaux.

Pour créer une région répétée, effectuez les opérations suivantes :

1. Créez un nouveau modèle.
2. Cliquez sur l'option de menu Insertion / Objet de modèle.
3. Cliquez sur Région répétée.
4. Indiquez un nom de répétition dans la boîte de dialogue « Nouvelle région répétée » (Figure 4.44).

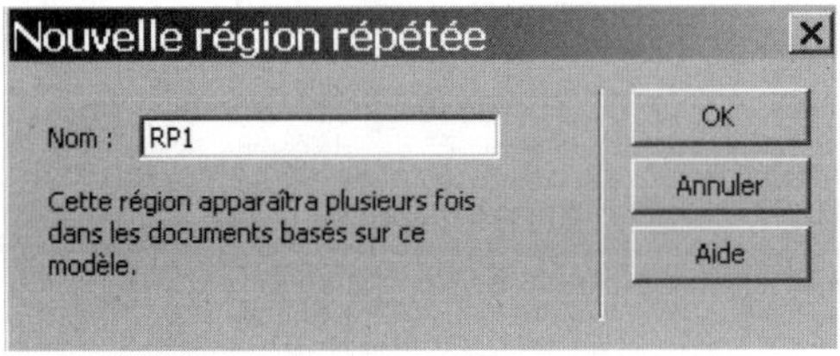

Figure 4.44 : Mot clé pour la région répétée.

5. Cliquez sur le bouton OK pour fermer la boîte de dialogue.
6. Modifiez le texte ou l'objet que vous voulez répéter au moment de la création d'un document à partir de ce modèle.

7. Enregistrez le modèle.

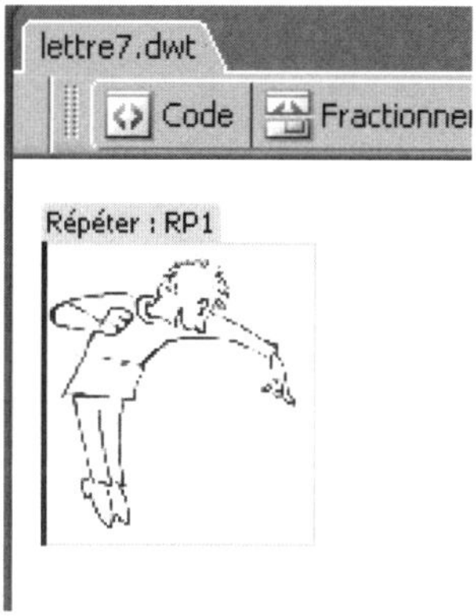

Figure 4.45 : La région répétée est ici une image.

8. Créez un nouveau document à partir de ce modèle.
9. Cliquez sur le petit signe + pour répéter la région.

Figure 4.46 : Le dispositif pour répéter une région.

Insertion d'un tableau répété

Dreamweaver MX 2004 propose un outil intéressant qui permet de créer un tableau dont les lignes peuvent se répéter à volonté.

1. Créez un nouveau modèle.
2. Cliquez sur Insertion.
3. Sélectionnez Objet de modèle.
4. Cliquez sur Tableau répété.
5. Indiquez les paramètres du tableau, comme le montre la figure 4.47.

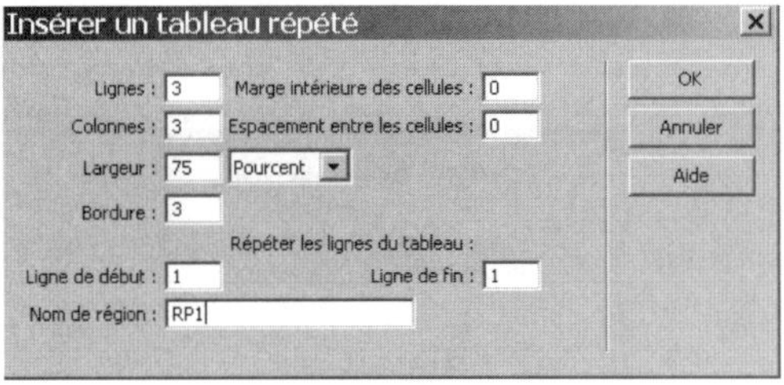

Figure 4.47 : Les paramètres du tableau répété.

6. Cliquez sur le bouton OK pour terminer. La figure 4.48 montre le modèle et son dispositif Tableau répété.
7. Enregistrez le modèle.

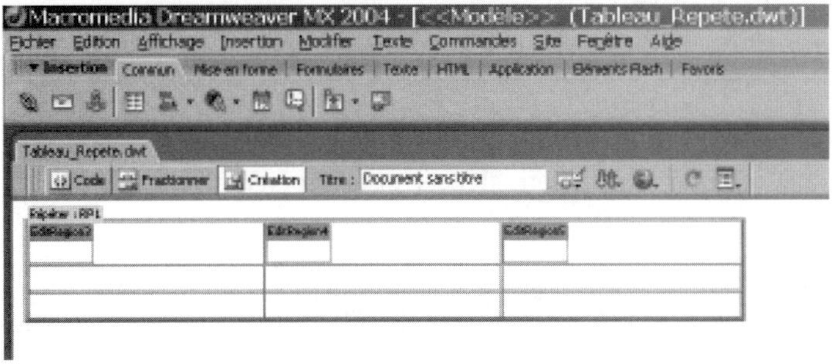

Figure 4.48 : Le modèle et son tableau répété.

8. Créez un nouveau document à partir du modèle enregistré.

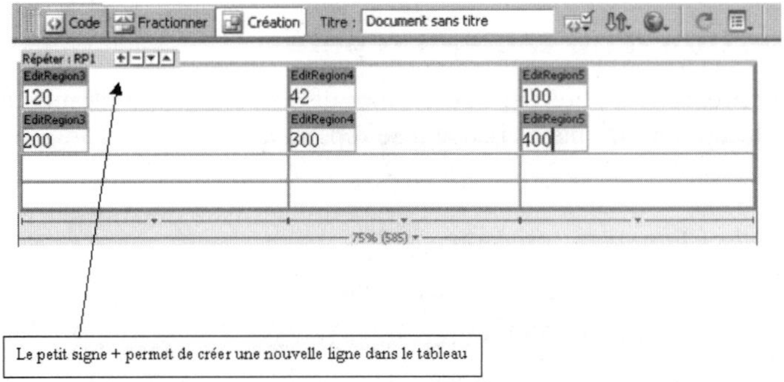

Figure 4.49 : Le tableau inséré permet de saisir des données.

Les bibliothèques

Lorsque vous concevez des sites Web dans le cadre d'une équipe de programmeurs, de nombreux éléments HTML sont rapidement considérés comme communs et réutilisables. Les bibliothèques permettent de stocker des éléments de pages tels que des images, du texte et bien d'autres objets. Quand vous placez un élément de bibliothèque dans un document, Dreamweaver insère une **copie du code source HTML** de cet élément, en ajoutant dans le document un commentaire HTML contenant une **référence** à l'élément externe original. Une fois le code source originale modifié, toutes les références à ce code source peuvent l'être également en une seule opération. Dreamweaver stocke les éléments de la bibliothèque dans un dossier appelé **Library**, dans la racine locale de chaque site, qui possède chacun sa propre bibliothèque.

Affichage de la bibliothèque et insertion de code

Pour afficher la bibliothèque, cliquez sur l'onglet **Actif** du panneau Fichiers (Figure 4.50). Vous pouvez créer un élément de bibliothèque **à partir de n'importe quel élément de la section BODY** d'un document. Dreamweaver vous permet d'insérer du texte, des tableaux, des formulaires, des applets Java, des plug-ins, des éléments ActiveX, des barres de navigation et des images. Les éléments de la bibliothèque peuvent aussi contenir des comportements. Gardez à l'esprit que vous ne pourrez pas placer des scénarios ou des feuilles de style, parce que le code associé à ces éléments se trouve dans la section HEAD du document.

Pour placer un morceau de code dans la bibliothèque, effectuez les opérations suivantes :

1. Sélectionnez un site Dreamweaver déjà existant.
2. Ouvrez la page contenant les morceaux de code à mémoriser.
3. Sélectionnez l'objet que vous voulez stocker en bibliothèque.
4. Cliquez sur l'onglet **Actifs** dans le panneau **Fichiers**.
5. Déplacez l'objet dans la fenêtre de la bibliothèque et indiquez le nom de ce nouvel élément (Figure 4.51)

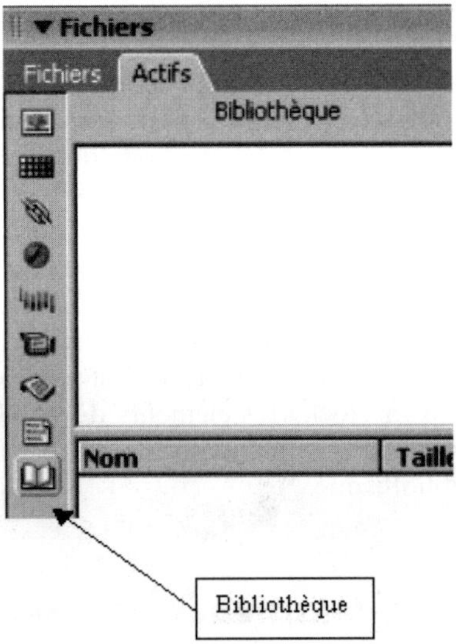

Figure 4.50 : Une bibliothèque est un conteneur de code HTML provenant de la section BODY.

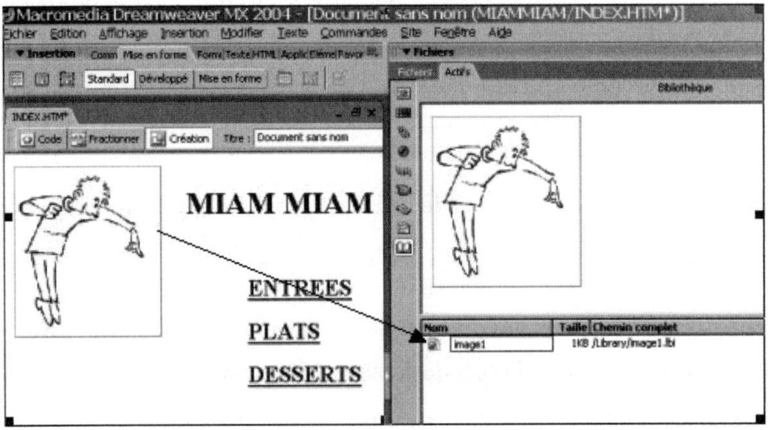

Figure 4.51 : Un objet glissé vers la bibliothèque.

Remarque : Lorsque l'objet est référencé dans la bibliothèque, la couleur du code et de l'objet devient jaune.

Le code suivant montre sa transformation automatique dans la page.

```
<!-- #BeginLibraryItem "/Library/image1.lbi" -->
<div id="Layer1" style="position:absolute; left:12px; top:14px; width:157px;
height:174px; z-index:1"><img src="ACTIFS/petit_logo.jpg" width="150" height="175"></
div>
<!-- #EndLibraryItem -->
```

Modification d'un élément de la bibliothèque

Pour modifier un élément de la bibliothèque, effectuez les opérations suivantes :

6. Affichez le panneau Fichiers et cliquez sur l'onglet Actifs.
7. Choisissez l'icône bibliothèque.
8. Double-cliquez sur l'objet que vous désirez modifier. Dreamweaver l'affiche immédiatement dans la partie gauche de la fenêtre principale.
9. Modifiez l'élément puis enregistrez-le.
10. Dans la boîte de dialogue « Mettre les éléments de bibliothèque à jour », cliquez sur le bouton Mettre à jour.

Mettre à jour toutes les pages d'un site à partir d'une bibliothèque

Après avoir effectué des modifications sur un élément d'une bibliothèque, vous pouvez les appliquer sur toutes les pages d'un site.

1. Double-cliquez sur l'élément et modifiez-le.
2. Cliquez sur l'option de menu Modifier / Bibliothèque.
3. Choisissez Mettre à jour les pages.
4. Sélectionnez Site entier dans la zone « Regarder dans ».
5. Cliquez sur le bouton Démarrer. Dreamweaver parcourt toutes les pages en recherchant la référence de l'image qui est modifiée alors.

La figure 4.52 montre la boîte de dialogue indiquant les modifications effectuées.

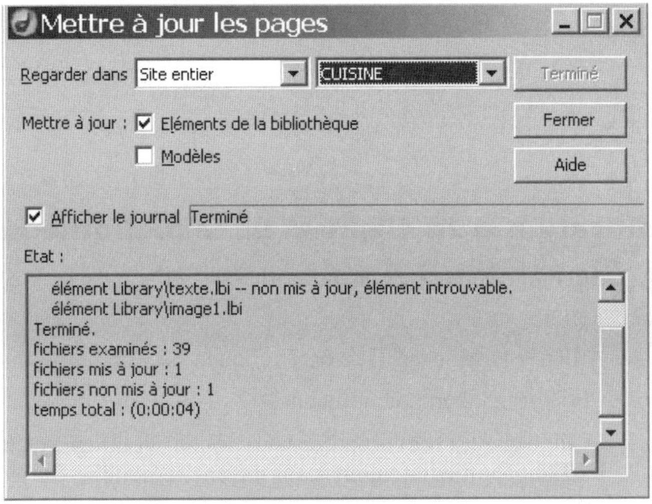

Figure 4.52 : Modification des pages de tout un site grâce au dispositif de bibliothèque de Dreamweaver MX 2004.

Remarque : Si vous désirez placer un élément dans la bibliothèque sans qu'il référence un objet dans la page, appuyez sur la touche Ctrl au moment de son glissement dans la fenêtre de la bibliothèque.

En résumé

Dans ce chapitre vous avez étudié la manipulation d'un certain nombre d'objets usuels de Dreamweaver comme le texte et les listes. Il a été rappelé les principes de travail en ce qui concerne la programmation côté-client et côté-serveur. Ce chapitre a montré également des dispositifs intéressants comme les liens, les modèles et enfin les bibliothèques de code. Le chapitre 5 détaillera les préférences de Dreamweaver MX 2004, c'est-à-dire les paramètres généraux que vous pouvez modifier à tout instant.

Chapitre 5

Les préférences de DreamWeaver

Ce chapitre détaille les paramètres généraux de Dreamweaver qui sont modifiables à tout instant. Vous pouvez définir les propriétés de nombreuses catégories, comme les barres d'état, les calques, la couleur du code, les polices des objets, etc. Ce chapitre s'intéresse également au dossier spécifique des technologies de serveur _mmserverscripts.

——— Les catégories
——— Le dossier _MMSERVERSCRIPTS

Les différents paramètres

Vous pouvez modifier très facilement les paramètres de configuration de Dreamweaver MX 2004 d'un seul coup d'œil. Ce chapitre les détaille. Pour visualiser les paramètres, effectuez les opérations suivantes :

1. Cliquez sur l'option de menu Edition / Préférences.
2. Choisissez la catégorie désirée et modifiez les paramètres.
3. Cliquez sur le bouton OK pour terminer.

La catégorie Général

Les préférences générales commandent l'aspect général de Dreamweaver et sont divisées en deux sous-catégories : les options de document et d'édition (Figure 5.1).

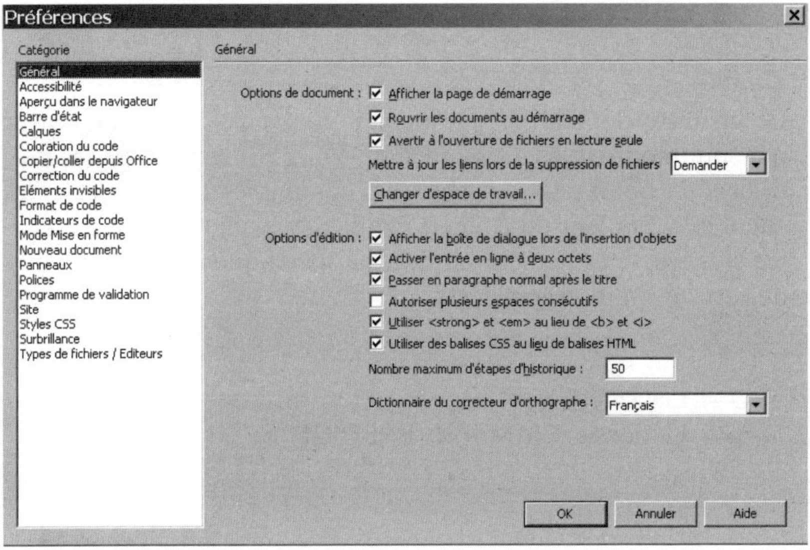

Figure 5.1 : La catégorie Général.

La liste suivante détaille les paramètres.

- **Afficher la page de démarrage**. En cochant cette option, la page des choix des fichiers s'affichera dès le démarrage de Dreamweaver.
- **Rouvrir les documents au démarrage**. Cette option ouvre les documents qui étaient ouverts au moment de la fermeture de Dreamweaver.
- **Avertir à l'ouverture de fichiers en lecture seule**. Cette option vous informe qu'un fichier est en lecture seule, c'est-à- dire verrouillé. Le déverrouillage ne peut s'effectuer que par une extraction de fichier ou une action d'annulation du verrouillage, c'est-à-dire si vous supprimez le fichier annexe .LCK.
- **Mettre à jour les liens lors de la suppression de fichier**. Cette option vous renseigne lorsque vous déplacez, renommez ou supprimez un document dans un site. Les liens peuvent être toujours automatiquement mis à jour, ne jamais être mis à jour, ou s'il convient d'exécuter une mise à jour.
- **Changer d'espace de travail**. Cette option n'est valable que dans Windows et permet de sélectionner une présentation Designer (un espace de travail intégré avec des panneaux sur le côté droit) ou une présentation Codeur (un espace de travail intégré avec des panneaux sur le côté gauche). En mode Designer, les documents s'affichent par défaut en mode Création. En mode Codeur, ils s'affichent en mode Code. Vous devez quitter Dreamweaver et redémarrer l'application afin d'appliquer vos modifications.
- **Afficher la boîte de dialogue lors de l'insertion d'objets**. Cette option indique si Dreamweaver vous propose d'entrer des informations supplémentaires au moment de l'insertion des images, des tableaux, des animations Shockwave et d'autres objets à l'aide de la barre Insérer ou du menu Insertion. Si vous ne cochez pas cette option, aucune boîte de dialogue ne s'affiche.
- **Activer l'entrée en ligne à deux octets**. Cette option permet d'entrer un texte à deux octets directement dans la fenêtre de document, lorsque certains langages le demandent (comme le japonais). Si cette option est désélectionnée, une fenêtre de saisie de texte s'affiche alors.
- **Passer en paragraphe normal après le titre**. Cette option force un paragraphe normal après l'enfoncement de la touche Entrée pour Windows (ou Retour pour Macintosh) à la fin d'un paragraphe de Titre, en mode Création. Ce paragraphe est indiqué par une balise <P>. Lorsque cette option est désactivée, vous créez un nouveau paragraphe indiqué par la même balise de titre (ce qui revient à saisir plusieurs titres).

- **Autoriser plusieurs espaces consécutifs**. Lorsque vous cochez cette option, les espaces sont considérés comme espaces insécables. Sinon ils sont considérés comme espaces simples.
- **Utiliser <strong> et <em> au lieu de <b> et <i>**. Cette option indique que Dreamweaver emploiera la balise <strong> au lieu de <B> pour du texte transformé en gras. Dreamweaver emploiera également la balise <EM> à la place de <I> lorsque vous rendrez du texte en italique.
- **Utiliser des styles CSS au lieu de balises HTML**. Cette option spécifie que des styles CSS (Cascade Style Sheets) sont utilisés dans Dreamweaver plutôt que des balises HTML.
- **Nombre maximum d'étapes d'historique**. Détermine le nombre d'étapes mémorisé par le panneau Historique.
- **Dictionnaire du correcteur d'orthographe**. Affiche la liste des dictionnaires disponibles.

La catégorie Accessibilité

Cette catégorie est employée pour aider les personnes qui ont des handicaps visuels ou autres. La figure 5.2 montre les objets qui peuvent être soulignés de manière plus explicite lors de leur création.

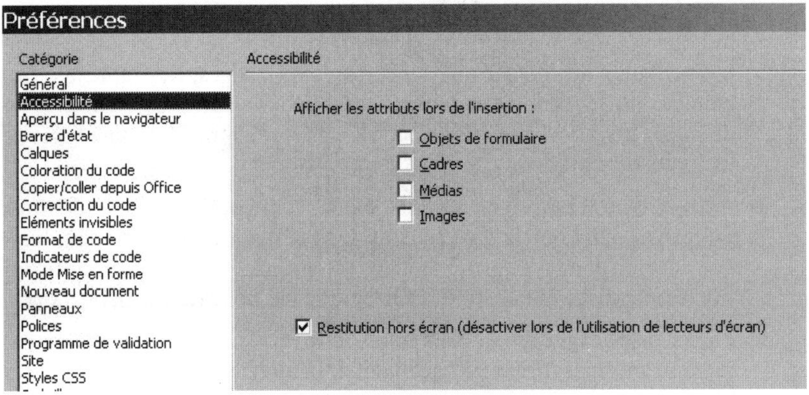

Figure 5.2 : Les objets peuvent être rendus plus accessibles lors de leur création.

Au moment de la création d'un objet, des informations y sont associées comme des étiquettes ou des descriptions.

La catégorie Aperçu dans le navigateur

Dreamweaver vous permet à tout moment de prévisualiser les pages que vous avez créées dans des navigateurs choisis, sans enregistrer les pages préalablement. Vous pouvez définir jusqu'à 20 navigateurs pour avoir un aperçu des pages. Les navigateurs les plus courants sont Internet Explorer, Netscape Navigator, Opéra, et les navigateurs des logiciels libres. La figure 5.3 montre cette page de paramètres.

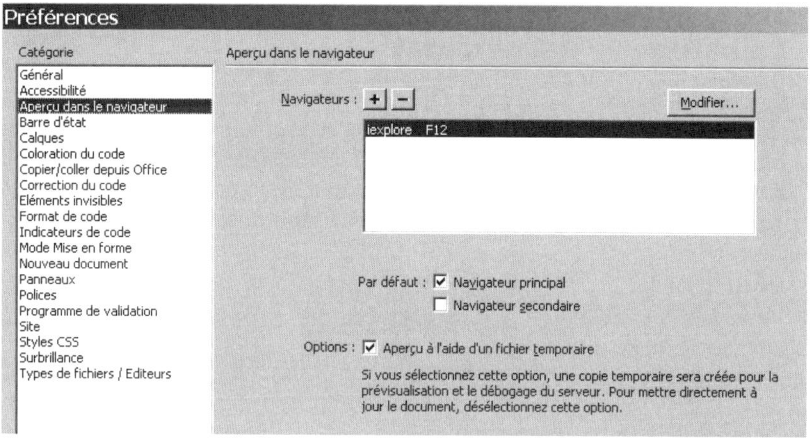

Figure 5.3 : Choix de plusieurs navigateurs.

Pour ajouter un navigateur dans la liste, cliquez sur le bouton plus (+), et renseignez les informations proposées dans la boîte de dialogue (Figure 5.4). Cliquez sur le bouton OK pour fermer la boîte. Le nom du nouveau navigateur apparaîtra dans la liste.

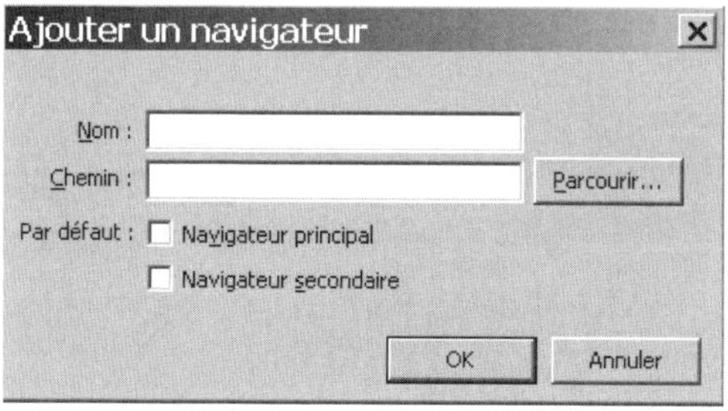

Figure 5.4 : Indiquez le nouveau navigateur.

Pour supprimer un navigateur de la liste, sélectionnez-le, puis cliquez sur le bouton moins (-). Vous constaterez que le nom du navigateur disparaîtra de la liste. L'option Navigateur principal ou Navigateur secondaire indique si le navigateur sélectionné est le navigateur primaire ou secondaire. L'option **Aperçu à l'aide d'un fichier temporaire** crée une copie temporaire utilisée pour l'aperçu et le débogage. Ne cochez pas cette option si vous souhaitez que le document se mette directement à jour sans passer par des fichiers intermédiaires.

La catégorie Barre d'état

La barre d'état est placée au bas de la fenêtre du document et indique des informations supplémentaires au moment de la création. La taille des fenêtres permet de personnaliser l'affichage. La vitesse de connexion détermine la vitesse exprimée en kilobits par seconde utilisée pour calculer le temps de téléchargement de la page. La figure 5.5 montre cette catégorie.

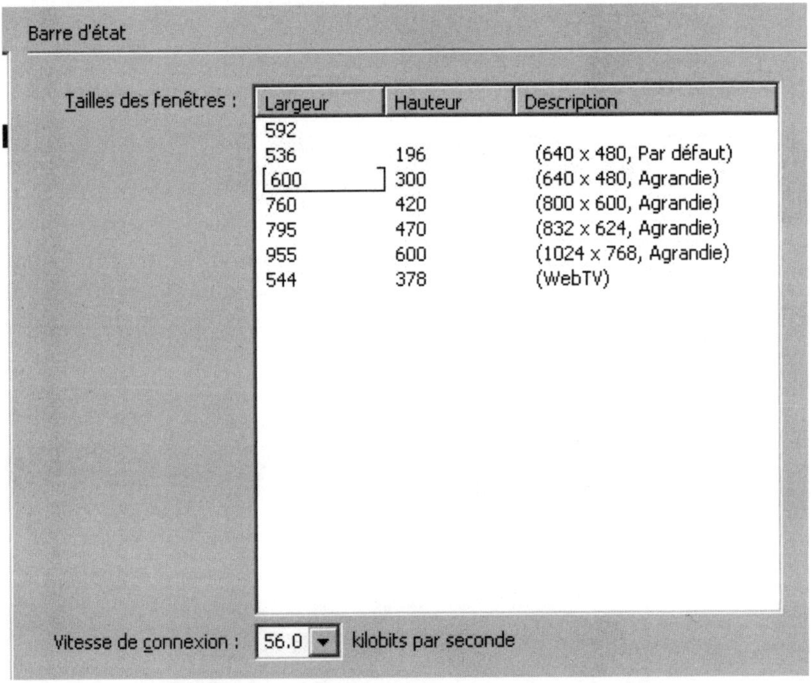

Figure 5.5 : Paramétrage de la barre d'état d'une page au moment de la création.

La catégorie Calque

Un calque est un dispositif d'affichage puissant parce qu'il vous permet de placer les objets de manière extrêmement précise sur la page Web. La figure 5.6 montre les paramètres de configuration.

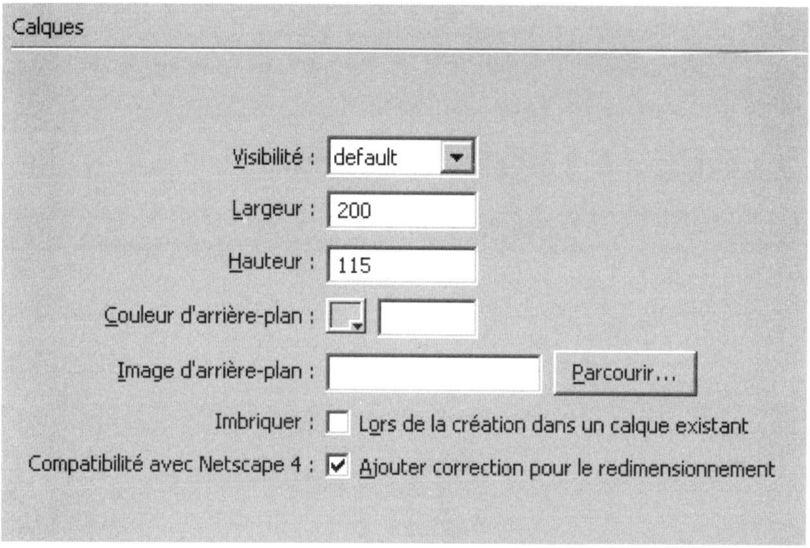

Figure 5.6 : La catégorie Calque.

La liste suivante détaille les options de paramétrage.

- **Visibilité**. Cette option détermine si les calques sont visibles par défaut. Les autres options sont Inherit, visible, hidden.
- **Largeur et Hauteur**. Ces deux options indiquent une largeur et une hauteur par défaut en pixels, pour les calques créés avec la commande Insertion / Calque.
- **Couleur d'arrière-plan**. Cette option détermine la couleur d'arrière-plan par défaut du calque.
- **Image d'arrière-plan**. Cette option spécifie une image d'arrière-plan par défaut.
- **Imbriquer**. Cette option vous autorise à imbriquer un calque à l'intérieur d'un autre au moment de sa création.

- **Compatibilité avec Netscape 4 Ajouter correction pour le redimensionnement**. Cette option permet d'insérer le code Javascript dans la section <HEAD> du document au moment de la création du calque. Cela résout un problème touchant les navigateurs Netscape 4 parce que les calques perdent leur emplacement lorsqu'un visiteur redimensionne la fenêtre du navigateur. Si vous cochez cette case, JavaScript contraindra la page à se recharger chaque fois que la fenêtre du navigateur sera redimensionnée. Les calques se repositionneront ainsi à la bonne position.

La catégorie Coloration du code

Les préférences de couleurs de code permettent de contrôler les couleurs d'arrière-plan, de texte, de balise et de mots clés réservés dans le mode Affichage de code. La figure 5.7 montre les différents choix pour les types de document.

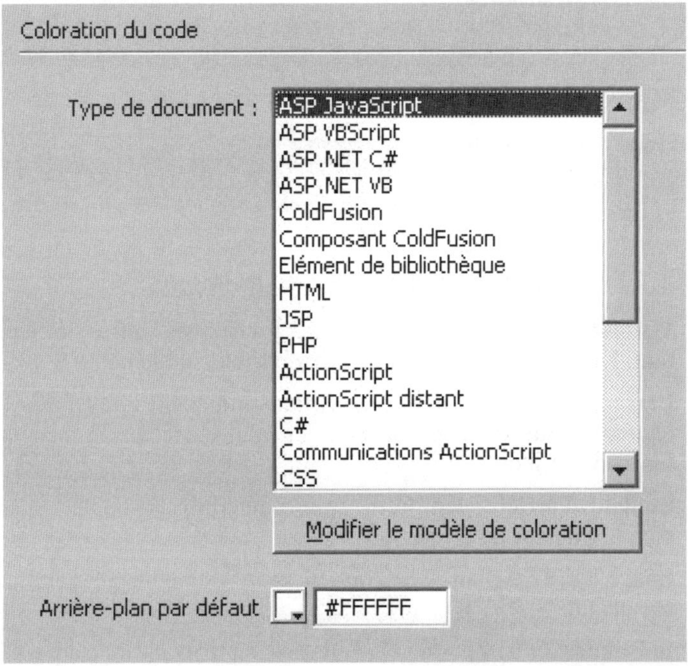

Figure 5.7. Vous pouvez modifier la couleur du code pour de nombreux types de document.

En cliquant sur le bouton « Modifier le modèle de coloration », Dreamweaver affiche chaque style disponible (Figure 5.8) auquel vous pouvez affecter une couleur en cliquant sur le sélecteur de couleurs.

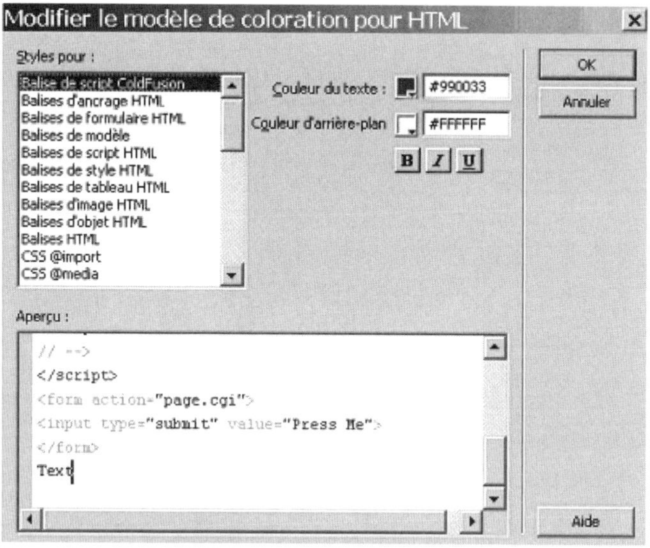

Figure 5.8 : Coloration du code.

La catégorie Copier/coller depuis Office

Dreamweaver MX 2004 permet d'importer des documents depuis une application de Microsoft Office. Vous pouvez choisir plusieurs modes d'insertion pour l'objet inséré (Figure 5.9).

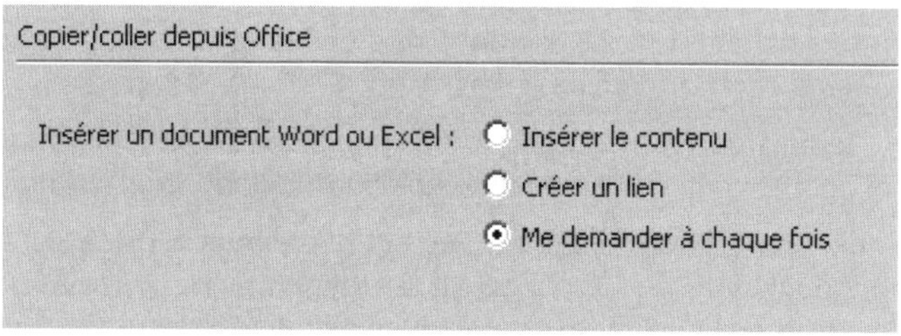

Figure 5.9 : Les modes d'insertion des objets.

La catégorie Correction du code

Au cours de l'ouverture d'une page qui contient du code, Dreamweaver peut corriger un certain nombre de points de programmation que vous définissez dans cette catégorie (Figure 5.10).

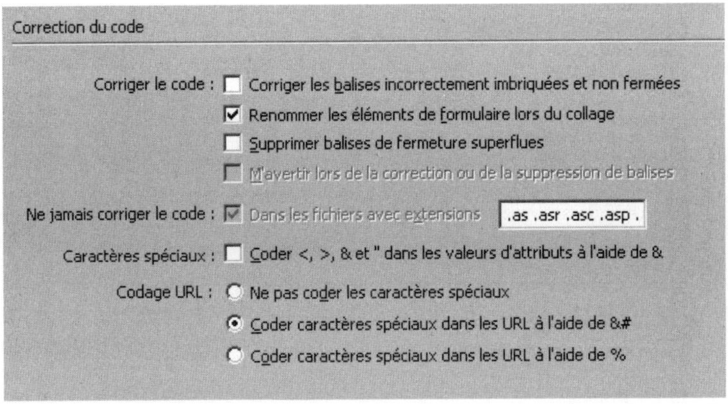

Figure 5.10 : Les points de programmation que Dreamweaver peut surveiller.

- **Corriger les balises incorrectement imbriquées et non fermées**. Cette option corrige les balises qui se chevauchent et insère également des guillemets et des crochets de fermeture s'ils sont absents.
- **Renommer les éléments de formulaire lors du collage**. Cette option évite les doublons dans les noms de formulaire. Cette option ne s'applique que lorsque vous copiez et collez un élément de formulaire.
- **Supprimer les balises de fermeture superflues**. Cette option supprime les balises de fermeture auxquelles ne correspond pas de balise d'ouverture.
- **M'avertir lors de la correction ou de la suppression de balises**. Cette option affiche un récapitulatif des codes HTML non valides que Dreamweaver a tenté de corriger.
- **Ne jamais corriger le code**. Cette option empêche Dreamweaver de corriger le code dans les fichiers portant les extensions indiquées.
- **Coder <, >, & et " dans les valeurs d'attributs à l'aide de &**. Cette option garantit que les valeurs d'attribut entrées ou modifiées à l'aide des outils de Dreamweaver ne contiennent que des caractères autorisés.

- **Ne pas coder les caractères spéciaux.** Cette option empêche toute modification des adresses URL par Dreamweaver.
- **Coder caractères spéciaux dans les URL à l'aide de &#.** Cette option garantit que les URL ne contiennent que des caractères autorisés.
- **Coder caractères spéciaux dans les URL à l'aide de %.** Cette option utilise une autre méthode pour coder les caractères spéciaux. Cette méthode d'encodage (signes %) offre une meilleure compatibilité avec les navigateurs plus anciens.

La catégorie Eléments invisibles

Vous pouvez décider d'un certain nombre d'éléments qui doivent ou non rester invisibles (Figure 5.11).

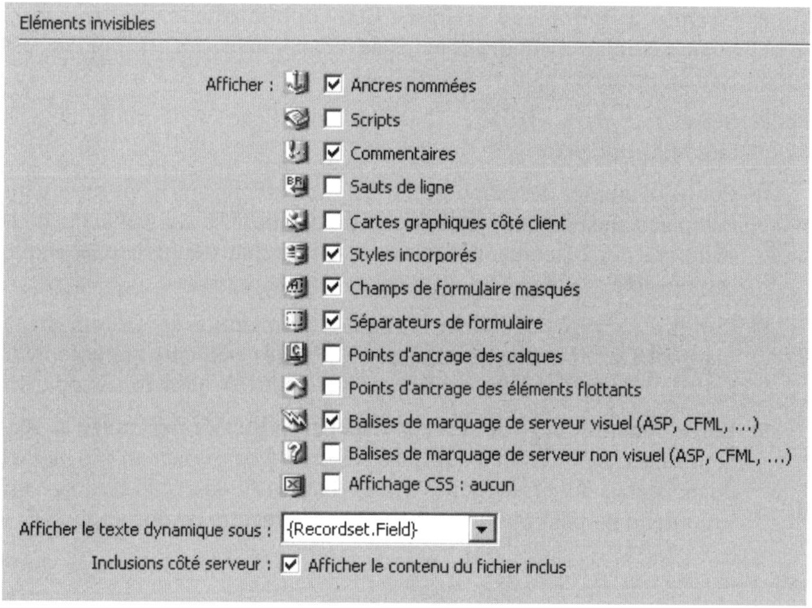

Figure 5.11 : Les éléments invisibles.

La liste suivante détaille ces éléments invisibles.

- **Ancres nommées**. Cette option affiche une icône marquant l'emplacement de chaque ancre nommée dans la page.
- **Scripts**. Cette option affiche une icône marquant l'emplacement du code JavaScript ou VBScript dans le corps du document.
- **Commentaires**. Cette option affiche une icône marquant l'emplacement d'un commentaire HTML.
- **Sauts de ligne**. Cette option affiche une icône marquant l'emplacement de chaque saut de ligne (<BR>).
- **Cartes graphiques côté-client**. Cette option affiche une icône marquant l'emplacement de chaque carte graphique du document.
- **Styles incorporés**. Cette option affiche une icône marquant l'emplacement des styles CSS incorporés dans le corps de la page contrairement aux styles CSS placés dans l'en-tête du document qui n'apparaissent pas dans la fenêtre de la page.
- **Champs de formulaire masqués**. Cette option affiche une icône marquant l'emplacement des champs de formulaire dont l'attribut type est égal à la chaîne "hidden".
- **Séparateur de formulaire**. Cette option affiche une bordure délimitant le formulaire.
- **Points d'ancrage des calques**. Cette option affiche une icône marquant l'emplacement du code définissant un calque. Les calques ne constituent pas des éléments invisibles car seul le code définissant le calque est invisible.
- **Points d'ancrage des éléments alignés**. Cette option affiche une icône marquant l'emplacement du code HTML des éléments qui acceptent l'attribut "align" (images, tableaux, objets ActiveX, plug-ins et applets).
- **Balises de marquage de serveur visuel et Balises de marquage de serveur non visuel**. Ces deux options affichent l'emplacement des balises de marquage de serveur telles que les balises ASP et Cold Fusion dont le contenu ne peut pas être affiché dans la fenêtre de document.

La catégorie Format de code

La figure 5.12 détaille les préférences liées au formatage du code par Dreamweaver. Ces préférences (à l'exception de Remplacer la casse de), affectent seulement les nouveaux documents.

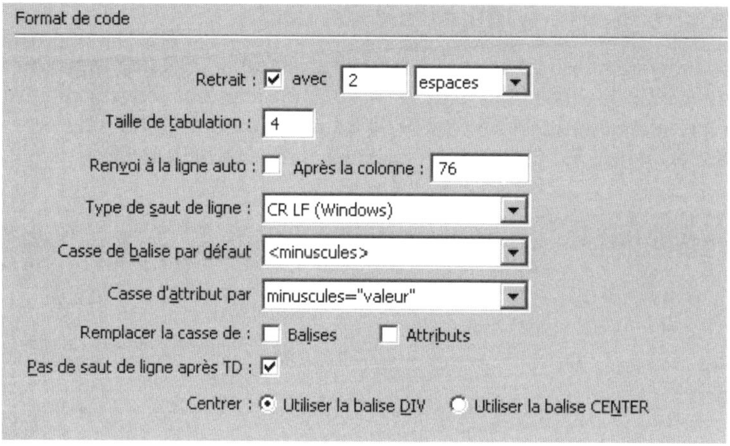

Figure 5.12 : Les différentes préférences liées au formatage du code.

La liste suivante détaille les préférences.

- **Retrait**. Cette option indique si le code doit être mis en retrait.
- **Avec**. Spécifie le nombre d'espaces ou de tabulations à utiliser pour le retrait.
- **Taille de tabulation**. Cette option détermine la taille, en caractères, de chaque tabulation dans le mode Code.
- **Renvoi à la ligne auto**. Cette option insère un retour de chariot lorsqu'une ligne atteint la largeur de colonne spécifiée.
- **Type de saut de ligne**. Cette option permet d'indiquer le type de serveur distant en garantissant que le code source HTML s'affichera correctement à partir de celui-ci.
- **Casse de balise par défaut** et **Casse d'attribut par**. Ces options contrôlent l'usage des majuscules dans les noms de balises et d'attributs que vous insérez ou que vous modifiez dans le mode Création, mais pas dans le mode Code.
- **Remplacer la casse de**. Cette option spécifie s'il faut toujours convertir les noms de balises et d'attributs dans la casse spécifiée.
- **Centrer**. Cette option spécifie si des éléments doivent être centrés à l'aide de la balise DIV Align="center" ou de la balise CENTER lorsque vous cliquez sur le bouton Centrer dans l'inspecteur de propriétés. Il est conseillé d'utiliser les feuilles de style CSS.

La catégorie Indicateur de code

Les indicateurs de code vous permettent de taper du code rapidement et sans erreur de saisie grâce à des listes de mots clés qui peuvent représenter les premières lettres d'une balise, d'un attribut ou d'un nom de propriété CSS. La figure 5.13 montre les paramètres de ces indicateurs.

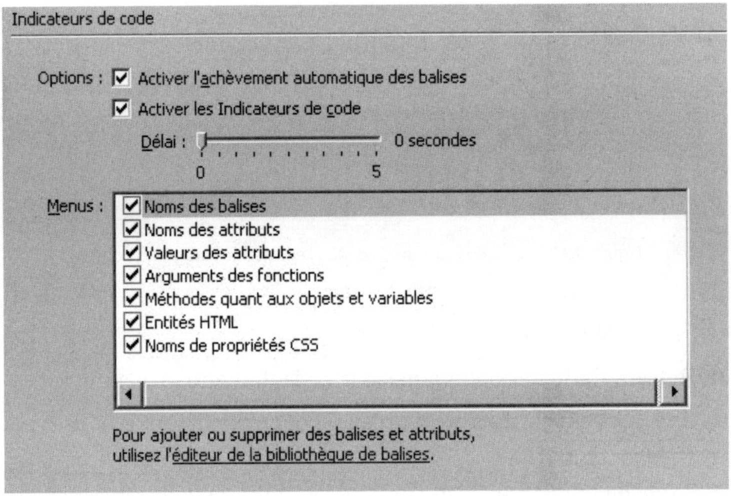

Figure 5.13 : Le paramétrage des indicateurs de code.

La liste suivante détaille les préférences.

- **Activer l'achèvement automatique des balises**. Cette option entraîne l'ajout automatique d'une balise de fermeture après l'insertion d'une balise d'ouverture.
- **Activer les indicateurs de code**. Cette option entraîne l'affichage des indicateurs de code lorsque vous entrez du code en mode Code. Le curseur Délai définit le délai (en secondes) qui s'écoule avant l'apparition des indicateurs.
- **Menus**. Cette option définit le type d'indicateurs de code à afficher pendant la saisie.

Remarque : En appuyant sur les touches Contrôle+Espace, vous affichez les indicateurs de code même si les paramètres sont désactivés.

La catégorie mode Mise en forme

La figure 5.14 montre les paramètres pour le mode Mise en forme.

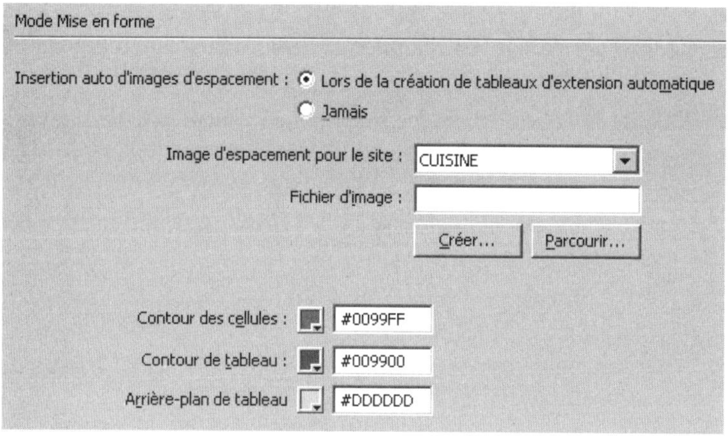

Figure 5.14 : Les préférences pour le mode Mise en forme.

La liste suivante détaille les préférences :

- **Insertion auto d'images d'espacement**. Cette option spécifie si Dreamweaver doit insérer des images d'espacement automatiquement lorsque vous appliquez l'extension automatique à une colonne.
- **Image d'espacement pour le site**. Cette option définit le fichier image d'espacement pour un site spécifique.
- **Contour des cellules**. Cette option définit la couleur utilisée appliquée au contour des cellules.
- **Contour de tableau**. Cette option définit la couleur du contour des tableaux en mode Mise en forme.
- **Arrière-plan de tableau**. Cette option définit la couleur utilisée pour les zones des tableaux ne contenant aucune cellule de Mise en forme.

La catégorie Nouveau Document

Cette catégorie définit les préférences pour les nouveaux documents (Figure 5.15).

La liste suivante détaille les paramètres.

- **Type de document par défaut**. Vous pouvez sélectionner le type de document par défaut pour les nouvelles pages.
- **Extension par défaut**. Il s'agit de l'extension associée.
- **Codage par défaut**. Cette option spécifie le codage à utiliser lorsque vous créez une page.
- **Afficher la boîte de dialogue Nouveau document si Ctrl+N est utilisé**. Cette option applique automatiquement le type par défaut au nouveau document créé lorsque vous utilisez la touche de commande.
- **Rendre le document conforme à l'XHTML**. Cette option propose une conformité avec la norme XHTML.

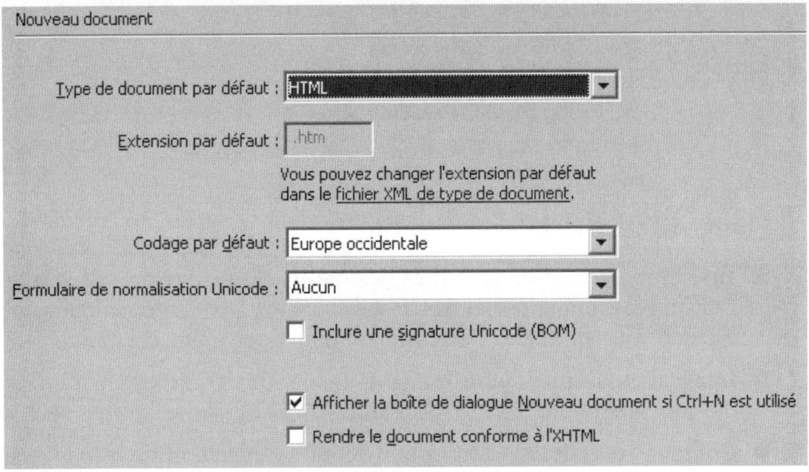

Figure 5.15 : Les préférences des nouveaux documents.

La catégorie Panneau

Cette boîte de dialogue permet de spécifier les panneaux qui doivent s'afficher au premier plan dans la fenêtre du document.

Vous pouvez sélectionner les panneaux que vous désirez.

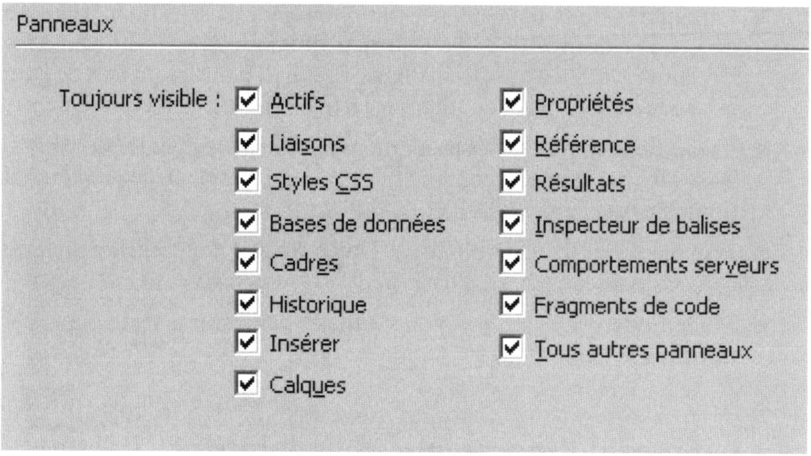

Figure 5.16 : Les préférences des panneaux.

La catégorie Police

Cette catégorie vous permet de spécifier les polices utilisées dans Dreamweaver pour l'affichage du code (Figure 5.17).

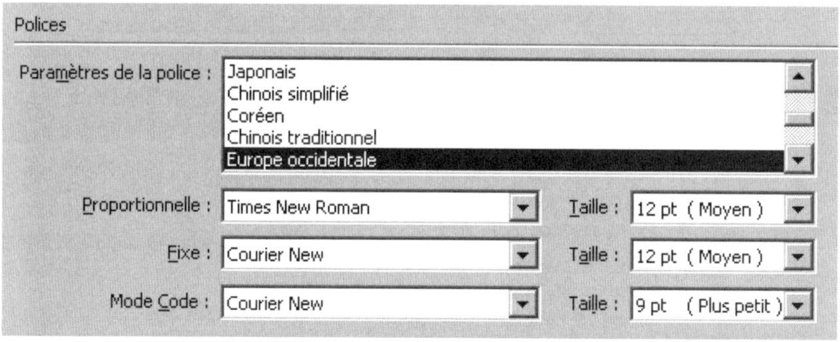

Figure 5.17 : Les préférences de police.

La liste suivante détaille les paramètres :

- **Paramètres de la police**. Cette option permet de sélectionner le type de codage désiré. Il s'agit d'un jeu de caractères à utiliser dans Dreamweaver. Le type Occidental est réservé pour les polices de l'anglais des États-Unis et de toutes les langues d'Europe occidentale.
- **Proportionnelle**. La police proportionnelle est utilisée par Dreamweaver pour afficher du texte contenu dans des paragraphes, des en-têtes et des tableaux.
- **Fixe**. La police fixe est utilisée par Dreamweaver pour afficher du texte dans les balises PRE, CODE et TT.
- **Mode Code**. Il s'agit d'une police utilisée dans tout le texte qui apparaît dans le mode Code.

La catégorie Programme de validation

Le validateur vous permet de traquer les erreurs de balise et de syntaxe dans le code. Spécifiez les langages de balise qui serviront de référence au validateur pour ses vérifications en cochant les versions de langage (Figure 5.18). Vous ne pouvez pas sélectionner plusieurs versions d'un même langage. Il vaut mieux sélectionner la version la plus ancienne.

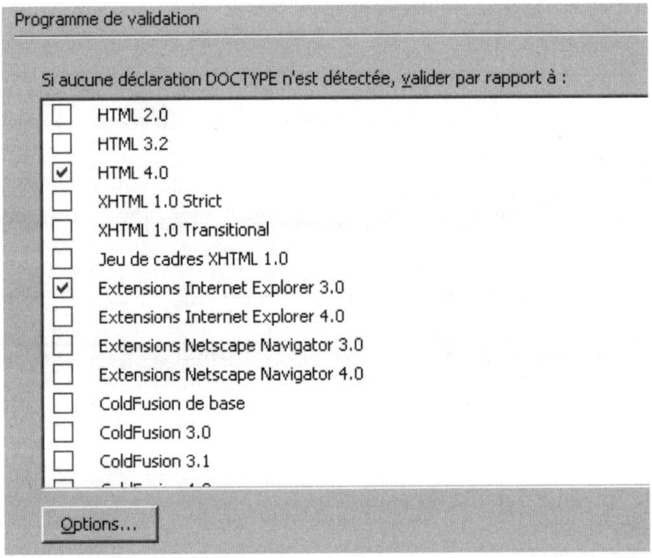

Figure 5.18 : Les versions de langage pour le validateur.

La catégorie Site

Il s'agit de préférences spécifiques pour les sites.

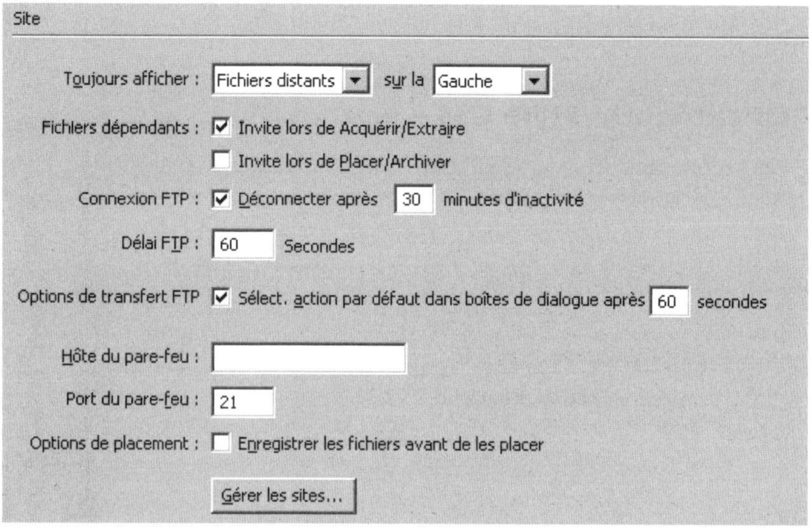

Figure 5.19 : Les préférences pour les sites.

La liste suivante détaille les paramètres.

- **Toujours afficher**. Cette option indique le site qui doit toujours être affiché ainsi que le volet du panneau Fichiers.
- **Fichiers dépendants.** Cette option affiche une invite proposant de transférer les fichiers dépendants, comme les images, les feuilles de style externes et les autres fichiers référencés par les fichiers HTML.
- **Connexion FTP**. Cette option détermine si la connexion avec le site distant doit être interrompue après le délai spécifié.
- **Délai FTP**. Cette option indique le temps exprimé en secondes pendant lequel Dreamweaver tente d'établir une connexion avec le serveur distant.
- **Options de transfert FTP**. Cette option détermine si Dreamweaver sélectionne l'option par défaut après un nombre de secondes spécifié.
- **Hôte du pare-feu**. Cette option spécifie l'adresse du serveur proxy si vous vous trouvez derrière un pare-feu.

- **Port du pare-feu**. Cette option spécifie le port de votre pare-feu par lequel vous passez pour vous connecter au serveur distant.
- **Options de placement**. Enregistrer les fichiers avant de les placer. Cette option indique que les fichiers non enregistrés sont automatiquement enregistrés avant d'être placés sur le site distant.

La catégorie Style CSS

Les préférences de styles CSS contrôlent la méthode de rédaction du code en ce qui concerne les styles CSS.

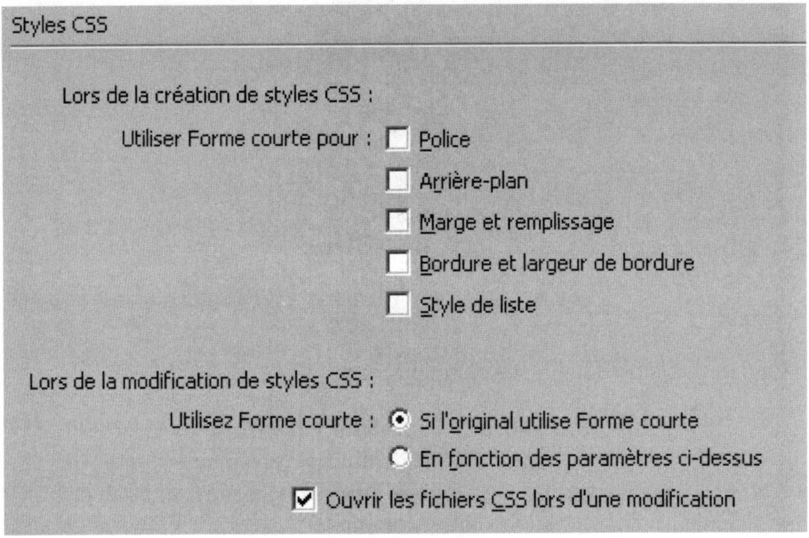

Figure 5.20 : Les préférences pour le code CSS.

La liste suivante détaille les paramètres.

- **Utiliser Forme courte pour**. Cette option indique les attributs de style CSS proposés en abrégé.
- **Lors de la modification de styles, Utiliser Forme courte**. Cette option indique si Dreamweaver corrigera les attributs de style CSS en utilisant leur forme abrégée.

- **Si l'original utilise Forme courte**. Cette option indique que Dreamweaver ne modifiera pas les styles.
- **En fonction des paramètres ci-dessus**. Dreamweaver corrigera les styles en fonction du choix sélectionné dans les boutons radio, pour la forme courte.

La catégorie Surbrillance

La figure 5.21 montre la fenêtre des choix de couleurs pour les différents objets que vous pouvez modifier en cochant les cases spécifiques.

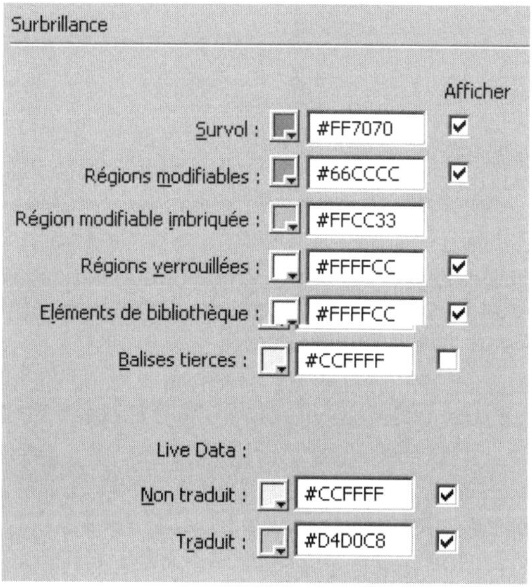

Figure 5.21 : Choix des couleurs pour différents objets.

La catégorie Type de fichiers / Editeurs

Cette boîte de dialogue vous permet de définir les préférences en ce qui concerne l'éditeur que vous désirez utiliser avec chaque type de fichier (Figure 5.22).

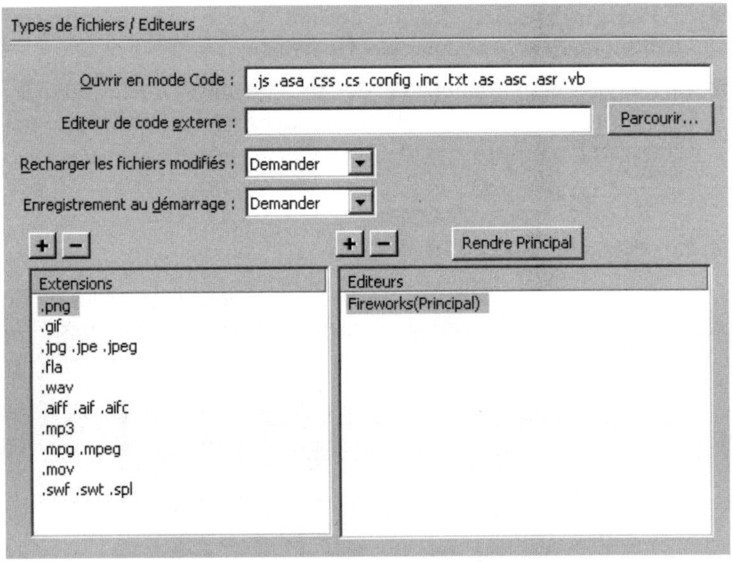

Figure 5.22 : Les éditeurs choisis pour les types de fichiers.

- **Recharger les fichiers modifiés**. Cette option indique à Dreamweaver ce qu'il doit faire lorsqu'il détecte que des changements ont été effectués de l'extérieur sur un document déjà ouvert.
- **Enregistrer au démarrage**. Cette option indique à Dreamweaver s'il doit enregistrer le document actif avant d'exécuter l'éditeur.

Le dossier _MMSERVERSCRIPTS

Lorsque vous créez un site Dreamweaver possédant une technologie de serveur, vous indiquez clairement que vous désirez utiliser des composants de type serveur qui seront utilisés dans vos pages. C'est le cas par exemple pour effectuer des traitements sur une base de données stockée sur un serveur à distance. Dreamweaver crée alors un dossier particulier appelé _MMSERVERSCRIPTS qui contient des fichiers qui permettent la mise en place de connexions avec un serveur en relation avec la technologie que vous avez choisie.

Pour illustrer cet exemple, vous allez créer un site Dreamweaver possédant une technologie Serveur ASP VBScript.

1. Démarrez Dreamweaver.
2. Dans la page de démarrage, cliquez sur « Site Dreamweaver ».
3. Cliquez sur l'onglet « Avancé ».
4. Sélectionnez la catégorie « Serveur d'évaluation ».
5. Choisissez le modèle de serveur « ASP Vbscript ».
6. Sélectionnez l'accès « Local/Réseau ».
7. Indiquez le dossier du site d'évaluation (Figure 5.23).
8. Cliquez sur le bouton OK pour terminer.

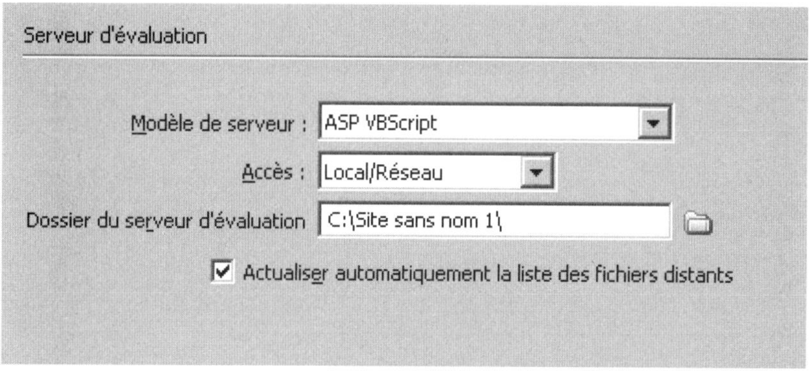

Figure 5.23 : Les paramètres du serveur à technologie ASP VBScript.

Une fois le site créé, consultez l'arborescence de votre disque dur et vous découvrirez un répertoire appelé « Site sans nom1 » (ou un autre nom) dans lequel se trouve un sous-répertoire appelé _mmserverscripts (Figure 5.24).

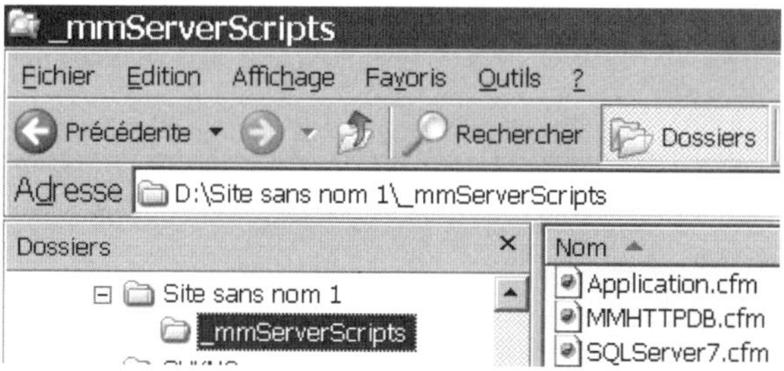

Figure 5.24 : Les fichiers de la technologie serveur que vous avez sélectionnée.

Ces fichiers sont composés de lignes d'instructions fournies par Macromédia Dreamweaver. Par exemple le code suivant montre le contenu du fichier Application.cfm. Comme l'extension est cfm, ce fichier est de type Cold Fusion Macromédia. Vous ne pouvez pas le réutiliser sans la permission écrite de la compagnie Macromédia.

```
<!---
**
* Name:Macromedia
*
* Copyright (c) 2002 Macromedia.  All Rights Reserved.
* DO NOT REDISTRIBUTE THIS SOFTWARE IN ANY WAY WITHOUT THE EXPRESSED
* WRITTEN PERMISSION OF MACROMEDIA.
--->
<cftry>
    <cfsetting showdebugoutput="no">
    <cfset factory = createObject("java", "coldfusion.server.ServiceFactory")>
    <cfset request.security = factory.securityService>
    <cfset checkSecurity=request.security.RDSSecurityEnabled>
<cfcatch type="any">
    <cfset checkSecurity="false">
</cfcatch>
</cftry>

<cfif checkSecurity>
    <cfif IsDefined('form.rdspassword')>
            <cfset rdspassword="#form.rdspassword#">
    <cfelseif IsDefined('URL.rdspassword')>
            <cfset rdspassword="#URL.rdspassword#">
    <cfelse>
            <cfabort>
    </cfif>

    <cfif NOT request.security.checkRDSPassword(rdspassword)>
            <cfif NOT request.security.checkAdminPassword(rdspassword)>
                    <cfabort>
            </cfif>
    </cfif>
</cfif>
```

Remarque : Vous pouvez consulter le contenu de ces fichiers à l'aide de Dreamweaver MX 2004 mais aussi d'un simple éditeur de texte comme le bloc-notes. Macromédia Dreamweaver MX 2004 emploie des fonctions spécifiques API (Application Program Interface) pour créer les dispositifs qui facilitent le travail avec les différents serveurs. Ces fonctions sont écrites à l'intérieur de fichiers que vous pouvez consulter dans le dossier C:\Program Files\Macromedia\Dreamweaver MX2004\Configuration. Par exemple la fonction API MMHttp.clearServerScriptsFolder() supprime le dossier _mmServerScripts (et tous ses fichiers) sous le dossier racine du site en cours, qu'il soit local ou distant. Les fonctions API sont les fonctions de bas niveau de Dreamweaver et intéresse plus les programmeurs que les créateurs de pages Web. En général les fonctions API sont stockées dans des fichiers DLL

En résumé

Ce chapitre a montré les préférences de Dreamweaver que vous pouvez modifier à volonté, ainsi que le dossier _mmserverscript, source des fichiers de configuration pour les serveurs d'évaluation à technologie de serveur. Le chapitre 6 portera sur la gestion des fichiers.

Partie II

Le travail quotidien avec Dreamweaver

Cette deuxième partie s'intéresse à la manipulation quotidienne d'objets nécessaires à la réalisation de pages Web. Vous y découvrirez la gestion de fichiers, les multiples facettes des images, les tableaux, les cadres, les calques, les feuilles de styles et enfin les objets multimédia, comme les vidéos ou les animations.

——— Chapitre 6 : La gestion des fichiers
——— Chapitre 7 : Le traitement des images
——— Chapitre 8 : Les tableaux et les calques
——— Chapitre 9 : Les styles
——— Chapitre 10 : Les objects multimédia

Chapitre 6

La gestion des fichiers

Dans ce chapitre, vous découvrirez l'enregistrement, l'ouverture l'importation et l'exportation des fichiers. Vous pourrez apprécier également la puissance de Dreamweaver concernant la vérification et le nettoyage du code HTML.

- Enregistrement d'un document
- Ouverture d'un document existant
- Importation et exportation
- Importation et correction de code externe

Enregistrement d'un document

Dreamweaver MX 2004 vous permet d'enregistrer très simplement les pages que vous avez créées au sein de l'environnement de travail :

1. Cliquez sur le menu Fichier.
2. Sélectionnez l'option Enregistrer ou enfoncez les touches Ctrl S. Une fois la page enregistrée, cette option n'est plus disponible. Notez que cela permet de vérifier que la page a bien été sauvegardée. Dès qu'une modification intervient sur la page, l'option Enregistrer redevient disponible.

Enregistrer un document en changeant son type

Vous pouvez aussi enregistrer une page en changeant son type de document. Une page à l'origine définie comme HTML peut se transformer en page PHP.

1. Cliquez sur l'option de menu Fichier.
2. Sélectionnez Enregistrer Sous.
3. Dans la boîte de dialogue qui apparaît alors, cliquez sur la liste déroulante Type (Figure 6.1).
4. Choisissez un nouveau type.
5. Cliquez sur le bouton Enregistrer pour terminer.

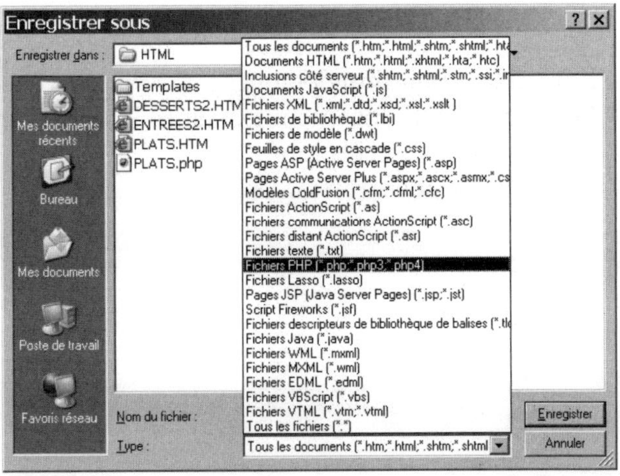

Figure 6.1 : Changement du type de fichier au moment de l'enregistrement.

Enregistrer un document sur un serveur distant

Le chapitre 2 nous a montré toutes les subtilités des différents sites que vous créez dans Dreamweaver. Pour enregistrer une page sur un serveur à distance, effectuez les opérations suivantes :

6. Cliquez sur l'option de menu Fichier.
7. Sélectionnez l'option Enregistrer sur le serveur Distant.
8. Dans la boîte de dialoguc Enregistrer le fichier, double-cliquez sur le nom du site Web correspondant. Dreamweaver exécutera automatiquement une requête FTP afin de se connecter à ce site.
9. Cliquez sur le bouton Enregistrer pour terminer.

Enregistrer un document comme modèle

Toute page peut être enregistrée comme un modèle. La sauvegarde s'effectue sur un site que vous sélectionnez dans une fenêtre.

1. Cliquez sur l'option de menu Fichier.
2. Sélectionnez l'option Enregistrer comme modèle.
3. Choisissez le nom du site dans la boîte de dialogue qui apparaît immédiatement (Figure 6.2). Dreamweaver vous demandera de mettre à jour des liens éventuels.

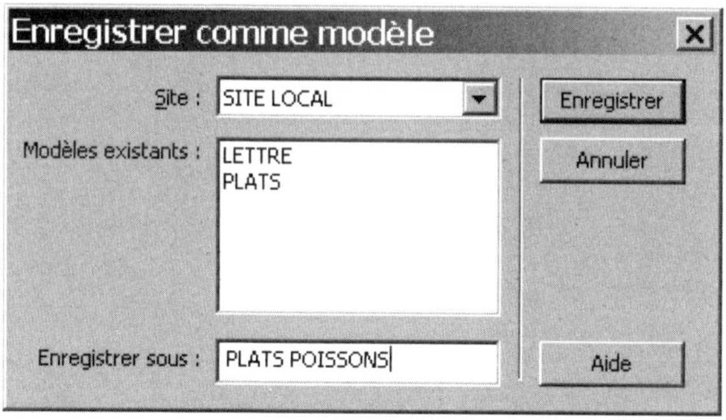

Figure 6.2 : Une page peut être transformée très facilement en modèle de document.

Une fois le modèle enregistré, vous pouvez créer un nouveau document basé sur ce modèle, en effectuant les opérations suivantes :

1. Cliquez sur l'option de menu Fichier.
2. Sélectionnez Nouveau.
3. Cliquez sur l'onglet Modèles.
4. Sélectionnez le site désiré puis le modèle.
5. Fermez la fenêtre en cliquant sur le bouton Créer.

Ouverture d'un document existant

Ouvrez un document existant en effectuant les opérations suivantes :

1. Cliquez sur l'option de menu Fichier.
2. Choisissez Ouvrir
3. Sélectionnez la page désirée.
4. Cliquez sur le bouton Ouvrir pour terminer.

Remarque : Dreamweaver vous propose un dispositif intéressant : l'ouverture des fichiers récents. En sélectionnant l'option Fichier / Ouverture des fichiers récents, vous affichez une liste des 10 derniers fichiers ouverts.

La figure 6.3 montre la fenêtre Ouvrir dans laquelle vous sélectionnez certains répertoires.

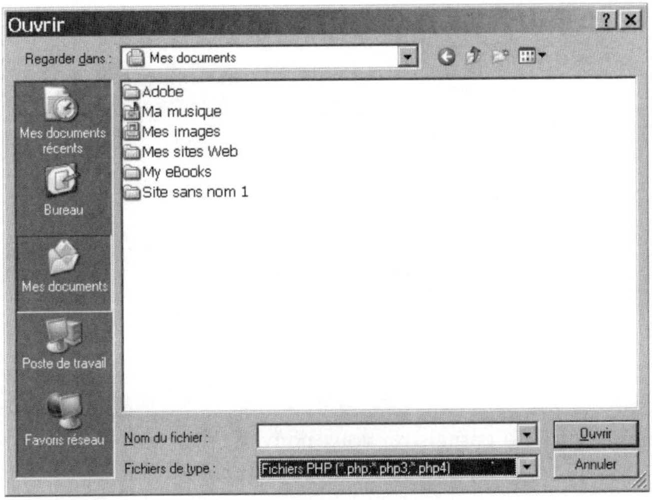

Figure 6.3 : Ouverture de fichiers.

Importation et exportation

Dreamweaver MX 2004 vous permet d'importer des données provenant de certaines applications, comme Word, Excel ou celles qui reconnaissent le format XML. Vous pouvez également exporter des données Tableau, XML ou des styles CSS (Feuilles de styles en cascade).

Importation de données

D'une manière générale, vous importez des pages que Dreamweaver ne sait pas ouvrir naturellement.

5. Créez une nouvelle page HTML vierge.
6. Cliquez sur l'option de menu Fichier.
7. Choisissez Importer.
8. Sélectionnez une des quatre possibilités (Figure 6.4).

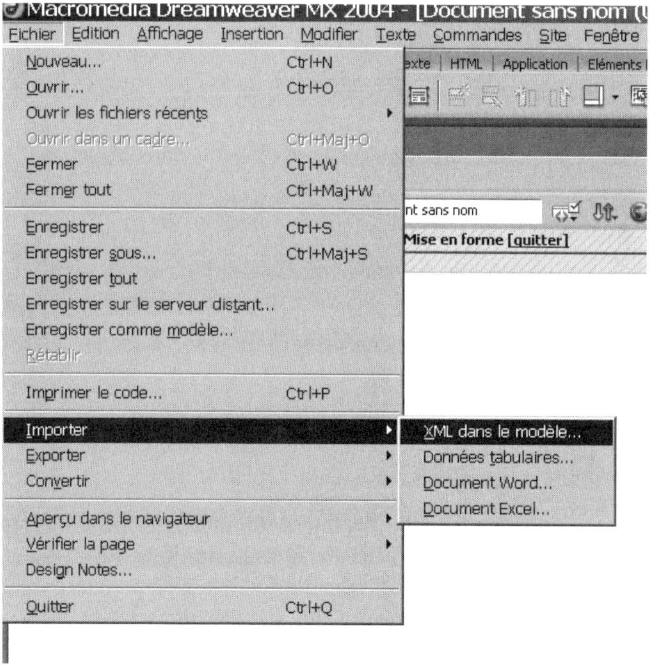

Figure 6.4 : Importation de données.

- **XML dans le modèle**. En important une page depuis un modèle XML, vous choisissez un format spécifique de données basé sur une représentation "nom/valeur". XML traite les données en fonction d'une région nommée qui comporte un contenu.
- **Données tabulaires**. Cette option vous permet de récupérer des données stockées avec des séparateurs.
- **Document Word**. Cette option récupère un document de type Word.
- **Document Excel**. Cette option récupère un document de type Excel.

Qu'est-ce que XML ?

Une des limites du langage HTML est qu'il vous empêche de créer de nouvelles balises. Le langage XML, successeur de HTML, vous permet par contre d'inventer de nouvelles balises à volonté. La structure du XML favorise une plus importante rigueur dans l'écriture des pages. XML est l'acronyme de EXtensible Markup Language ou langage extensible de balisage. Ses règles sont simples. Le principe de base consiste à séparer l'information pure, des caractéristiques de la présentation. La liste suivante détaille certaines règles de XML :

- L'information est encadrée par des balises ouvrantes et fermantes qui définissent des éléments.
- Vous pouvez imbriquer les éléments les uns dans les autres.
- L'information peut être incluse à l'intérieur même des balises à l'aide d'attributs.
- Vous pouvez définir des abréviations représentant des entités, comme des constantes.
- XML permet de générer une présentation sur plusieurs plates-formes ou terminaux.
- XML emploie les styles pour définir la présentation du texte. Ainsi la maintenance des sites est réduite, puisqu'il suffit d'intégrer les feuilles de style qui correspondent à chaque plate-forme.

Remarque : Le langage XML a rapproché deux ensembles généraux (celui des données et celui de la présentation) qui jusqu'à maintenant étaient séparés. La présentation est définie dans les feuilles de styles, qui sont simplement des fichiers dont l'extension est XLS. Pour produire un document XML, il vous faut du texte brut, une définition DTD (la grammaire) et des spécifications XSL/CSS, c'est-à-dire des styles qui présentent le texte d'une manière plus agréable.

Lorsque vous écrivez un document de format XML, vous séparez le texte de sa présentation. Votre document doit alors se conformer à une définition constituée d'un en-tête, puis d'un corps. L'en-tête doit inclure un titre, le nom d'un auteur, une description et une liste de mots-clés. Le corps est constitué d'une liste de chapitres. Chaque chapitre contient une liste de sections. Les chapitres et les sections doivent contenir un titre.

La structure arborescente d'un document XML se caractérise ainsi par un ensemble de balises et par un ordre de succession. Cette structure est appelée DTD ou Définition de Type de Document. Elle peut être déclarée à l'intérieur même du corps du document XML ou bien dans un fichier différent. Notez que cette déclaration est facultative ; les développeurs peuvent y trouver une souplesse de programmation particulière. Une DTD est intéressante lors de la saisie ou de la mise à jour d'un document XML. Vous trouverez les caractéristiques complètes du langage XML et des DTD à l'adresse `http://www.w3.org/xml`.

Le code suivant montre un exemple de code XML comportant des balises personnalisées. Cet exemple est issu des fichiers macromédias installés automatiquement sur votre système.

```
<?xml version="1.0" encoding="iso-8859-1"?>
<installinfo versionnum="7.0.2084" date="040113" time="2304">
  <firstrunfile name="ActiveXNames.txt" />
  <firstrunfile name="CodeHints.xml" />
  <firstrunfile name="Configuration_ReadMe.htm" />
  <firstrunfile name="Extensions.txt" />
  <firstrunfile name="FTPExtensionMap.txt" />
  <firstrunfile name="FTPExtensionMapMac.txt" />
  <firstrunfile name="version.xml" />
  <firstrunfile name="CodeColoring\ASP JavaScript.xml" />
  <firstrunfile name="CodeColoring\ASP VBScript.xml" />
  <firstrunfile name="CodeColoring\ASP.NET CSharp.xml" />
  <firstrunfile name="CodeColoring\ASP.NET VB.xml" />
  <firstrunfile name="CodeColoring\CodeColoring.xml" />
  <firstrunfile name="CodeColoring\Colors.xml" />
  <firstrunfile name="Menus\Custom Sets\active set.txt" />
  <firstrunfile name="Queries\placeholder.txt" />
  <firstrunfile name="Flash Player\" />
</installinfo>
```

Importation d'un fichier Word

Pour importer un fichier Word, effectuez les opérations suivantes :

1. Créez une nouvelle page HTML vierge.
2. Cliquez sur l'option de menu Fichier.
3. Choisissez Importer / Document Word.
4. Sélectionnez le fichier .DOC à importer. Dreamweaver l'affichera immédiatement dans la fenêtre.

Importation d'un fichier Excel

Pour importer un fichier Excel, effectuez les opérations suivantes :

1. Créez une nouvelle page HTML vierge.
2. Cliquez sur l'option de menu Fichier.
3. Choisissez Importer / Document Excel.
4. Sélectionnez le fichier .XLS à importer. Dreamweaver l'affichera immédiatement dans la fenêtre.

Importation de données tabulaires

Les données tabulaires sont des informations mises en forme dans un format spécifique. De nombreuses applications peuvent exporter des données en les séparant avec des points virgules, des virgules, des tabulations ou d'autres caractères de séparation. Dreamweaver MX 2004 facilite le travail de récupération de telles données grâce à une fenêtre de paramètres à renseigner. Pour importer des données tabulaires, effectuez les opérations suivantes :

1. Créez une nouvelle page HTML vierge.
2. Cliquez sur l'option de menu Fichier.
3. Sélectionnez Importer / Données Tabulaires. La figure 6.5 montre les divers paramètres.

Le fichier de données est le nom du fichier à importer. Vous pouvez cliquez sur le bouton Parcourir pour choisir le fichier dans une boîte de dialogue. La zone délimiteur est le délimiteur utilisé dans le fichier que vous importez. Vous pouvez choisir Tabulation, Virgule, Point-virgule, Deux-points ou Autre. La liste suivante détaille chaque paramètre.

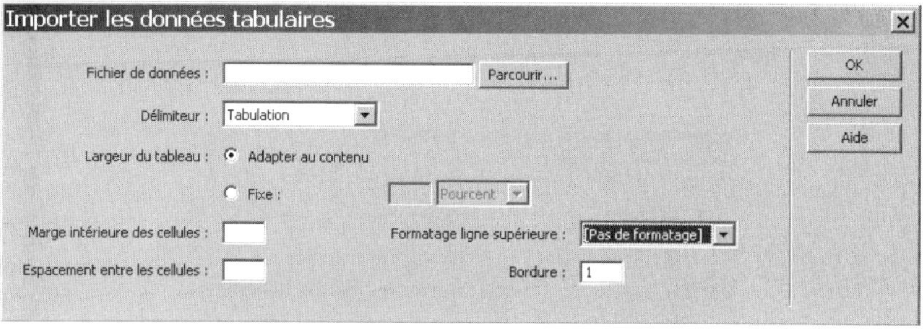

Figure 6.5 : Importation de données tabulaires.

- **Fichier de données**. Il s'agit du nom du fichier à importer. Vous pouvez cliquer sur le bouton Parcourir pour choisir le fichier dans une boîte de dialogue.
- **Délimiteur**. C'est le délimiteur utilisé dans le fichier.
- **Largeur du tableau**. Il s'agit de la largeur du tableau que vous allez créer. Avec le paramètre **Adapter**, chaque colonne s'adapte à la plus longue chaîne de texte importée. Avec le paramètre **Fixe**, vous spécifiez une largeur de tableau fixe, en pixels ou en pourcentage de la largeur de la fenêtre du navigateur.
- **Marge intérieure des cellules**. C'est l'espace en pixels entre le contenu d'une cellule et son contour.
- **Espacement entre les cellules**. Il s'agit de l'espace en pixels entre les cellules contiguës d'un tableau.

La figure 6.6 montre un fichier LISTE.TXT, comprenant quatre lignes dont les informations sont séparées par des virgules.

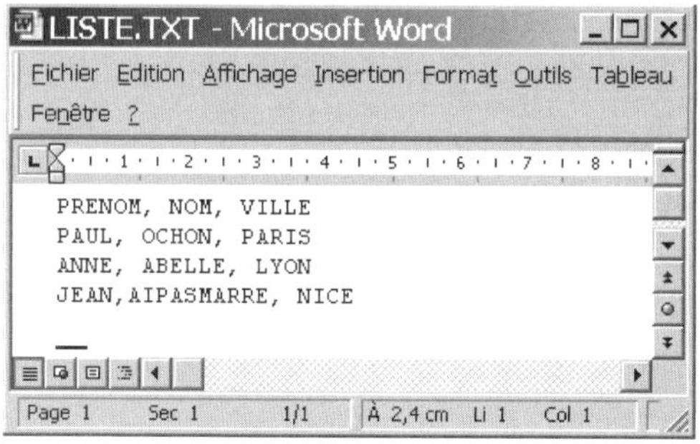

Figure 6.6 : Un fichier texte.

Après l'importation des données, Dreamweaver les affiche sous forme de tableau (Figure 6.7).

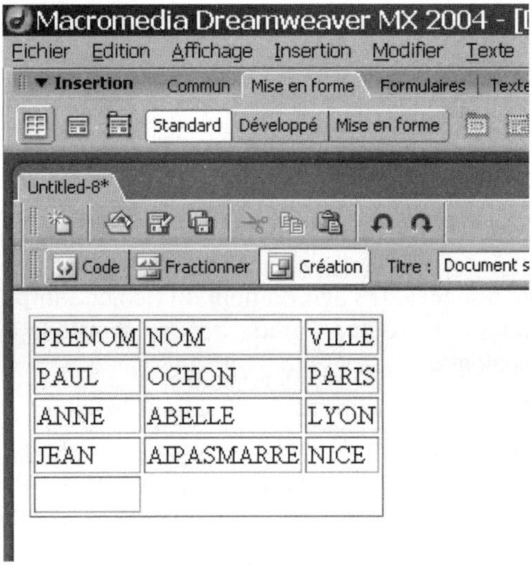

Figure 6.7 : Importation automatique d'u fichier texte dans une page Web.

Exportation de tableau

Dreamweaver vous permet d'exporter très facilement des tableaux vers divers formats de fichiers. Effectuez les opérations suivantes :

1. Ouvrez la page comportant le tableau à exporter.
2. Sélectionnez tout le tableau (ou une partie du tableau).
3. Cliquez sur l'option de menu Fichier.
4. Choisissez Exporter /Tableau.
5. Sélectionnez le délimiteur et le saut de ligne en relation avec la plate-forme que vous employez (Figure 6.8).
6. Cliquez sur le bouton Exporter et indiquez un nom de fichier.

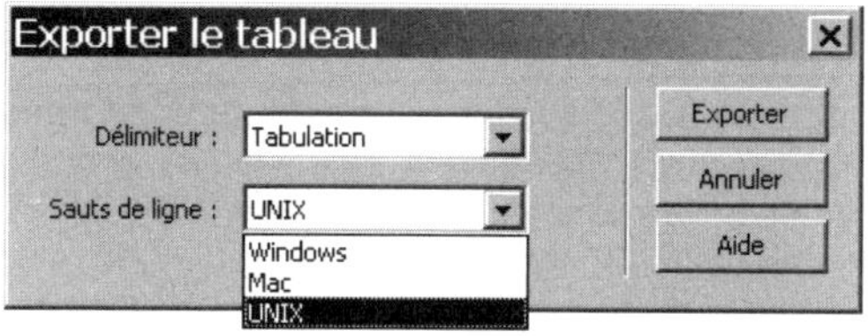

Figure 6.8 : Exportation de tableau dans Dreamweaver.

Importation et correction du code externe

Dreamweaver vous permet de récupérer des fichiers HTML créés par d'autres applications comme Microsoft Word ou d'autres. Lorsque le code est créé par une application externe, certaines formes d'écritures ne sont pas considérées comme valides du point de vue de Dreamweaver. Un dispositif de vérification syntaxique et de correction est disponible pour travailler avec un meilleur code HTML.

Création d'une page HTML à partir de Word

À partir de l'application Microsoft Word, vous pouvez transformer une page classique, au format HTML, en effectuant les opérations suivantes :

1. Créez votre page dans Word.
2. Cliquez sur Fichier / Enregistrer en tant que page Web.
3. Cliquez sur Affichage / Source HTML pour voir le code créé.

Importation d'une page HTML Word dans Dreamweaver

Lorsque votre page HTML Word est créée, effectuez les opérations suivantes pour l'importer dans Dreamweaver :

1. Cliquez sur l'option de menu Fichier.
2. Cliquez sur Ouvrir.
3. Sélectionnez le fichier HTML.

4. Cliquez sur le bouton Ouvrir pour terminer.

Vous pourrez constater que certaines parties du code importé sont soulignées en rouge. La figure 6.9 montre le dispositif de vérification des erreurs de Dreamweaver MX 2004.

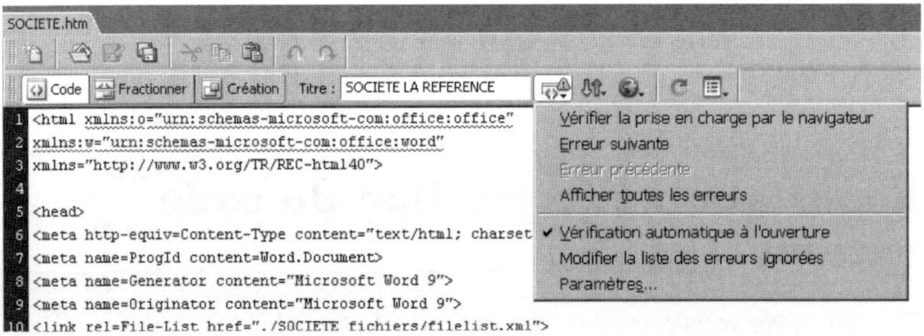

Figure 6.9 : Vérification automatique des erreurs de code dans Dreamweaver.

Si vous cochez l'option Afficher toutes les erreurs, Dreamweaver ouvre une fenêtre Résultat en énumérant chaque ligne sur laquelle se trouve une erreur (Figure 6.10).

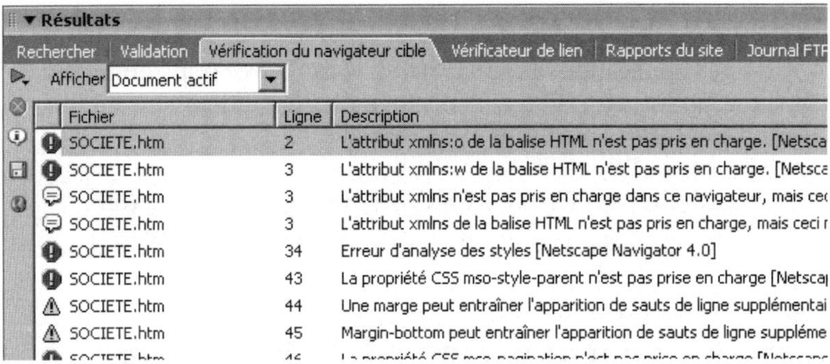

Figure 6.10 : Description des erreurs de code ligne par ligne.

Nettoyer le code HTML Word

Vous pouvez nettoyer toutes les erreurs de code HTML Word en effectuant les opérations suivantes :

1. Ouvrez la page HTML Word.
2. Cliquez sur l'option de menu Commande.
3. Sélectionnez Nettoyez HTML Word.
4. Choisissez les options de nettoyage que vous désirez dans la boîte de dialogue (Figure 6.11 et Figure 6.12).
5. Cliquez sur le bouton OK pour terminer.

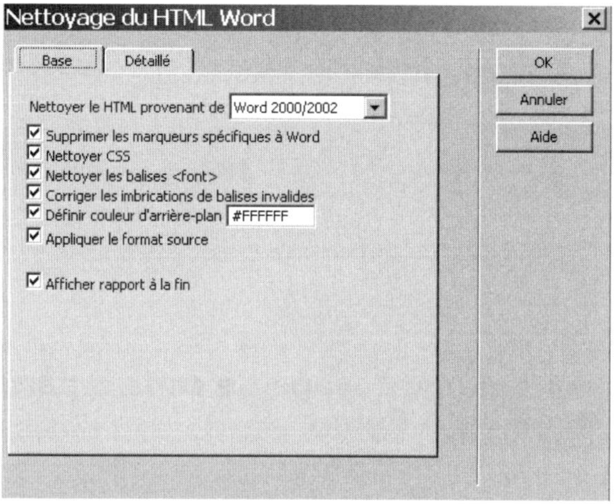

Figure 6.11 : Nettoyage du code HTML Word de base.

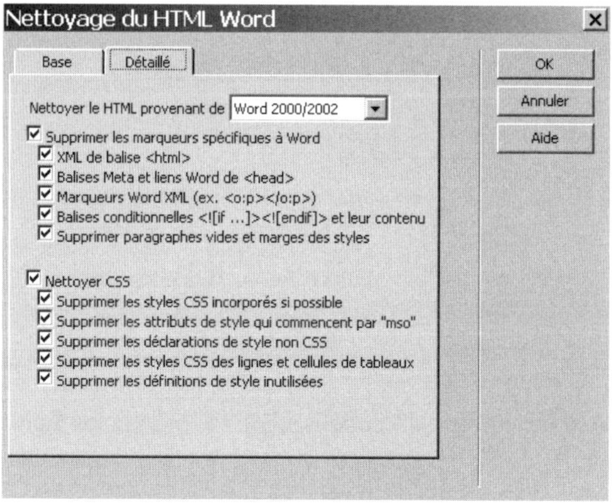

Figure 6.12 : Nettoyage du code HTML Word détaillé.

Lorsque le nettoyage a été effectué, Dreamweaver affiche un résultat dans une fenêtre (Figure 6.13).

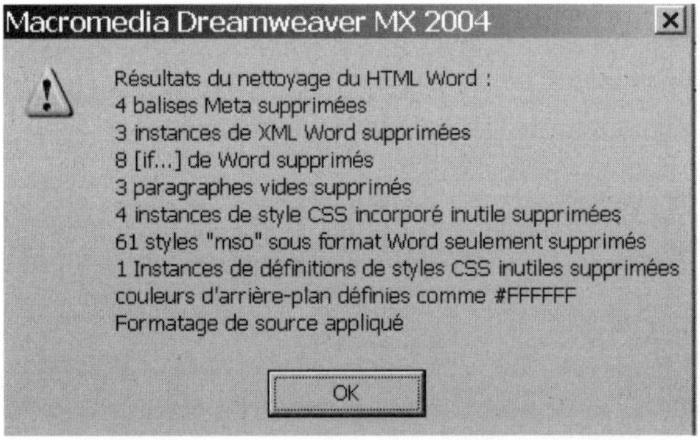

Figure 6.13 : Résultat du nettoyage du code HTML Word.

Un exemple de nettoyage de code à partie d'un fichier Word de 4 lignes

La figure 6.14 montre un fichier Word comprenant 4 lignes de texte.

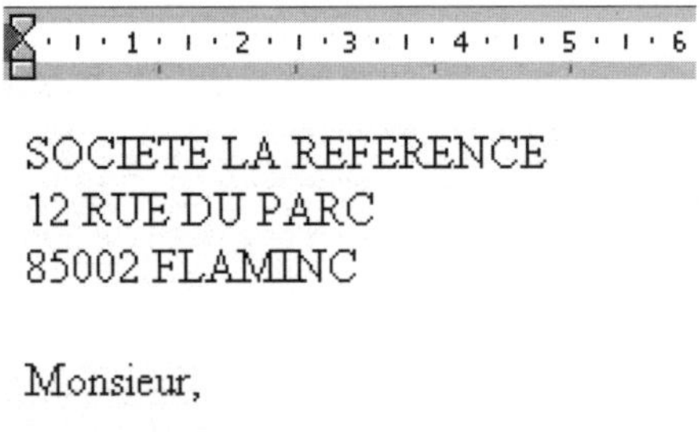

Figure 6.14 : Un simple fichier Word de 4 lignes.

Le code suivant montre le code source HTML de ce fichier Word de 4 lignes.

```
<html xmlns:o="urn:schemas-microsoft-com:office:office"
xmlns:w="urn:schemas-microsoft-com:office:word"
xmlns="http://www.w3.org/TR/REC-html40">
<head>
<meta http-equiv=Content-Type content="text/html; charset=windows-1252">
<meta name=ProgId content=Word.Document>
<meta name=Generator content="Microsoft Word 9">
<meta name=Originator content="Microsoft Word 9">
<link rel=File-List href="./SOCIETE_fichiers/filelist.xml">
<title>SOCIETE LA REFERENCE</title>
<!--[if gte mso 9]><xml>
 <o:DocumentProperties>
  <o:Author>RL</o:Author>
  <o:LastAuthor>RL</o:LastAuthor>
  <o:Revision>1</o:Revision>
  <o:TotalTime>1</o:TotalTime>
  <o:Created>2004-02-25T15:44:00Z</o:Created>
  <o:LastSaved>2004-02-25T15:45:00Z</o:LastSaved>
  <o:Pages>1</o:Pages>
  <o:Words>9</o:Words>
  <o:Characters>53</o:Characters>
  <o:Company>RL</o:Company>
  <o:Lines>1</o:Lines>
  <o:Paragraphs>1</o:Paragraphs>
  <o:CharactersWithSpaces>65</o:CharactersWithSpaces>
  <o:Version>9.2812</o:Version>
 </o:DocumentProperties>
</xml><![endif]--><!--[if gte mso 9]><xml>
 <w:WordDocument>
  <w:Zoom>0</w:Zoom>
  <w:HyphenationZone>21</w:HyphenationZone>
 </w:WordDocument>
</xml><![endif]-->
<style>
<!--
 /* Font Definitions */
@font-face
    {font-family:Helvetica;
    panose-1:2 11 6 4 2 2 2 2 2 4;
    mso-font-charset:0;
    mso-generic-font-family:swiss;
    mso-font-pitch:variable;
    mso-font-signature:536902279 -2147483648 8 0 511 0;}
 /* Style Definitions */
p.MsoNormal, li.MsoNormal, div.MsoNormal
```

```
	{mso-style-parent:"";
	margin:0cm;
	margin-bottom:.0001pt;
	mso-pagination:widow-orphan;
	font-size:12.0pt;
	font-family:"Times New Roman";
	mso-fareast-font-family:"Times New Roman";}
h2
	{mso-style-next:Normal;
	margin-top:18.0pt;
	margin-right:0cm;
	margin-bottom:6.0pt;
	margin-left:64.5pt;
	text-indent:-43.2pt;
	mso-pagination:widow-orphan;
	mso-outline-level:2;
	mso-list:l0 level4 lfo2;
	tab-stops:list 64.5pt;
	font-size:14.0pt;
	mso-bidi-font-size:18.0pt;
	font-family:Helvetica;
	mso-bidi-font-family:"Times New Roman";}
@page Section1
	{size:595.3pt 841.9pt;
	margin:70.85pt 70.85pt 70.85pt 70.85pt;
	mso-header-margin:35.4pt;
	mso-footer-margin:35.4pt;
	mso-paper-source:0;}
div.Section1
	{page:Section1;}
 /* List Definitions */
@list l0
	{mso-list-id:1758361231;
	mso-list-template-ids:-939747842;}
@list l0:level1
	{mso-level-start-at:4;
	mso-level-tab-stop:42.9pt;
	mso-level-number-position:left;
	margin-left:42.9pt;
	text-indent:-21.6pt;}
@list l0:level2
	{mso-level-text:"%1\.%2";
	mso-level-tab-stop:50.1pt;
	mso-level-number-position:left;
	margin-left:50.1pt;
```

```
    text-indent:-28.8pt;}
@list l0:level3
    {mso-level-reset-level:level1;
    mso-level-suffix:space;
    mso-level-text:%3;
    mso-level-tab-stop:none;
    mso-level-number-position:left;
    margin-left:57.3pt;
    text-indent:-36.0pt;}
@list l0:level4
    {mso-level-reset-level:level2;
    mso-level-style-link:"Titre 2";
    mso-level-text:"%1\.%2\.%3";
    mso-level-tab-stop:64.5pt;
    mso-level-number-position:left;
    margin-left:64.5pt;
    text-indent:-43.2pt;}
@list l0:level5
    {mso-level-text:"%1\.%2\.%3\.%4\.%5";
    mso-level-tab-stop:71.7pt;
    mso-level-number-position:left;
    margin-left:71.7pt;
    text-indent:-50.4pt;}
@list l0:level6
    {mso-level-text:"%1\.%2\.%3\.%4\.%5\.%6";
    mso-level-tab-stop:78.9pt;
    mso-level-number-position:left;
    margin-left:78.9pt;
    text-indent:-57.6pt;}
@list l0:level7
    {mso-level-text:"%1\.%2\.%3\.%4\.%5\.%6\.%7";
    mso-level-tab-stop:86.1pt;
    mso-level-number-position:left;
    margin-left:86.1pt;
    text-indent:-64.8pt;}
@list l0:level8
    {mso-level-text:"%1\.%2\.%3\.%4\.%5\.%6\.%7\.%8";
    mso-level-tab-stop:93.3pt;
    mso-level-number-position:left;
    margin-left:93.3pt;
    text-indent:-72.0pt;}
@list l0:level9
    {mso-level-text:"%1\.%2\.%3\.%4\.%5\.%6\.%7\.%8\.%9";
    mso-level-tab-stop:100.5pt;
    mso-level-number-position:left;
```

```
    margin-left:100.5pt;
    text-indent:-79.2pt;}
ol
    {margin-bottom:0cm;}
ul
    {margin-bottom:0cm;}
-->
</style>
</head>
<body lang=FR style='tab-interval:35.4pt'>
<div class=Section1>
<p class=MsoNormal>SOCIETE LA REFERENCE</p>
<p class=MsoNormal>12 RUE DU PARC </p>
<p class=MsoNormal>85002 FLAMINC</p>
<p class=MsoNormal><![if !supportEmptyParas]> <![endif]><o:p></o:p></p>
<p class=MsoNormal>Monsieur, </p>
<p class=MsoNormal><![if !supportEmptyParas]> <![endif]><o:p></o:p></p>
<p class=MsoNormal><![if !supportEmptyParas]> <![endif]><o:p></o:p></p>
</div>
</body>
</html>
```

Le code suivant montre le code HTML corrigé par Dreamweaver MX 2004.

```
<html>
<head>
<meta http-equiv=Content-Type content="text/html; charset=windows-1252">
<title>SOCIETE LA REFERENCE</title>
<style>
<!--
.Section1
    {page:Section1;}
-->
</style>
</head>
<body bgcolor="#FFFFFF" class="Normal" lang=FR>
<div class=Section1>
  <p>SOCIETE LA REFERENCE</p>
  <p>12 RUE DU PARC </p>
  <p>85002 FLAMINC</p>
  <p>Monsieur, </p>
</div>
</body> </html>
```

En résumé

Ce chapitre a évoqué la gestion quotidienne des fichiers et des pages, comme l'enregistrement et l'ouverture des documents. Vous avez pu remarquer avec quelle facilité Dreamweaver importe des fichiers créés à partir d'une application externe comme Word. Dreamweaver propose également un dispositif de correction de code très performant. Vous découvrirez au chapitre 7 les images et les divers dispositifs afférents.

Chapitre 7

Le traitement des images

Ce chapitre aborde les images, leurs propriétés et tous les dispositifs qui permettent de mieux les manipuler dans Dreamweaver MX 2004.

——— Les formats d'images
——— Les techniques de manipulation des images
——— Qu'esy-ce que FireWorks ?
——— Les objets Flash
——— Les Plug-in, Applet et composants Activex

Les formats d'images

Vous découvrirez dans cette section les très nombreux formats d'images (et les balises associées) que vous pouvez manipuler dans Dreamweaver mais aussi dans Fireworks et d'autres éditeurs.

Les formats d'images existants en informatique

Il existe un certain nombre de formats d'images que l'on manipule en fonction des objectifs recherchés. La liste suivante en détaille les principaux.

- **BMP** (BitMaP). Le format BMP est le format par défaut du logiciel Windows. Il s'agit d'un format matriciel avec lequel les images ne sont pas compressées.
- **DXF**. Le format DXF est un format vectoriel créé par la compagnie AutoDesk pour son logiciel de CAO AUTOCAD. Il s'agit d'un format très répandu dans le monde de la conception et du dessin assisté par ordinateur.
- **EPS** (Encapsulated PostScript). Il s'agit d'un format vectoriel écrit en langage PostScript qui décrit le contenu d'une image complète. Ce format contient des textes, des filets, et des images importées. Un fichier EPS contient une représentation matricielle, en basse résolution TIFF ou PICT, qui permet de visualiser l'illustration à l'écran. Photoshop permet l'importation, la modification et l'exportation de fichiers en format EPS.
- **PS** (Post Script). Les fichiers PostScript ne sont destinés qu'à l'impression.
- **GIF** (Graphical Interchange Format). C'est un des premiers formats présents sur le WEB. Il s'agit d'un format de compression qui n'accepte que les images en couleurs et codées sur 8 bits, soit en 256 couleurs.
- **JPEG** (Joint Photographic Experts Group). Les images JPEG sont des images de 24 bits. Elles possèdent ainsi un spectre de 16 777 216 millions de couleurs et c'est la meilleure qualité d'image disponible. Ce format est excellent pour comprimer de gros fichiers images.
- **Photo CD**. Ce format a été créé par la compagnie KODAK. Il est utilisé par les laboratoires de photographie afin de transférer des négatifs de photos sous une forme numérique.

- **PCX**. Le format PCX est utilisé par le logiciel Paintbrush sous Windows. Il s'agit d'un format matriciel.
- **PICT**. Le format PICT est un format vectoriel interne au fonctionnement du Macintosh (utilisé par le Presse-Papier). Il peut contenir des éléments graphiques ou des images numérisées. Ce format peut être employé pour des illustrations en noir et blanc ou en tons de gris, mais il est à proscrire dans le cas des impressions couleurs.
- **PNG** (Portable Nctwork Graphics). Ce format semble très prometteur et bien plus qu'un bon remplaçant pour le format GIF, car il intègre la transparence, un affichage progressif (entrelacé), la compression, et 16,7 millions de couleurs RVB. Ce format n'est pas encore pleinement reconnu par tous les navigateurs Web.
- **TIFF** (Tagged Image File Format). Le format TIFF, conçu à l'origine par la compagnie Aldus est un format matriciel. Le format TIFF offre l'avantage d'occuper moins d'espace disque, grâce à son propre algorithme de compression appelé LZW.
- **WPG**. Le format WPG est un format vectoriel utilisé par les logiciels de la gamme WordPerfect (WordPerfect, DrawPerfect, WP Presentations et autres) sous DOS, Windows ou Macintosh.

Les 3 formats d'images du WEB

Aujourd'hui le World Wide Web n'accepte que trois formats d'image :

- **GIF**. Il comprime votre image dans la palette des 256 couleurs et en conséquence, une photo GIF d'un coucher de soleil aura probablement quelques rayures. Si vous avez un dessin architectural dans lequel les lignes sont plus importantes que les nuances de fond, le format GIF sera plus approprié. Employez ce format pour sauvegarder des images de textes.
- **JPEG**. Le format JPEG compresse votre image en supprimant les données redondantes. Il met à jour le spectre complet de la couleur de l'image. Pour un beau coucher de soleil, JPEG est un bon choix de compression. JPEG préserve toutes les couleurs.
- **PNG**. C'est le successeur sur le Web du format GIF. PNG propose une méthode de compression spatiale sans perte et n'est pas limité à 256 couleurs. PNG fournit une meilleure qualité globale, mais seuls les nouveaux explorateurs supportent ce format.

Comment insérer une image avec Dreamweaver ?

Pour insérer une image, effectuez les opérations suivantes :

1. Créez un nouveaui document HTML ou ouvrez un document existant.
2. Cliquez sur l'option de menu Insertion / Image.
3. Sélectionnez l'image dans le dossier considéré. L'image doit s'afficher dans la partie droite de la boîte de dialogue (Figure 7.1).
4. Cliquez sur le bouton OK pour terminer.

Remarque : Si la page n'est pas déjà enregistrée, Dreamweaver vous demandera de le faire avant d'insérer l'image. De même, si l'image n'est pas présente dans le répertoire nécessaire au bon fonctionnement du serveur d'évaluation, Dreamweaver vous préviendra par une boîte de dialogue.

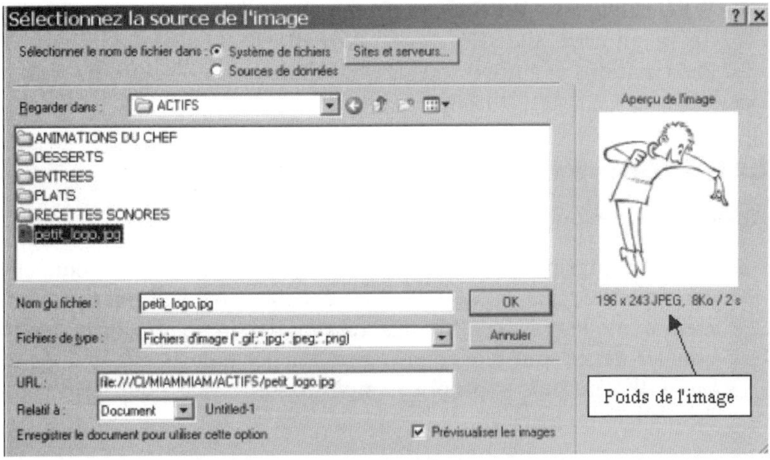

Figure 7.1 : Insertion d'une image par le menu.

Vous pouvez aussi employer l'icône dans le panneau Insérer en choisissant la catégorie Commun (Figure 7.2).

Après l'insertion de l'image dans la page, vous pourrez double-cliquer dessus à volonté. Dreamweaver fera réapparaître la boîte de dialogue de la figure 7.1.

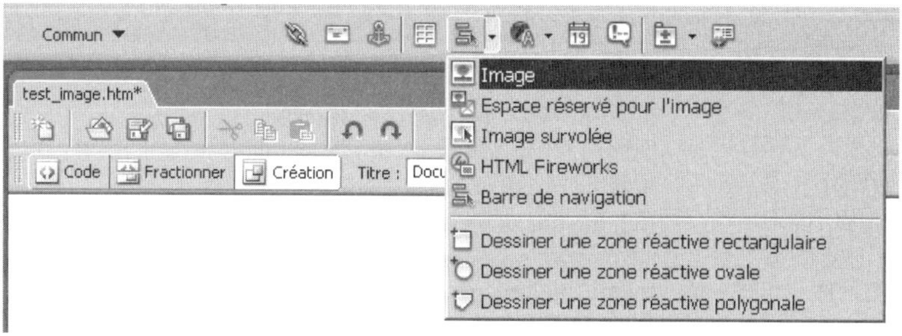

Figure 7.2 : Insertion d'image à partir du panneau Insérer.

Tous les attributs de la balise IMG dans le code HTML

Si vous consultez le code HTML créé après l'insertion d'une image, vous découvrirez une balise <IMG>. Les paramètres que vous pouvez insérer dans cette balise d'image sont détaillés dans le tableau 7.1.

```
<body>
<IMG SRC="petit_logo.jpg" width="196" height="243"></body>
</html>
```

Tableau 7.1 : Les attributs de la balise IMG.

Attributs	Description
ALT	Indique une description courte pour les explorateurs de texte seulement.
BORDER	Définit une bordure autour de l'image.
DIR	Indique la direction du texte
HEIGHT	Indique la hauteur de l'image et ignore la taille réelle de l'image.
ID, CLASS	Ces deux paramètres sont utilisés en même temps que les feuilles de style.
ISMAP	Indique une image MAP du côté du serveur.
LANG	Indique le langage utilisé.
LONGDESC	Indique une longue description. Utilisé seulement pour les explorateurs de texte

Attributs	Description
NAME	Indique le nom de l'image.
SRC	Indique l'adresse URL de l'image.
STYLE	Définit le style, en ignorant la feuille de style.
TITLE	Indique un titre de cet élément.
USEMAP	Indique une adresse URL de l'image MAP du côté du navigateur.
WIDTH	Indique la largeur de l'image, tout en ignorant la largeur réelle de l'image.

Remarque : L'attribut le plus important et obligatoire est **SRC**. Il indique l'origine de l'image. Notez que même si l'image est intégrée, elle existe en tant que fichier séparé, et stocké dans votre répertoire d'images. Vous ajoutez l'attribut **ALT** lorsque vous travaillez avec de vieux explorateurs. Cet attribut contient alors une courte et précise description de l'aspect de l'image. Pour une plus longue description, utilisez l'attribut LONGDESC.

Les propriétés de l'image dans Dreamweaver

Toutes les propriétés d'une image dans une page sont disponibles dans le panneau des propriétés. Si celui-ci n'est pas ouvert, cliquez sur l'option de menu Fenêtre / Propriétés ou enfoncez les touches Ctrl F3. La figure 7.3 montre ce panneau et les différentes zones que vous pouvez renseigner.

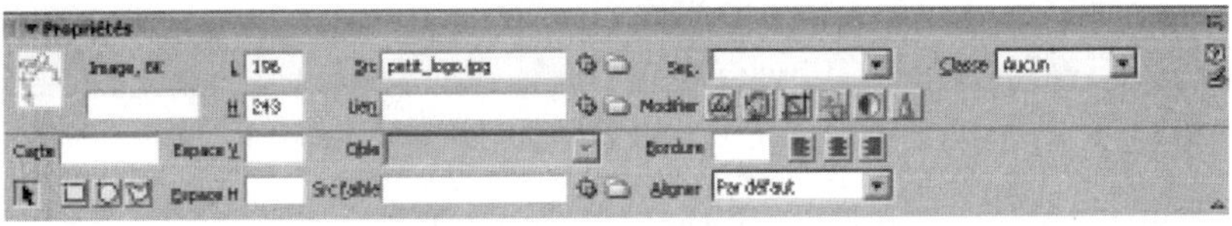

Figure 7.3 : Le panneau des propriétés d'une image sélectionnée.

Dès que vous modifiez l'image, par exemple en l'agrandissant ou en modifiant sa position, les valeurs des propriétés changent instantanément. Notez également un petit triangle blanc situé en bas à droite du panneau. S'il est dirigé vers le bas, vous pouvez afficher la deuxième moitié du panneau des propriétés. S'il est dirigé vers le haut, vous fermez la deuxième moitié du panneau. La liste suivante détaille chaque propriété de l'image.

- **L et H**. Il s'agit de la largeur et de la hauteur de l'image, en pixels. Vous pouvez également spécifier la taille de l'image à l'aide des unités suivantes : pc (picas), pt (points), in (pouces), mm (millimètres) et cm (centimètres), ainsi que des combinaisons telles que 3in+6mm. Dreamweaver convertit les valeurs en pixels dans le code source HTML. Si vous modifiez la taille de l'image, vous pouvez revenir aux dimensions initiales en cliquant sur les étiquettes L et H ou sur le bouton Rétablir.
- **Src**. Cette propriété spécifie le fichier source de l'image. Tapez le chemin d'accès, cliquez sur le dispositif de pointage ou sélectionnez l'icône du dossier pour trouver le fichier source afin de le sélectionner.
- **Lien**. Cette propriété spécifie un lien hypertexte pour l'image. Faites glisser l'icône Pointer vers un fichier dans le panneau Site sur le document désiré.
- **Aligner**. Cette propriété aligne l'image et le texte sur la même ligne. Les choix sont les suivants : par défaut, ligne de base, haut, milieu, bas, haut du texte, milieu absolu, bas absolu, gauche, droite.
- **Sec**. Cette propriété spécifie le texte secondaire qui apparaîtra à la place de l'image dans les navigateurs de type texte seulement, ou dans les navigateurs dont l'utilisateur a désactivé le téléchargement automatique des images. Ce dispositif est utilisé pour les utilisateurs malvoyants qui utilisent un synthétiseur vocal. Avec un navigateur en mode texte, le texte est lu. Dans certains navigateurs, ce texte apparaît également lorsque le pointeur se trouve sur l'image.
- **Carte**. Il s'agit du nom de la carte graphique créée du côté du client.
- **Zone réactive**. Ces outils sont employés en relation avec une carte graphique.
- **Espace V et Espace H**. Ces propriétés ajoutent un espace, en pixels, le long des côtés de l'image. Espace V ajoute un espace le long des bords supérieur et inférieur d'une image. Espace H ajoute un espace le long des bords gauche et droit d'une image.
- **Cible**. Cette propriété spécifie la fenêtre ou le cadre dans lequel la page liée devra être chargée. Cette option n'est disponible que lorsqu'une image est liée à un autre fichier. Les noms de tous les cadres (du jeu de cadres actuel) s'affichent dans la liste Cible. Vous pouvez également choisir les constantes suivantes :
  - **_blank**. Cette option charge le fichier lié dans une nouvelle fenêtre, sans nom, du navigateur.

- **_parent**. Cette option charge le fichier lié dans le jeu de cadres parent, ou dans la fenêtre parente du cadre contenant le lien. Si le cadre contenant le lien n'est pas imbriqué, le document lié sera chargé dans la fenêtre de base du navigateur.
- **_self**. Cette option charge le fichier lié dans le même cadre, ou dans la même fenêtre, que le lien. Cette cible est la valeur par défaut.
- **_top**. Cette option charge le fichier lié dans la fenêtre de base du navigateur, et supprime ainsi tous les cadres.

- **Src faible**. Cette propriété spécifie l'image qui doit être chargée avant l'image principale. Certains concepteurs utilisent une version 2 bits (noir et blanc) de l'image principale parce que le chargement est plus rapide.
- **Bordure**. Cette propriété correspond à la largeur, en pixels, de la bordure de l'image.
- **Modifier**. Cette option lance l'éditeur d'image que vous avez indiqué dans les préférences d'éditeurs externes et ouvre l'image sélectionnée. Le bouton **Edition** lance l'application Fireworks par défaut, le bouton **Recadrer** permet de rogner une image en supprimant les zones indésirables, le bouton **Rééchantillonner** permet de rééchantillonner une image redimensionnée et d'améliorer la qualité. Les boutons **Luminosité** et **Contraste** permettent d'ajuster les paramètres de luminosité et de contraste d'une image. Le bouton **Accentuer** permet d'ajuster la netteté d'une image.

Les techniques de manipulation des images

Vous pouvez manipuler très simplement les images une fois qu'elles ont été insérées dans la page. Cette section décrit l'ensemble des manipulations disponibles dans Dreamweaver. Notez qu'avant d'insérer et de travailler une image, vous placez le point d'insertion à un emplacement spécifique. Vous pouvez également glisser une image directement du panneau Fichier vers la page sans passer par le menu Insertion / Image.

Sélectionner une image

Cliquez dans l'image que vous désirez sélectionner. Vous constaterez un contour et trois poignées de redimensionnement présents dans la partie inférieure droite de l'image. Cette image peut être copiée, coupée et collée comme n'importe quel texte sur la même page ou sur un autre document. La figure 7.4 montre une image sélectionnée.

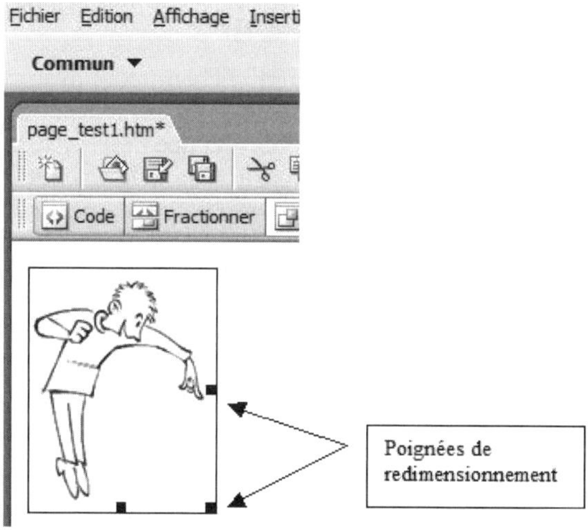

Figure 7.4 : Sélection d'une image.

Copier / Coller une image

Pour copier et coller une image, effectuez les opérations suivantes :

1. Sélectionnez l'image.
2. Cliquez sur Edition / Copier (ou Ctrl C)
3. Placez le pointeur à la nouvelle position.
4. Cliquez sur Edition / Coller (ou Ctrl V)

Supprimer une image

Pour supprimer une image, effectuez les opérations suivantes :

1. Sélectionnez l'image que vous désirez supprimer.
2. Cliquez sur Edition / Couper ou enfoncez la touche Suppr ou cliquez sur Edition / Effacer

Donner un nom à une image

Un nom d'image est différent du nom du fichier image avec son extension. Il intervient lorsque vous devez programmer (en javascript ou dans un autre langage) et pointer sur l'image pour y effectuer une tâche précise. Par exemple vous pourriez faire apparaître une image lorsque le visiteur de votre page déplace son pointeur de souris à un emplacement spécifique. Les noms d'images sont utilisés également lorsque vous employez des effets de survol. Effectuez les opérations suivantes pour donner un nom à une image.

1. Sélectionnez l'image en cliquant dessus.
2. Dans le panneau des propriétés, entrez un nom dans la zone de texte précisée sur la figure 7.5. Notez qu'il est préférable que le nom soit court, bien que vous ne soyez pas limité en nombre de caractères. Vous ne pouvez pas utiliser de caractères accentués, d'espaces, ni de signes de ponctuation.

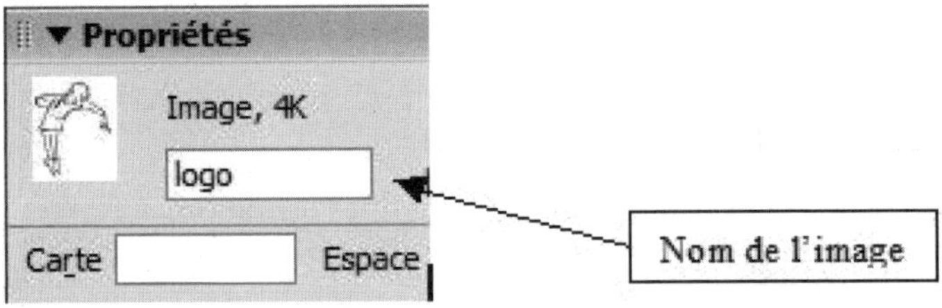

Figure 7.5 : Nommer une image.

Le code HTML créé automatiquement par Dreamweaver indique le nom de l'image à l'intérieur de la balise <img>.

```
<p><img src="petit_logo.jpg" name="logo" width="115" height="145" id="logo"></p>
```

La taille de l'image dans Dreamweaver

Vous modifiez la taille d'une image en la redimensionnant à l'aide des poignées ou en tapant de nouvelles valeurs dans le panneau des propriétés. Lorsque vous agrandissez une image d'une manière trop exagérée, vous provoquez un effet de mosaïque à l'intérieur de l'image avec des contours crénelés. En d'autres termes, toute opération de redimensionnement d'une image Bitmap entraîne une perte de qualité. Gardez à l'esprit que Dreamweaver ne modifie unc image que visuellement et ne modifie pas le fichier d'origine, sans intervenir sur le poids de l'image. Cependant, si vous désirez modifier en profondeur une image, éditez-la avec un programme spécifique comme Fireworks, Paint Shop Pro, PhotoShop ou un autre éditeur. Vous pourrez ainsi diminuer le poids de l'image et par conséquent réduire le temps de téléchargement de l'image. Dreamweaver vous permet aussi de sélectionner un éditeur spécifique dans les Préférences.

La figure 7.6 montre le bouton Editer dans le panneau des propriétés. Par défaut, c'est l'éditeur FireWorks qui est exécuté.

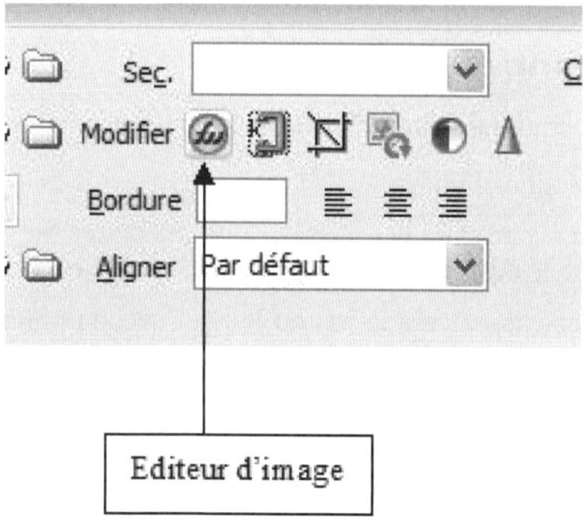

Figure 7.6 : Démarrage de l'éditeur d'image.

La figure 7.7 montre l'application Macromedia Fireworks qui est lancée automatiquement lorsque vous cliquez sur le bouton Edition. Cet éditeur d'images est très puissant et vaut la peine qu'on s'y attarde.

Figure 7.7 : L'application Fireworks en action.

Redimensionner une image

Effectuez les opérations suivantes pour redimensionner une image.

1. Sélectionnez l'image.
2. Pointez le bout de la souris sur une des poignées. Vous constaterez que le curseur se transforme en double flèche.
3. Cliquez-glissez vers le bas ou le haut avec la poignée du bas, la droite ou la gauche avec la poignée de droite ou bien les deux, avec la poignée située en bas à droite.

Remarque : La touche Majuscule permet de respecter les proportions en ce qui concerne le rapport largeur / hauteur. Vous pouvez aussi annuler le redimensionnement en cliquant sur les étiquettes L ou H dans le panneau des propriétés.

Création d'une bordure dans une image

Pour définir une bordure autour d'une image, tapez une valeur dans la zone bordure du panneau des propriétés. Vous pouvez indiquer une valeur de 0 à 9999. La figure 7.8 montre une bordure de 20.

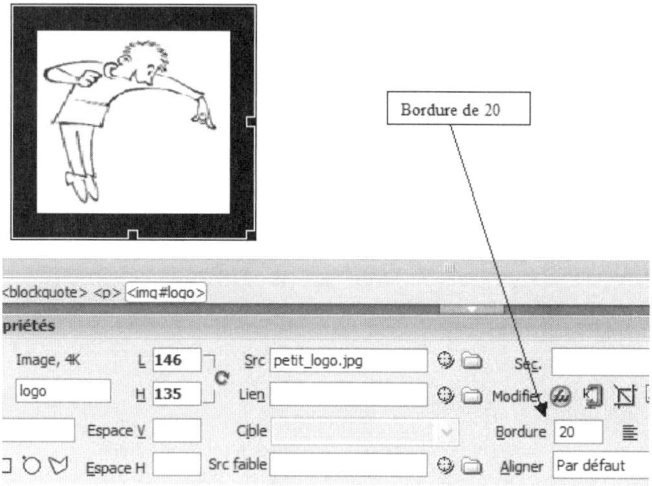

Figure 7.8 : Une bordure dans une image.

Le code HTML suivant montre l'attribut Border dans la balise <IMG>.

```
<p>
<IMG src="petit_logo.jpg" name="logo" width="146" height="135" BORDER="20" id="logo">
</p>
```

Création d'un espace réservé de l'image

Vous pouvez définir un espace réservé d'une dimension spécifique, de manière à cadrer une image au moment du téléchargement de la page. Notez que le navigateur peut réserver les espaces nécessaires pour des éléments comme des images, des tableaux ou du texte. Vous pouvez définir des propriétés comme la taille, la couleur, ou une étiquette de texte. L'espace réservé est en réalité un élément avec une balise <IMG> mais sans l'attribut SRC. Pour insérer un espace réservé pour une image, effectuez les opérations suivantes :

1. Cliquez sur l'option de menu Insertion.
2. Sélectionnez Objets Image.
3. Choisissez Espace réservé de l'image.

4. Indiquez les paramètres de la zone dans la boîte de dialogue (Figure 7.9).
5. Cliquez sur le bouton OK pour terminer.

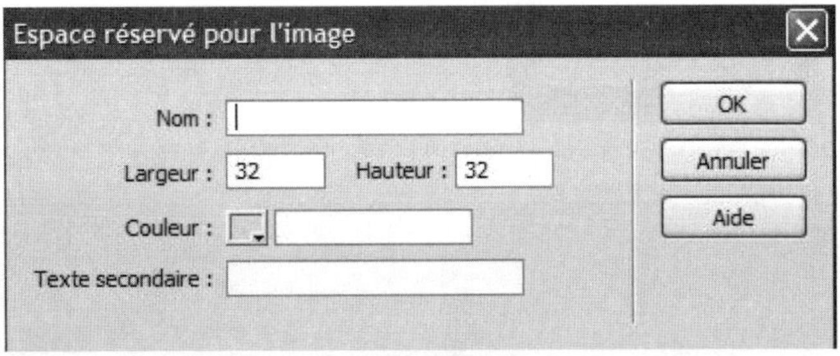

Figure 7.9 : Les propriétés de l'espace réservé de l'image.

La liste suivante détaille les différentes propriétés de cet espace réservé.

- **Nom**. Dans cette zone de texte, tapez le texte facultatif de l'étiquette de l'espace réservé pour l'image.
- **Largeur et Hauteur**. Ces valeurs sont obligatoires et définies en pixels.
- **Couleur**. Cette option est facultative. Employez le sélecteur de couleurs pour sélectionner une couleur. Vous pouvez aussi saisir une valeur hexadécimale (par exemple #009999).
- **Texte secondaire**. Cette valeur est facultative et indique une description de l'image pour les personnes qui utilisent un navigateur en mode texte avec vocalisation éventuelle.

La figure 7.10 montre le code HTML créé automatiquement après la définition des paramètres de l'espace réservé. Le panneau des propriétés montre les paramètres que vous pouvez modifier à posteriori de l'insertion de l'espace réservé de l'image. Notez qu'une valeur de 32 pixels est affectée par défaut aux propriétés Longueur et Largeur.

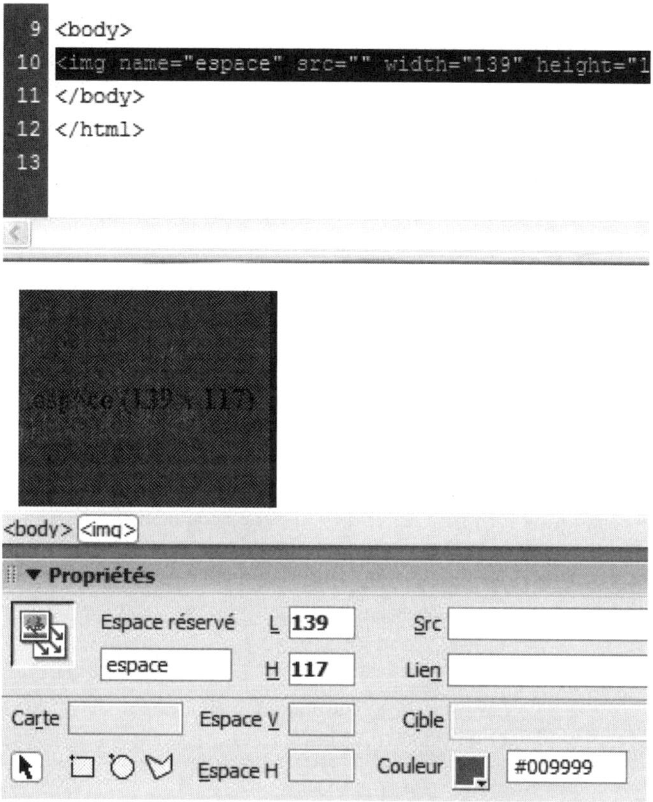

Figure 7.10 : L'espace réservé de l'image dans la page.

Création d'une image survolée

Il s'agit d'une image qui change lorsque le pointeur de la souris vient se placer au-dessus d'elle dans la page. Une image survolée est, par conséquent, composée de deux images.

- L'image principale. C'est l'image qui est affichée au chargement de la page.
- L'image secondaire. Il s'agit de la deuxième image qui apparaît lorsque le pointeur est placé au-dessus de l'image principale.

Notez que les deux images utilisées doivent avoir les mêmes dimensions. Dans le cas contraire, Dreamweaver redimensionne automatiquement la seconde image en fonction de la taille de la première. Le comportement événementiel **onMouseOver** se déclenche automatiquement dans le cas des images survolées. Un comportement est un dispositif qui se déclenche à un moment précis, programmé par le code HTML. OnMouseOver indique simplement d'exécuter une tâche (afficher une autre image) lorsque le pointeur de la souris (onMouse) se déplace au-dessus (over) de l'image.

Pour créer une image survolée dans Dreamweaver MX 2004, effectuez les opérations suivantes :

1. Cliquez sur l'option de menu Insertion.
2. Sélectionnez Objets Image.
3. Choisissez Image survolée.
4. Indiquez les propriétés des deux images dans la boîte de dialogue (Figure 7.11).

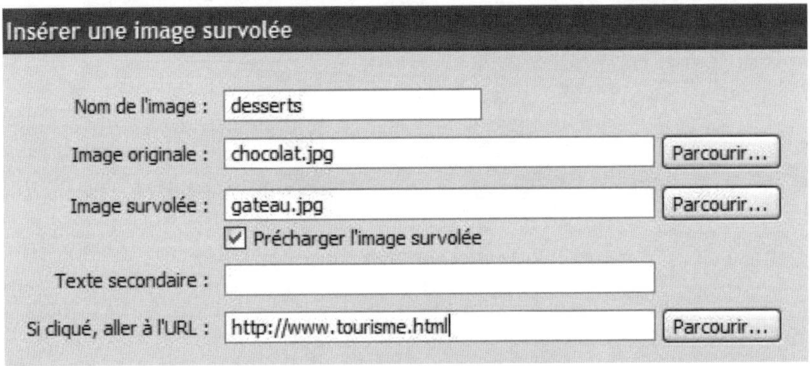

Figure 7.11 : Définition d'une image survolée.

Le code suivant est créé automatiquement par Dreamweaver pour mettre en place ce dispositif de l'image survolée.

```
<!DOCTYPE HTML PUBLIC "-//W3C//DTD HTML 4.01 Transitional//EN"
"http://www.w3.org/TR/html4/loose.dtd">
<html>
<head>
<title>Document sans nom</title>
```

```
<meta http-equiv="Content-Type" content="text/html; charset=iso-8859-1">
<script language="JavaScript" type="text/JavaScript">
<!--
function MM_swapImgRestore() { //v3.0
  var i,x,a=document.MM_sr; for(i=0;a&&i<a.length&&(x=a[i])&&x.oSrc;i++) x.src=x.oSrc;
}

function MM_preloadImages() { //v3.0
  var d=document; if(d.images){ if(!d.MM_p) d.MM_p=new Array();
    var i,j=d.MM_p.length,a=MM_preloadImages.arguments; for(i=0; i<a.length; i++)
    if (a[i].indexOf("#")!=0){ d.MM_p[j]=new Image; d.MM_p[j++].src=a[i];}}
}

function MM_findObj(n, d) { //v4.01
  var p,i,x;  if(!d) d=document; if((p=n.indexOf("?"))>0&&parent.frames.length) {
    d=parent.frames[n.substring(p+1)].document; n=n.substring(0,p);}
  if(!(x=d[n])&&d.all) x=d.all[n]; for (i=0;!x&&i<d.forms.length;i++) x=d.forms[i][n];
  for(i=0;!x&&d.layers&&i<d.layers.length;i++) x=MM_findObj(n,d.layers[i].document);
  if(!x && d.getElementById) x=d.getElementById(n); return x;
}

function MM_swapImage() { //v3.0
  var i,j=0,x,a=MM_swapImage.arguments; document.MM_sr=new Array; for(i=0;i<(a.length-
2);i+=3)
   if ((x=MM_findObj(a[i]))!=null){document.MM_sr[j++]=x; if(!x.oSrc) x.oSrc=x.src;
x.src=a[i+2];}
}
//-->
</script>
</head>

<body onLoad="MM_preloadImages('gateau.jpg')">
<a href="#" onMouseOut="MM_swapImgRestore()"
onMouseOver="MM_swapImage('Image1','','gateau.jpg',1)"><img src="chocolat.jpg"
name="Image1" width="408" height="395" border="0"></a>
</body>
</html>
```

Création d'une barre de navigation

Ce dispositif vous permet de mettre en place des barres de navigation, composées d'images qui changent en fonction des actions du visiteur de votre page. Un élément de barre de navigation peut posséder quatre états :

- **Haut**. Il s'agit de l'image qui s'affiche lorsque l'utilisateur n'a pas encore cliqué sur l'élément.
- **Survolée**. Il s'agit de l'image qui s'affiche lorsque le pointeur de la souris est déplacé au-dessus de l'image Haut.
- **Bas**. Il s'agit de l'image qui s'affiche une fois que l'élément est cliqué. À ce moment, une page s'affiche et l'élément cliqué est assombri afin d'indiquer qu'il a été sélectionné.
- **Image Au-dessus lorsque Abaissée**. Il s'agit de l'image qui s'affiche lorsque le pointeur de la souris est placé au-dessus de l'image Bas, une fois l'élément cliqué.

Pour créer une barre de navigation, effectuez les opérations suivantes :

1. Cliquez sur l'option de menu Insertion.
2. Sélectionnez Objets Image.
3. Choisissez Barre de navigation.
4. Indiquez les différents paramètres dans la boîte de dialogue (Figure 7.12).
5. Cliquez sur le bouton OK pour terminer.

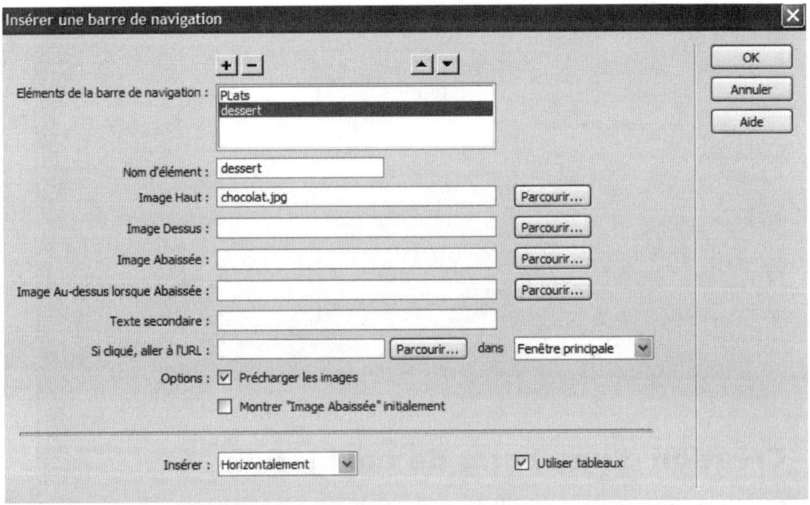

Figure 7.12 : Les paramètres de la barre de navigation.

Création d'une zone réactive

Une zone réactive est une zone qui vous permet de charger une image lorsque le visiteur clique sur la zone. Le visiteur de la page Web voit soudain la souris se transformer en une petite main. Pour créer une zone réactive, effectuez les opérations suivantes :

1. Créez un espace réservé d'image.
2. Agrandissez cet espace.
3. Affichez la catégorie Commun sur la boîte à outil Insérer.
4. Cliquez sur le bouton Images.
5. Choisissez Dessiner une zone réactive rectangulaire ou une autre zone. La figure 7.13 montre les trois possibilités.

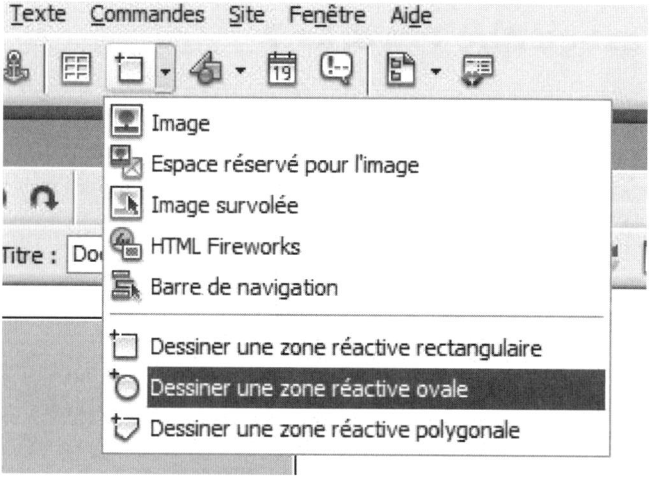

Figure 7.13 : Les différentes zones réactives.

6. Dessinez une zone dans l'espace réservé.
7. Indiquez les propriétés de cette zone réactive dans le panneau des propriétés.
8. Enregistrez votre page et testez-la dans votre navigateur en l'ouvrant simplement.

La liste suivante détaille les paramètres de la zone réactive.

- **Lien**. Il s'agit du fichier qui sera ouvert lorsque l'utilisateur cliquera sur la zone réactive.
- **Cible**. Il s'agit de la fenêtre dans laquelle le fichier devra être ouvert.
- **Sec**. Il s'agit d'un texte secondaire utilisé dans les navigateurs de type texte. Certains navigateurs affichent ce texte sous forme d'une info-bulle lorsque l'utilisateur place la souris au-dessus de la zone réactive.
- **Classe**. Il s'agit d'un terme que vous employez dans les feuilles de style.

Le code ci-dessous montre la ligne HTML créée par Dreamweaver pour mettre en place une zone réactive.

```
<area shape="rect" coords="42,30,225,132" href="chocolat.jpg" target="_self">
```

Qu'est-ce que Fiworks ?

Fireworks est une application graphique intégrée à Dreamweaver MX 2004. Cependant vous pouvez la démarrer indépendamment de Dreamweaver si celle-ci est installée sur votre ordinateur. Fireworks vous permet de travailler les images de manière extrêmement précise, comme PhotoShop ou d'autres progiciels de la même famille.

L'environnement de travail

La figure 7.14 vous montre l'environnement de travail à votre disposition dès que vous travaillez avec un document dans Fireworks. Les dispositifs sont les suivants :

- Le panneau Outils.
- L'inspecteur des propriétés.
- Les menus et les autres panneaux.

Le panneau Outils, à gauche de l'écran, contient les groupes d'outils Sélection, Bitmap, Vecteur, Web, Couleurs et Affichage. L'Inspecteur des propriétés apparaît par défaut en bas du document. Il affiche les propriétés du document ou de l'objet sélectionné dans la fenêtre. Les panneaux sont rassemblés en groupes le long du bord droit de l'écran, de la même façon que dans Dreamweaver MX 2004. Lorsque vous choisissez un outil, l'Inspecteur des propriétés affiche les options de l'outil. Certaines options d'outils restent affichées lorsque vous travaillez avec l'outil.

Figure 7.14 : L'environnement de travail de Fireworks.

Les panneaux

Les panneaux sont des groupes de commandes flottants qui permettent de modifier l'aspect d'un objet sélectionné dans le document. Vous pouvez travailler sur des images, des calques, des symboles et des couleurs. Les panneaux suivants sont regroupés par défaut.

- **Le panneau Optimiser**. Il vous permet de gérer les paramètres qui contrôlent la taille et le type de fichier, de travailler avec la palette des couleurs ou la découpe à exporter.
- **Le panneau Calques.** Il vous permet d'organiser la structure d'un document et comporte des options de création, suppression et manipulation des calques.
- **Le panneau Images**. Il inclut des options de création d'animations.
- **Le panneau Historique**. Il répertorie les commandes que vous avez utilisées récemment de façon à pouvoir les annuler et les rétablir rapidement.

- **Le panneau Formes**. Il contient les formes automatiques qui n'apparaissent pas dans le panneau Outils.
- **Le panneau Styles**. Il vous permet de stocker et de réutiliser des combinaisons de caractéristiques d'objets ou de choisir un style stocké.
- **Le panneau Bibliothèque**. Il comporte des symboles de graphiques, de boutons et d'animation. Vous pouvez faire glisser les occurrences de ces symboles, du panneau Bibliothèque vers votre document.
- **Le panneau URL**. Il vous permet de créer des bibliothèques contenant les adresses URL les plus fréquemment utilisées.
- **Le panneau Mélangeur**. Il vous permet de créer de nouvelles couleurs que vous pourrez ensuite ajouter à la palette de couleurs du document actif, ou appliquer à des objets sélectionnés.
- **Le panneau Nuanciers**. Il gère la palette de couleurs du document actif.
- **Le panneau Info**. Il fournit des informations sur les dimensions des objets sélectionnés et les coordonnées exactes du pointeur au cours de son déplacement.
- **Le panneau Comportements**. Il gère les comportements qui déterminent ce qui se produit lorsque des références ou des découpes réagissent aux déplacements de la souris.
- **Le panneau Rechercher**. Il vous permet de rechercher et de remplacer des éléments tels que du texte, des URL, des polices et des couleurs dans un ou plusieurs documents.
- **Le panneau Aligner**. Il renferme les commandes d'alignement et de distribution des objets dans le document.

Macromedia Fireworks MX 2004 est un environnement de production pour les développeurs de graphiques Web. Vous pouvez créer, modifier et animer des graphismes Web tout en ajoutant des fonctions d'interactivité avancées. Fireworks permet de créer et de modifier des graphiques bitmap et vectoriels à partir d'une seule application. Vous pouvez également automatiser vos procédures de travail. Fireworks s'intègre aux autres produits Macromedia, tels que Dreamweaver, Flash, FreeHand et Director, ainsi qu'à vos applications graphiques et aux éditeurs HTML. Vous exportez facilement dans d'autres éditeurs vos graphismes Fireworks avec les codes HTML et JavaScript qui ont été personnalisés pour l'éditeur HTML que vous utilisez.

La configuration matérielle pour Fireworks

La configuration requise est la suivante :

Pour Microsoft Windows :

- Processeur Intel Pentium II de 300 MHz ;
- Windows 98 SE, ME, 2000 ou XP ;
- 64 Mo de RAM disponibles (128 Mo recommandés) plus 80 Mo d'espace disque disponibles ;
- Résolution 800 x 600 pixels, affichage 256 couleurs ou supérieur ;
- Adobe Type Manager version 4 ou supérieure pour utiliser les polices Type 1 ;
- Lecteur de CD-ROM.

Pour Macintosh :

- Processeur Power Macintosh G3, fonctionnant sur OS X version 10.1.5 ou supérieure, ou version 10.2.6 ou supérieure ;
- 64 Mo de RAM disponibles (128 Mo recommandés) plus 80 Mo d'espace disque disponibles ;
- Résolution 800 x 600 pixels, affichage 256 couleurs ou supérieur ;
- Lecteur de CD-ROM.

Quelles nouveautés pour Fireworks ?

Fireworks MX 2004 offre une capacité accrue d'insertion de graphismes et d'éléments interactifs dans les sites Web. Les informations de cette section sont issues de l'aide en ligne de Macromedia Firewoks MX 2004.

- **Page de démarrage**. La page de démarrage apparaît au lancement de Fireworks. Elle contient différentes approches d'apprentissage du produit et vous dirige vers des emplacements auxquels vous pouvez obtenir plus d'informations ou de l'aide.
- **Enregistrement au format d'origine**. Cette nouvelle fonction vous permet d'enregistrer des documents importés dans leur format d'origine, après y avoir inséré des changements dans Fireworks.

- **Prise en charge des fichiers côté serveur.** Fireworks MX 2004 inclut désormais une prise en charge complète des formats de fichiers côté serveur, tels que CFM, PHP et ASP.
- **Formes automatiques.** Les formes automatiques sont de nouveaux objets primaires qui déplacent leurs points et se comportent intelligemment lorsque vous les transformez.
- **Envoi sous forme de courriel.** Vous pouvez désormais envoyer des documents sous forme de pièces jointes électroniques depuis Fireworks.
- **Masquer/Afficher les panneaux.** Ce nouveau bouton vous permet de masquer et d'afficher rapidement tous les panneaux Fireworks afin de libérer de la place dans l'espace de travail.
- **Onglets Document (PC).** Vous pouvez désormais naviguer entre plusieurs documents en cliquant sur les onglets Document situés en bas de l'espace de travail.
- **Ajuster le document.** Vous pouvez aisément adapter l'image à la taille du document en cliquant sur le bouton Ajuster le document de l'Inspecteur des propriétés.
- **Mise à l'échelle à partir du centre.** Vous pouvez appuyer sur la touche Alt (Windows) ou Option (Macintosh) pour que l'outil Mise à l'échelle effectue une mise à l'échelle à partir du centre.
- **Outil Suppression de l'œil rouge.** Cet outil permet d'éliminer l'effet yeux rouges sur vos photos numériques.
- **Outil Remplacer la couleur.** Ce nouvel outil facilite le remplacement d'une couleur dans les images bitmap de vos documents.
- **Amélioration des effets appliqués en direct.** De nouvelles options d'effets appliqués en direct vous permettent de créer des flous artistiques et d'autres effets attrayants.
- **Fonction d'aperçu des menus contextuels.** Les menus contextuels de trait, de remplissage et de police de l'Inspecteur des propriétés vous montrent la manière dont une nouvelle valeur de trait, de remplissage ou de police va modifier l'objet auquel elle est appliquée.
- **Trait de ligne pointillée.** La nouvelle fonction de ligne pointillée offre davantage d'options pour créer des effets de trait utiles et attrayants.
- **Dégradé de contour.** Cette fonction vous permet de créer des dégradés multicolores qui suivent le contour d'un objet.
- **Bouton Gestion des fichiers** Utilisez cette nouvelle barre d'outils pour archiver et extraire les fichiers d'un site Web Macromedia Studio MX 2004.

- **Prise en charge d'Unicode.** Les utilisateurs de la version anglaise de Fireworks MX 2004 peuvent désormais créer du texte de description et des graphiques à double octet, et utiliser des caractères à double octet, tels que Kanji et Hiragana, dans tout champ de texte.
- **Anticrénelage amélioré.** Basées sur le système anticrénelage du système Windows ou Quartz pour Macintosh, les différentes options d'anticrénelage améliorent la lisibilité du texte. Vous pouvez également utiliser l'option innovante d'anticrénelage personnalisé de Fireworks.

Les différents graphiques dans Fireworks

Les graphiques interactifs sont des objets que vous pouvez découper ou référencer pour les appliquer sur des pages Web. Par exemple les découpes permettent de sélectionner des portions d'image et d'appliquer des comportements de survol, des animations et des liens URL.

Les graphiques vectoriels

Les graphiques vectoriels reproduisent des images en utilisant des lignes et des courbes, appelées vecteurs, qui incluent des informations de couleur et de position. Lorsque vous modifiez un graphisme vectoriel, vous modifiez les propriétés des lignes et des courbes qui en décrivent la forme. Les graphiques vectoriels ne dépendent pas de la résolution, ce qui signifie que vous pouvez déplacer, redimensionner, reformer ou changer la couleur d'un graphisme vectoriel et l'afficher sur des écrans de diverses résolutions, sans affecter la qualité de son aspect. La figure 7.15 montre une image vectorielle agrandie à partir d'une étoile.

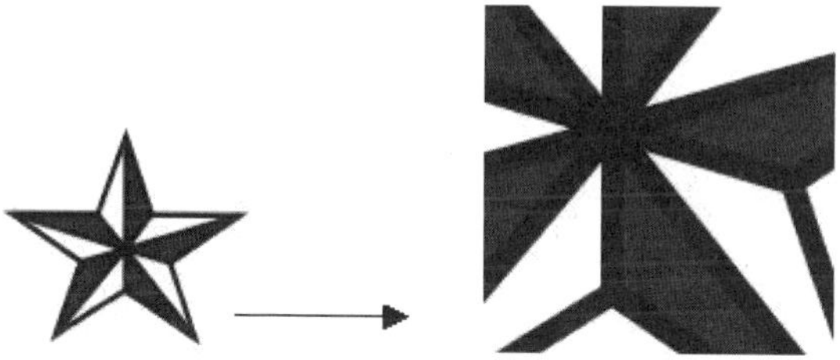

Figure 7.15 : Création d'un graphique vectoriel.

Les graphiques bitmap

Les graphiques bitmap sont composés de points, appelés pixels, organisés dans une grille. L'écran de votre ordinateur est une énorme grille de pixels. L'image est déterminée par l'emplacement et la valeur de couleur de l'ensemble des pixels de la grille. Chaque point est associé à une couleur. Lorsque ces points sont affichés à la bonne résolution, ils forment une image comparable à une mosaïque. Lorsque vous modifiez un graphisme, vous modifiez des pixels et non pas des lignes et des courbes. Ces graphiques bitmap dépendent de la résolution, autrement dit des données qui décrivent l'image. L'agrandissement d'un graphique modifie la distribution des pixels dans la grille et produit souvent une image aux bords dentelés. La figure 7.16 montre un exemple d'agrandissement d'une image Bitmap.

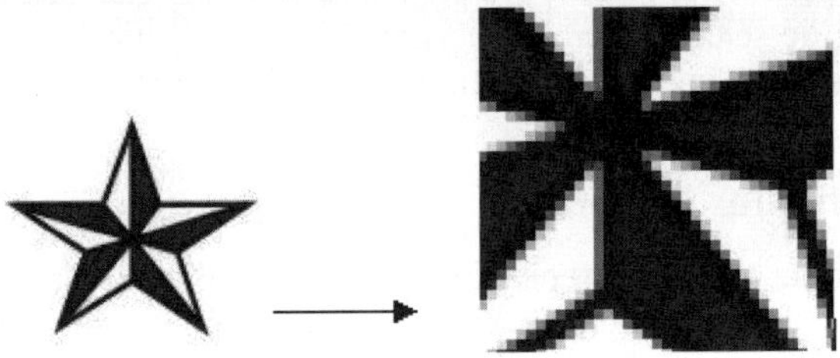

Figure 7.16 : Une image Bitmap.

Création d'un nouveau document

Pour créer un nouveau document dans Fireworks, effectuez les opérations suivantes :

1. Cliquez sur l'option de menu Fichier.
2. Sélectionnez Nouveau.

Le nouveau document créé avec Fireworks est un fichier de type PNG ou Portable Network Graphic. PNG est le format de fichier natif de Macromedia Fireworks. Les fichiers PNG sont les plus adaptés pour la plupart des types de graphiques Web en raison de leur souplesse et de leur taille réduite. L'affichage d'images PNG n'est que partiellement pris en charge dans Microsoft Internet Explorer (4.0 et versions ultérieures) et dans Netscape Navigator (4.04 et versions ultérieures). À moins que votre site ne soit spécifiquement destiné à des navigateurs prenant en charge le format PNG, il vaut mieux utiliser des fichiers GIF ou JPEG afin de cibler un plus grand nombre de navigateurs. Lorsque vous créez des graphiques avec Fireworks, vous pouvez les exporter sous d'autres formats Web courants, tels que JPEG, GIF et GIF animé. Vous pouvez également exporter des graphiques vers de nombreux formats utilisés en dehors du Web, tels que le TIFF et le BMP.

Les objets Flash

Les objets Flash que vous pouvez insérer dans Dreamweaver MX 2004 permettent de créer des animations graphiques vectorielles. Ces objets ne sont pas basés sur du code HTML mais sur des fichiers au format SWF (ShockWave Flash). Les objets Flash sont redimensionnables comme des objets classiques à l'aide de la souris mais aucune perte de qualité ne sera constatée parce que la structure de ces objets est vectorielle. Les dessins vectoriels sont intéressants à plusieurs titres. Les animations sont particulièrement légères et peuvent s'adapter à la taille de n'importe quel écran. Dans Dreamweaver, vous pouvez créer très facilement des boutons ou des textes Flash. Les fichiers Flash sont compressés pour une diffusion plus souple sur Internet.

Remarque : Si vous rencontrez des animations Flash qui comportent des images bitmaps, il ne sera pas possible de les redimensionner sans perte de qualité.

Pour travailler une animation sans Dreamweaver, vous devez employer le programme Flash MX 2004 sur votre ordinateur. Les animations Flash sont souvent associées à des pages HTML, Dreamweaver permet de visualiser et de modifier les liens insérés dans le fichier SWF sans repasser par Flash. Notez que vous pouvez visualiser les liens grâce à la carte du site (en l'affichant à partir du panneau Fichiers).

La liste suivante détaille les trois types de fichiers Flash.

- **Le fichier Flash (.fla)**. Il s'agit du fichier source pour tout projet créé dans le programme Flash. Un fichier .fla ne peut pas être ouvert dans Dreamweaver ou dans les navigateurs.
- **Le fichier d'animation Flash (.swf)**. Il s'agit d'une version compressée du fichier Flash et optimisé pour la visualisation sur le Web. Il s'agit du type de fichier que vous employez lors de la création des objets boutons ou texte Flash.
- **Les fichiers de modèle Generator Flash (.swt)**. Ils permettent de modifier et de remplacer des informations dans un fichier Flash.

Création d'un bouton Flash

Pour créer ce type de bouton, effectuez les opérations suivantes :

1. Cliquez sur l'option de menu Insertion.
2. Sélectionnez Média.
3. Choisissez Bouton Flash.
4. Indiquez les paramètres dans la boîte de dialogue.
5. Cliquez sur le bouton OK pour terminer. Avant de créer un bouton Flash dans Dreamweaver, enregistrez d'abord le document.

La figure 7.17 montre la boîte de dialogue dans laquelle vous devez indiquer les paramètres du bouton Flash.

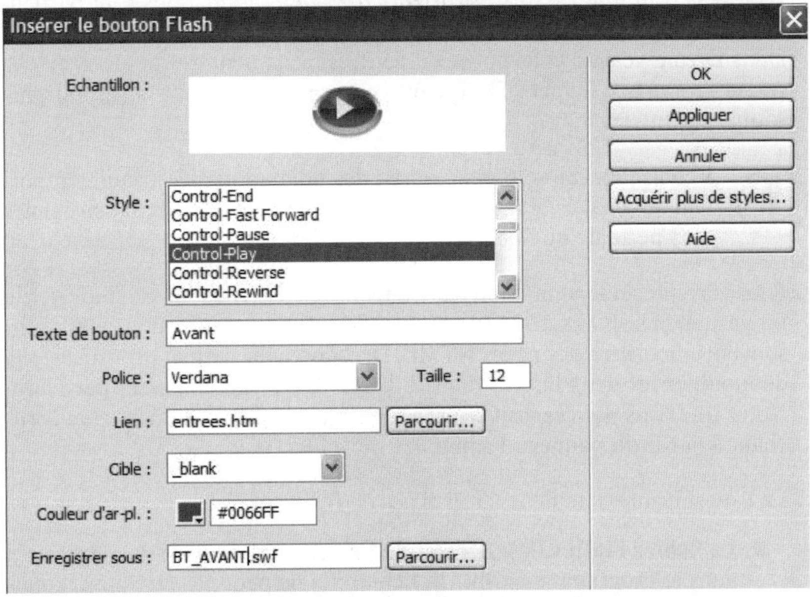

Figure 7.17 : Création d'un bouton Flash.

Le code ci-dessous montre l'appel du composant Macromedia Flash nécessaire au fonctionnement du bouton.

```
<object classid="clsid:D27CDB6E-AE6D-11cf-96B8-444553540000" codebase="http://
download.macromedia.com/pub/shockwave/cabs/flash/swflash.cab#version=5,0,0,0"
width="127" height="100">
  <param name="movie" value="BT_AVANT.swf">
  <param name="quality" value="high">
  <param name="bgcolor" value="#0066FF">
  <embed src="BT_AVANT.swf" quality="high" pluginspage="http://www.macromedia.com/
shockwave/download/index.cgi?P1_Prod_Version=ShockwaveFlash" type="application/x-
shockwave-flash" width="127" height="100" bgcolor="#0066FF"></embed>
</object>
</body>
```

Création d'un texte Flash

Pour créer un texte Flash, effectuez les opérations suivantes :

1. Cliquez sur l'option de menu Insertion.
2. Sélectionnez Média.
3. Choisissez Texte Flash.
4. Indiquez les paramètres dans la boîte de dialogue (Figure 7.18).
5. Cliquez sur le bouton OK pour terminer.

Figure 7.18 : Création d'un texte Flash.

Le code suivant montre le code HTML créé automatiquement par Dreamweaver pour ce texte Flash.

```
<body>
<object classid="clsid:D27CDB6E-AE6D-11cf-96B8-444553540000" codebase="http://
download.macromedia.com/pub/shockwave/cabs/flash/swflash.cab#version=5,0,0,0"
width="204" height="27">
  <param name="movie" value="txt_1.swf">
  <param name="quality" value="high">
  <param name="bgcolor" value="#99FFFF">
  <embed src="txt_1.swf" quality="high" pluginspage="http://www.macromedia.com/
shockwave/download/index.cgi?P1_Prod_Version=ShockwaveFlash" type="application/x-
shockwave-flash" width="204" height="27" bgcolor="#99FFFF"></embed>
</object>
</body>
```

Les Plug-in, Applet et composants ActiveX

Lorsque le langage HTML n'est plus suffisant pour répondre aux besoins des utilisateurs, surtout dans le domaine du multimédia, d'autres programmes annexes sont employés au fur et à mesure des besoins. On distingue trois sortes d'applications séparées : les plug-ins, les applets et les composants ActiveX.

Les Plug-ins

Il y a très longtemps, au commencement de Netscape Navigator 2, des programmes appelés plug-in (to plug signifie se brancher en anglais) ont été créés pour améliorer les prestations des navigateurs Internet. Les développeurs ont pu ainsi étendre considérablement les possibilités des applications multimédia. Un plug-in peut permettre à un contenu externe de se mélanger au document en cours. Les plug-ins les plus courants sont ceux qui facilitent le playback audio et vidéo. En d'autres termes, vous pouvez écouter des fichiers sons ou voir des vidéos dont les fichiers sources proviennent d'un serveur. Ces dispositifs peuvent être utilisés en tâche de fond pendant que vous visitez une page, grâce au programme plug-in stocké sur votre ordinateur. La plupart des applications proposent de télécharger le plug-in nécessaire si celui-ce n'est pas déjà installé sur votre disque dur. Les explorateurs d'aujourd'hui tendent à utiliser des plug-ins qui décodent les types les plus courants de fichiers Son, Vidéo ou autres. Quand l'interaction entre un utilisateur et la page Web excède les possibilités du langage HTML, les programmeurs préfèrent utiliser leurs propres programmes pour manipuler des effets spéciaux, non disponibles chez les plug-ins existants. Voici quelques plug-ins bien connus :

- **Shockwave**. Permet de travailler des animations (Figure 7.19) dans le cadre de l'application Macromedia Director.

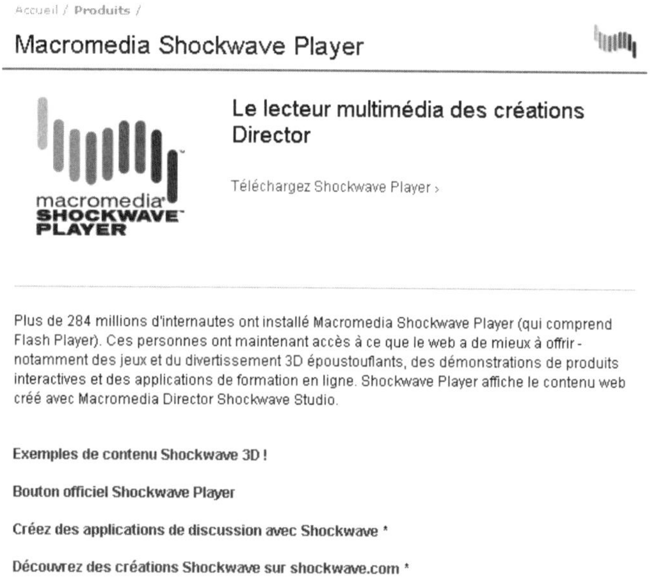

Figure 7.19 : Le plug-in Shockwave.

- **QuickTime**. Permet de voir un film. Le module QuickTime 3.0 d'Apple permet d'afficher des vidéos de type MOV, mais aussi les formats AVI, MIDI, WAV, etc. Le plug-in QuickTimeVR permet de voir un film avec des objets en 3D dans l'espace.
- **RealPlayer**. Fournit une excellente qualité image/son en temps réel et sans retard de téléchargement.
- **Acrobat Reader**. Affiche les fichiers PDF.
- **Flash**. Permet de travailler les graphiques.

Le tableau 7.2 détaille quelques formats de fichiers sons présents dans le monde du multimédia.

Tableau 7.2 : Les fichiers sons.

Type	Description
WAV	C'est le format de fichier Windows initial. Bien qu'il appartienne à Windows, vous pouvez l'utiliser dans n'importe quel explorateur.
AIF (ou AIFF)	Audio Interchange File Format. Ce format de fichier son est courant et accessible à partir de nombreuses plates-formes. Il ne peut être compressé.
AU	C'est le standard original de Sun. Il vous permet de créer de minuscules fichiers sons.
MPEG et MPEG Audio Layer3	Ce sont les fichiers MP3. Ils font partie de la norme MPEG2. Vous pouvez créer de petits fichiers, tout en gardant une très bonne qualité sonore.

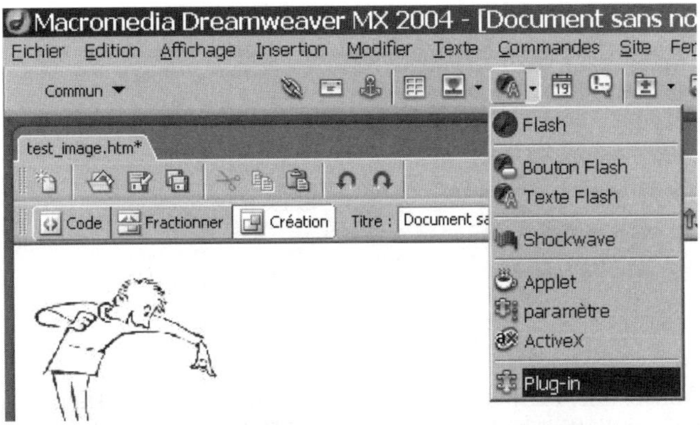

Figure 7.20 : Installation d'un plug-in dans Dreamweaver MX 2004.

Pour installer un plug-in dans votre page au sein même de Dreamweaver MX 2004, effectuez les opérations suivantes :

3. Cliquez sur l'option de menu Insertion.
4. Choisissez Média / Plug-in.

5. Indiquez le nom du Plug-in à insérer.
6. Renseignez les paramètres nécessaires à la mise en place du Plug-in

Vous pouvez aussi employer l'outil Plug-in présent sur la barre d'outils Insérer dans la catégorie Commun (Figure 7.20).

Les Applets

Le langage de programmation Java, développé par Sun Microsystems, permet à des programmeurs d'écrire des petites applications (applets) qui sont téléchargées vers l'explorateur en tant que fichiers séparés. Une applet exécute uniquement ce dont l'utilisateur a besoin, puis est automatiquement effacée de la mémoire quand l'utilisateur quitte l'environnement du Web. L'animation est souvent un texte animé dont le contenu peut changer. Les applets Java peuvent communiquer avec Internet au moment de leur exécution et elles sont souvent employées pour des applications en temps réel. Netscape fut la première compagnie à produire un explorateur capable d'exécuter les applets Java sur Navigator 2, Windows 95 et UNIX. Aujourd'hui, Netscape Navigator et Microsoft Internet Explorer (IE) peuvent charger et exécuter des applets Java sur presque chaque plate-forme du système d'exploitation, supportée par l'explorateur. Le langage Java peut créer de petits modules d'application serveur, que l'on appelle des servlets. Les applets ne peuvent ni lire ni écrire sur votre disque dur, et ne sont pas capables de communiquer avec un serveur différent de celui dont elles sont issues. D'autre part les applets ne peuvent pas lancer de programmes sur votre machine à votre insu. Dreamweaver nomme les applets Java des appliquettes Java. Le code ci-dessous est issu du site `http://webtools.langochat.net/applet.php` qui détaille de nombreux exemples d'applets.

```
<applet code="EIRC" archive="EIRC.jar,EIRC-gfx.jar,EIRC-avatars.jar" width="700"
height="400" codebase="http://www.langochat.net">
<param name="server" value="www.langochat.net" />
<param name="port" value="6667" />
<param name="mainbg" value="#C0C0C0" />
<param name="mainfg" value="#000000" />
<param name="textbg" value="#FFFFFF" />
<param name="textfg" value="#000000" />
<param name="channel" value="#langochat" />
<param name="titleExtra" value=" - Langochat" />
<param name="username" value="langoirc" />
<param name="realname" value="Langochat Java IRC user" />
```

```
<param name="nickname" value="JavaUser" />
<param name="password" value="" />
<param name="login" value="0" />
<param name="language" value="fr" />
<param name="country" value="FR" />
</applet>
```

Pour insérer une applet dans votre page Dreamweaver, effectuez les opérations suivantes :

7. Cliquez sur l'option de menu Insertion.
8. Choisissez Média / Applet.
9. Indiquez le nom de l'Applet à insérer.
10. Renseignez les paramètres nécessaires à la mise en place de l'applet.

Les applets sont des dispositifs créés en relation avec le langage Java, mais si vous travaillez avec Microsoft, ce sont les composants ActiveX que vous rencontrerez le plus souvent.

Les composants ActiveX et la balise OBJECT

ActiveX est la solution de Microsoft pour permettre aux développeurs d'ajouter leur propre fonctionnalité à Internet Explorer. ActiveX est le nom marketing pour un ensemble de technologies basées sur le Modèle objet de composants COM ou Component Object Model. Les programmeurs qui écrivent dans des langages de seconde génération tels que C, C++, Visual Basic ou Java, peuvent créer des composants ActiveX. Les ActiveX peuvent s'enregistrer eux-mêmes sur l'ordinateur client, et les pages qui les contiennent peuvent les exécuter. L'intérêt de cette approche est que les visiteurs de la page n'ont pas besoin de connaissances particulières sur ce sujet, et peuvent simplement accepter ou refuser le téléchargement du composant ActiveX. Notez que lorsque des ActiveX exigent un accord de leur auteur, vous devez obtenir un certificat pour les placer et les exécuter sur votre serveur. Pour insérer un contrôle ActiveX dans le code HTML, vous devrez employer la balise <Object> en renseignant une douzaine d'attributs. Cette balise possède un numéro d'identification ID qui permet de l'identifier. Le code suivant montre un exemple de composant ActiveX utilisé pour afficher un texte dans une page Internet.

```
<TABLE BORDER>
<TR>
<TD>un composant ActiveX Label dans une case d'un tableau</TD>
<TD>
<OBJECT
classid="clsid:99B42120-6EC7-11CF-A6C7-00AA00A47DD2"
id=lblActiveLbl
width=260
height=260
align=center
hspace=10
vspace=20
>
<PARAM NAME="Angle" VALUE="45">
<PARAM NAME="Alignment" VALUE="2">
<PARAM NAME="BackStyle" VALUE="0">
<PARAM NAME="Caption" VALUE="J'adore les ActiveX avec du miel de Savoie">
<PARAM NAME="FontName" VALUE="Arial, Helvetica">
<PARAM NAME="FontSize" VALUE="15">
<PARAM NAME="FontBold" VALUE="2">
<PARAM NAME="FrColor" VALUE="0">
</OBJECT>
</TD>
</TABLE>
<html>
<body>
```

Le tableau 7.3 détaille les paramètres employés dans le composant ActiveX défini par la balise <Object>. Le paramètre PARAM organise les propriétés nécessaires à l'affichage des données de l'ActiveX.

Tableau 7.3 : Les paramètres des composants ActiveX.

Paramétres	Description
ALIGN	Cet attribut précise la position horizontale du contrôle dans la page.
ARCHIVE	Il s'agit d'une suite d'adresses URL délimitées par des espaces, qui fournit des indications relatives aux attributs classid et data, pour l'objet à insérer dans le navigateur.
CLASSID	Il s'agit de la clé du composant dans la base de registre. Cette clé n'existe que si le composant a bien été enregistré dans le registre. Ce paramètre peut aussi représenter l'adresse URL de l'objet.

Paramétres	Description
CODEBASE	Ce paramètre permet de spécifier une adresse URL de base, où l'application peut être chargée. Cela peut être intéressant lorsque l'objet ne se trouve pas sur le système du client, mais sur un serveur à distance. Ce paramètre peut aussi être utilisé pour résoudre des références relatives, en relation avec cet objet. Il peut arriver que les attributs classid, data et archive emploient également des adresses URL.
CODETYPE	Ce paramètre indique le type de contenu de l'objet qui a été indiqué dans l'attribut classid, en utilisant le format MIME.
DATA	Il s'agit de la localisation des données qu'il faut traiter. Il peut s'agir d'une adresse URL.
DECLARE	Il s'agit d'une autre façon de définir un objet. Cet attribut est un booléen qui indique que l'objet est déclaré, sans être créé. Cela permet de créer l'objet ultérieurement, avec une autre instruction Object.
HEIGHT	Cet attribut indique la hauteur de la fenêtre qui accueille l'objet.
HSPACE	Cet attribut définit la gouttière horizontale entre l'objet et le texte.
ID	Il s'agit d'un pointeur correspondant à une chaîne de caractères, qui permet de programmer l'objet ultérieurement.
STANDBY	Cet attribut permet de définir un message d'attente durant le chargement de l'application.
TITLE	Il s'agit du titre de l'objet.
TYPE	Cette instruction indique le type MIME (Multipurpose Internet Mail Extensions) de contenu pour les données.
VSPACE	Cet attribut définit la gouttière verticale entre l'objet et le texte.
WIDTH	Cet attribut indique la largeur de la fenêtre qui accueille l'objet.
NAME	Il s'agit du nom de la propriété du composant ActiveX que l'on veut manipuler (soit en indiquant une valeur dans l'expression, soit en utilisant la programmation).
VALUE	Il s'agit de la valeur à affecter dans la propriété définie par le paramètre PARAM.

Pour insérer un composant ActiveX dans Dreamweaver MX 2004, effectuez les opérations suivantes :

1. Cliquez sur l'option de menu Insertion.
2. Choisissez Média / ActiveX.
3. Indiquez les attributs d'accessibilité des balises objets dans la boîte de dialogue (Figure 7.21).

4. Cliquez sur le bouton OK pour fermer la boîte.

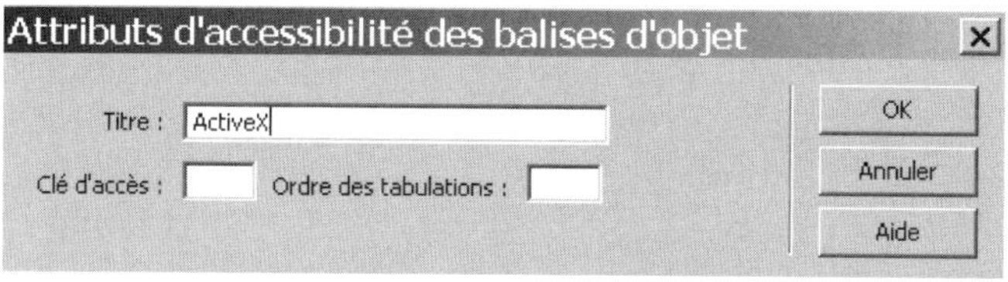

Figure 7.21 : Paramétrage des composants ActiveX.

Dreamweaver affiche un objet ActiveX dans la page. Vous pouvez modifier les propriétés dans le panneau des propriétés (Figure 7.22).

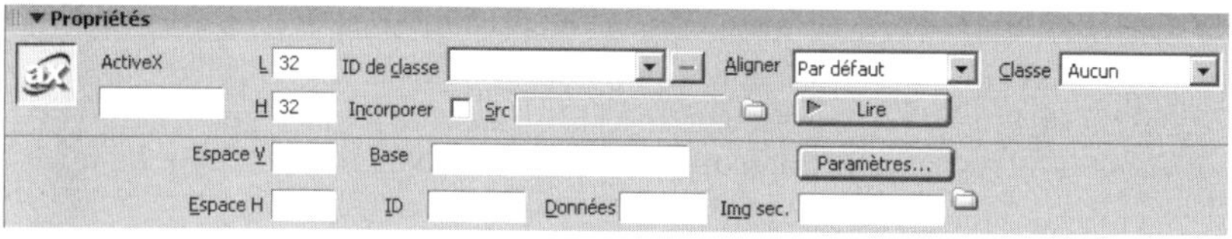

Figure 7.22 : Les propriétés du composant ActiveX.

La balise EMBED

La balise <EMBED> permet d'insérer, dans un document HTML, des objets multimédias de différents types, comme des modules Flash et des programmes JAVA. Le verbe anglais « to embed » signifie enfoncer, sceller, enchâsser, fixer. On retrouve le terme Embed dans le protocole OLE (Object Link and Embedding, ou Incorporation et Liaison des Objets), utilisé pour la communication entre les composants. Les balises <OBJECT> et <EMBED> sont très semblables. Au niveau de la balise <OBJECT>, vous placez les attributs dans la balise <PARAM>, sans limitation. Dans la balise <EMBED>, les attributs d'un objet (multimédia ou autre) doivent être encodés à l'intérieur même de la balise. Grâce à la commande EMBEB, vous pouvez définir un programme permettant de lire des données dont la source sera définie dans la balise, et ainsi fournir une adresse URL à un programme Plug-in. Cette adresse peut être stockée sur un serveur à distance — ou bien sur le disque dur (en local).

Le code suivant montre un exemple de balise Embed.

```
<HTML>
<EMBED
SRC="C:\ActiveX_IE\SINITRA.WAV"
PLUGINSPACE=""C:\Program Files\Windows Media Player\WMPLAYER.EXE""
AUTOSTART="TRUE"
WIDTH=200 HEIGHT=200
LOOP="TRUE"
>
```

Le tableau 7.4 détaille les principaux attributs de la balise <EMBED>.

Tableau 7.4 : Les principaux attributs de la balise <EMBED>.

Attribut	Description
ALIGN	Aligne le texte (vous pouvez employer les valeurs "right", "left", "top", "bottom").
AUTOLOAD	Spécifie si le chargement de la vidéo s'effectue automatiquement (TRUE) ou non (FALSE). La valeur par défaut est TRUE.
AUTOSTART	Spécifie si la vidéo est jouée automatiquement (TRUE) ou non (FALSE). La valeur par défaut est TRUE.
BORDER	Largeur de la bordure du cadre, en pixels.
CONTROLS	Indique si le panneau de contrôle s'affiche (TRUE) ou non (FALSE). La valeur par défaut est TRUE.
HEIGHT	Hauteur de la fenêtre qui accueillera la console, en pixels.
LOOP	Spécifie le nombre d'exécutions de la vidéo (si la valeur est –1, le fichier sera joué indéfiniment).
PLUGINSPACE= "Adresse de l'application"	Indique l'adresse de l'application qui jouera le fichier.
SRC="Adresse du média"	Indique l'adresse URL du fichier multimédia à jouer.
TYPE	Indique le type MIME. Par exemple, le TYPE="audio/mod" indique un fichier AVI.
WIDTH	Largeur de la fenêtre qui accueillera la console, en pixels.
AUTOPLAY	Indique si la vidéo est jouée automatiquement (TRUE) ou non (FALSE). La valeur par défaut est TRUE.
CONTROLLER	Affiche la barre d'outils (TRUE) ou non (FALSE). La valeur par défaut est TRUE.
LOOP	Indique si la vidéo diffusée se fait en boucle.

Attribut	Description
PLAYEVERYFRAME	Indique si la vidéo s'exécute au fur et à mesure du téléchargement (TRUE) ou non (FALSE). C'est l'équivalent du streaming, mais l'image sera plutôt saccadée.
TARGET	Il s'agit d'un lien vers un cadre Frame.
HREF	Lien avec la vidéo.
PAN, TILT, FOV, NOD, et CORRECTION	Utilisés uniquement pour la diffusion de film VR (panoramique).
AUTOPLAY	Indique si la vidéo est jouée automatiquement (TRUE) ou non (FALSE). La valeur par défaut est TRUE.
CONTROLLER	Affiche la barre d'outils (TRUE) ou non (FALSE). La valeur par défaut est TRUE.
LOOP	Indique si la vidéo diffusée se fait en boucle.

En résumé

Dans ce chapitre, vous avez étudié les différents formats d'image que vous pouvez insérer dans Dreamweaver. Les techniques de manipulation des images en relation avec des programmes annexes comme Fireworks, Flash ou d'autres Plug-ins permettent de transformer et d'améliorer toutes sortes de fichiers multimédia. Le chapitre 8 portera sur les tableaux et les calques.

Chapitre 8

Les tableaux et les calques

Ce chapitre s'intéresse aux tableaux et aux calques. Ces deux dispositifs sont très largement utilisés dans Dreamweaver, d'une part pour leur facilité de manipulation, et d'autre part pour la précision de positionnement des objets sur la page Web.

——— Les tableaux
——— Les calques

Les tableaux

Dans le langage HTML, les tableaux offrent de nombreux avantages et une grande précision dans le placement des éléments sur une page Web. Rappelons qu'un tableau est une suite de colonnes et de lignes dont les intersections sont des cellules. Dreamweaver propose de nombreuses propriétés et dispositifs qui facilitent l'affichage des informations à l'intérieur même de ces cellules. Il existe des « relations de bon voisinage » entre les cellules, les lignes et les colonnes.

Création d'un tableau

Pour créer un tableau dans Dreamweaver MX 2004, effectuez les opérations suivantes :

1. Créez une page vierge.
2. Cliquez sur l'option de menu Insertion.
3. Choisissez Tableau.
4. Indiquez les différents paramètres du tableau dans la boîte de dialogue (Figure 8.1).
5. Cliquez sur le bouton OK pour terminer.

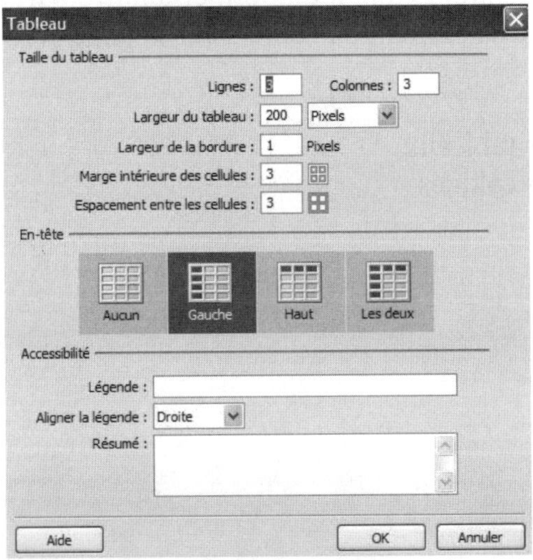

Figure 8.1 : Création d'un tableau.

Après avoir défini tous les paramètres dans la boîte de dialogue, le tableau apparaît sous une forme particulière. La mise en page du tableau est très importante dans Dreamweaver MX 2004. Comme le montre la figure 8.2, le tableau peut être affiché sous trois formes différentes :

- Standard.
- Développé.
- Mise en forme.

Avec ces trois dispositifs, vous placez et affichez des images ou des textes plus facilement en contrôlant les éléments de manière précise.

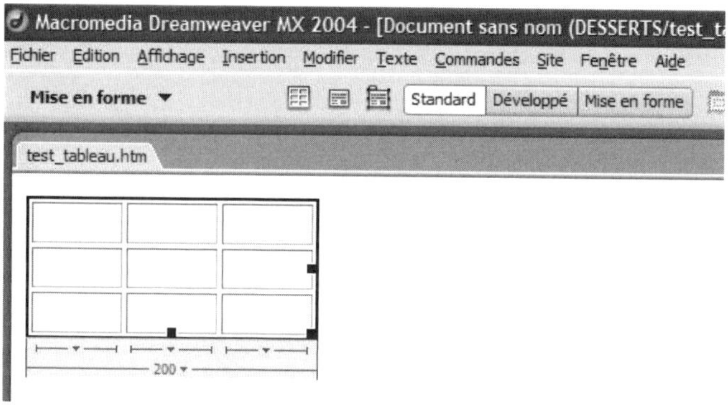

Figure 8.2 : Les trois formes d'affichage des tableaux.

L'insertion des tableaux s'effectue aussi par la barre d'outils Insérer en sélectionnant la catégorie Mise en forme (Figure 8.3) et l'outil Tableau.

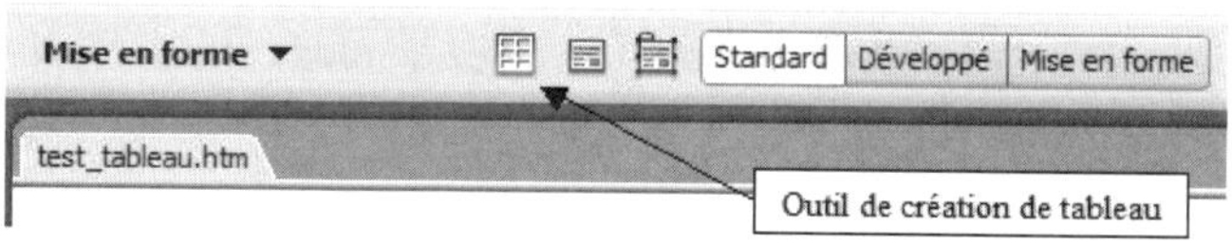

Figure 8.3 : La barre d'outils Mise en forme permet aussi de créer un tableau.

Le code suivant montre les balises employées par HTML pour la création du tableau.

```
<body>
<table width="200" border="1" cellspacing="3" cellpadding="3">
  <tr>
    <th scope="row"> </th>
    <td> </td>
    <td> </td>
  </tr>
  <tr>
    <th scope="row"> </th>
    <td> </td>
    <td> </td>
  </tr>
  <tr>
    <th scope="row"> </th>
    <td> </td>
    <td> </td>
  </tr>
</table>
</body>
</html>
```

- La balise <TR> permet la création de lignes (Rows).
- La balise <TH> indique des en-têtes (Head).
- La balise <TD> spécifie les cellules.

Les propriétés des cellules

Lorsque vous placez le pointeur de la souris dans une cellule, Dreamweaver affiche toutes les propriétés dans le panneau des propriétés (Figure 8.4). Il suffit de modifier les paramètres pour qu'ils soient automatiquement appliqués dans les cellules. Lorsque vous travaillez en mode standard, les cellules s'adaptent à la largeur du texte saisi. Cette caractéristique peut être modifiée.

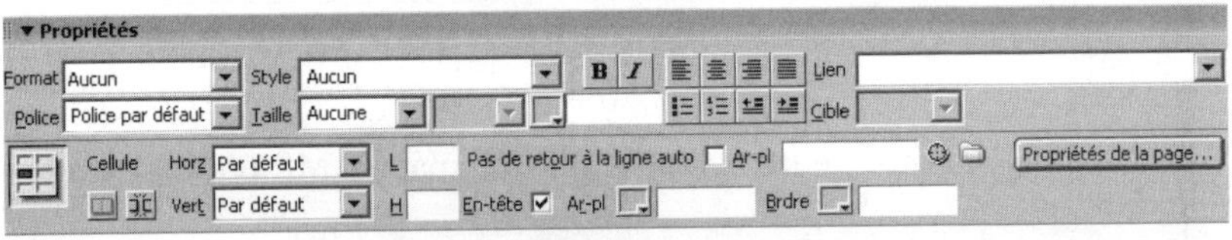

Figure 8.4 : Les propriétés d'une cellule.

Lorsque vous mettez des tableaux en forme, vous pouvez définir des propriétés qui s'appliquent au tableau tout entier ou à une série de lignes, de colonnes ou de cellules. Notez qu'une propriété peut être définie pour tout le tableau et une autre valeur pour chaque cellule. Les propriétés de mise en forme des cellules prévalent sur les propriétés de mise en forme des lignes, qui à leur tour prévalent sur les propriétés de mise en forme du tableau. En somme l'ordre de priorité pour la mise en forme d'un tableau est le suivant :

1. Cellules
2. Lignes
3. Tableau

Remarque : Quand vous définissez les propriétés d'une colonne, Dreamweaver modifie les attributs de la balise TD correspondant à chaque cellule de la colonne.

La liste suivante détaille les propriétés les plus utilisées.

- **Horiz**. Indique l'alignement horizontal du contenu d'une cellule.
- **Vert**. Indique l'alignement vertical du contenu d'une cellule.
- **L et H**. Il s'agit de la largeur et la hauteur des cellules sélectionnées. Par défaut, un navigateur choisit la largeur de colonne correspondant à la plus grande image ou à la ligne la plus longue dans une colonne.
- **Ar-pl**. Indique le nom de fichier de l'image d'arrière-plan d'une cellule.
- **Brdre**. Il s'agit de la couleur de la bordure des cellules.
- **Fusionner les cellules**. Il combine les cellules sélectionnées en une seule cellule.
- **Fractionner la cellule**. Il divise une cellule en deux ou plus.
- **Pas de retour à la ligne auto**. Cette propriété évite tout renvoi automatique à la ligne, en conservant tout le texte d'une cellule donnée sur une seule ligne. Les cellules s'élargissent en fonction de la taille des données que vous tapez ou collez.
- **En-tête**. Cette propriété met en forme les cellules sélectionnées comme des cellules d'en-tête de tableau (gras et centré).

Gestion des lignes et colonnes

N'importe quel tableau est composé de lignes et de colonnes. Vous pouvez agir sur celles-ci de plusieurs manières.

Ajout d'une nouvelle ligne par la touche Tabulation

Au moment de la saisie des informations dans le tableau, vous créez une nouvelle ligne en appuyant sur la touche Tabulation. La figure 8.5 montre la nouvelle ligne créée.

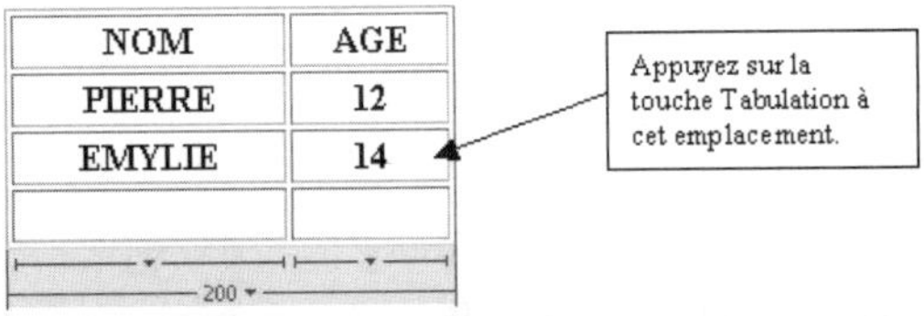

Figure 8.5 : Ajout d'une ligne grâce à la touche Tabulation.

Ajout d'une nouvelle ligne par le menu Modifier

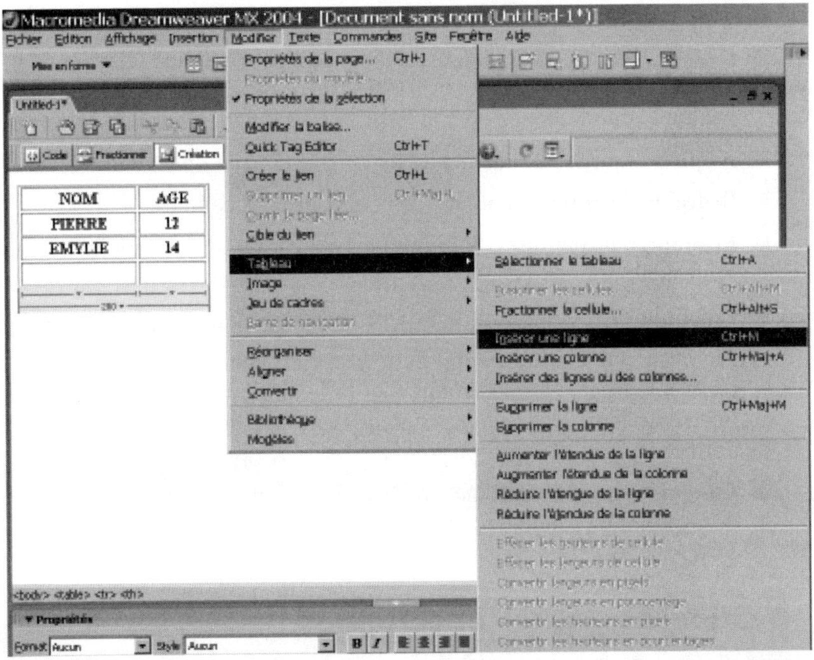

Figure 8.6 : Gestion des éléments du tableau.

Pour ajouter une ligne, vous pouvez employer le menu Modifier.

4. Cliquez dans n'importe quelle cellule de la ligne du tableau qui descendra vers le bas après l'insertion.
5. Cliquez sur l'option de menu Modifier / Tableau.
6. Dans le sous-menu (Figure 5.6), choisissez Insérer une ligne.

Remarque : Vous pouvez aussi sélectionner une ligne avec la souris. La ligne s'entoure alors d'un liseré rouge. En cliquant du droit sur la souris et en choisissant Tableau / Insérer une ligne, vous insérez une nouvelle ligne.

Ajout de plusieurs lignes par le menu Modifier

Pour ajouter plusieurs lignes en une seule opération, effectuez les opérations suivantes :

1. Placez le pointeur sur la ligne qui descendra après l'insertion.
2. Cliquez sur l'option de menu Modifier.
3. Choisissez Tableau / Insérer des lignes et des colonnes.
4. Indiquez le nombre de lignes que vous désirez dans la boîte de dialogue (Figure 8.7).
5. Choisissez si les lignes s'ajouteront après ou avant la ligne courante.
6. Cliquez sur le bouton OK.

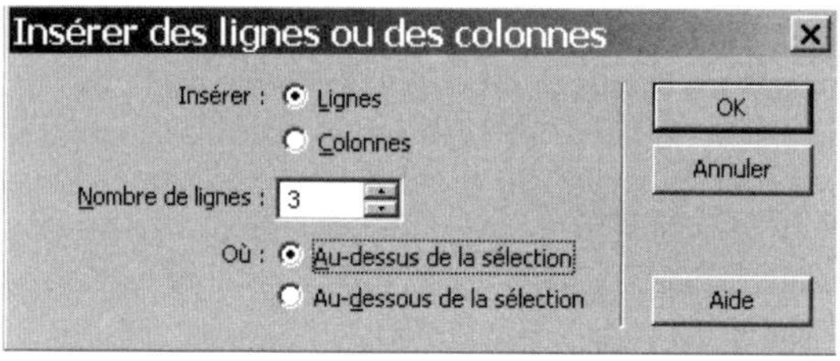

Figure 8.7 : Insertion de plusieurs lignes dans un tableau.

Ajout d'une nouvelle colonne dans un tableau

Pour ajouter une colonne dans un tableau, effectuez les opérations suivantes.

1. Cliquez dans n'importe quelle cellule de la colonne courante du tableau.
2. Cliquez sur l'option de menu Modifier / Tableau.
3. Dans le sous-menu, choisissez Insérer une colonne.

Suppression d'une ligne dans un tableau

Pour supprimer une ligne dans un tableau, effectuez les opérations suivantes.

1. Cliquez dans n'importe quelle cellule de la ligne à supprimer.
2. Cliquez sur l'option de menu Modifier / Tableau.
3. Choisissez Supprimer la ligne.

Suppression d'une colonne dans un tableau

Pour supprimer une colonne dans un tableau, effectuez les opérations suivantes.

1. Cliquez dans n'importe quelle cellule de la colonne à supprimer.
2. Cliquez sur l'option de menu Modifier / Tableau.
3. Choisissez Supprimer la colonne.

Manipulation des colonnes par le dispositif intégré du tableau en mode Standard

En mode affichage Standard, Dreamweaver vous permet de sélectionner des colonnes tout en visualisant la taille de celles-ci. Il s'agit d'un dispositif très intéressant qui facilite la manipulation des colonnes. Lorsque vous cliquez dans n'importe quelle cellule de la colonne que vous désirez manipuler, le tableau s'affiche avec des nombres placés au centre d'une barre horizontale. Ce nombre représente la taille de la colonne. En cliquant sur le petit triangle pointé vers le bas, vous faites apparaître un choix de manipulation de la colonne en cours (Figure 8.8).

Une autre barre horizontale concerne l'ensemble des colonnes. La figure 8.9 montre les autres options de manipulation qui concernent cette fois l'ensemble des colonnes.

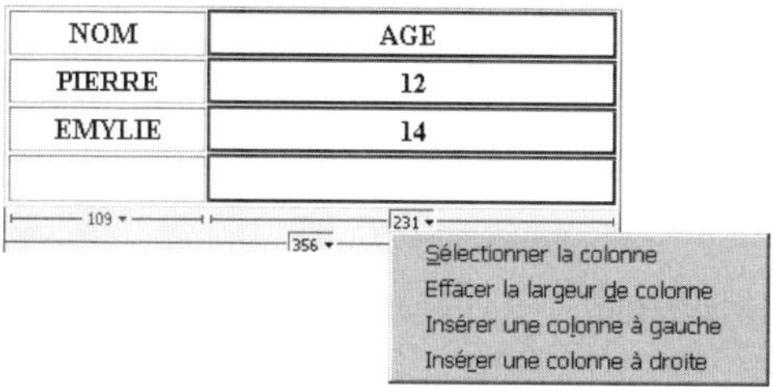

Figure 8.8 : Le dispositif intégré de manipulation de colonne.

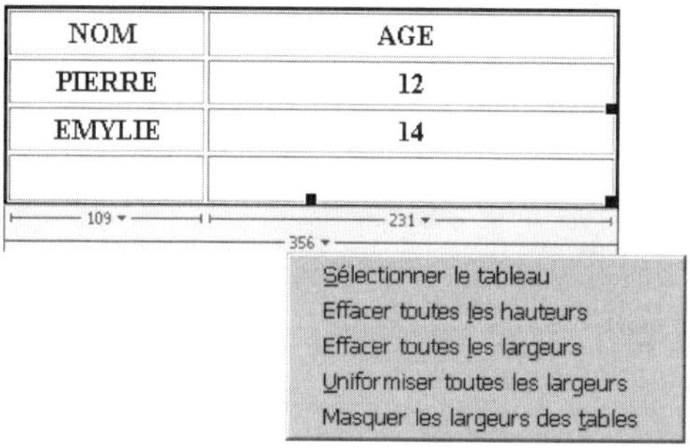

Figure 8.9 : Action sur l'ensemble des colonnes.

Gestion des cellules

Un tableau est un regroupement de cellules. Vous pouvez contrôler l'espacement des celles-ci, de manière précise, pour mieux mettre en forme la page. Notez que le mode standard permet d'afficher un grand nombre de propriétés pour une cellule donnée.

Fusion et fractionnement des cellules

Deux cellules, ou plus, peuvent être fusionnées ou fractionnées à volonté. La fusion permet de transformer deux cellules (horizontales ou verticales) en une seule plus grande.

Pour réaliser cette manipulation, effectuez les opérations suivantes :

1. Sélectionnez deux cellules.
2. Cliquez sur l'option de menu Modifier / Tableau
3. Choisissez Fusionner les cellules.

Vous pouvez aussi cliquez sur le bouton Combiner la sélection rectangulaire des cellules (Figure 8.10).

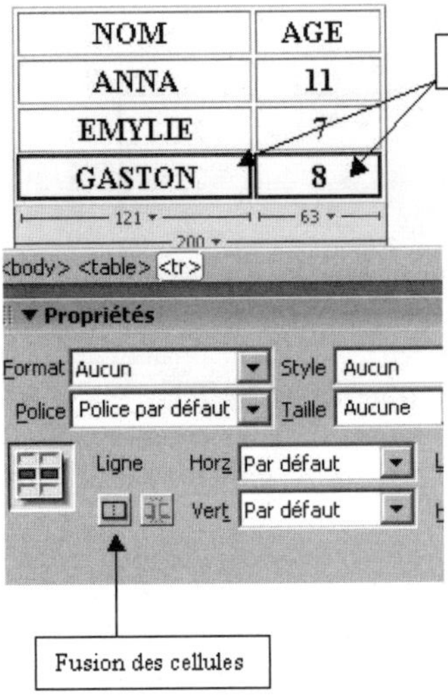

Figure 8.10 : Fusion de deux cellules.

Vous pouvez fractionner ou fusionner toutes les cellules adjacentes que vous désirez et produire une cellule unique qui s'etend sur plusieurs lignes ou colonnes. Le code HTML créé par Dreamweaver lors de cette opération emploie les balises COLSPAN et ROWSPAN.

```
<body>
<table width="200" border="1">
  <tr>
    <th width="121" scope="col">NOM</th>
    <th width="63" scope="col">AGE</th>
```

```
  </tr>
  <tr>
    <th scope="col">ANNA</th>
    <th scope="col">11</th>
  </tr>
  <tr>
    <th scope="col">EMYLIE</th>
    <th scope="col">7</th>
  </tr>
  <tr>
    <th colspan="2" scope="col">GASTON8</th>
  </tr>
</table>
</body>
</html>
```

La figure 8.11 montre un exemple de regroupement de cellules.

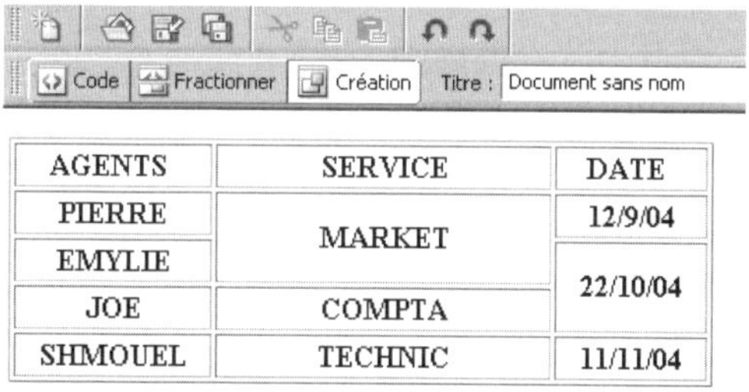

Figure 8.11 : Regroupements multiples de cellules dans Dreamweaver.

Agrandissement de cellules en mode Standard

Lorsque vous agrandissez une cellule dans un tableau en mode Standard, vous constatez que cet agrandissement concerne toutes les autres cellules de la colonne. Notez que l'agrandissement affecte également les autres cellules horizontales voisines, parce que les cellules ne peuvent pas se chevaucher. Dans le mode Standard, vous ne pouvez pas agrandir ou réduire une seule cellule dans une colonne. Si vous désirez effectuer cette opération, vous devrez basculer le tableau en mode Mise en forme. La figure 8.12 montre un agrandissement en mode Standard.

Remarque : Si vous appuyez sur la touche Maj tout en agrandissant une cellule en mode Standard, vous ne modifierez pas la taille de la colonne placée à droite de la cellule agrandie.

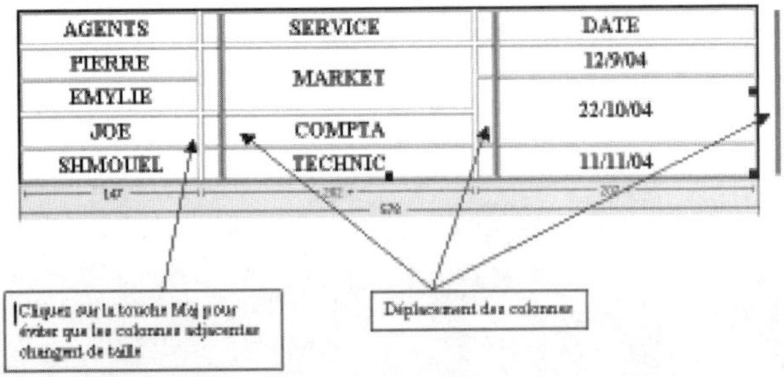

Figure 8.12 : Agrandissement sans modification de taille des autres colonnes en mode Standard.

Le mode Mise en forme des cellules

Ce mode d'affichage des tableaux permet d'autres actions sur les cellules. La figure 8.13 montre cette nouvelle présentation.

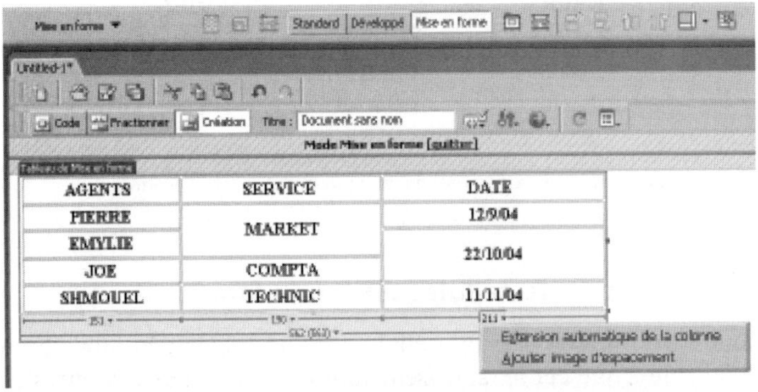

Figure 8.13 : Le mode Mise en forme des cellules.

Dans le mode Mise en forme, vous pouvez réduire ou agrandir une cellule unique à l'intérieur d'un tableau. Dreamweaver place alors un espace vide qui se colle à la nouvelle cellule (Figure 8.14). Si vous repassez en mode Standard, vous constaterez qu'une nouvelle cellule a été créée.

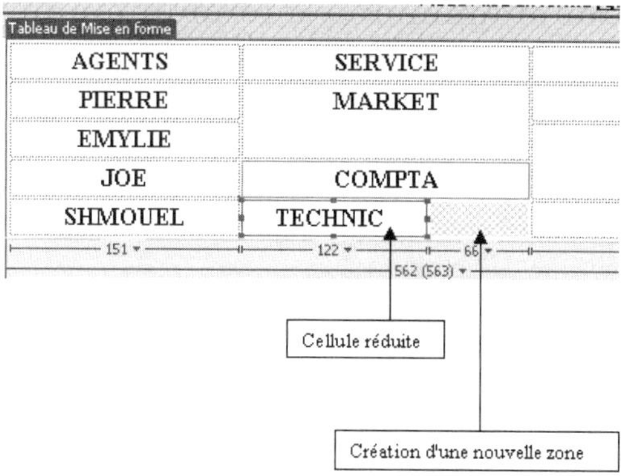

Figure 8.14 : Réduction d'une cellule dans le mode Mise en forme.

Insertion d'un texte ou d'une image dans une cellule

Vous pouvez ajouter du contenu à une cellule dans le mode Mise en forme ou mode Standard.

Ajout de texte et retour (ou non) à la ligne

Si le paramètre « Pas de retour à la ligne auto » est coché dans le panneau des propriétés de la cellule, en mode Standard, le texte poussera la colonne vers la droite. Dans le cas contraire, le texte passera à la ligne automatiquement. La Figure 8.15 montre cette propriété très importante des cellules.

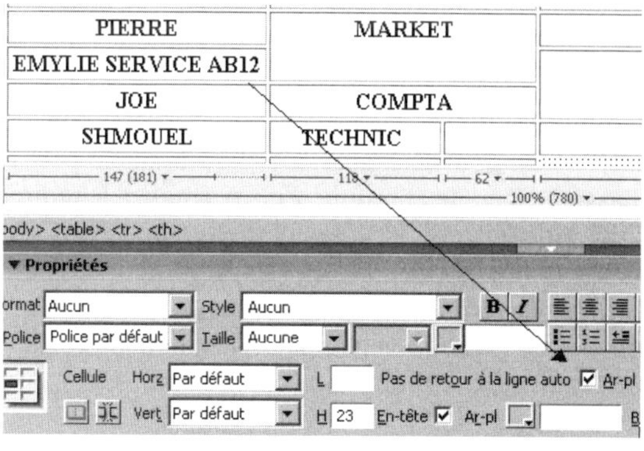

Figure 8.15 : La propriété Pas de retour à la ligne.

Insertion d'une image dans une cellule

Pour ajouter une image dans une cellule d'un tableau, effectuez les opérations suivantes :

1. Placez le pointeur de la souris à l'intérieur d'une cellule vierge.
2. Cliquez sur l'option de menu Insertion / Image.
3. Indiquez le nom de l'image et cliquez sur le bouton OK pour terminer.

Dessiner une cellule en mode Mise en forme

Vous pouvez dessiner une ou plusieurs cellules en mode Mise en forme seulement.

1. Créez une nouvelle page vierge.
2. Basculez en mode Mise en forme.
3. Cliquez sur l'option de menu Insertion / Objets mise en forme.
4. Choisissez Cellules de Mise en forme.
5. Dessinez (où vous voulez) un rectangle avec le pointeur de la souris qui s'est transformé en signe plus (+). Vous constaterez que Dreamweaver crée un groupe de rectangle avec une cellule blanche au milieu (Figure 8.16). La largeur de cette cellule est fixe.

Vous pouvez employer les poignées de direction pour agrandir ou rétrécir la cellule. La largeur fixe correspond à une valeur numérique spécifique en pixels.

- **Fixe**. Ce paramètre fixe la cellule dans la page Internet. La cellule ne sera pas redimensionnée lorsque vous réduirez la taille de la fenêtre dans votre navigateur.
- **Extension automatique**. Ce paramètre est défini dans le panneau des propriétés. Vous pouvez également cliquer sur le petit triangle dirigé vers le bas au niveau de la cellule. Cela permettra le redimensionnement automatique de la largeur de la cellule lorsque vous réduirez la taille de la fenêtre du navigateur. Notez l'apparition d'une petite ligne ondulée sous la fenêtre. Ce dispositif est souvent utilisé pour des barres de menu ou d'outils qui doivent systématiquement garder la même largeur que la taille de la fenêtre du navigateur.

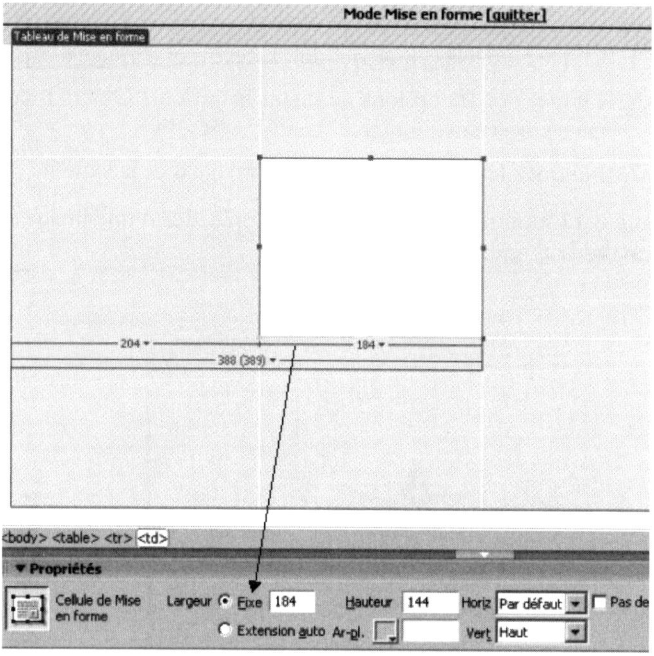

Figure 8.16 : Création d'une cellule fixe.

Utilisation d'une image d'espacement dans une cellule

Une image d'espacement est une image transparente, et par conséquent invisible dans la page du navigateur Internet. Ce type d'image est utilisé pour gérer les espacements dans les tableaux qui possèdent des cellules avec le paramètre extension automatique. Une image d'espacement conserve la largeur que vous lui avez indiquée. Si vous n'utilisez pas d'images à espacement avec des tableaux à extension automatique, les colonnes qui ne contiennent pas de données risquent de changer de taille ou de disparaître complètement. Les colonnes qui contiennent des images d'espacement possèdent une double barre. Pour placer une image d'espacement, effectuez les opérations suivantes :

1. Créez une nouvelle page HTML.
2. Placez-vous en mode Standard.
3. Cliquez sur l'option de menu Insertion / Tableau.

4. Sélectionnez un type de tableau.
5. Cliquez dans la cellule qui doit recevoir une image d'espacement.
6. Cliquez sur les options de menu Insertion / Objets Images / Espace réservé de l'image.
7. Indiquez les paramètres de cette image d'espacement.

La figure 8.17 montre l'image d'une étoile précédée d'une image d'espacement en mode Standard.

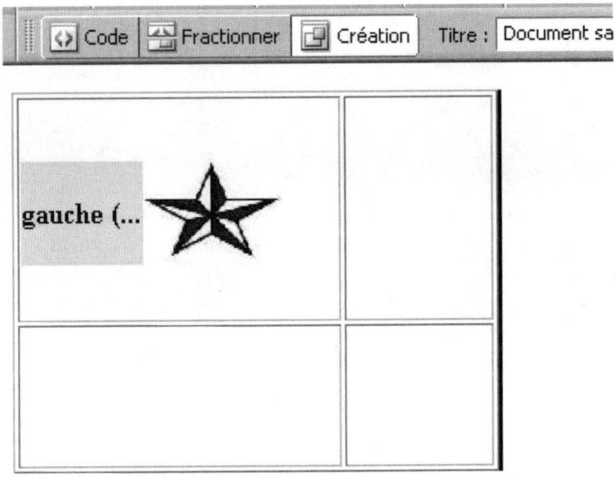

Figure 8.17 : Une image d'espacement dans une cellule d'un tableau.

La grille et ses paramètres

Dreamweaver propose un dispositif d'affichage de grille et de collage d'objets par magnétisme. Il s'agit du système classique de tout éditeur graphique.

1. Cliquez sur l'option de menu Affichage / Grille.
2. Sélectionnez Afficher la grille.

Vous pouvez aussi afficher les paramètres de la grille (Figure 8.18).

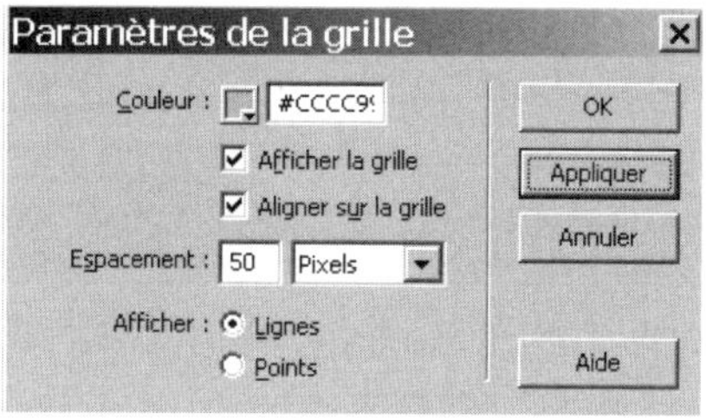

Figure 8.18 : Les paramètres de la grille.

Le mode Développé

Dreamweaver MX 2004 propose un mode d'affichage de tableau un peu particulier appelé mode Développé. Ce mode ajoute provisoirement de la marge à l'intérieur des cellules, et de l'espacement à tous les tableaux d'un document. Il augmente ainsi les bordures des tableaux afin de faciliter les modifications. Ce mode vous permet de choisir des éléments dans les tableaux et de placer le point d'insertion de manière plus précise. Notez que vous devez revenir au mode Standard du mode Création pour effectuer vos modifications. Pour passer en mode Développé, cliquez sur le bouton Développé dans la barre Insérer. La figure 8.19 montre le nouvel affichage.

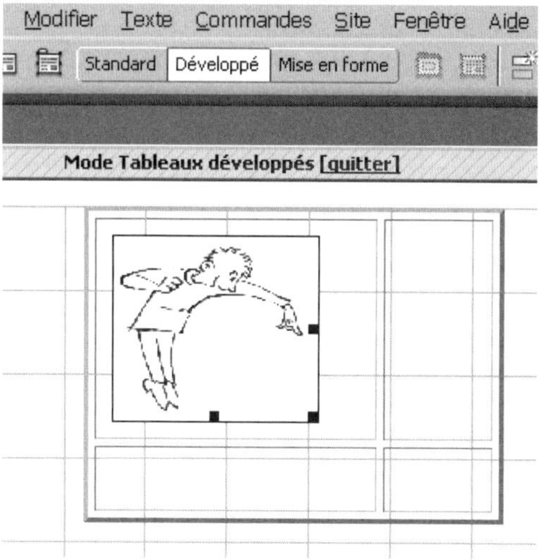

Figure 8.19 : Le mode Développé en action.

Comment imbriquer des tableaux ?

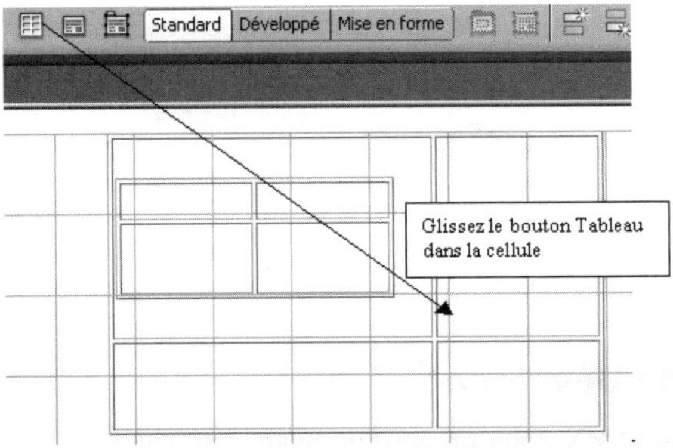

Figure 8.20 : Imbrication de tableaux dans Dreamweaver MX 2004.

Un tableau imbriqué est un tableau placé à l'intérieur d'un autre tableau. Vous le configurez comme n'importe quel tableau, mais la largeur du tableau est limitée par la largeur de la cellule qui le contient. Pour imbriquer un tableau, effectuez les opérations suivantes :

1. Créez un premier tableau.
2. Cliquez dans la cellule qui contiendra le 2e tableau.
3. Insérez un 2e tableau. Vous pouvez aussi glisser le bouton Tableau vers la cellule de réception (Figure 8.20).

Formater automatiquement un tableau

Vous pouvez formater n'importe quel tableau en renseignant tout un ensemble de paramètres accessibles par l'option de menu Commandes.

1. Sélectionnez votre tableau.*
2. Cliquez dans l'option de menu Commandes.
3. Choisissez Formater le tableau.

4. Indiquez les différents paramètres de formatage (Figure 8.21).
5. Cliquez sur le bouton OK pour fermer la boîte de dialogue des paramètres.

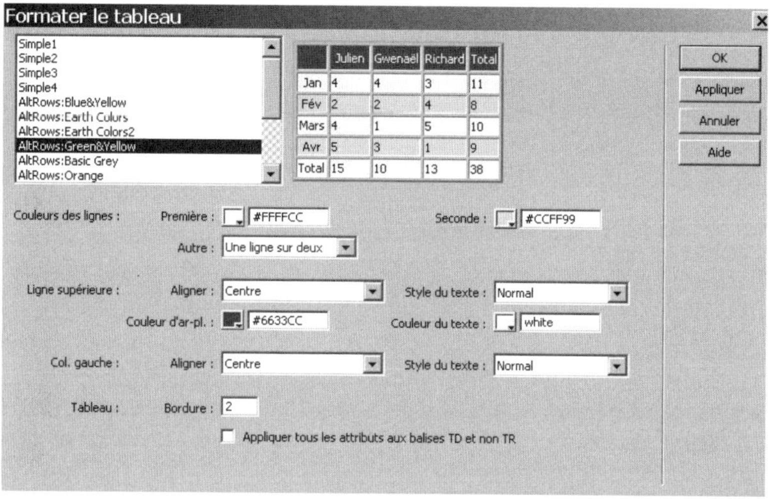

Figure 8.21 : Les paramètres de formatage de tableau.

Trier un tableau

Vous pouvez trier un tableau très facilement.

1. Entrez les données dans votre tableau.
2. Placez le pointeur dans une des colonnes.
3. Cliquez sur l'option de menu Commandes.
4. Sélectionnez Trier le tableau.
5. Indiquez la colonne et les différents choix pour le tri (Figure 8.22).
6. Cliquez sur le bouton OK.

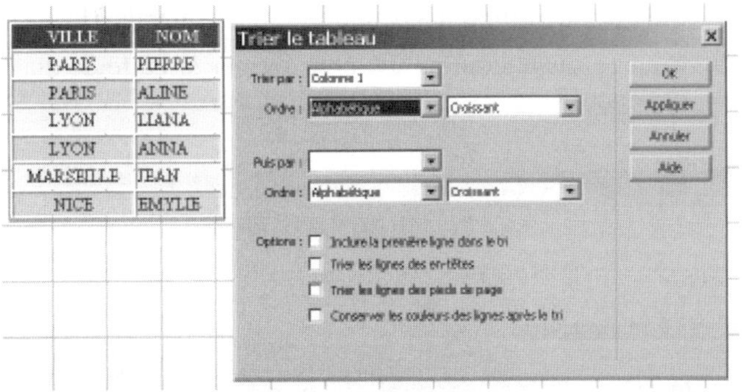

Figure 8.22 : Tri d'un tableau.

Après le tri, Dreamweaver réorganise les informations en fournissant le code HTML.

```
<!DOCTYPE HTML PUBLIC "-//W3C//DTD HTML 4.01 Transitional//EN"
"http://www.w3.org/TR/html4/loose.dtd">
<html>
<head>
<title>Document sans nom</title>
<meta http-equiv="Content-Type" content="text/html; charset=iso-8859-1">
</head>

<body>

<div align="left">
  <table width="200" border="2">
    <tr align="center" bgcolor="#6633CC">
      <td><font color="white"><strong>VILLE</strong></font></td>
      <td><font color="white"><strong>NOM</strong></font></td>
    </tr>
    <tr bgcolor="#FFFFCC">
      <td align="center">LYON</td>
      <td>LIANA</td>
    </tr>
    <tr bgcolor="#CCFF99">
      <td align="center">LYON</td>
      <td>ANNA</td>
    </tr>
    <tr bgcolor="#FFFFCC">
      <td align="center">MARSEILLE</td>
```

```
      <td>JEAN</td>
    </tr>
    <tr bgcolor="#CCFF99">
      <td align="center">NICE</td>
      <td>EMYLIE</td>
    </tr>
    <tr bgcolor="#FFFFCC">
      <td align="center">PARIS</td>
      <td>ALINE</td>
    </tr>
    <tr bgcolor="#CCFF99">
      <td align="center">PARIS</td>
      <td>PIERRE</td>
    </tr>
  </table>
</div>
</body>
</html>
```

Grâce aux tableaux, vous possédez de nombreux atouts pour réaliser vos pages Web. La section suivante s'intéresse au dispositif des calques qui facilite grandement le positionnement des objets sur les pages.

Les calques

Le système des calques dans Dreamweaver MX 2004 vous permet de placer très précisément du texte, des images, et même des tableaux qui contiennent eux-mêmes des objets.

Qu'est-ce qu'un calque ?

Un calque est un dispositif de placement d'objets qui fait appel aux balises HTML spécifiques : DIV, SPAN, LAYER et ILAYER. Notez que certains navigateurs ne prennent en compte que certaines balises. Par exemple Internet Explorer 4.0 ne comprend que les balises DIV et SPAN mais il n'y a pas de problème avec les navigateurs plus modernes. Pour créer un calque dans une page de Dreamweaver MX 2004, effectuez les opérations suivantes :

1. Cliquez sur l'option de menu Insertion.
2. Sélectionnez Objets Mise en forme.

3. Choisissez Calques.

Dreamweaver crée un calque que vous pouvez déplacer avec le pointeur de souris. Au départ le calque est vierge (Figure 8.23).

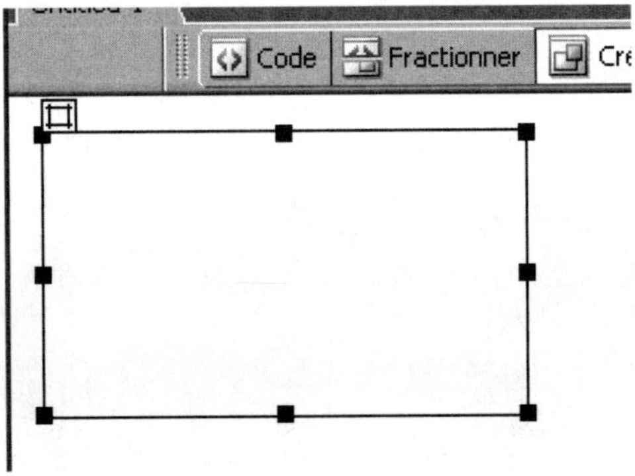

Figure 8.23 : Création d'un calque.

En double-cliquant sur le petit carré en haut à gauche du calque, vous affichez immédiatement les propriétés (Figure 8.24).

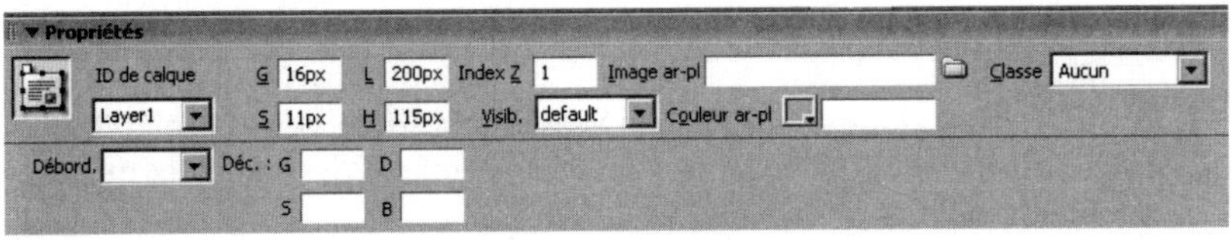

Figure 8.24 : Les propriétés du calque.

La liste suivante détaille ces différentes propriétés.

- **ID calque**. Cette propriété permet d'indiquer un nom identifiant le calque dans le panneau Calques et le code JavaScript.
- **G et S**. Ces deux propriétés (gauche et haut) indiquent la position de l'angle supérieur gauche du calque par rapport à l'angle supérieur gauche de la page, ou du calque parent s'il est imbriqué.
- **L et H**. Ces deux propriétés spécifient la largeur et la hauteur du calque. L'unité par défaut de la position et de la taille est le pixel (px). Vous pouvez également choisir les unités pc (picas), pt (points), in (pouces), mm (millimètres), cm (centimètres) ou % (pourcentage).

- **Index Z**. Cette propriété détermine l'index Z, ou ordre de superposition, du calque.
- **Visib**. Cette propriété indique si le calque est visible ou non au début.
- **Image ar-pl**. Cette propriété spécifie une image d'arrière-plan pour le calque.
- **Couleur ar-pl**. Spécifie une couleur d'arrière-plan pour le calque. Laissez cette option vide pour spécifier un arrière-plan transparent.
- **Débord**. Cette propriété contrôle la manière dont les calques apparaissent dans un navigateur lorsque le contenu dépasse la taille spécifiée du calque.
  - *Visible* indique que le contenu supplémentaire apparaîtra dans le calque.
  - *Hidden* signifie que le contenu supplémentaire ne sera pas affiché dans le navigateur.
  - *Scroll* indique que le navigateur devra ajouter des barres de défilement dans le calque.
  - *Auto* entraîne l'affichage des barres de défilement du calque dans le navigateur uniquement lorsque cela est nécessaire, c'est-à-dire lorsque le contenu du calque dépasse ses limites.
- **Dec**. Gauche, Haut ou PageX, PageY (layer et ilayer uniquement) vous permet de positionner le calque par rapport à son parent ou à la page.
- **Src**. Cette propriété vous permet d'afficher un autre document HTML dans le calque.

Le code suivant montre la balise DIV utilisée pour créer le calque, ainsi que tous les attributs de positionnement.

```
<DIV
id="Layer1"
style="position:absolute;
width:200px;
height:115px;
z-index:1;
left: 16px;
top: 20;">
</div>
```

Comment insérer du texte dans un calque ?

Pour placer du texte dans un calque, effectuez les opérations suivantes :

1. Cliquez à l'intérieur du calque.
2. Tapez le texte.

La figure 8.25 montre un titre écrit dans un calque avec les propriétés Gras et Centré en action.

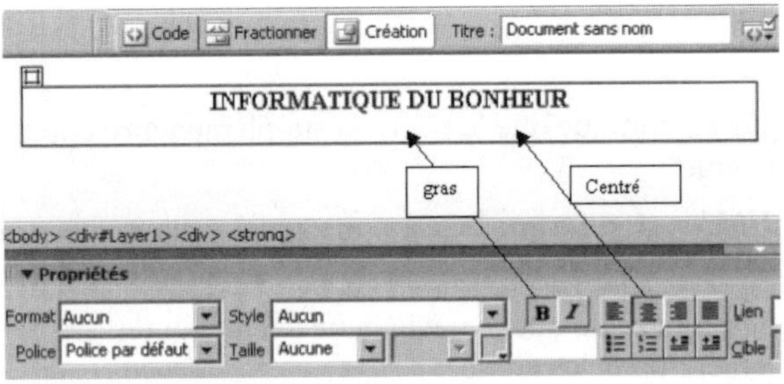

Figure 8.25 : Saisie et formatage du texte dans un calque.

Le code suivant montre comment Dreamweaver agence les balises HTML, le texte et les attributs de formatage.

```
<body>
<div id="Layer1" style="position:absolute; width:487px; height:37px; z-index:1; left:
16px; top: 20;">
  <div align="center"><strong>INFORMATIQUE DU BONHEUR </strong></div>
</div>
</body>
```

Comment insérer un tableau dans un calque ?

Vous pouvez très facilement insérer un tableau de cellules dans un calque. Cela permet par la suite de déplacer le tableau très facilement (Figure 8.26).

1. Insérez un calque dans la page.
2. Cliquez sur l'option de menu Insertion / Tableau.
3. Indiquez le nombre de colonnes et de lignes, puis appuyez sur le bouton OK.

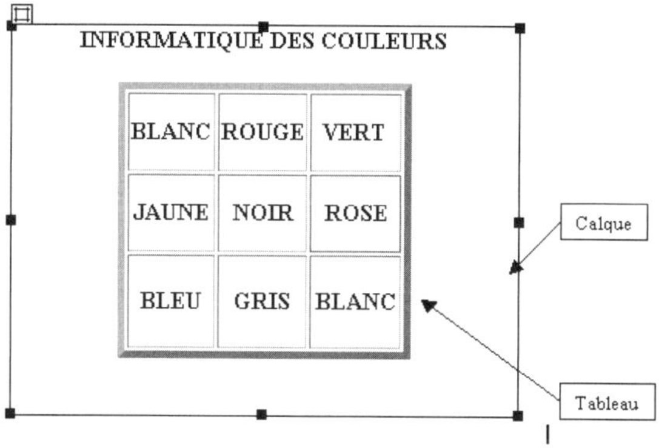

Figure 8.26 : Un tableau intégré dans un calque.

Comment insérer une image dans un calque ?

Pour insérer une image dans un calque, effectuez les opérations suivantes :

1. Insérez d'abord un calque (Insertion / Objets Mise en forme / Calque).
2. Cliquez dans le calque.
3. Cliquez sur l'option de menu Insertion / Image.
4. Indiquez le fichier image que vous désirez visualiser.

Remarque : Si vous devez ajuster des textes ou des images dans un calque, créez un tableau de plusieurs lignes et colonnes dans le calque. Modifiez ensuite les propriétés de chaque cellule pour adapter la position des textes ou des images en fonction de vos besoins.

Empêcher le chevauchement des calques

Lorsque vous insérez plusieurs calques dans votre page, Dreamweaver les fait se chevaucher automatiquement. Si vous désirez que les calques ne se chevauchent pas, effectuez les opérations suivantes :

1. Cliquez sur l'option de menu Modifier.
2. Choisissez Réorganiser.

3. Cochez le chevauchement des calques.

Vous constaterez que ce dispositif facilite le positionnement de nombreux calques les uns à côté des autres (Figure 8.27).

Figure 8.27 : Les calques ne se chevauchent plus et se collent les uns aux autres.

Imbrication de calques les uns dans les autres

Pour imbriquer un calque à l'intérieur d'un autre calque, effectuez les opérations suivantes :

1. Créez votre calque.
2. Cliquez dans le calque.
3. Insérez un autre calque.

Chaque calque possède un nom particulier appelé **Layer** (to lay signifie poser, disposer en anglais). Ce nom est défini par défaut dans les propriétés du calque. La figure 8.28 montre le nom automatiquement donné par Dreamweaver lors de sa création.

Figure 8.28 : Le nom du calque est défini dans la propriété ID.

Remarque : Vous pouvez renommer un calque en tapant un autre nom dans la zone ID du panneau des propriétés du calque.

Suivre l'organisation des calques dans le panneau calque

Dreamweaver MX 2004 propose un panneau spécifique aux calques, qui affiche le nom de tous les calques imbriqués (ou non) dans une fenêtre. Pour visualiser ce panneau, effectuez les opérations suivantes :

1. Cliquez sur l'option de menu Fenêtre.
2. Sélectionnez Calques.

Dreamweaver affiche alors les noms de tous les calques au sein d'un arbre hiérarchique (Figure 8.29).

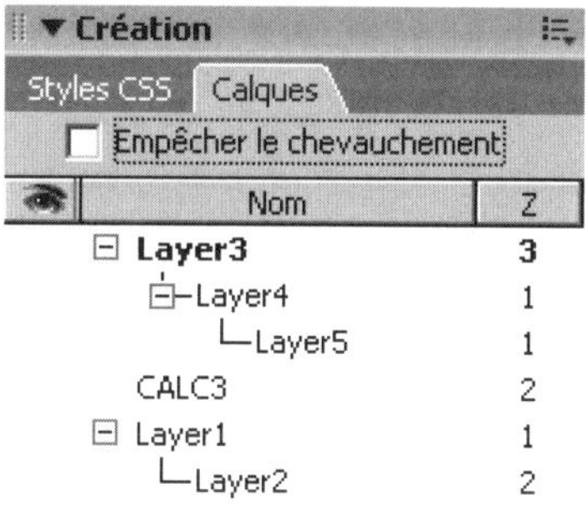

Figure 8.29 : Le panneau des calques.

Vous pouvez glisser le nom d'un calque à l'intérieur d'un autre dans ce panneau et le résultat s'affichera immédiatement dans la page.

Position et dimensionnement précis d'un calque

Quelques touches spécifiques du clavier vous aide à déplacer et redimensionner un calque.

Comment déplacer et redimensionner un calque très précisément ?

Le tableau 8.1 détaille les touches de clavier qui permettent de redimensionner un calque de manière extrêmement précise. Avant de les utiliser, n'oubliez pas de sélectionner votre calque.

Tableau 8.1 : Redimensionnement précis d'un calque.

Redimensionnement	Touches
1 pixel à la fois	Ctrl + flèche (Windows) ou Option + flèche (Macintosh)
Aligner sur la grille	Maj+Ctrl+flèche (Windows) ou Maj+Option+flèche (Macintosh)

Remarque. Si vous désirez déplacer un calque de manière extrêmement précise (1 pixel à la fois), employez les touches Maj+Flèche.

Comment redimensionner plusieurs calques en même temps ?

Pour redimensionner deux calques ou plus ensemble, effectuez les opérations suivantes :

1. Sélectionnez les deux calques (ou plus) en utilisant la touche Maj.
2. Cliquez sur l'option de menu Modifier / Aligner.
3. Choisissez Même Largeur.

Dreamweaver redimensionnera les calques qui prendront la largeur du **dernier** calque sélectionné. Vous pouvez aussi taper une valeur dans la zone Largeur du panneau des propriétés (Figure 8.30).

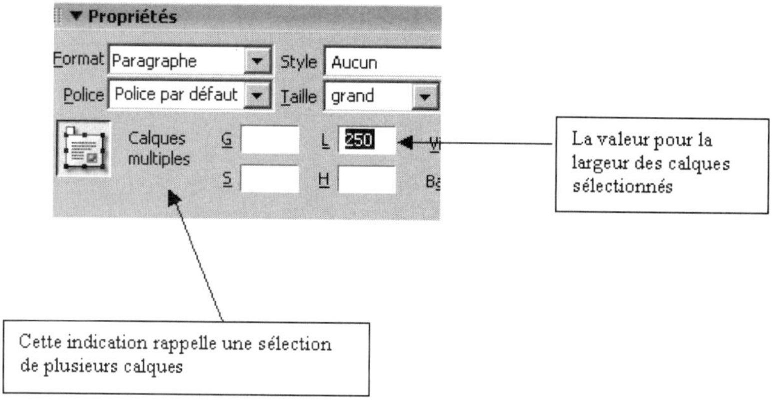

Figure 8.30 : Définition d'une largeur pour des calques multiples.

En résumé

Ce chapitre a montré l'intérêt des tableaux et des calques pour positionner facilement des objets sur la page Web. Le chapitre 9 s'intéresse aux cadres.

Chapitre 9

Les cadres

Ce chapitre s'intéresse aux cadres qui permettent de présenter des documents ou des images. Les cadres sont maintenant reconnus par la plupart des navigateurs et apportent de nombreuses fonctionnalités.

——— Présentation des cadres
——— Enregistrement des cadres
——— Affichage d'objets dans les cadres
——— Le code HTML des cadres
——— Le modèle objet de document
——— Convertisseur de cadre HTML en Javascript

Présentation des cadres

Les cadres (Frame en anglais) permettent de diviser la fenêtre de l'explorateur en plusieurs parties. Chaque partie peut contenir un document (issu d'une adresse URL), ou bien une image ou bien encore un autre objet. Vous pourriez par exemple afficher une image JPG dans la partie gauche de votre navigateur, tandis que la partie droite afficherait une page HTML. L'autre intérêt des cadres est la mise en place des bannières, des barres de navigation, des logos, etc.

Les modèles de cadre

Dreamweaver MX 2004 vous permet de créer une nouvelle page directement issue d'un modèle de page contenant des cadres prédéfinis. Lors de la création d'une nouvelle page, cliquez sur l'option Jeux de cadres dans la fenêtre de démarrage de Dreamweaver (Figure 9.1).

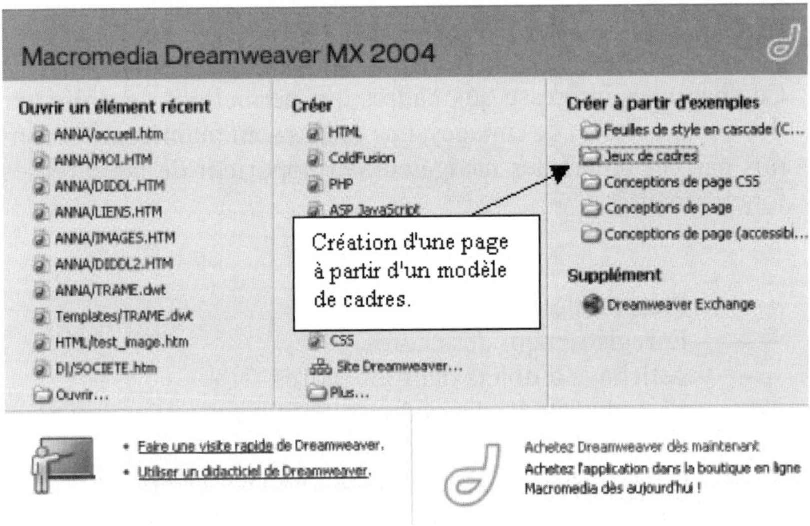

Figure 9.1 : Création d'une page à partir d'un modèle.

La figure 9.2 montre un modèle possédant 3 cadres préétablis.

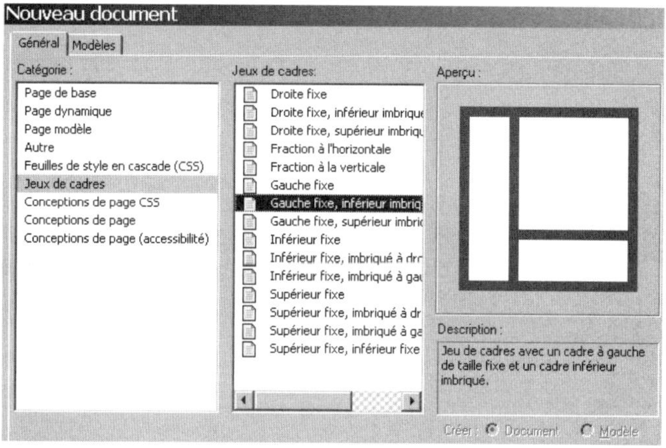

Figure 9.2 : Un modèle de 3 cadres.

Après avoir cliqué sur le bouton Créer, Dreamweaver affiche une boîte de dialogue vous proposant de renommer les différents cadres. Si vous ne voulez pas changer ces noms attribués par défaut, cliquez sur le bouton OK (Figure 9.3).

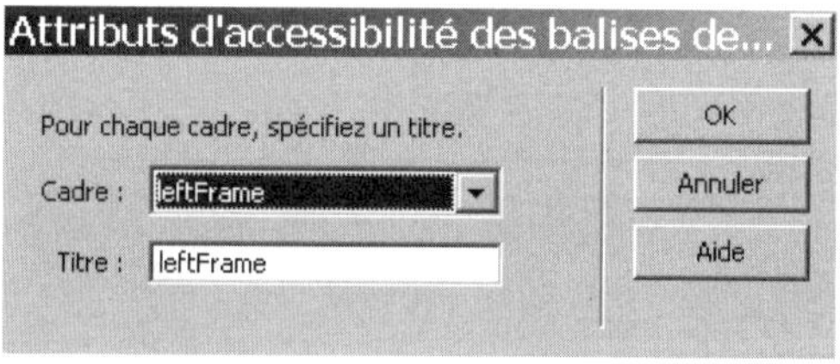

Figure 9.3 : Vous pouvez renommer les noms des cadres.

La liste suivante détaille la position des cadres dans la page.

- **LeftFrame**. Il s'agit du cadre de gauche.
- **RightFrame**. Il s'agit du cadre de droite.
- **MainFrame**. Il s'agit du cadre central.
- **BottomFrame**. Il s'agit du cadre du bas.
- **TopFrame**. Il s'agit du cadre du haut.

Les propriétés

Une fois la page créée, vous pouvez voir les cadres dans la fenêtre principale de Dreamweaver (Figure 9.4). En double-cliquant sur les bordures des cadres, vous faites apparaître les propriétés des cadres concernés.

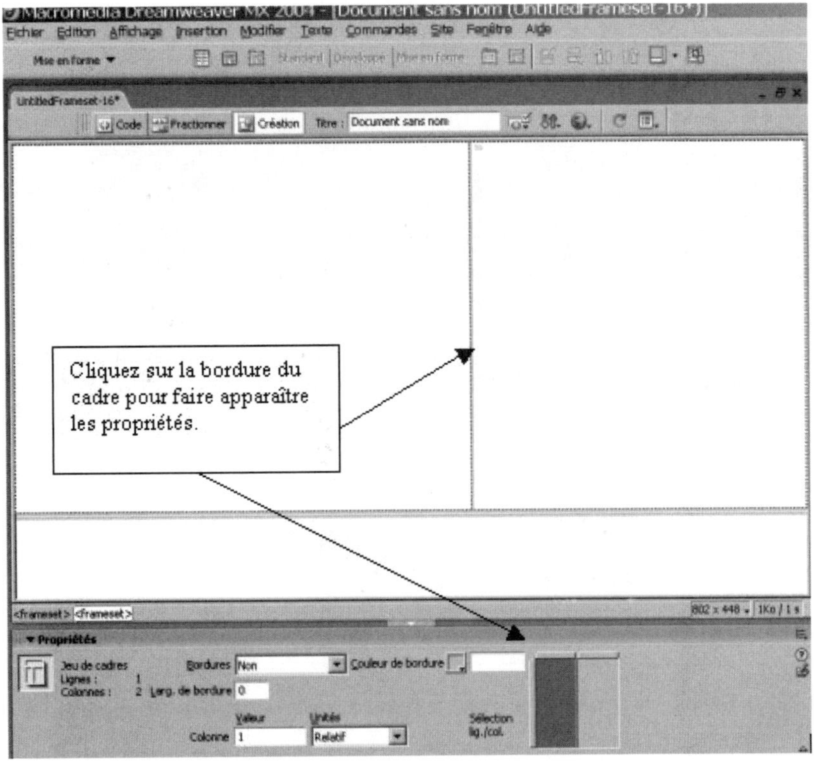

Figure 9.4 : Les propriétés des cadres dans la page.

- **Bordures**. Cette propriété détermine si des bordures apparaissent ou non autour des cadres. Pour que le navigateur détermine l'affichage des bordures, sélectionnez Par défaut.
- **Largeur de la bordure**. Cette propriété spécifie la largeur de toutes les bordures du jeu de cadres.
- **Couleur de la bordure**. Cette propriété définit la couleur des bordures, que vous sélectionnez avec le sélecteur de couleur.

- **Sélection lig./col.** Cliquez dans une colonne avec la souris et tapez une hauteur ou une largeur dans la zone de texte Valeur.
- **Unités.** *Pour-cent* permet de définir un pourcentage de la largeur ou de la hauteur totale du jeu de cadres. *Relatif* indique qu'une fois l'espace des cadres défini (en Pixel et en Pour-cent attribué), l'espace restant doit être alloué à la colonne ou à la ligne sélectionnée. Si l'option Relatif est choisie dans le menu Unités, tout nombre figurant dans le champ Valeur disparaît.

Création d'un cadre dans une page vierge

Si vous désirez créer un cadre dans une page HTML (mais sans employer le dispositif des modèles), utilisez le panneau Insérer dans la catégorie Mise en forme (Figure 9.5).

1. Faites apparaître la catégorie Mise en forme.
2. Cliquez sur le bouton Cadres.
3. Choisissez simplement un des choix de cadres disponibles.

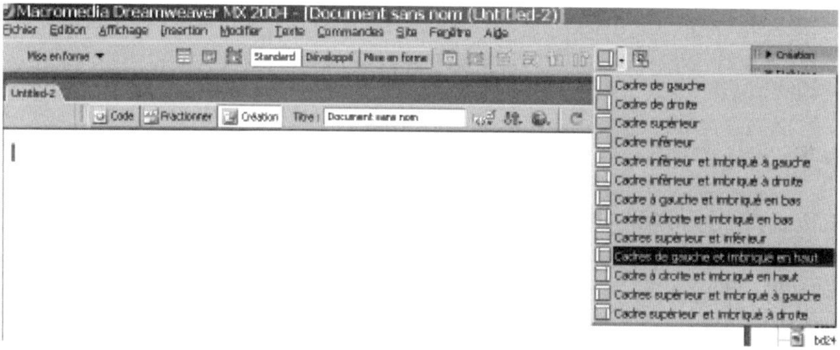

Figure 9.5 : Le menu Cadres dans le panneau Insérer.

Une fois que vous avez créé les cadres dans la page, vous devez définir les documents ou les images qui seront affichés dans les cadres, grâce à des adresses URL.

Imbrication de cadres

Un groupe de cadres imbriqué est un jeu de cadres situé à l'intérieur d'un autre jeu de cadres. Vous pouvez fractionner très facilement un cadre présent sur la page en effectuant les opérations suivantes :

1. Placez votre point d'insertion à l'intérieur du cadre concerné.
2. Cliquez sur l'option de menu Modifier / Jeu de cadres.
3. Choisissez le fractionnement désiré.

La liste suivante détaille les fractionnements possibles :

- Fractionner le cadre à droite.
- Fractionner le cadre à gauche.
- Fractionner le cadre en haut.
- Fractionner le cadre en bas.

Le panneau Cadres

Le panneau Cadres affiche l'ensemble de la structure des cadres présents dans la page. Ce dispositif est intéressant parce qu'il permet de visualiser d'un seul coup d'œil tous les cadres que l'on ne verrait pas dans la page sans l'agrandir. Pour afficher ce panneau, effectuez les opérations suivantes :

1. Cliquez sur l'option de menu Fenêtre.
2. Sélectionnez Cadres. La figure 9.6 montre ce panneau caractéristique.

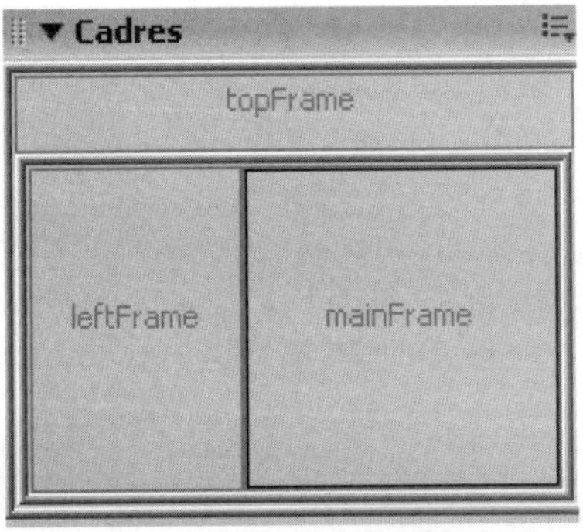

Figure 9.6 : Le panneau Cadres.

Enregistrement des fichiers du Jeu de cadres

Si vous travaillez avec des pages qui contiennent des cadres, vous devrez enregistrer autant de fichiers qu'il y a de cadres, plus un fichier qui représente un conteneur général. C'est la raison pour laquelle de nombreux développeurs préfèrent utiliser des pages avec des tableaux et des calques où tout est sauvegardé dans un seul fichier. Au départ, lorsque vous employez une page avec des cadres, Dreamweaver affecte des noms de fichiers temporaires, comme UntitledFrame1.htm.

Enregistrement d'un jeu de cadres

Pour enregistrer un jeu de cadres, effectuez les opérations suivantes :

1. Cliquez sur la bordure la plus extérieure afin de sélectionner le jeu de cadres.
2. Cliquez sur l'option de menu Fichier.
3. Choisissez Enregistrer le jeu de cadres Sous. Dreamweaver affiche un nom par défaut comme UntitledFrameset-13.htm. L'expression Frameset Indique un jeu de cadres.
4. Indiquez un nom spécifique pour le jeu de cadres dans la boîte de dialogue Enregistrer Sous. Notez que le jeu de cadres ne sauvegarde pas chaque cadre.

Enregistrement d'un simple cadre

Pour enregistrer un cadre, effectuez les opérations suivantes :

1. Cliquez sur l'option de menu Fichier.
2. Cliquez sur Enregistrer le cadre sous.

Affichage d'objets dans les cadres

Dreamweaver vous permet d'afficher n'importe quel texte dans un cadre, puisqu'il vous suffit simplement de le taper. Mais vous pouvez aussi glisser des images du panneau Fichiers vers l'emplacement désiré dans le cadre.

Insertion d'une simple image dans un cadre

Dans le cas d'une image, ce n'est pas la propriété *lien* qui est utilisée, mais *src*. Pour insérer une image dans un cadre, effectuez les opérations suivantes :

1. Cliquez à l'intérieur du cadre.
2. Faites apparaître les fichiers images dans le panneau Fichiers.
3. Glissez votre image dans le cadre. Vous pouvez constater que le nom du fichier image se retrouve bien dans la propriété Source.

Insertion d'un texte Flash dans un cadre

Un texte Flash est un texte contenu dans un fichier spécifique dont l'extension est .swf. Les avantages des objets Flash sont multiples parce qu'ils disposent de très nombreuses polices de caractères en proposant des couleurs de fond et des couleurs de survol. En d'autres termes, lorsque vous placez le pointeur de votre souris au-dessus du texte dans le cadre de la page, la couleur du texte change. Parce que chaque texte Flash possède également une propriété Lien, vous réaliserez très rapidement des menus ou des dispositifs d'accès à d'autres pages. Notez que chaque fichier Flash est indépendant des cadres ou des fichiers HTML.

Remarque. Les fichiers Flash .SWF doivent se trouver dans le même dossier que les fichiers HTML.

Pour insérer un texte Flash dans un cadre, effectuez les opérations suivantes :

1. Cliquez à l'intérieur du cadre.
2. Sélectionnez Insertion / Médias.
3. Choisissez Texte Flash.
4. Dans la zone Texte de la boîte de dialogue Insérer le texte Flash, saisissez le texte du message.
5. Dans la zone lien, indiquez l'adresse d'une page HTML. Cette page peut être stockée sur le même dossier que vos pages, ou bien sur un autre serveur. Dans le premier cas, il suffit d'indiquer le nom de la page suivi de l'extension HTM (ou HTML) ; dans le deuxième cas, vous indiquez l'adresse absolue avec le préfixe http://serveur/domaine/dossier/page.htm
6. Dans la zone Couleur, spécifiez la couleur du texte.

7. Dans la zone Couleur de survol, indiquez la couleur du texte qui apparaîtra lorsque le pointeur de la souris passera au-dessus du texte.
8. Dans la zone Cible, vous pouvez indiquer la destination de la page invoquée. Celle-ci peut se placer soit à l'extérieur de la page, soit à l'intérieur dans les zones de cadres spécifiées dans la liste Cible.

Une fois le texte Flash inséré dans le cadre, vous pouvez remodifier ses paramètres en double cliquant sur le texte à l'intérieur du cadre. Notez que le système des couleurs de Dreamweaver s'adapte aux différentes plates-formes du marché. La figure 9.7 montre le choix des couleurs que vous pouvez sélectionner dans la fenêtre du texte Flash.

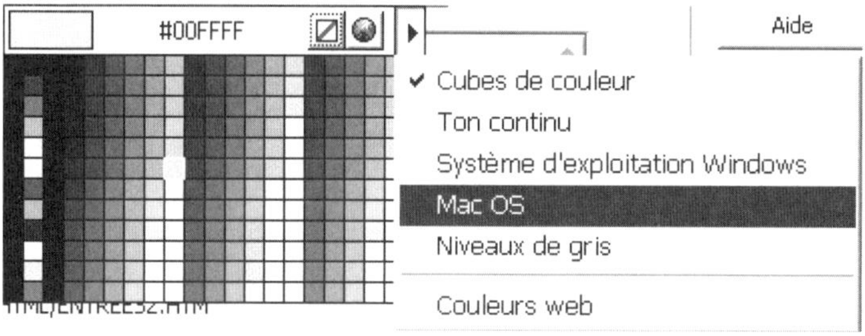

Figure 9.7 : Le système des couleurs des objets présents dans les cadres.

Changer la couleur des cadres par le modèle des couleurs

Dreamweaver vous permet de modifier la couleur des objets présents dans les cadres mais également la couleur du fond des cadres grâce au modèle des couleurs.

1. Cliquez dans le cadre désiré.
2. Cliquez sur l'option de menu Commandes.
3. Choisissez Définir le modèle de couleur.
4. Sélectionnez une couleur dans la boîte de dialogue qui apparaît (Figure 9.8).
5. Cliquez sur le bouton OK pour fermer cette boîte.

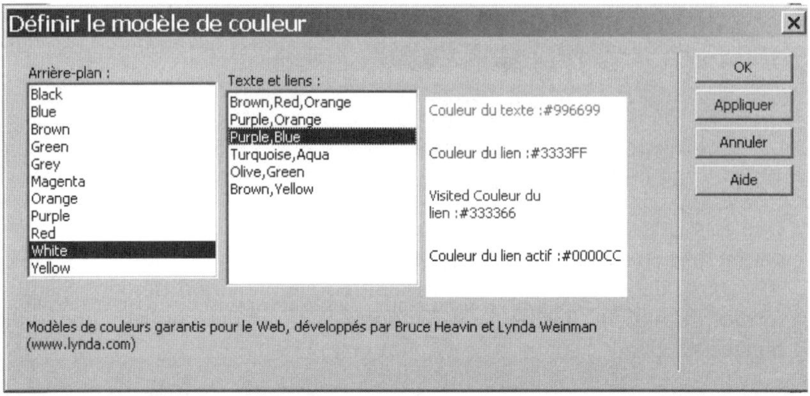

Figure 9.8 : Le modèle de couleur.

Remarque : Cette boîte de dialogue permet de définir les couleurs par défaut pour le texte ordinaire, les liens, les liens visités et les liens actifs. La couleur du lien actif est la couleur que prend un lien lorsque l'utilisateur clique dessus. Il arrive souvent que des navigateurs Web n'utilisent pas la couleur que vous avez spécifiée.

Le code HTML des cadres

En programmation HTML, deux balises sont employées lors de la manipulation des cadres : **FRAME** et **FRAMESET**. La première représente un cadre et la deuxième un jeu de cadres. Chacune d'entre elles possède des attributs qui mettent en œuvre des dispositifs spécifiques.

L'élément Frameset est employé à la place de l'élément Body

La balise FRAMESET est le conteneur des cadres. Elle vous permet de définir les paramètres d'une page encadrée. Lorsque le navigateur lit le code HTML, il sait qu'il doit charger plus d'une adresse URL, parce qu'il existe un document principal cadré. La plupart du temps, dans un document simple, c'est la balise BODY qui indique ce qu'il y a au cœur de la page. Mais dans un document encadré, c'est la balise Frameset qui intervient sans que l'élément BODY ne soit utilisé. En d'autres termes, le document principal cadré est un document standard HTML, mais qui ne contient aucun élément BODY. Il y a donc une partie HEAD (dans laquelle vous incluez toutes les informations nécessaires, ainsi que les éléments META et TITLE), et un élément FRAMESET. Le code suivant montre un exemple d'une page coupée en deux et qui affiche deux images.

```
<FRAMESET ROWS="*" COLS="*,464" FRAMESPACING="0" FRAMEBORDER="NO" BORDER="0">
<FRAME SRC="JEU_G.HTM" NAME="MAINFRAME" TITLE="TEST_PRINCIPAL">
<FRAME SRC="JEU_D.HTM" NAME="RIGHTFRAME" SCROLLING="NO" NORESIZE TITLE="TEST_D">
</FRAMESET>
```

Le tableau 9.1 détaille les attributs que vous pourrez rencontrer dans la balise FRAMESET.

Tableau 9.1 : Les attributs de la balise FRAMESET.

Attributs	Description
ID,CLASS.	Ce sont des identifiants généraux de document.
LANG	Il s'agit d'une information sur le langage utilisé.
DIR	Indique la direction du texte.
TITLE	Indique l'élément du titre.
STYLE	Il s'agit d'une information intégrée sur le style.
FRAMESET	Cette étiquette de début est obligatoire.
ROWS	Cet attribut est utilisé pour indiquer les largeurs des lignes dans l'ordre de haut en bas. La valeur par défaut est 100 %, ce qui indique une ligne. Vous pouvez spécifier les largeurs en pixels, en pourcentage de la fenêtre de l'explorateur, ou par une largeur relative.
COLS	Cet attribut est utilisé pour indiquer les largeurs des colonnes dans l'ordre de gauche à droite. La valeur par défaut est 100 %, ce qui indique une colonne. Vous pouvez spécifier les largeurs en pixels, en pourcentage de la fenêtre ou par une largeur relative.

Des lignes dans une page

Si vous désirez afficher deux lignes dans une page cadrée, employez l'attribut ROWS. Le code ci-dessous montre l'utilisation de valeurs figées pour indiquer la taille des deux lignes (Figure 9.9).

```
<HTML>
<FRAMESET ROWS="70,30"></FRAMESET>
</HTML>
```

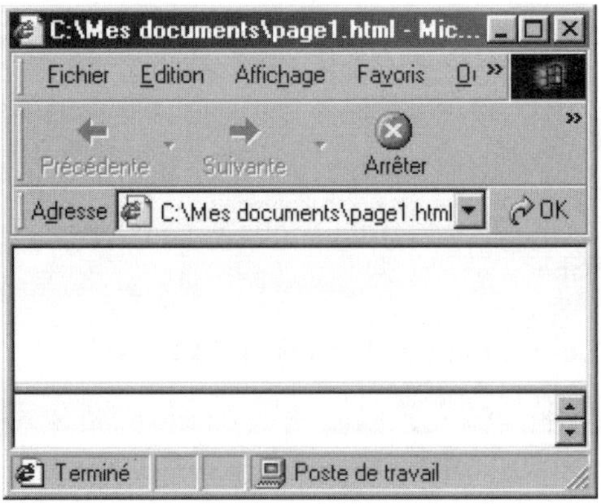

Figure 9.9 : Deux lignes définies par des valeurs absolues dans le code HTML.

Le code suivant emploie des valeurs relatives.

```
<HTML>
<FRAMESET ROWS="42%,48%"></FRAMESET>
</HTML>
```

Vous pouvez aussi employer les valeurs en pourcentage pour définir plusieurs lignes, comme nous le montre le code ci-dessous.

```
<HTML>
<FRAMESET ROWS="10%,20%,70%"></FRAMESET>
</HTML>
```

Des colonnes dans une page

Employez le paramètre COLS pour définir des colonnes dans une page. Par exemple le code suivant définit trois colonnes dont les largeurs sont respectivement 10,30 et 70 pixels.

```
<HTML>
<FRAMESET COLS="10,30,70"></FRAMESET>
</HTML>
```

Une astuce est de laisser la deuxième colonne sans largeur spécifique, en utilisant le signe astérisque (*).

```
<HTML>
<FRAMESET COLS="10%,*"></FRAMESET>
</HTML>
```

Mélange HTML de colonnes et de lignes

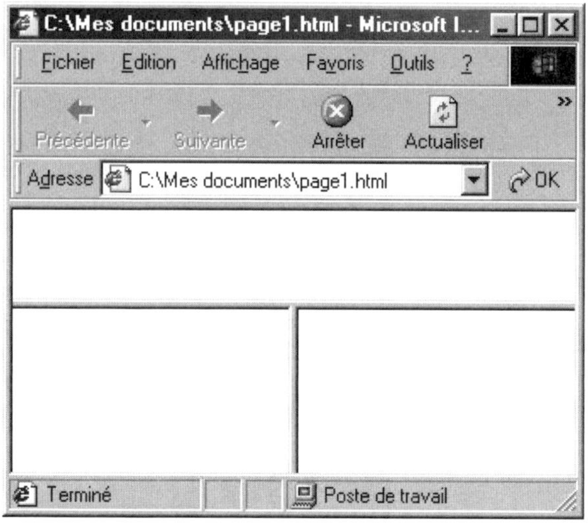

Figure 9.10 : Deux balises Frameset en action.

En combinant plusieurs balises Frameset dans une page, vous décrivez une page cadrée de lignes et de colonnes. La figure 9.10 montre un exemple de deux lignes, dont la deuxième est scindée en deux colonnes.

```
<HTML>
<FRAMESET ROWS="45,80">
<FRAMESET COLS="50,50">
</FRAMESET>
</FRAMESET>
</HTML>
```

L'intégration d'une image dans un frame

Vous placez une image dans un cadre grâce à l'attribut SRC de la balise FRAME. L'adresse URL doit être placée entre guillemets. Cette adresse pointe vers une image qui peut provenir de votre disque dur ou bien d'un serveur à distance. Dans ce dernier cas, l'adresse doit être écrite de manière absolue, par les préfixes habituels : `http://serveur/domaine/image`. Par exemple, le code suivant affiche dans une page, deux images stockées sur un disque dur.

```
<HTML>
<FRAMESET COLS="80%,20%">
<FRAME SRC="C:\TEST\BD231.GIF"></FRAME>
<FRAME SRC="C:\TEST\BD245.GIF"></FRAME>
</FRAMESET><NOFRAMES></NOFRAMES>
</HTML>
```

Le tableau 9.2 détaille les attributs de la balise FRAME.

Tableau 9.2 : Les attributs de la balise FRAME.

Attributs	Description
ID,CLASS.	Ce sont des identifiants généraux de document.
LANG	Il s'agit d'une information sur le langage utilisé.
DIR	Indique la direction du texte.
TITLE	Indique l'élément du titre.
STYLE	Il s'agit d'une information intégrée sur le style.

Attributs	Description
NAME	Il s'agit du nom associé au cadre. Il peut s'agir aussi du nom de la cible.
SRC	Utilisé pour spécifier ce qui doit être chargé initialement dans le cadre.
LONGDESC	Indique une description longue d'un lien quand l'attribut TITLE est utilisé.
FRAMEBORDER	Indique à l'explorateur de dessiner une bordure autour du cadre (1 est la valeur par défaut), ou de ne pas dessiner une bordure (0).
MARGINWIDTH	Indique la largeur de la marge en pixels (marge entre le contenu du cadre et les bords de côté).
MARGINHEIGHT	Indique la hauteur de la marge en pixels (marge entre le contenu du cadre et les bords haut et bas).
NORESIZE	Indique un attribut booléen qui indique à l'explorateur que ce cadre ne peut pas être redimensionné par le visiteur.
SCROLLING	Il y a trois valeurs pour cet attribut (yes, no et auto). Choisissez no si vous savez que le contenu du cadre s'adaptera toujours dans le cadre. Choisissez yes si vous voulez voir toujours une barre de défilement du côté du cadre. Choisissez auto si vous voulez que l'explorateur n'affiche qu'une barre de défilement quand le contenu ne s'adapte pas dans le cadre.

Les ascenseurs

Employez l'attribut SCROLLING pour mettre en place le dispositif des ascenseurs dans un ou plusieurs cadres. Trois paramètres sont à votre disposition pour enlever ou placer des ascenseurs.

- SCROLLING="NO". Pas d'ascenseur.
- SCROLLING="YES". Présence d'ascenseur.
- SCROLLING="AUTO". Présence des ascenseurs si nécessaire.

Le code suivant affiche deux cadres, l'un avec un ascenseur et l'autre sans (Figure 9.11).

```
<HTML>
<FRAMESET COLS="50%,50%">
<FRAME SRC="C:\TEST\BD231.GIF" SCROLLING="YES">
<FRAME SRC="C:\TEST\BD243.GIF" SCROLLING="NO">
</FRAMESET>
</HTML>
```

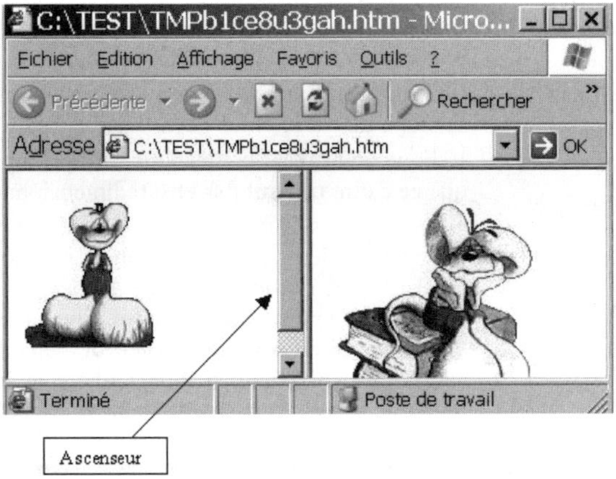

Figure 9.11 : Le dispositif des ascenseurs dans un cadre.

Empêcher de modifier la taille d'un cadre dans une page

Vous pouvez empêcher le visiteur de votre site de redimensionner la taille d'un cadre à l'intérieur même de la page. Il vous suffit d'employer l'attribut NORESIZE, qui est utilisable avec tous les autres attributs des cadres. Notez qu'une fenêtre peut ainsi afficher des informations avec des ascenseurs sans que le visiteur ne puisse modifier sa taille. Le code suivant montre l'utilisation de cet attribut dans un cadre qui invoque une page HTML stockée sur un serveur à distance. Le texte est affiché dans le cadre de gauche, vous pouvez le faire défiler grâce au dispositif de l'ascenseur, mais vous ne pouvez pas réduire horizontalement le cadre (Figure 9.12).

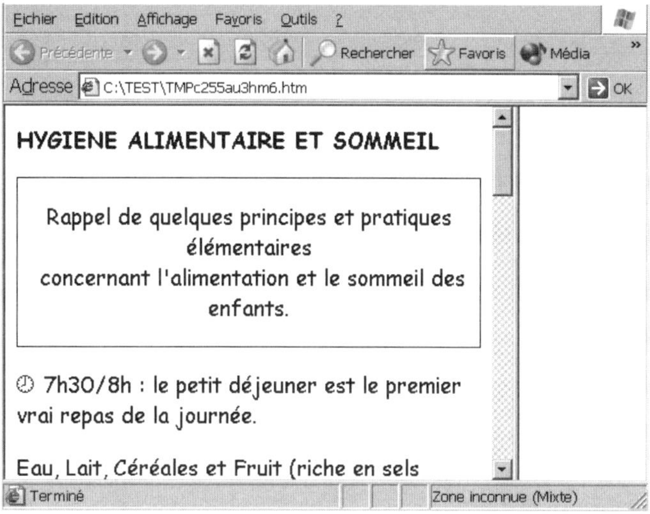

Figure 9.12 : La largeur du cadre de gauche est fixe.

```
<HTML>
<FRAMESET COLS="80%,20%">
<FRAME SRC="HTTP://LENTREMY.PROSYGMA-SERVEUR.NET/SOMMEIL.HTM" NORESIZE>
<FRAME SRC="SOMMEIL.HTM"></FRAMESET><NOFRAMES></NOFRAMES><NOFRAMES></NOFRAMES>
</HTML>
```

Les marges dans les cadres

En utilisant les paramètres MARGINWIDTH="valeur" et MARGINHEIGHT="valeur" au sein même de la balise FRAME, vous modifiez les marges des images ou du fichier HTML dans le cadre. Lorsque la valeur est égale à 0, la page HTML ou l'image est collée complètement dans le cadre. Le code suivant montre un décalage de 150 pixels vers la droite du texte précédent dans le cadre de gauche (Figure 9.13).

```
<HTML>
<FRAMESET COLS="80%,20%">
<FRAME SRC="HTTP://LENTREMY.PROSYGMA-SERVEUR.NET/SOMMEIL.HTM" NORESIZE
MARGINWIDTH="150">
```

```
<FRAME SRC="SOMMEIL.HTM"></FRAMESET><NOFRAMES></NOFRAMES><NOFRAMES></NOFRAMES>
</HTML>
```

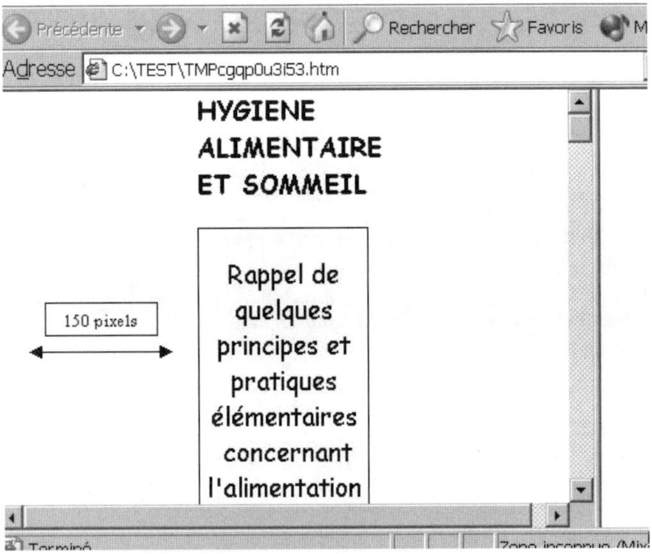

Figure 9.13 : Une marge dans un cadre.

La cible (Target) d'un lien dans un cadre

Lorsque votre navigateur télécharge une image ou une page HTML par l'intermédiaire des balises FRAME ou FRAMESET, il recherche plusieurs éléments : la quantité d'espace à assigner pour chacun des cadres, le contenu des cadres et enfin un nom de la cible. Avec l'élément FRAME, vous employez l'attribut NAME pour indiquer une référence au cadre. Cette référence est appelée souvent la cible du cadre. L'attribut NAME permet de nommer très facilement un cadre donné qui sera employé comme destination d'un lien. Vous pouvez ainsi créer des effets d'affichage intéressants en cliquant sur des objets qui feront apparaître d'autres objets au sein de la même page. Dans ce genre de réalisation, il faut bien définir la cible des images ou des pages HTML qui doivent apparaître.

Si vous utilisez Dreamweaver pour couper une page en 2 cadres, vous découvrirez que le code HTML (qui est créé automatiquement) possède justement l'attribut NAME.

```
<FRAMESET ROWS="*" COLS="330,*" FRAMESPACING="0" FRAMEBORDER="NO" BORDER="0">
<FRAME SRC="FILE:///C|/TEST/UNTITLEDFRAME-11" NAME="LEFTFRAME" SCROLLING="NO" NORESIZE
TITLE="LEFTFRAME">
<FRAME SRC="FILE:///C|/TEST/CADRE.HTM" NAME="MAINFRAME" TITLE="MAINFRAME">
</FRAMESET>
```

Une fois le code créé par Dreamweaver, vous pouvez le modifier à votre convenance. Par exemple, le code ci-dessus peut être modifié de la façon suivante :

```
<FRAMESET
ROWS="*" COLS="330,*"
FRAMESPACING="0"
FRAMEBORDER="YES"
BORDER="50">
<FRAME SRC="C:\TEST\BD245.GIF"
NAME="CAD_G"
SCROLLING="NO"
NORESIZE
>
<FRAME
SRC="C:\TEST\BD227.GIF"
NAME="CAD_D"
>
</FRAMESET>
<BODY>
</BODY>
</HTML>
```

Remarquez l'attribut NAME dans le code précédent. Il permet de renommer chaque cadre vertical dans la page. Ces noms peuvent être ensuite employés dans l'attribut TARGET (cible) d'autres balises HTML. L'exemple suivant détaille un texte qui est affiché dans le cadre de gauche d'une page (Figure 9.14). Lorsque le texte est cliqué par le visiteur, une image est téléchargée d'un site à distance, et s'affiche dans le cadre de droite. La première partie du code détaille la création du jeu de cadres.

```
<!DOCTYPE HTML PUBLIC "-//W3C//DTD HTML 4.01 FRAMESET//EN" "HTTP://WWW.W3.ORG/TR/
HTML4/FRAMESET.DTD">
<HTML>
<HEAD><TITLE>DOCUMENT SANS NOM</TITLE>
<META HTTP-EQUIV="CONTENT-TYPE" CONTENT="TEXT/HTML; CHARSET=ISO-8859-1">
</HEAD>
<FRAMESET ROWS="*" COLS="252,*" FRAMESPACING="0" FRAMEBORDER="NO" BORDER="0">
  <FRAME SRC="CADRE3.HTM"  NAME="CAD_G">
  <FRAME SRC="CADRE2.HTM"  NAME="CAD_D">
</FRAMESET>
</HTML>
```

La deuxième partie du code détaille le texte qui s'affiche dans la partie de gauche et qui invoque une image stockée sur un serveur à distance.

```
<BODY>
<A HREF="HTTP://MAPAGE.NOOS.FR/ESPACE/BELLE_TERRE.JPG" TARGET="CAD_D">CLIQUEZ ICI POUR
VOIR LA TERRE DE L'ESPACE</A>
</BODY>
```

Figure 9.14 : Une image est considérée comme cible (Target).

Les noms de cible doivent respecter un certain nombre de règles. Les noms doivent commencer par des lettres et certaines cibles (marques réservées par HTML) commencent par un caractère de soulignement. L'utilisation des noms réservés permet de référencer vos cadres de façon relative. Ainsi même si vous changez les noms des cibles de vos cadres, les noms réservés fonctionneront toujours. Le tableau 9.3 détaille les différents noms réservés et précédés de ce caractère de soulignement.

Tableau 9.3 : Les mots clés réservés pour les cibles.

_BLANK	Provoque le chargement d'un lien dans une nouvelle fenêtre de l'explorateur. À moins que le document visé par l'attribut SRC soit un document principal encadré, la nouvelle page n'utilisera pas les cadres.
_SELF	Implique le chargement d'un lien dans le même cadre que l'élément A qui a créé le lien.
_PARENT	Provoque le chargement d'un lien dans le FRAMESET parent du cadre courant. S'il n'y a aucun FRAMESET parent, les liens sont chargés dans le même cadre.
_TOP	Provoque le chargement d'un lien dans la fenêtre complète de l'explorateur en annulant les cadres. Cela peut être intéressant lorsque vous revenez dans votre page de démarrage.

Le modèle objet de document

Windows est une structure extrêmement complexe d'objets qui s'imbriquent les uns dans les autres. L'organisation générale des objets tels que les boutons, les textes, les images mais aussi les cadres s'appelle le Modèle Objet de Document ou DOM. Dreamweaver MX 2004 manipule parfaitement ce DOM sans que l'utilisateur ne s'en rende compte.

La hiérarchie des objets

Lorsque vous placez un texte, ou un bouton dans une page, vous les placez en réalité dans un document structuré qui dépend d'une hiérarchie d'objets à l'intérieur de Windows (Figure 9.15).

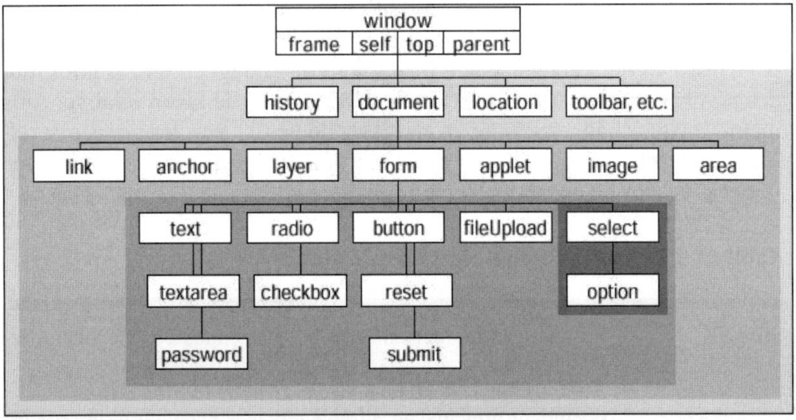

Figure 9.15 : La hiérarchie des objets dans Windows.

En haut de la hiérarchie du modèle objet de document se trouve l'objet window. C'est le container principal de ce que vous voyez dans n'importe quel navigateur Web. Lorsqu'une fenêtre de l'explorateur est ouverte — même si aucun document n'est chargé dans la fenêtre — l'objet window est défini dans le modèle courant en mémoire.

La fenêtre inclut également d'autres paramètres tels que les dimensions de la fenêtre, ce qui entoure la zone de contenu, l'emplacement des barres de défilement, des barres d'outils, mais aussi des barres d'état et de menu. Chaque cadre est également considéré comme un objet window, et peut contenir un document différent.

Quand un script est exécuté dans un de ces documents, il considère le cadre qui contient le document en tant qu'objet window. Dreamweaver MX 2004 traite les documents, les objets et toutes leurs propriétés de façon visuelle sans que l'utilisateur n'ait à s'en préoccuper.

Lorsque vous ouvrez une page Web, le navigateur crée des objets prédéfinis correspondant à la page Web et à l'état du navigateur.

La liste suivante décrit les objets de base du navigateur.

- **NAVIGATOR**. Contient des informations sur le navigateur du visiteur.
- **WINDOW**. Il s'agit de l'objet où s'affiche la page. Il contient des propriétés concernant la fenêtre elle-même mais aussi tous les objets-enfants contenus dans celle-ci

- **LOCATION**. Contient des informations relatives à l'adresse de la page à l'écran.
- **HISTORY**. Il s'agit de l'historique des liens qui ont été visités.
- **DOCUMENT**. Contient des propriétés sur le contenu du document, comme la couleur d'arrière-plan, le titre, etc.

Les objets du navigateur sont classés hiérarchiquement et décrivent la page affichée à l'écran. Vous pouvez ainsi accéder à n'importe quel objet grâce à une désignation dépendant de la hiérarchie. Vous parcourez tous les maillons de l'arbre jusqu'à atteindre l'objet désiré. Pour accéder à un objet du navigateur, il faut parcourir la hiérarchie du navigateur, en partant du sommet, c'est-à-dire l'objet Window. En général, cet accès aux objets s'effectue par un langage de script comme Javascript, VBscript, Perl, PHP, ou un autre.

Dans le cas des cadres, vous pouvez y accéder par le langage HTML lui-même grâce à l'attribut NAME de la balise <FRAME>, comme vous avez pu le constater dans les sections précédentes.

La syntaxe d'accès aux objets est celle en vigueur dans les langages orientés objets. Tout objet est défini par trois parties et cet ensemble forme une classe d'objet.

- **Des propriétés**. Une propriété décrit une caractéristique particulière comme la couleur, la forme ou la position. Certaines propriétés sont modifiables au moment de l'exécution du script, c'est-à-dire dynamiquement. D'autres propriétés ne sont qu'en lecture seule, elles permettent uniquement de récupérer des informations mais on ne peut pas les modifier.
- **Des méthodes**. Une méthode est un verbe d'action qui peut agir sur son environnement.
- **Des événements**. Certains objets comme des boutons ou des listes déroulantes peuvent déclencher des actions. Si vous cliquez sur un bouton dans un formulaire de saisie, vous pourriez décider d'envoyer une information vers un serveur Internet. En d'autres termes un bouton poussoir est structuré de manière à réagir en fonction d'un événement qui peut survenir. Dans le modèle objet de document, de nombreux objets sont programmés pour effectuer certaines actions en fonction de tel ou tel événement.

La Forme d'écriture des propriétés, méthodes et événements est toujours la même.

Pour une propriété liée à un objet, vous écrirez :

- **objet.propriété = constante**

Pour une méthode appliquée à un objet, vous écrirez :

- **objet.Méthode**

Dans le DOM, l'écriture de la hiérarchie des objets est la suivante :

- **window.objet1.objet2.objet3.objet_visé**

Remarque. Un objet window possède un synonyme appelé SELF.

L'organisme World Wide Web (W3C)

Le W3C est l'organisme qui définit les multiples versions du langage HTML et de ses successeurs. Il définit le Modèle Objet de Document (DOM) comme une interface de programmation d'application (API) pour des documents HTML valides et XML bien formés.

Le DOM représente la structure logique d'un document et la manière d'y accéder et de le manipuler. En d'autres termes, le DOM est une structure généraliste qui présente les objets dans les pages Web. Les programmeurs peuvent ainsi construire des documents, naviguer dans leur structure ainsi qu'ajouter, modifier ou effacer des éléments et leur contenu.

Notez que Dreamweaver effectue toutes ces opérations de manière visuelle sans que le concepteur sache qu'il s'agit d'une gigantesque manipulation des objets du DOM. Les documents que vous manipulez possèdent ainsi une structure logique qui ressemble beaucoup à un arbre. Il s'agit plus simplement d'une représentation en arborescence d'un document. On parle de « Modèle Objet de Document » parce qu'il s'agit d'un modèle objet dans le sens traditionnel de la conception orientée objet. En d'autres termes les documents sont modélisés en utilisant des objets, des propriétés et des comportements.

La norme DOM est mise à jour par le World Wide Web Consortium ou W3C (www.w3c.org), qui crée des recommandations universelles, non spécifiques aux applications ou aux vendeurs. Le DOM, tel qu'il est décrit par le W3C, est indépendant du langage et de l'explorateur. Vous pouvez trouver de très nombreuses informations en français à l'adresse suivante (Figure 9.16) :

```
http://xmlfr.org/w3c/TR/REC-DOM-Level-1/introduction.html.
```

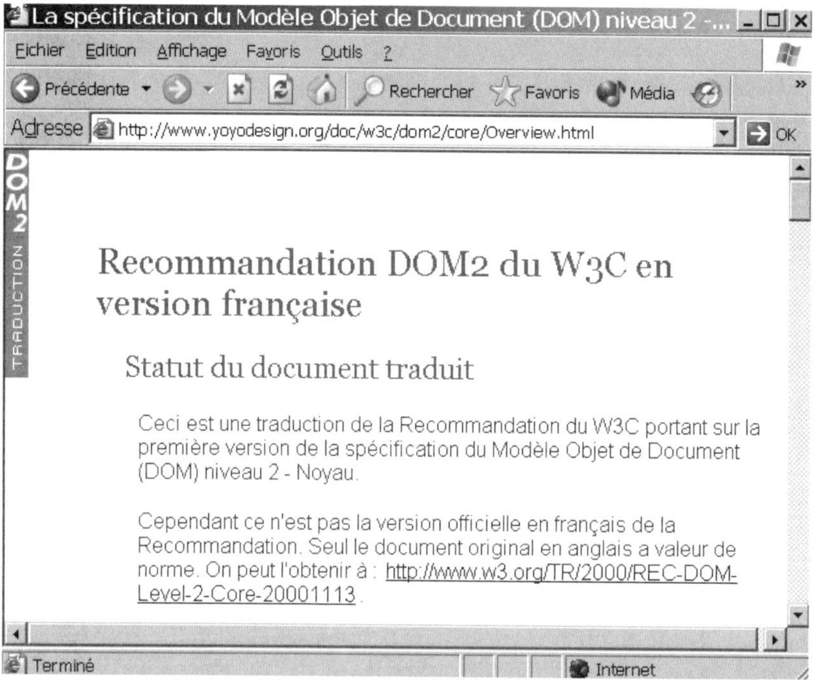

Figure 9.16 : Un site en français relatant les recommandations du W3C.

L'imbrication des cadres

Il est souvent difficile de visualiser le FRAMESET en tant qu'objet window dans la hiérarchie des objets. Vous ne pouvez que cliquer sur le pourtour du cadre dans Dreamweaver tout en faisant apparaître le code sous-jacent. L'explorateur ne montre rien au sujet du FRAMESET, mais cet objet window existe bien dans le modèle objet. En vérité, la fenêtre parent possède un objet document qui lui est associé, mais qui est omis dans le diagramme pour mieux exprimer les relations entre les fenêtres parent et enfant (Figure 9.17).

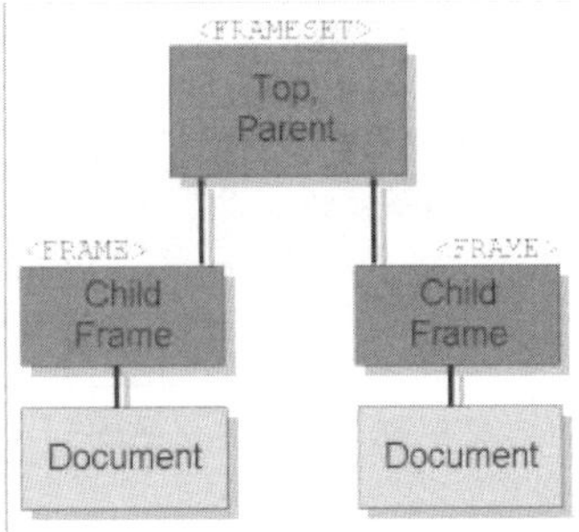

Figure 9.17 : Organisation interne des Frameset.

Le document d'un cadre parent ne peut pas contenir la plupart des objets typiques HTML, tels que des formulaires et des contrôles, et les références au document du parent sont rarement, voire jamais, utilisées. Dans le document encadré, si vous ajoutez un script qui doit accéder à une propriété ou à une méthode de cet objet window, les références sont identiques à n'importe quelle situation de cadre simple. Chaque cadre enfant contient un objet document indépendant que vous voyez dans la fenêtre de l'explorateur. Ce cadre possède les mêmes types de propriétés et de méthodes que l'objet window qui occupe l'explorateur en entier.

Remarque. Du point de vue de la programmation, un script peut accéder à des objets, des fonctions ou des variables à partir de n'importe quelle fenêtre.

Convertisseur de cadre HTML en Javascript

Le langage Javascript est employé massivement sur le Web pour traiter les objets du navigateur, qu'il s'agisse des images, des textes mais aussi des cadres ou des liens. Ce langage est étudié à la fin de ce livre. Cette section présente un convertisseur de HTML en Javascript. Le code proposé doit être remodelé la plupart du temps pour qu'il s'adapte à votre plate-forme et votre environnement de programmation. L'adresse du site Web qui propose cet outil est la suivante `http://www.toulouse-renaissance.net/c_outils/c_convertir.htm` et la figure 9.18 montre la manière de procéder. Copiez-collez votre code HTML dans la fenêtre, puis appuyez sur le bouton HTML-Javascript.

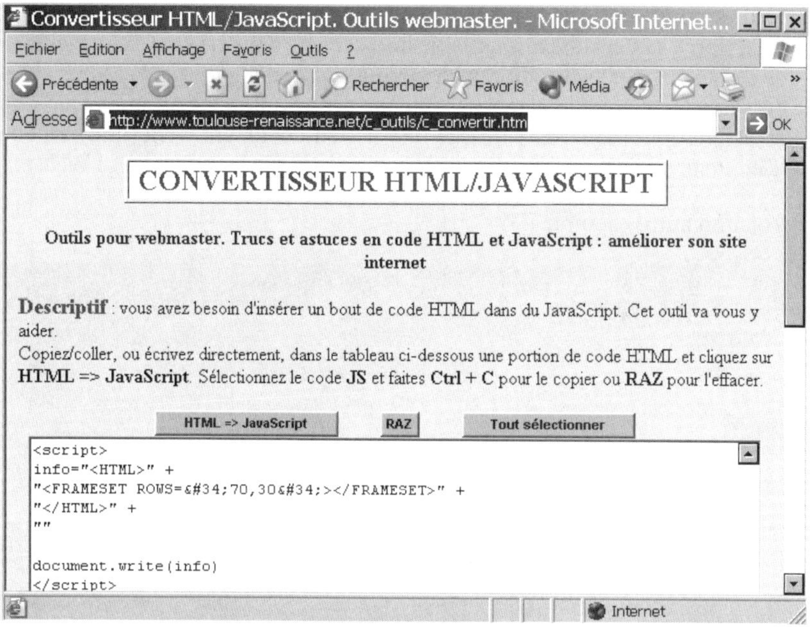

Figure 9.18 : Convertisseur de HTML en Javascript.

Le code suivant montre un exemple de conversion de code HTML en code Javascript.

```
<HTML>
<FRAMESET ROWS="70,30"></FRAMESET>
</HTML>
```

La conversion donne :

```
<script>
info="<HTML>" + "<FRAMESET ROWS=&#34;70,30&#34;>
</FRAMESET>" "</HTML>" + ""
document.write(info)
</script>
```

La description de ce code montre une étiquette <script> qui indique le début du script. Vient ensuite une variable info dans laquelle est stockée une chaîne de caractères. Celle-ci comprend les étiquettes de début de page, cadres et fin de page. Notez que le caractère guillemet est transformé en une chaîne de caractères spécifique **"**. Une instruction **document.write(info)** affiche le contenu de la chaîne de caractères à l'intérieur même de la page Web.

Voici un autre exemple :

```
<HTML>
<FRAMESET ROWS="45,80">
<FRAMESET COLS="50,50">
</FRAMESET>
</FRAMESET>
</HTML>
```

La transformation donne :

```
<script>
info="<HTML>" +
"<FRAMESET ROWS=&#34;45,80&#34;>" +
"<FRAMESET COLS=&#34;50,50&#34;>" +
"</FRAMESET>" +
"</FRAMESET>" +
"</HTML>" +
""
document.write(info)
</script>
```

En résumé

Dans ce chapitre vous avez étudié les cadres et leur manipulation par Dreamweaver MX 2004. Faites bien la distinction entre le jeu de cadres (le FRAMESET) et les cadres enfants (les FRAME), parce que les propriétés sont différentes. Gardez à l'esprit que vous ne pouvez stocker une image ou un texte que dans un cadre Frame. Cela provient de l'organisation particulière du modèle objet de document qui structure complètement la page Web de votre navigateur. Dreamweaver crée automatiquement le code HTML, mais vous pouvez le convertir en langage Javascript. Le chapitre 10 s'intéressera aux feuilles de style.

Chapitre 10

Les feuilles de style

Ce chapitre s'intéresse aux feuilles de style. Vous y découvrirez les principes généraux d'utilisation, la manière de créer des styles avec Dreamweaver, les différentes balises associées et le réel intérêt qu'il y a à les utiliser.

——— Généralités
——— Dreamweaver et les styles
——— Les classes et les balises SPAN et DIV
——— Le modèle en cascade

Généralités

Les feuilles de style représentent un groupement de styles , c'est-à-dire un dispositif performant qui définit l'apparence des paragraphes, des caractères et plus généralement de n'importe quel élément sur votre page Web. Par exemple si vous prenez n'importe quel paragraphe associé à une balise <P> dans le langage HTML, vous pourriez appliquer un style d'apparence sur cet élément <P>. Les feuilles de style facilitent le formatage des pages Web. Le principe de base est la séparation du texte des caractéristiques de la présentation. Tout le formatage bascule du document HTML vers une feuille de style, qui est simplement un fichier texte avec une extension CSS (Cascade Sheet Style ou Feuille de Style en cascade). Dans ce contexte, n'importe quelle page HTML peut utiliser ce format. Il suffit de relier la page HTML au fichier CSS. Notez que tous les changements effectués sur la feuille principale de style seront automatiquement reflétés dans toutes les pages qui la relient.

Ce dispositif est identique aux bibliothèques de code dans Dreamweaver qui s'appliquent aux différentes pages. La liste suivante rappelle les avantages des feuilles de style.

- La mise en forme est complètement séparée du contenu.
- Tous les changements effectués sur la feuille de styles se répercutent automatiquement dans toutes les pages qui utilisent cette feuille.
- Un modèle de feuille de styles en cascade permet de définir plusieurs niveaux de styles.
- Le temps de chargement des pages est réduit.
- L'écriture des styles est plutôt concise et rigoureuse.

Comment écrire un style ?

La syntaxe d'écriture d'un style est très simple :

```
BALISE {style_1:valeur_1;style_2:valeur_2}
```

Par exemple, le code suivant montre le formatage du corps de la page par l'utilisation de la balise BODY.

```
BODY {font-family:Arial ; font-style:italic}
```

Comme vous pouvez le constater dans les deux exemples précédents, les styles sont entourés d'accolade { et }. Le style est séparé de la valeur par deux points (:), et chaque couple (style:valeur) est séparé d'un autre couple par un point-virgule. Vous pouvez aussi écrire les styles sur plusieurs lignes pour faciliter la lecture. Par exemple :

```
BODY {
font-family:Arial ;
font-style:italic
}
```

Attribuer un style à plusieurs balises

Vous pouvez attribuer un style à plusieurs balises sur la même ligne en écrivant la formule suivante :

```
BALISE1, BALISE2, BALISE3 {style_1:valeur_1;style_2:valeur_2}
```

Par exemple :

```
H1,H2,H3 {font-family:verdana; font-style:iatlic}
```

Où placer un style dans la page HTML ?

La manière la plus simple et la plus logique consiste à placer le style dans la partie <HEAD> du document. De cette façon, les éléments de mise en forme sont complètement séparés du contenu. En insérant dans cette partie HEAD l'expression <style type="text/css">, vous indiquez à l'explorateur que vous désirez employer le principe des styles. Le code suivant indique un style en italique et une police Arial pour la partie <BODY> de votre page. Tout le texte placé dans cette partie BODY sera présenté avec cette police.

```
<html>
<style type="text/css">
BODY { font-family:Arial, Helvetica, sans-serif; font-style:italic}
</style>
<head>
<body>
Hello, Les styles avec Dreamweaver, c'est du gâteau
</body>
</html>
```

Dreamweaver et les styles

Dreamweaver MX 2004 propose un système d'écriture des styles extrêmement perfectionné. Vous disposez également d'un panneau de visualisation de toutes les propriétés de présentation.

Comment utiliser Dreamweaver pour définir les styles ?

Lorsque vous tapez l'instruction <Style= dans la fenêtre de code de Dreamweaver, une fenêtre (Figure 10.1) s'affiche et présente toutes les options possibles. Vous choisissez alors celle que vous désirez en appuyant sur la touche Entrée ou Tabulation. Tous les paramètres des styles sont ainsi disponibles par l'intermédiaire de ce système d'aide à l'écriture des instructions HTML.

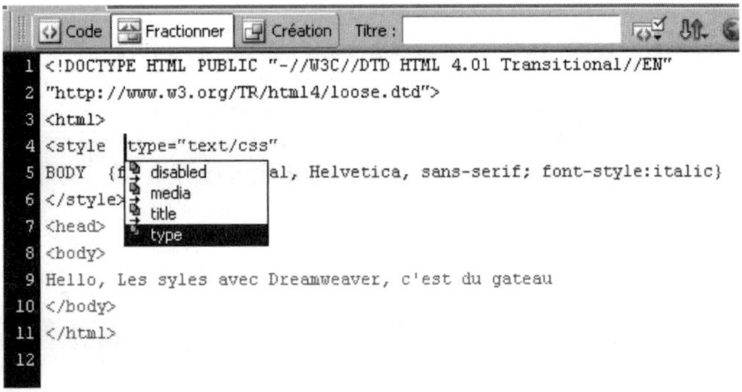

Figure 10.1 : Le système d'aide à l'écriture automatique des styles.

Une fois les styles définis, vous pouvez afficher le panneau Styles CSS (Figure 10.2) pour visualiser l'ensemble des paramètres affectés aux styles. Effectuez les opérations suivantes pour afficher ce panneau.

1. Cliquez dans l'option de menu Fenêtre.
2. Sélectionnez Style CSS.

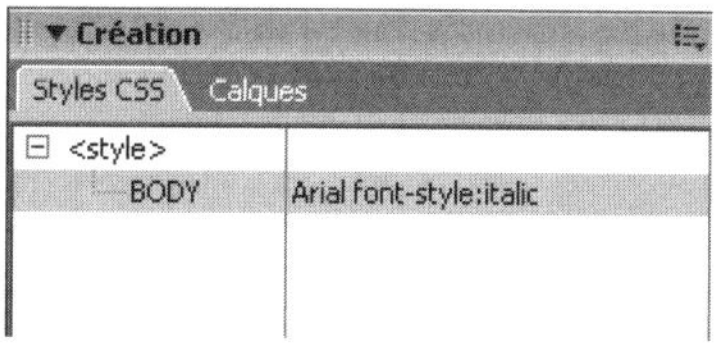

Figure 10.2 : Le panneau Style CSS.

Si vous double-cliquez sur le nom de la police, vous afficherez les règles du style pointé. La figure 10.3 montre cette fenêtre qui facilite la modification des propriétés du style.

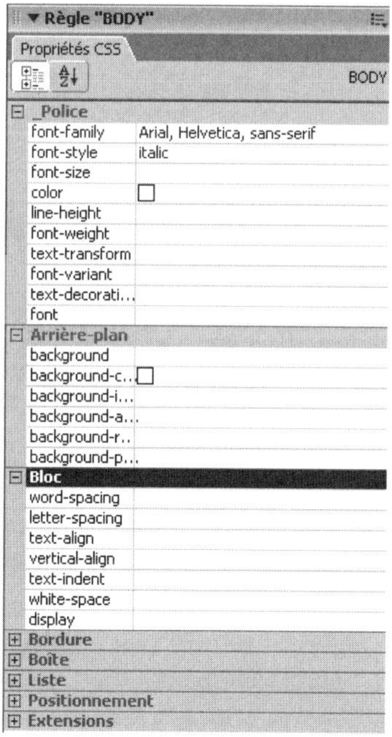

Figure 10.3 : Les règles des styles.

Remarque : Si vous désirez changer de police de caractère, cliquez dans la colonne de droite et modifiez la police dans la liste. Vous pourrez constater que le nom de la police se transforme automatiquement dans le code.

Les styles imbriqués

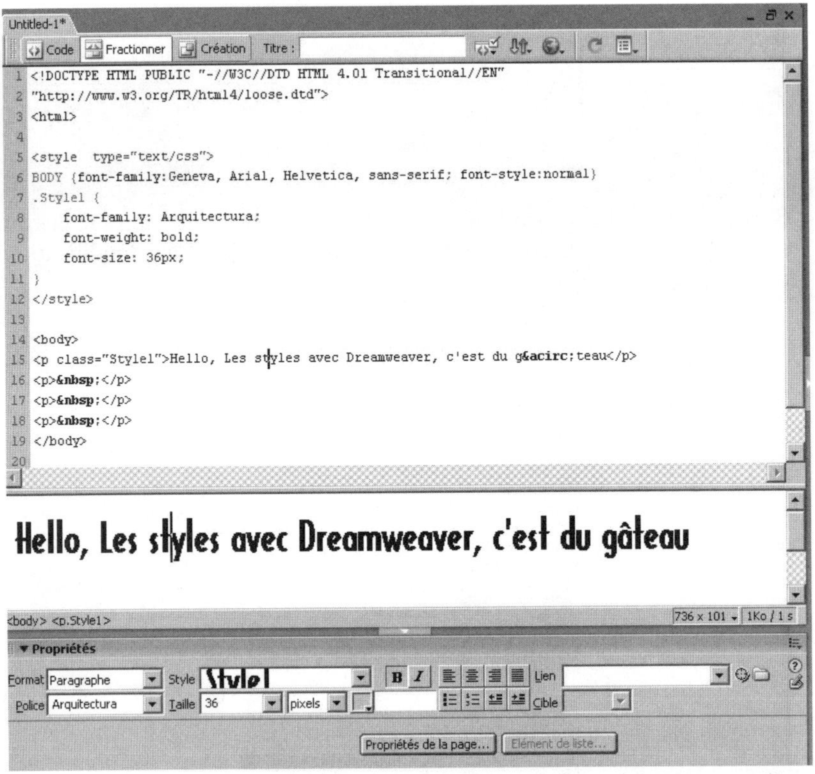

Figure 10.4 : Les styles imbriqués automatiquement mis en place avec Dreamweaver MX 2004.

Les styles peuvent être imbriqués les uns dans les autres. Par exemple le code suivant montre une écriture très typique de l'imbrication des styles. Remarquez le point (.) précédant le nom d'un style (.Style1).

```
<style  type="text/css">
BODY {font-family:Geneva, Arial, Helvetica, sans-serif; font-style:normal}
.Style1 {
    font-family: Arquitectura;
    font-weight: bold;
    font-size: 36px;
}
</style>
```

Dreamweaver crée automatiquement cette imbrication lorsque vous modifiez l'apparence d'un texte, alors que le style est défini dans la partie en-tête de la page (Figure 10.4).

Les balises employées dans les styles et en HTML4

Pour connaître l'ensemble des balises que vous pouvez employer dans Dreamweaver, affichez la bibliothèque des balises (Figure 10.5).

1. Cliquez sur l'option de menu Edition.
2. Sélectionnez Bibliothèque des balises.
3. Cliquez sur le petit signe plus (+) pour choisir le langage et la balise souhaités.

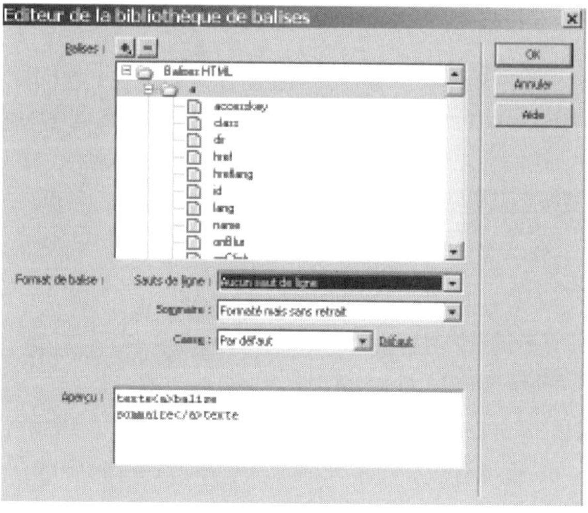

Figure 10.5 : La bibliothèque des balises.

Les balises principales que vous employez dans les styles peuvent être regroupées en 5 groupes.

- **BODY**. Il s'agit de l'ensemble des balises qui s'appliquent à la page, par exemple la couleur du fond de la page, les polices, la taille des caractères.
- **P**. C'est la balise qui commande la présentation générale des paragraphes.
- **TD**. Il s'agit de la balise qui commande la présentation dans les cellules des tableaux.
- **UL, OL et LI**. Il s'agit des balises qui commandent la présentation des listes à puce (UL), des listes numérotées (OL) et de chacun de leurs éléments (LI).
- **H1, H2...H6**. Ce sont les balises qui commandent la présentation des différents niveaux de titres. Si on redéfinit ces balises H1, H2, il est très important de conserver leur signification logique (H1 pour les titres les plus importants, H2 pour des titres de 2e niveau, etc.). De cette manière, si la page est lue avec un navigateur qui ne comprend pas les styles, l'importance relative des différents titres et la structure logique de la page seront préservées.

Si vous désirez consulter l'ensemble des balises disponibles pour les styles dans Dreamweaver MX 2004, effectuez les opérations suivantes :

1. Cliquez sur l'option de menu Texte.
2. Sélectionnez Style CSS.
3. Choisissez l'option Nouveau.

La figure 10.6 montre la boîte de dialogue de création d'un nouveau style.

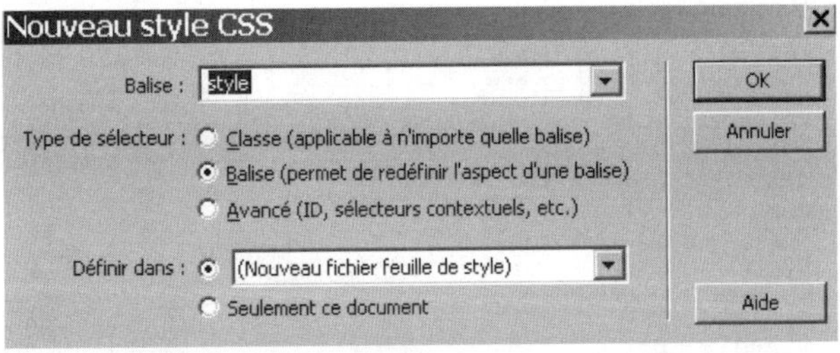

Figure 10.6 : La boîte de création d'une nouvelle feuille de style.

Dans la zone Type de sélecteur, sélectionnez Balise, puis cliquez sur la liste déroulante Balise. La figure 10.7 montre l'ensemble des balises que vous pouvez associer aux styles.

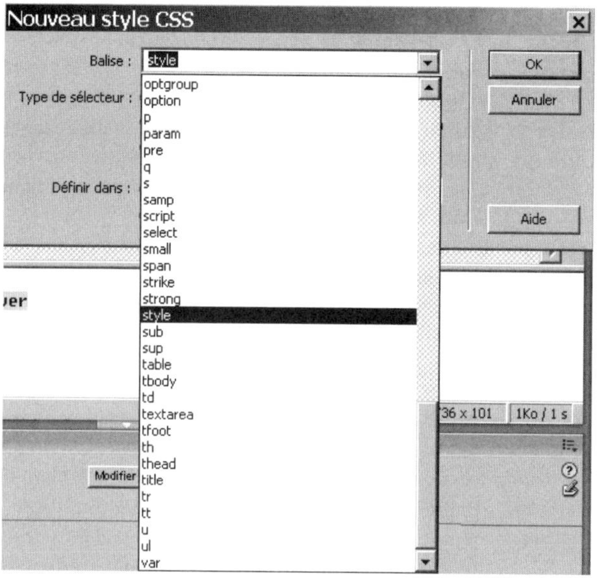

Figure 10.7 : Les balises disponibles pour les styles.

Remarque. Une règle de style est une déclaration (Font-family: helvetica) liée à un sélecteur (P, H1 ou autre) qui est une chaîne de caractères. Cette chaîne identifie les éléments sur lesquels s'applique la règle correspondante. Un sélecteur peut être simple (H1) ou bien contextuel (plusieurs sélecteurs simples). Considérez l'expression H1 {color:blue}. Cette règle consiste en deux parties : un sélecteur (H1) et une déclaration (color:blue). La déclaration comprend deux parties : la propriété (color) et la valeur associée (blue). Cette combinaison est une fonction fondamentale des feuilles de style qui agira sur la présentation finale du document. La propriété color fait partic dc la cinquantaine de propriétés qui déterminent la présentation d'un document HTML.

Le tableau 10.1 rappelle l'ensemble des balises HTML 4 par ordre alphabétique. Certaines informations sont issues du site http://www.themanualpage.org/html/html_tags.php3#Z.

Tableau 10.1 : Les balises HTML 4.

Balise	Description
<A>	Définit un lien (anchor en anglais).
<ABBR>	Balise de mise en forme. Indique une abréviation.
<ACRONYM>	Balise de mise en forme. Indique un acronyme.
<ADDRESS>	Balise de mise en forme. Utilisée pour mettre en relief des informations sur l'auteur.
<APPLET>	Insère une applet Java. Il s'agit d'une balise déconseillée. Il vaut mieux utiliser <OBJECT> à la place.
<AREA>	Permet de définir des zones sensibles pour une image. Utilisée dans un groupe <MAP>.
<B>	Balise de mise en forme. Met le texte en gras.
<BASE>	Définit le chemin absolu à partir duquel toutes les URI relatives du document vont être calculées. Doit être placé dans l'en-tête du document HTML.
<BASEFONT>	Définit la taille de base pour les polices utilisées avec <FONT>. Cette balise est déconseillée.
<BDO>	Permet d'outrepasser l'ordre de lecture et d'affichage des mots (utilisée lorsque des pages contiennent du texte qui doit se lire de la droite vers la gauche, par exemple).
<BIG>	Balise de mise en forme. Ecrit du texte plus gros.
<BLOCKQUOTE>	Balise de mise en forme. Ecrit du texte dans un format spécial (police et tabulation). Utilisée pour des citations.
<BODY>	Délimite le corps de la page HTML.
 	Insère un saut de ligne simple.
<BUTTON>	Affiche un bouton dans un formulaire, mais avec plus de possibilités que <INPUT type="button">.
<CAPTION>	Permet de donner une description à un tableau. Cette balise doit suivre immédiatement la balise <TABLE> et il ne peut y en avoir qu'une.
<CENTER>	Centre un élément au milieu de la page HTML ou d'une cellule de tableau. Il vaut mieux utiliser la balise <DIV align="center"> à la place.
<CITE>	Balise de mise en forme. Utilisée lorsque l'on cite un nom, une référence.
<CODE>	Balise de mise en forme. Affiche le texte dans une police spéciale. Utilisée pour afficher du code source.
<COL>	Permet de donner des attributs à une colonne de tableau.
<COLGROUP>	Permet de rassembler plusieurs éléments <COL>.
<DD>	Indique le corps de la définition d'un mot que l'on définit dans une séquence <DL>.

Balise	Description
<DEL>	Balise de mise en forme. Utilisée pour signaler un changement ou bien qu'un élément a été supprimé ou n'est plus valable. Concrètement, le texte est barré. À utiliser avec <INS>.
<DFN>	Balise de mise en forme. Désigne une instance d'objet.
<DIR>	N'est (pratiquement) plus utilisée.
<DIV>	Permet d'appliquer un style, des comportements à des éléments quelconques. Cette balise donne tout son sens au DHTML.
<DL>	Indique une liste de définitions.
<DT>	Annonce le mot défini dans une liste de définitions <DL>.
<EM>	Balise de mise en forme. Utilisée pour mettre un élément en italique.
<FIELDSET>	Permet de regrouper des éléments d'une zone <FORM>.
<FONT>	Balise de mise en forme. Permet de changer les attributs de couleur, de taille et de police d'une portion de texte. Son utilisation devient obsolète avec les feuilles de style.
<FORM>	Balise de formulaire.
<FRAME>	Définit une frame dans une zone <FRAMESET>.
<FRAMESET>	Conteneur principal pour les frames (cadres).
<H1>	Définit un titre de niveau 1.
<H2>	Définit un titre de niveau 2.
<H3>	Définit un titre de niveau 3.
<H4>	Définit un titre de niveau 4.
<H5>	Définit un titre de niveau 5.
<H6>	Définit un titre de niveau 6.
<HEAD>	Définit la zone d'en-tête d'une page HTML.
<HR>	Affiche une ligne horizontale.
<HTML>	Balise délimitant une page HTML.
<I>	Balise de mise en forme. Affiche du texte en italique.
<IFRAME>	Permet d'insérer un cadre ou une fenêtre dans le corps d'une page HTML.
<IMG>	Insère une image.
<INPUT>	Elément définissant un contrôle dans un formulaire. Cela peut être un bouton poussoir, un bouton radio, une case à cocher, une zone de texte.
<INS>	Balise de mise en forme. Contrairement à <DEL>, permet de mettre en relief ce qui est nouveau. Le texte peut par exemple apparaître souligné. À utiliser avec <DEL>.
<ISINDEX>	Insère une zone de texte. Cette balise est déconseillée, il vaut mieux utiliser <INPUT> à la place.

Balise	Description
<KBD>	Balise de mise en forme. Indique un texte à rentrer par l'utilisateur ("tapez quelque chose dans la zone de texte ci-dessous").
<LABEL>	Définit une « étiquette » associée à un contrôle de formulaire.
<LEGEND>	Permet de donner une légende à une zone <FIELDSET>.
<LI>	Elément d'une liste (numérotée ou à puces).
<LINK>	Permet de définir des relations entre pages HTML. Cette balise ne peut apparaître que dans l'en-tête de la page HTML.
<MAP>	Définit une zone sensible pour différents éléments (<IMG>, <OBJECT> ou <INPUT>).
<MENU>	Etait utilisée au début du HTML pour définir un menu.
<META>	Définit des méta-informations sur la page HTML (situées dans la zone en-tête de la page).
<NOFRAMES>	Utilisée pour indiquer un message à afficher lorsque le client ne supporte pas les frames.
<NOSCRIPT>	Utilisée pour indiquer un message à afficher lorsque le client ne peut pas exécuter les scripts de la page.
<OBJECT>	Utilisée pour définir un objet non « conventionnel ».
<OL>	Définit une liste numérotée. Utilisée au même titre que <UL>.
<OPTGROUP>	Permet de regrouper des balises <OPTION>.
<OPTION>	Définit un élément à ajouter dans la liste déroulante.
<P>	Délimite un paragraphe.
<PARAM>	Définit un paramètre pour un <OBJECT> ou une <APPLET>.
<PRE>	Délimite une zone de texte préformatée ; le texte va s'afficher tel qu'il a été tapé dans la page HTML.
<Q>	Balise de mise en forme. Comme <BLOCKQUOTE>, définit une citation, mais plus courte.
<S>	Balise de mise en forme. Barre du texte.
<SAMP>	Balise de mise en forme. Utilisée pour représenter des extraits de code de programme ou de script.
<SCRIPT>	Permet d'insérer un script (JavaScript, VBScript) dans la page HTML
<SELECT>	Liste déroulante.
<SMALL>	Balise de mise en forme. Ecrit du texte plus petit.
<SPAN>	Comme <DIV>, permet d'appliquer un style et des propriétés, mais seulement à du texte.
<STRIKE>	Balise de mise en forme. Barre du texte.
<STRONG>	Balise de mise en forme pour le gras.
<STYLE>	Définit les styles.

Balise	Description
<SUB>	Balise de mise en forme. Passe du texte en indice.
<SUP>	Balise de mise en forme. Passe du texte en exposant.
<TABLE>	Définit un tableau.
<TBODY>	Rassemble plusieurs lignes d'un tableau pour en constituer le corps principal (comme des paragraphes). Il peut y avoir plusieurs <TBODY> dans un même tableau.
<TD>	Délimite une cellule d'un tableau.
<TEXTAREA>	Définit une zone de texte dans un formulaire.
<TFOOT>	Définit une ligne d'un tableau comme étant le pied du tableau (dernière ligne). Doit apparaître avant un <TBODY>.
<TH>	Définit une cellule au format en-tête dans un tableau.
<THEAD>	Définit une ligne d'un tableau comme étant une ligne d'en-tête (première ligne). Doit apparaître avant un <TBODY>.
<TR>	Définit une ligne dans un tableau.
<TT>	Balise de mise en forme. Affiche le texte à la façon machine à écrire (texte en TeleType).
<U>	Balise de mise en forme. Souligne du texte.
<UL>	Délimite une zone de liste à puces.
<VAR>	Balise de mise en forme. Désigne une variable ou un argument de programme.

Créer un style sans taper le code

Dreamweaver MX 2004 vous permet de créer un style sur n'importe quelle balise grâce à la boîte de dialogue Nouveau style CSS. Il suffit de sélectionner une balise de votre choix, puis de définir les caractéristiques du style dans une autre boîte de dialogue, en indiquant que le style s'applique au document seulement. Notez qu'il est possible de créer une feuille de style CSS, c'est-à-dire un fichier de texte qui stocke toutes les spécificités des différents styles. Un tel fichier peut ainsi être réutilisé par la suite pour plusieurs pages HTML.

Pour créer un style sur la page en cours, effectuez les opérations suivantes :

1. Créez une page HTML vierge.
2. Tapez n'importe quel texte dans la page.
3. Cliquez sur l'option de menu Texte / Styles CSS
4. Sélectionnez Nouveau.

5. Dans la boîte de dialogue Nouveau Style CSS, choisissez une balise et l'option Seulement ce document. La figure 10.8 montre le choix de la balise P.

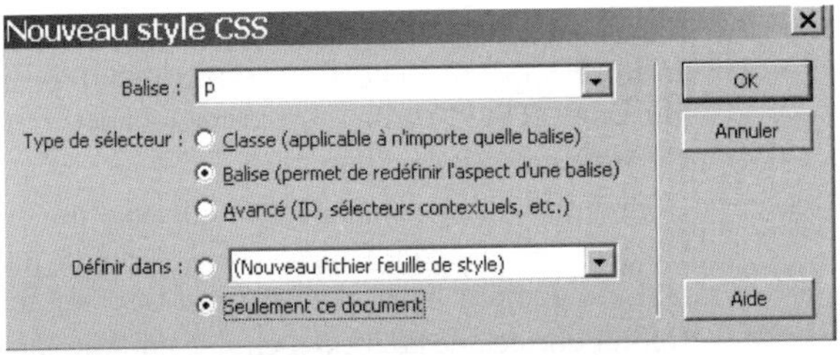

Figure 10.8 : Choix d'un style pour le document en cours.

6. Cliquez sur le bouton OK.
7. Définissez les styles pour cette balise (Figure 10.9) dans la catégorie Type.

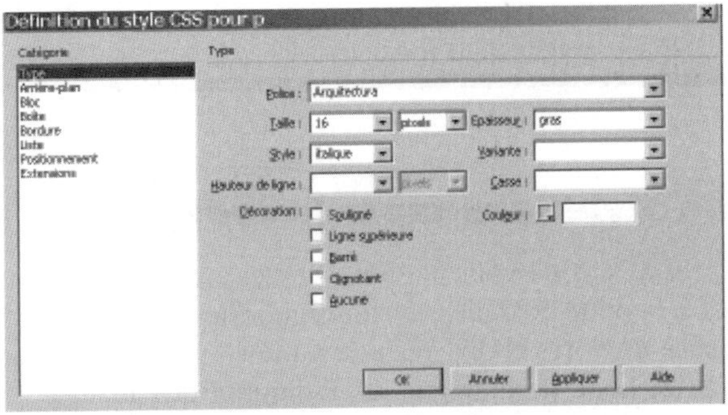

Figure 10.9 : Choix des caractéristiques du style appliqué à la balise.

8. Cliquez sur le bouton Appliquer.

Vous pourrez constater que l'écriture du style s'effectue automatiquement dans la fenêtre de Code. Si Dreamweaver spécifie un nom de style qui ne vous convient pas, vous pouvez le changer dans la fenêtre de code.

```
<style type="text/css">
<!--
p {
    font-size: 16px;
    font-style: italic;
    font-weight: bold;
    color: #000000;
    font-family: Arquitectura;
}
-->
</style>
```

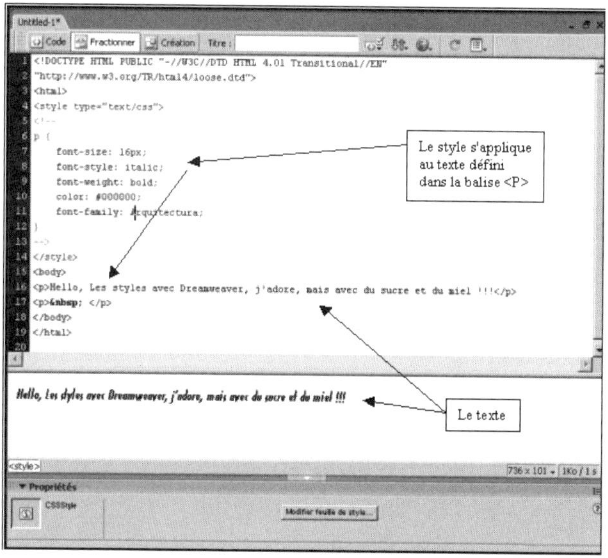

Figure 10.10 : Dreamweaver écrit le style automatiquement dans la fenêtre de code.

Remarque. On dit souvent que l'ensemble des styles définis dans la partie du code forme la feuille de style, même si celle-ci ne provient pas d'un fichier externe.

Dans cet exemple, le style s'applique à la balise <P>, mais vous pourriez décider de créer des styles différents, nommés de façon personnalisée, et qui s'appliqueraient sur n'importe quelle autre balise.

Les classes, les balises ID, DIV et SPAN

Les classes permettent d'appliquer des styles différents sur n'importe quelle balise. D'autres attributs facilitent le positionnement des objets et la présentation générale du texte dans la page grâce aux feuilles de style et à certaines balises ID, DIV et SPAN

L'attribut CLASS

L'attribut CLASS permet de formater un élément avec un style déjà défini dans la feuille de style du document. Le code suivant montre un exemple d'un style nommé VERT accroché à une balise H1. L'attribut CLASS applique physiquement le style sur la balise H1

```
<HTML>
 <HEAD>
 <STYLE TYPE="text/css">
    H1.VERT { color: #00FF33}
  </STYLE>
</HEAD>
<BODY>
  <H1 CLASS=VERT>DREAMWEAVER EST OUVERT</H1>
</BODY>
</HTML>
```

Considérez le code suivant et remarquez que le style nommé BLEU n'est accroché à aucune balise spécifique. Il y a simplement un point qui précède le nom du style. Ce dispositif permet d'appliquer le style à plusieurs balises, grâce à l'attribut CLASS.

```
<HTML>
 <HEAD>
 <STYLE TYPE="text/css">
    .BLEU { color: #0066FF}
  </STYLE>
</HEAD>
<BODY>
<H1 CLASS="BLEU">DREAMWEAVER EST OUVERT</H1>
```

```
<P class="BLEU">L'HORIZON EST TOUT BLEU </P>
</BODY>
</HTML>
```

Notez qu'une fois le style nommé correctement dans la fenêtre de code, vous pouvez sélectionner le nom du style dans le panneau des propriétés, comme le montre la figure 10.11.

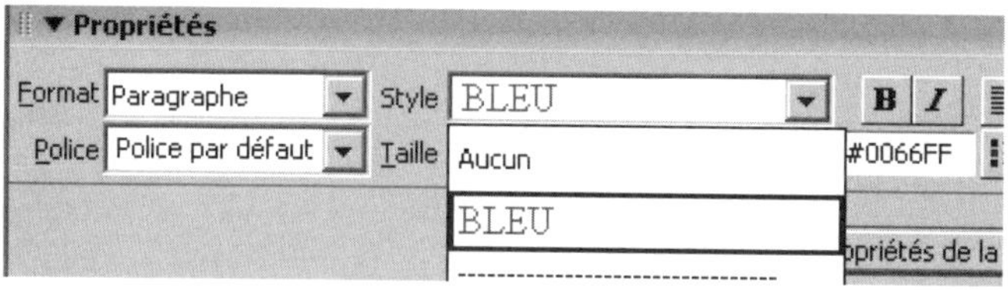

Figure 10.11 : Les styles nommés sont accessibles dans le panneau des propriétés.

L'identificateur du sélecteur

HTML a introduit l'attribut ID pour garantir le caractère d'unicité d'un objet dans un document. Il peut être utilisé également en tant que sélecteur dans la feuille de style, où on l'adresse en le faisant précéder d'un signe dièse '#'.

```
<HTML>
 <HEAD>
 <STYLE TYPE="text/css">
    #1 {color: #00FF33}
  </STYLE>
</HEAD>
<BODY>
<P ID=1>DREAMWEAVER EST OUVERT</H1>
</BODY>
</HTML>
```

Dans l'exemple ci-dessus, le sélecteur ID vise l'élément 'P' en relation avec le numéro défini dans le style. En utilisant l'attribut ID comme sélecteur, on peut fixer des propriétés de style par élément.

Les commentaires dans les styles

Vous pouvez placer des commentaires dans la définition des feuilles de style CSS. Commencez le commentaire par l'expression /* et terminez-le par l'expression */. Notez que les commentaires ne peuvent pas être imbriqués.

```
<HTML>
<HEAD>
<STYLE TYPE="text/css">
.EM {color:#CC0099}  /* rouge, tout rouge ! */
</STYLE>
</HEAD>
<BODY>
<P class="EM">DREAMWEAVER 2004</H1>
</BODY>
</HTML>
```

Quelques styles très souvent utilisés

Le tableau 10.2 détaille des styles que vous rencontrerez assez souvent dans les feuilles de style au sein des pages Internet.

Tableau 10.2 : Des styles divers.

Style	Description
Border	Regroupe les propriétés des bords.
border-bottom-width	Définit l'épaisseur du bord inférieur.
border-left-width	Définit l'épaisseur du bord gauche.
border-style	Détermine le style du trait de la bordure. Les valeurs sont : none, solid, dotted, dashed, double, groove, ridge, insert ou outset.
border-top-width	Définit l'épaisseur du bord supérieur.
border-top-width	Définit l'épaisseur du bord droit.
border-width	Regroupe les propriétés de border-width.
color	Définit la couleur du texte. H1{color:red}
font	Raccourci pour les différentes propriétés de police. H1{font:bold italic}
font-family	Définit un nom ou une famille de polices. H1{font-family:Arial}

Style	Description
font-size	Définit la taille de la police : s-small, medium, large, une valeur numérique en points (pt), centimètres (cm), pixels (px), pourcentage (%). H1{font-size:15}
font-style	Définit le style de l'écriture (normal ou italique). H1{font-style:italic}
font-variant	Définit une variante de la normale (normal ou smallcaps). H1{font-variant:small-caps}
font-weight	Définit l'épaisseur de la police : normal, bold, lighter ou une valeur numérique. H1{font-weight:bold}
height	Détermine la hauteur d'un élément de texte ou d'une image. H1{height:300px}
letter-spacing	Définit l'espace entre les lettres en points (pt), inches (in), centimètres (cm), pixels (px), pourcentage (%). P{letter-spacing:2pt}
line-height	Définit l'interligne entre les lignes de texte en points (pt), inches (in), centimètres (cm), pixels (px), pourcentage (%). P{line-height:14pt}
List-style	Regroupe toutes les propriétés de liste.
list-style-image	Permet de remplacer les puces par des images. Les valeurs sont : url ou none.
list-style-position	Spécifie si les puces sont à l'intérieur ou à l'extérieur du texte. Les valeurs sont inside ou outside.
List-style-type	Détermine le type de puces ou de numérotation. Les valeurs sont : disc, circle, square, decimal, lower-roman, upperroman, lower-alpha ou upper-alpha. OL{list-style-type:square}.
margin-bottom	Détermine la valeur de la marge inférieure. Les valeurs sont auto ou les autres unités de valeur. {margin-bottom:5px}
margin-left	Détermine la valeur de la marge gauche. Les valeurs sont auto ou les autres unités de valeur. {margin-left:5px}
margin-right	Détermine la valeur de la marge droite. Les valeurs sont auto ou les autres unités de valeur. {margin-right:10px}
margin-top	Détermine la valeur de la marge supérieure. Les valeurs sont auto ou les autres unités de valeur. {margin-top:5px}
padding	Regroupe les différentes propriétés.

Style	Description
padding-bottom	Espace entre l'élément et le bord bas.
padding-left	Espace entre l'élément et le bord gauche.
padding-right	Espace entre l'élément et le bord droit.
padding-top	Espace entre l'élément et le bord haut.
text-align	Définit l'alignement du texte : left, center, right ou justify. H1{text-align:center}
text-decoration	Définit un texte barré, clignotant ou autre. Les valeurs sont : blink, underline, line-through, overline ou none. P{text-decoration:blink}
text-indent	Définit un retrait de première ligne. P{text-indent:2cm}
text-transform	Définit la casse du texte, uppercase (majuscule), lowercase (minuscule) ou capitalize (1ère lettre en majuscule). P{text-transform:uppercase}
white-space	Détermine un espace ou un blanc. Les valeurs sont : normal, pre ou nowrap. PRE{white-space:pre}
width	Détermine la longueur d'un texte ou d'une image. H1{width:300px}
word-spacing	Définit l'espace entre les mots, en points (pt), inches (in), centimètres (cm), pixels (px), pourcentage (%). P{word-spacing:10pt}

L'élément DIV

Dans une page HTML, un élément <DIV> (division) permet de regrouper un bloc d'éléments HTML. Il occupe une zone rectangulaire rouge dans Dreamweaver MX 2004 et peut comporter des attributs de style CSS. Un style peut être inséré directement dans un élément <DIV> ou être référencé à partir d'une feuille de style via un attribut <CLASS> ou <ID>. L'élément <DIV> ne peut pas être utilisé avec un élément <P>, parce que <DIV> fait partie de ces balises qui servent à structurer le document, par opposition à la structuration du texte lui-même. Par exemple vous employez la balise <DIV> pour diviser un document en plusieurs sections. Celles-ci seront alignées chacune d'une façon différente avec des polices différentes. Pour créer une zone DIV visuellement avec Dreamweaver, effectuez les opérations suivantes :

1. Créez une page HTML vierge.
2. Cliquez sur l'option de menu Insertion
3. Sélectionnez Objets Mise en Forme.
4. Choisissez Balise DIV.
5. Dans la boîte de dialogue qui apparaît (Figure 10.12), indiquez le nom de la classe et appuyez sur le bouton OK. La balise <DIV> englobe un groupe de propriétés dans la page. Vous pouvez insérer plusicurs balises DIV dans la page.

Figure 10.12 : DIV groupe des propriétés.

Après avoir défini une classe pour la balise <DIV>, Dreamweaver affiche le texte **Placez ici le contenu de class "CL1"** et un rectangle rouge (Figure 10.13) est visible lorsque vous survolez la page avec le pointeur de la souris. Vous pouvez écrire un contenu et définir une présentation avec une police, une taille de texte et toutes les propriétés que vous jugez utiles.

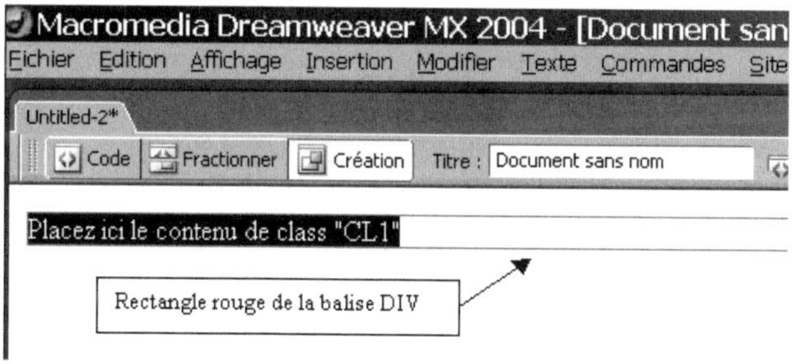

Figure 10.13 : La balise DIV est visuelle dans Dreamweaver MX 2004.

Le code suivant montre un exemple de deux balises DIV qui présentent du texte de manière différente (Figure 10.14).

```
<!DOCTYPE HTML PUBLIC "-//W3C//DTD HTML 4.01 Transitional//EN"
"http://www.w3.org/TR/html4/loose.dtd">
<html>
<head>
<title>Document sans nom</title>
<meta http-equiv="Content-Type" content="text/html; charset=iso-8859-1">
<style type="text/css">
<!--
.P1 {
    font-size: 18px;
    font-family: Verdana, Arial, Helvetica, sans-serif;
}
.Style2 {font-weight: bold}
-->
</style>
</head>

<body>
 <div class="CL1">
   <p class="P1">REUNION COMPTABILITE</p>
   <p class="P1">9 H - 10H30</p>
   <p class="P1">SALLE </p>
   <p> </p>
   <p> </p>
</div>
<p class="Style2"> </p>
 <div class="cl2">
   <blockquote>
     <blockquote>
       <blockquote>
         <blockquote>
           <blockquote>
             <p align="right"><strong>CARACTERISTIQUES TECHNIQUES DES EFFETS DE BORD
<br>
              FLUX FINANCIERS
                <br>
                SORTIE DES VARIABLES </strong></p>
           </blockquote>
         </blockquote>
       </blockquote>
     </blockquote>
   </blockquote>
 </div>
```

```
  <p class="Style2"> </p>
  <p class="Style2"> </p>
  <p class="Style2"> </p>
</body>
</html>
```

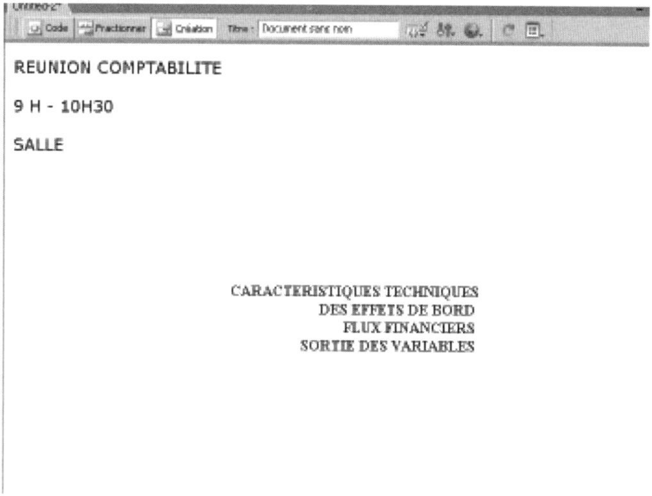

Figure 10.14 : Les balises DIV permettent de regrouper des zones de présentation différentes.

Remarque. La balise <DIV> est assez similaire à la balise <SPAN> mais <DIV> est une balise encadrant tout un « bloc » du document. Elle peut contenir des paragraphes, des titres, des tableaux, et même d'autres divisions. <DIV> est la balise idéale pour marquer différentes sortes de blocs tels que les chapitres, les résumés ou les notes.

L'élément SPAN

Un élément <SPAN> (étendre en anglais) est un élément utilisé pour modifier le style de certains mots d'un paragraphe ou d'un élément <DIV>. En général on utilise d'abord la balise DIV pour effectuer la présentation d'un groupe de mots ou de textes à l'aide des styles CSS. On modifie ensuite le texte inclus entre les éléments <DIV>, en regroupant certains mots dans des éléments <SPAN>, afin de les faire ressortir sur la page. On peut aussi employer la balise SPAN pour positionner très précisément un texte ou un calque dans le corps de la page. La figure 10.15 montre un calque positionné dans une page en mode création. En analysant le code produit par Dreamweaver, vous constaterez que la balise SPAN utilise les attributs de positionnement du texte.

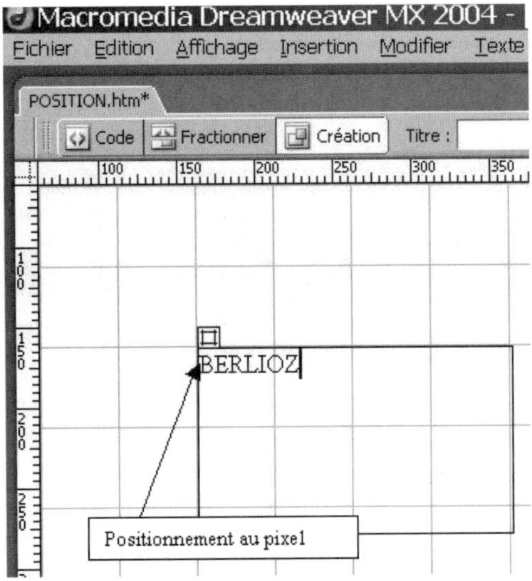

Figure 10.15 : Utilisation de la balise SPAN pour placer un calque et un texte très précisément sur la page Web.

```
<!DOCTYPE HTML PUBLIC "-//W3C//DTD HTML 4.01 Transitional//EN"
"http://www.w3.org/TR/html4/loose.dtd">
<html>
<body>
<SPAN id="Layer1" style="position:absolute; width:200px; height:115px; z-index:1;
left: 102px; top: 102px;">BERLIOZ</SPAN>
</body>
</html>
```

Dans le code ci-dessus, certains attributs permettent de positionner le texte de façon précise.

- **ID**. Identificateur.

- **Position:absolute**. Indication d'une position précise par unité.
- **Width**. Largeur du texte.
- **Height**. Hauteur du texte.
- **Left**. Position à partir du bord gauche de la page.
- **Top**. Position à partir du haut de la page en descendant.

Remarque. Pour positionner un texte au pixel près, employez la propriété **style="position:absolute"** dans les balises SPAN ou DIV.

La liste suivante détaille les unités utilisées dans Dreamweaver au cours de la définition des styles.

- **em**. Hauteur de la police courante de l'élément.
- **ex**. Hauteur de la lettre x.
- **px**. Pixels.
- **in**. Inches, pouces (1 pouce = 2,54 cm).
- **cm.** Centimètres.
- **mm.** Millimètres.
- **pt.** Point (1 point = 1/72e de pouce).
- **pc.** Pica (1 pica = 12 points).

Remarque. Quand vous indiquez les valeurs absolues pour des éléments positionnés sur la page, spécifiez plutôt l'unité en pixels. Un écran peut être paramétré à 640 pixels, 800 pixels ou 1024 pixels (et encore plus pour des moniteurs à haute résolution), mais l'explorateur ne sera pas toujours défini pour remplir l'écran entier. Il est impossible de prévoir comment la fenêtre du navigateur sera paramétrée.

Les pseudo-classes

Ce sont des classes prédéfinies qui s'appliquent à certains éléments dont l'état visuel peut changer, comme par exemple des liens hypertextes qui possèdent plusieurs états :

- **A:link**. Indique les liens non visités.
- **A:visited.** Indique les liens visités.

- **A:active.** Indique un lien actif, c'est-à-dire qui vient d'être cliqué.
- **A:hoover.** Indique le lien en train d'être pointé par la souris.

Notez qu'un élément reçoit un style en fonction de sa position dans la structure du document. Les dispositifs de pseudo-classes permettent à des directives externes d'influer sur la mise en forme. Par exemple certains sélecteurs CSS peuvent utiliser les pseudo-classes sans que ceux-ci n'apparaissent dans le code source HTML. Le code suivant montre un exemple de définition d'un texte par les pseudo-classes.

```
<html>
<STYLE>
a:link{color:red}
a:visited{color:brown;font-size:24px}
a:hover{color:green;text-decoration:underline}
a:active{color:blue;font-weigth:bold}
</STYLE>
<body>
<a HREF="ACCUEIL.HTM">BERLIOZ</a>
</body>
</html>
```

Le modèle en cascade

Le modèle en cascade permet de définir plusieurs niveaux de styles à l'intérieur d'une feuille de styles. Le modèle comprend également le concept d'héritage des propriétés.

Les feuilles de style pré-établies de Dreamweaver

Une feuille de style est un ensemble de styles défini dans un fichier de texte dont l'extension est .CSS. Une fois la feuille de style « accrochée » à la page en cours de développement, les styles sont disponibles pour sa conception. Pour employer une feuille de style pré-établie dans Dreamweaver MX 2004, effectuez les opérations suivantes :

1. Dans la fenêtre de démarrage de Dreamweaver, cliquez sur Feuilles de style en cascade.
2. Dans la boîte de dialogue Nouveau document, choisissez la feuille de style désirée. Vous pouvez visualiser les styles proposés sur la partie droite de la fenêtre (Figure 10.16).
3. Cliquez sur le bouton Créer pour terminer.

Le code suivant montre les styles créés automatiquement par Dreamweaever. Vous pouvez les modifier comme vous le désirez, mais n'oubliez pas cependant d'enregistrer la feuille avec une extension .CSS.

```
Body {
    font-family: Verdana, Geneva, Arial, Helvetica, sans-serif;
    font-size: 12px;
}

td {
    font-family: Verdana, Geneva, Arial, Helvetica, sans-serif;
    font-size: 12px;
}

th {
    font-family: Verdana, Geneva, Arial, Helvetica, sans-serif;
    font-size: 12px;
}

.bodystyle {
    font-family: Verdana, Geneva, Arial, Helvetica, sans-serif;
    font-size: 12px;
}

.small {
    font-family: Verdana, Geneva, Arial, Helvetica, sans-serif;
    font-size: 9px;
}

.medium {
    font-family: Verdana, Geneva, Arial, Helvetica, sans-serif;
    font-size: 12px;
}
```

```
.big {
    font-family: Verdana, Geneva, Arial, Helvetica, sans-serif;
    font-size: 16px;
}

.xbig {
    font-family: Verdana, Geneva, Arial, Helvetica, sans-serif;
    font-size: 24px;
}

.expanded {
    font-family: Verdana, Geneva, Arial, Helvetica, sans-serif;
    font-size: 12px;
    line-height: 16px;
    letter-spacing: 2px;
}

.justified {
    font-family: Verdana, Geneva, Arial, Helvetica, sans-serif;
    text-align: justify;
}

.footer {
    font-family: "Times New Roman", Times, serif;
    font-size: 9px;
    color: #999999;
}

.box1 {
    padding: 3px;
    border-width: thin;
    border-style: solid;
    border-color: #CCCCCC #666666 #666666 #CCCCCC;
}

.box2 {
    font-style: italic;
    word-spacing: 2pt;
    padding: 3px;
    border-width: thin;
    border-style: solid;
}
```

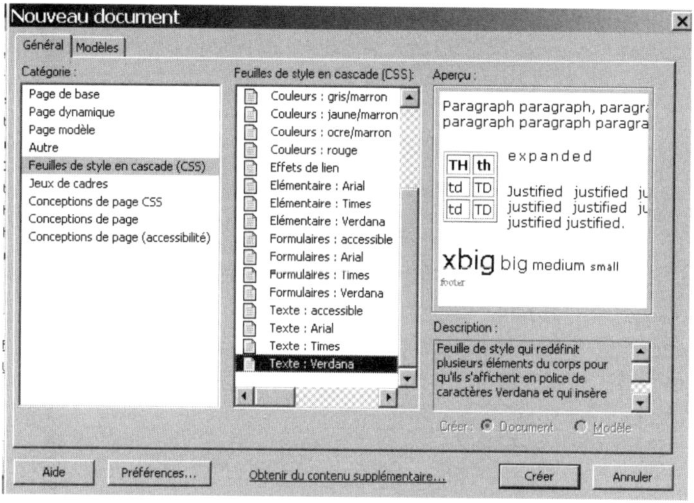

Figure 10.16 : Sélection d'une feuille de style pré-établie.

Dans les sections précédentes de ce livre, vous avez étudié le panneau des styles qui présente tous les styles sous la forme d'une hiérarchie. La figure 10.17 montre cet arbre spécifique pour cette feuille de style pré-établie.

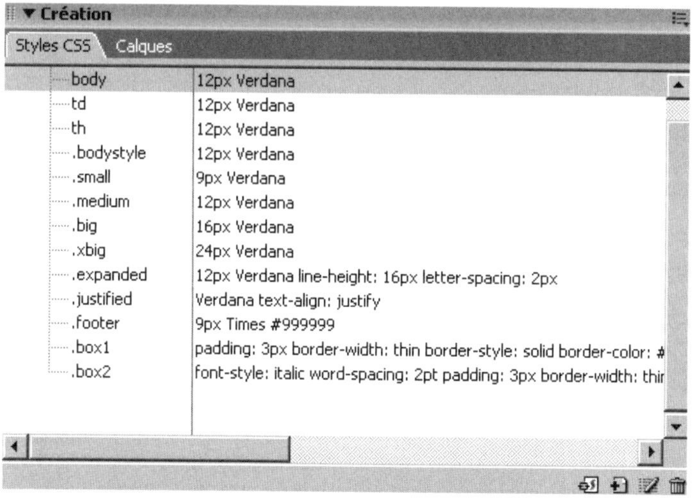

Figure 10.17 : Visualisation d'une feuille de style pré-établie.

Vous pouvez modifier toutes les propriétés de tous les styles présents dans la feuille de style pré-établie dans le panneau Règle, placé au- dessous de la fenêtre Style CSS (Figure 10.18).

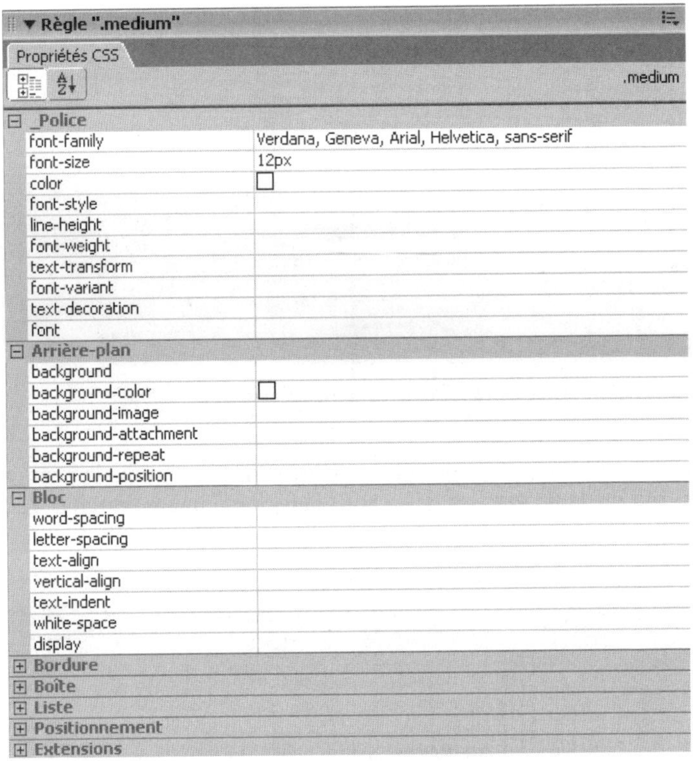

Figure 10.18 : Le panneau des règles des styles.

Comment lier une feuille de style sur un document ?

Une feuille de style CSS externe peut être attachée à un document vierge. Vous pouvez choisir de lier ou d'importer une feuille de style.

- **Lier**. Si vous créez un lien entre une feuille de style et plusieurs documents, tous les changements effectués sur la feuille de style seront reflétés dans tous les documents liés à cette feuille de style. Une balise de lien HREF est créée dans le code HTML. Ce lien référence l'adresse URL de l'emplacement de la feuille de style.

- **Importer**. Cette option permet d'imbriquer des feuilles de style les unes dans les autres.

Pour lier une feuille de style sur un document, effectuez les opérations suivantes :

1. Créez un document vierge.
2. Cliquez sur Fenêtre / Styles CSS. Vous pourrez constater que le panneau Style affiche « Aucun style défini ».
3. Cliquez du droit sur l'expression « Aucun style défini » pour afficher le menu contextuel (Figure 10.19).

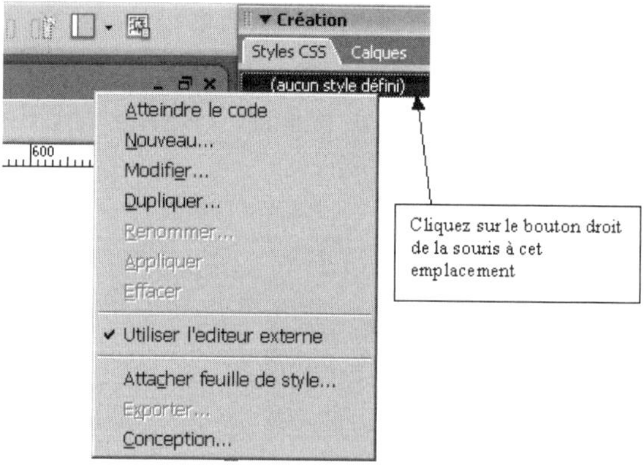

Figure 10.19 : Le menu contextuel du panneau Styles CSS.

4. Sélectionnez Attacher feuille de style.
5. Dans la boîte de dialogue Attacher une feuille de style externe (Figure 10.20), indiquez le nom de la feuille de style dans la zone de texte Fichier/URL.
6. Choisissez Lien.
7. Fermer la boîte de dialogue en cliquant sur le bouton OK.

Le code suivant montre la liaison réalisée par l'attribut LINK.

```
<!DOCTYPE HTML PUBLIC "-//W3C//DTD HTML 4.01 Transitional//EN"
"http://www.w3.org/TR/html4/loose.dtd">
<link href="TEST1.css" rel="stylesheet" type="text/css">
```

```
<body>
</body>
</html>
```

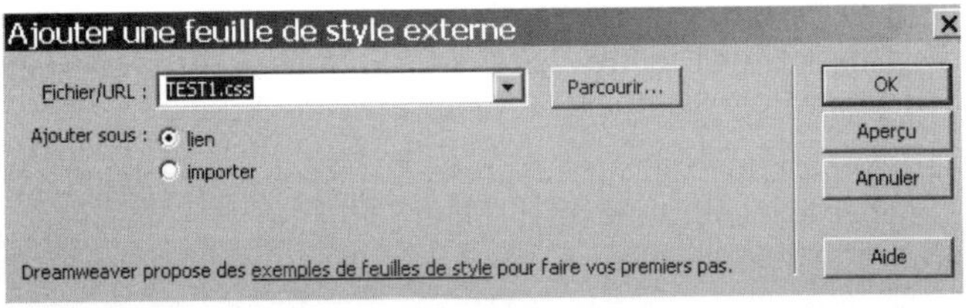

Figure 10.20 : Liaison d'une feuille de style dans un document.

Utilisation des styles à partir d'une feuille de style liée

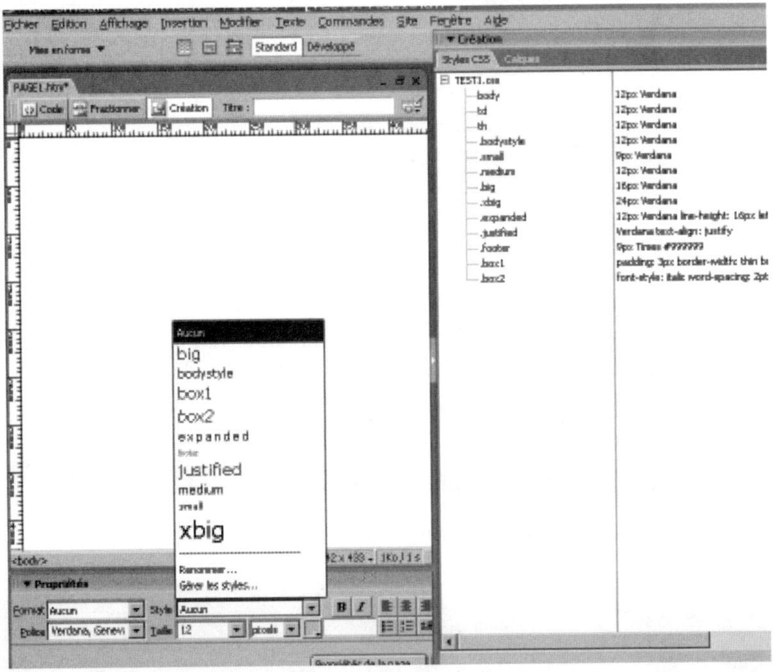

Figure 10.21 : Tous les styles sont accessibles par le panneau des propriétés.

Lorsque les styles sont disponibles par l'intermédiaire de la feuille de style liée, vous pouvez les utiliser tout simplement dans le panneau des propriétés comme le montre la figure 10.21.

Création d'une feuille de style

Dreamweaver MX 2004 vous permet de créer une feuille de style à partir d'un document dont les titres, les paragraphes, les corps de texte ou d'autres éléments ont été déjà formatés. Effectuez les opérations suivantes pour réaliser cette opération :

1. Créez un nouveau document vierge.
2. À partir du panneau des propriétés, définissez les attributs de formatage (police, taille, alignement, etc.) pour les différents titres, corps de texte, et autres éléments.
3. Enregistrez le document.
4. Cliquez sur l'option de menu Texte / Style CSS.
5. Sélectionner Exporter dans le sous-menu.
6. Indiquez le nom du fichier CSS.

Remarque. Une fois le fichier des styles enregistré sur le disque, créez un nouveau document et liez la nouvelle feuille de style à ce document pour vérifier que tous les styles ont bien été définis.

Qu'est-ce que l'héritage ?

Lorsque vous mettez en place une propriété pour un objet parent qui contient des objets enfants, la propriété s'applique d'entrée de jeu pour les objets enfants. Par exemple si vous définissez une couleur de fond pour le corps <BODY> de votre document, vous ne devrez pas définir la même couleur de fond pour chaque paragraphe, c'est-à-dire pour chaque élément <P>. Un paragraphe possède toutes sortes de propriétés, comme la fonte, la couleur du texte, la taille, l'alignement, etc. Il hérite des propriétés de l'élément <BODY>.

L'héritage est un concept puissant qui permet de définir le formatage au niveau le plus élevé. Le formatage que vous définissez s'applique aux éléments de niveaux inférieurs et vous évite de définir des propriétés à chaque niveau.

Pour définir des propriétés de page dans Dreamweaver, cliquez sur le bouton Propriétés de la page situé dans le panneau des propriétés. La figure 10.22 montre l'ensemble des caractéristiques possibles de la page.

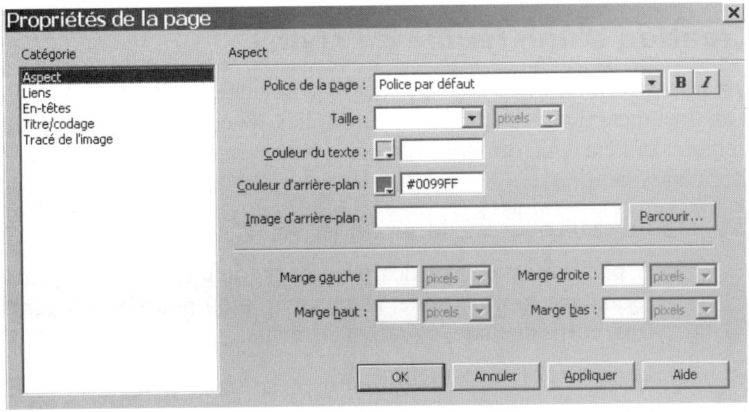

Figure 10.22 : Les propriétés de page.

Le code suivant montre une page dont le fond est coloré en bleu. La page contient également un paragraphe défini en gras. Le paragraphe s'affichera en gras et en bleu parce qu'il hérite de la propriété bleue de la page.

```
<html>
<head>
<title>Document sans nom</title>
<meta http-equiv="Content-Type" content="text/html; charset=iso-8859-1">
<style type="text/css">
<!--
body {
    background-color: #0099FF;
}
-->
</style>
</head>
<body>
<p><strong>Bonjour</strong></p>
</body>
</html>
```

Dans le concept CSS, certaines propriétés de style sont héritées par défaut et un enfant hérite des valeurs de style de son parent. Considérez le code suivant :

```
<!DOCTYPE HTML PUBLIC "-//W3C//DTD HTML 4.01 Transitional//EN"
"http://www.w3.org/TR/html4/loose.dtd">
<html>
<style>
p { color: red }
</style>
<body>
<p>STYLES EN <strong>CONFLIT</strong></p>
</body>
</html>
```

Le paragraphe P est coloré en rouge mais la partie en gras est aussi en rouge parce que le rouge a été défini par le parent <P>. Imaginons maintenant qu'il existe un enfant du gras (par exemple de l'italique (<em>), il héritera aussi de la couleur rouge du paragraphe.

```
<html>
<style>
p { color: red }
</style>
<body>
<p>STYLES EN <strong><em>CONFLIT</em></strong></p>
</body>
</html>
```

- La propriété **color** est de niveau 1.
- La propriété **Strong** (gras) est de niveau 2.
- La propriété **em** (italique) est de niveau 3.

Supposons maintenant que l'on ajoute la règle **strong { color:green }** à l'intérieur des balises <style> et </style>. Cette règle transformera le gras en vert de même que le texte entre les balises <em> et </em>, puisque strong est le parent de em.

```
<html>
<style>
p { color: red }
</style>
<body>
<p>STYLES EN <strong><em>CONFLIT</em></strong></p>
</body>
</html>
```

Remarque. Certaines propriétés de style peuvent prendre la valeur **inherit**, pour indiquer que la propriété doit être héritée des parents, même si cette propriété ne s'hérite pas par défaut.

Pour éviter les différents conflits qui peuvent survenir lors de la conception des feuilles de style, gardez à l'esprit les points suivants :

- Les conflits surviennent entre les déclarations des styles et non pas entre les règles elles-mêmes.
- Déterminez toutes les règles qui s'appliquent à l'élément. Si aucune règle ne s'applique, prendre la valeur héritée ou par défaut.
- Triez par l'ordre de cascade et par poids.
- Utilisez l'ordre de définition des règles, la dernière prend le pas sur toutes les autres.

En résumé

Ce chapitre a montré la manière de gérer les styles et leurs propriétés dans Dreamweaver MX 2004. De très nombreux dispositifs évitent au concepteur de pages Web d'écrire lui-même les styles. Grâce aux mécanismes de liaison et d'importation de feuilles de style, vous pouvez créer des documents professionnels très facilement modifiables. Les balises SPAN, DIV et l'utilisation des classes facilitent le positionnement précis des objets sur la page. Le chapitre 11 terminera cette deuxième partie en traitant les objets multimédia comme les vidéos ou les animations.

Chapitre 11

Les objets multimédia

Ce chapitre s'intéresse à certains objets multimédia qui agrémentent la présentation des pages Web. Grâce aux dispositifs sonores directement intégrés dans les balises HTML, les concepteurs peuvent créer des pages très perfectionnées en utilisant Dreamweaver MX 2004.

——— Les fichiers audio
——— La vidéo numérique

Les fichiers audio

Dans le domaine de l'acoustique numérique, les fichiers sonores sont le résultat de la transformation des caractéristiques analogiques du son en un ensemble de chiffres un et de zéros. Chaque onde sonore est définie par une fréquence et une intensité. La numérisation de ces deux paramètres essentiels a ouvert la voix aux techniques du multimédia.

La qualité des sons

Quand vous enregistrez votre voix avec un microphone, celle-ci est transformée en de nombreux signaux électriques qui font vibrer un haut-parleur. Ce dernier restitue alors votre voix. La numérisation des sons transforme le signal électrique en une multitude de 1 et 0 (bits ou chiffre binaire). Il faut énormément de bits pour stocker un petit enregistrement de voix. Pour écouter un fichier sonore, vous employez un programme qui est appelé un lecteur multimédia. Le programme lit séquentiellement les 1 et 0 qui y sont stockés, les met en mémoire, puis les transfère au fur et à mesure vers la carte son de votre système. L'électronique de la carte retransforme les valeurs numériques en signaux électriques qui font vibrer de nouveau les haut-parleurs branchés sur votre ordinateur. La qualité du son enregistré dépend de la précision du son capturé par le microphone. En d'autres termes, la qualité évolue en fonction de la quantité de bits que votre ordinateur va mémoriser au moment même de l'enregistrement du fichier son. Par exemple, un son à 8 bits divise le spectre sonore en 256 niveaux. Un son à 16 bits vous donne 65 536 niveaux. Il existe également des sons de 32 bits, mais ils ne fonctionnent pas sur le Web et ne sont pas accessibles sur les postes de travail client qui ne possèdent pas tous des cartes sons 32 bits. La qualité du son produit par votre ordinateur dépend de plusieurs points.

- La qualité du matériel utilisé pour enregistrer le son.
- Le nombre de bits du son enregistré.
- La fréquence de l'échantillon.
- L'enregistrement en mono ou en stéréo, c'est-à-dire le nombre de canaux employés.
- La qualité de l'équipement dans la machine qui joue le son.

Comme avec les images et d'autres types de fichiers multimédias, la qualité doit être équilibrée par rapport à la taille du fichier. Vous devez fournir une qualité sonore maximale pour une taille de fichier minimale. C'est le dispositif du compactage qui peut proposer le meilleur compromis. De très nombreux sites proposent des fichiers sonores gratuitement. Certains sont de bonne qualité d'autres moins. Le site canadien suivant : `http://www.ebsi.umontreal.ca/jetrouve/internet/sons.htm` propose à des lycéens un panel de fichiers sonores mais aussi des lecteurs à télécharger et des recommandations sur ce qu'il est possible de faire et ce qui est interdit. La figure 11.1 montre la page d'accueil de ce site très pédagogique.

Figure 11.1 : Un site pédagogique pour bien commencer.

Comment enregistrer des sons sous Windows ?

Pour enregistrer un son dans Windows, employez le programme **SNDREC32.EXE**.

1. Branchez le microphone dans le trou (rouge) de la carte son.
2. Cliquez sur Démarrer.
3. Sélectionnez Exécuter (Figure 11.2).
4. Tapez le programme sndrec32.exe et cliquez sur le bouton OK.

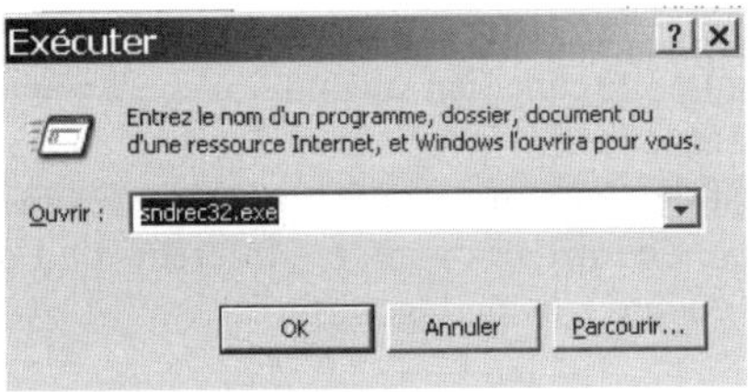

Figure 11.2 : Le programme d'enregistrement d'un fichier sonore dans Windows.

Le programme SNDREC32.EXE fait apparaître une boîte de dialogue dans laquelle vous donnez l'ordre de commencer l'enregistrement en appuyant sur le bouton matérialisé par un triangle dont la pointe est dirigée vers la droite. Une ligne verte se met à « danser » en fonction du son capturé dans le microphone. Une fois l'enregistrement terminé, vous enregistrez le fichier son sur votre disque dur. Ce fichier n'est pas compressé et possède une extension .WAV. Le lecteur multimédia permet de relire le fichier son à volonté (Figure 11.3).

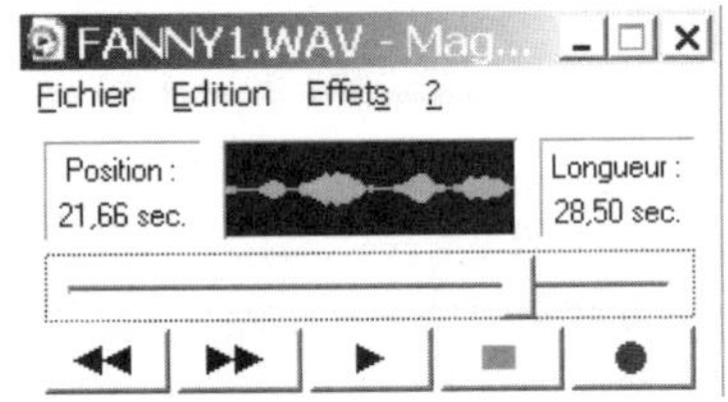

Figure 11.3 : Enregistrement et lecture d'un fichier son.

Le contenu de ce fichier .WAV n'est pas compréhensible parce que codifié d'une certaine manière, comme le montre la figure 11.4, où un fichier son est ouvert avec le bloc-notes de Windows.

La qualité du son dépend donc des caractéristiques audio que vous définissez dans les lecteurs multimédias. Dans le cas de Windows, il s'agit des paramètres que vous indiquez dans la fenêtre des propriétés audio (Figure 11.5).

Remarque. La différence entre mono et stéréo correspond au nombre de canaux sonores dans le fichier. En stéréo, il y a exactement deux fois plus de données parce que vous envoyez deux canaux d'informations : un pour le haut-parleur gauche et un pour le haut-parleur droit. L'utilisation du son stéréo dépend de la taille du fichier et du matériel de l'utilisateur.

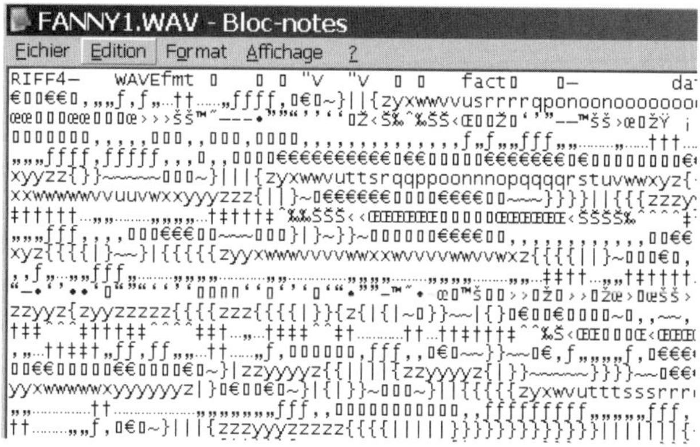

Figure 11.4 : Le contenu d'un fichier son est affiché avec le bloc-notes.

Figure 11.5 : Les propriétés audio déterminent la qualité du son.

Quelques types de fichiers audio et lecteurs associés

Les fichiers audio sont multiples. Voici quelques formats de sons fréquemment utilisés sur le Web.

- **WAV**. C'est le format de fichier Windows initial. Vous pouvez l'utiliser dans n'importe quel explorateur, et même sur un Mac ou sur UNIX.
- **AIF ou AIFF**. Ce format (Audio Interchange File Format) de fichier sonore courant est accessible sur de nombreuses plates-formes, mais ne peut être compressé.
- **AU**. Il s'agit du format standard original des machines Sun. Il vous permet de créer de minuscules fichiers sons.
- **MP3**. Ce format audio fait partie de la norme MPEG avec laquelle vous créez de petits fichiers tout en gardant une très bonne qualité sonore.
- **REAL AUDIO**. Il s'agit du deuxième format le plus répandu sur Internet (ram), permettant le streaming, c'est-à-dire la diffusion d'une chanson en temps réel, en flux continu. Lorsque vous cliquez sur une chanson codée en Réal Audio, le lecteur Real Player la joue au fur et à mesure que les données arrivent par le modem. Il n'est donc pas nécessaire de télécharger une chanson avant de pouvoir l'écouter. En revanche il n'est pas possible d'enregistrer sur son disque dur un morceau diffusé en Real Audio. C'est une des raisons pour lesquelles de nombreux artistes et maisons de disques ont vu d'un bon œil la diffusion de ce type de fichiers puisqu'il favorise l'écoute plutôt que la copie.
- **WMA**. C'est l'abréviation de Windows Media Audio, qui est un format de compression développé par Microsoft. Il propose un niveau de compression supérieur à celui de MP3 pour une qualité musicale comparable. Le format WMA permet d'insérer un code de protection et d'empêcher la copie illicite d'un fichier.
- **QUICK TIME**. Il s'agit du format de compression vidéo et audio d'Apple, qui permet la technique du streaming.
- **MIDI**. C'est le format qui permet de produire des fichiers musicaux de taille minuscule. Par exemple une musique de 3 minutes codée en MIDI occupe une taille mémoire de l'ordre de 30 ko. Notez que le téléchargement de ces fichiers est très rapide, mais la qualité sonore est parfois très variable.

Lorsque vous insérez des fichiers son sur le Web, vous employez des programmes spécifiques appelés Plug-in, comme Shockwave, Real Audio ou QuickTime. Vous pouvez légalement obtenir de la musique numérique du domaine public sur certains sites, mais vous ne pouvez pas copier de la musique provenant de CD, de la radio ou des cassettes. Après l'enregistrement de vos propres travaux musicaux, vous pouvez employer des techniques de compression pour réduire la taille du fichier. Vous trouverez sur le site *(www.mpeg.org)* de nombreuses informations sur les compactages sonores et vidéos et des outils orientés Web. La figure 11.6 montre la page d'accueil du site mpeg.org.

Figure 11.6 : Le site mpeg.org propose des plug-in pour l'écoute des fichiers sonores.

Remarque. Le site `http://www.macromedia.com/downloads/` est proposé par la compagnie Macromédia, et vous propose d'essayer de très nombreux plug-in avant de les acheter.

Les balises orientées multimédia

En ajoutant du son à vos pages HTML, vous proposez au visiteur une autre façon de concevoir les pages Web. L'ajout de balises spécifiques dans le code HTML impose de nombreux paramètres qu'il faut bien comprendre. Pour être entendus, les fichiers sonores emploient des programmes annexes qu'on appelle des Plug-in (to plug signifie brancher en anglais). Un des plus connus est le plug-in Flash proposé gratuitement en téléchargement sur le site de la compagnie Macromédia. Notez que l'application Macromédia Flash MX 2004 (petite sœur de Dreamweaver MX 2004) est tout à fait différente du plug-in Flash dont l'objectif n'est que de lire le fichier son. Flash MX 2004 permet de manipuler des sons, des vidéos, des images animées et facilite grandement l'introduction des sons dans la page HTML. Avec ce type d'application, vous pouvez ajouter un son intégré qui s'entendra dès que la page sera affichée dans l'explorateur du visiteur. Mais vous pouvez également lier un son à un objet, dont le comportement déclenchera le démarrage du plug-in puis l'entente du fichier sonore. Plusieurs balises du langage HTML proposent des dispositifs pour automatiser la lecture d'un fichier sonore :

- **<OBJECT>**. Cet élément permet de télécharger un plug-in en arrière-plan, sans que le visiteur de la page ne s'en rende compte. Dans de nombreuses pages, le plug-in est issu du site de Macromédia.
- **<BGSOUND>**. Cette balise permet d'intégrer un arrière-plan sonore. Elle est spécifique à Internet Explorer et ne fonctionnera pas avec Netscape.
- **<A>**. Vous employez cette balise pour définir un texte que le visiteur peut sélectionner avec la souris et qui démarre un programme de lecture de fichier son, reconnaissable par l'extension du fichier sonore.
- **<EMBED>**. Cette balise permet d'inclure n'importe quel son en faisant appel à un module externe. Notez qu'elle n'est pas compatible avec certains navigateurs.

Le code suivant montre l'utilisation de la balise <A> .

```
<BODY>
<A HREF="TEST/FANNY1.WAV">CLIQUEZ-ICI</A>
</BODY>
```

Les balises possèdent plusieurs paramètres et le tableau 11.1 détaille ceux de la balise <EMBED> qui a été le dispositif phare de Netscape.

Tableau 11.1 : Les paramètres de la balise EMBED.

Attributs	Description
ALIGN	Aligne la console ou le texte (4 valeurs possibles, RIGHT, LEFT, TOP, BOTTOM).
BORDER	Largeur de la bordure du cadre (en pixels).
WIDTH	Largeur de la fenêtre qui accueillera la console.
HEIGHT	Hauteur de la fenêtre qui accueillera la console.
PLUGINSPACE	URL de la page Web contenant les informations sur le plug-in (facultatif).
SRC	URL complète (chemin) du fichier.
AUTOSTART	Spécifie si l'objet multimédia est joué automatiquement (TRUE) ou non (FALSE) (par défaut : TRUE)
AUTOLOAD	Spécifie si le chargement de l'objet multimédia s'effectue automatiquement (TRUE) ou non (FALSE) (défaut : TRUE)
LOOP	Spécifie le nombre de fois où le fichier sera joué (si la valeur est –1, le fichier sera joué indéfiniment).
TYPE	Indique le type MIME. Par exemple Type="audio/mod" (facultatif).
CONTROLS	Indique l'aspect de la console de contrôle.
CONSOLE	Affiche toute la console.
SMALLCONSOLE	Affiche une console réduite.
PLAYBUTTON	Affiche seulement le bouton lecture.
STOPBUTTON	Affiche seulement le bouton stop.
PAUSEBUTTON	Affiche seulement le bouton pause.
VOLUMELEVER	Affiche seulement le bouton volume.
HIDDEN	Cache le panneau de contrôle.
VOLUME	Volume initial en pourcentage.
STARTIME	Indique le temps de départ par rapport au début du fichier (sous forme mm:ss).
ENDTIME	Indique le temps de fin par rapport au début du fichier (sous forme mm:ss).

Le tableau 11.2 détaille les paramètres de la balise <OBJECT>, plutôt réservée à Internet Explorer.

Tableau 11.2 : Les paramètres de la balise OBJECT

DECLARE	Permet de déclarer un objet sans le créer.
CLASSID	Indique l'URL de l'objet.
CODEBASE	Utilisé pour résoudre les adresses URL spécifiées par d'autres attributs.
DATA	Indique l'URL des données de l'objet.
TYPE	Indique le contenu Internet des données.
CODETYPE	Indique le type de contenu Internet du code.
STANDBY	Message affiché au cours du chargement.
ALIGN	Contrôle l'alignement (left, center, right, justify).
HEIGHT	Hauteur de l'objet.
WIDTH	Largeur de l'objet.
BORDER	Affiche une bordure autour de l'objet.
HSPACE	Espacement horizontal entre les côtés de l'objet et le reste du contenu.
VSPACE	Espacement vertical entre les côtés de l'objet et le reste du contenu.
USEMAP	Adresse URL d'une imagemap.
SHAPES	Permet de définir des zones réactives si l'objet est une image.
NAME	Indique une adresse URL à soumettre dans un formulaire.
TABINDEX	Définit l'ordre de tabulation entre les éléments possédant une propriété tabindex.

La balise <OBJECT> insère des objets ActiveX, c'est-à-dire des objets issus de la technologie Microsoft. Chaque élément <OBJECT> possède un numéro d'identification ID défini par l'attribut CLSID. Ce dernier est une longue chaîne de chiffres et de lettres qui permet d'identifier l'objet que vous voulez insérer sur la page Web. Cet objet peut provenir directement de votre base de registre, ou bien être téléchargé d'un site à distance. Les autres paramètres de l'objet ActiveX sont déterminés par l'attribut PARAM, et indiquent d'autres caractéristiques comme la largeur, la hauteur, l'écoute automatique en boucle du fichier sonore, etc. Lorsque vous désirez intégrer un objet spécifique dans une page Web, il vous faut connaître son numéro d'identification qui est stocké dans la base de registre. Notez que la balise <OBJECT> peut servir à gérer d'autres objets que des fichiers sons. Par exemple le code suivant affiche une barre de progression. La clé dans le registre est indiquée grâce à l'attribut CLSID, avec la largeur Width, la hauteur Height et d'autres paramètres définis dans l'attribut PARAM.

```
<OBJECT CLASSID="CLSID:0713E8D2-850A-101B-AFC0-4210102A8DA7"
ID = "PROGRESSBAR1" WIDTH = "577" HEIGHT="19">
<PARAM NAME="_EXTENTX" VALUE="15266">
<PARAM NAME="_EXTENTY" VALUE="503">
<PARAM NAME="_VERSION" VALUE="327682">
<PARAM NAME="BORDERSTYLE" VALUE="0">
<PARAM NAME="APPEARANCE" VALUE="1">
<PARAM NAME="MOUSEPOINTER" VALUE="0">
<PARAM NAME="ENABLED" VALUE="1">
<PARAM NAME="OLEDROPMODE" VALUE="0">
<PARAM NAME="MIN" VALUE="1">
<PARAM NAME="MAX" VALUE="100">
</OBJECT>
```

La balise Object peut être aussi utilisée pour exécuter des applets Java au sein d'une page HTML. Les applets sont des programmes développés avec le langage Java. Le code suivant montre un exemple d'invocation d'une applet Java.

```
<OBJECT CODETYPE="APPLICATION/JAVA-VM" CODEBASE="HTTP://WWW.SDF.COM/APPLET.CLASS"
CLASSID="JAVA:PROGRAM.START" HEIGHT="100" WIDTH="100">
<PARAM NAME="OPTIONS" VALUE="XQZ">
HELLO.<BR>
</OBJECT>
```

Utilisation du plug-in Flash pour l'écoute des fichiers sons

Macromédia Flash MX 2004 est une application qui permet d'insérer et de gérer facilement des objets multimédias dans une page Web. Un plug-in est un dispositif qui ne fait que lire les fichiers sons. Celui de Macromédia Flash est très souvent invoqué à l'intérieur même de la balise <Object>. Les fichiers sons peuvent ainsi être écoutés sans que l'utilisateur ne sache qu'un programme est téléchargé en arrière-plan. Le code suivant montre un exemple d'appel de ce programme Flash avant l'écoute d'un fichier sonore.

```
<!DOCTYPE HTML PUBLIC "-//W3C//DTD HTML 4.01 STRICT//EN"
"HTTP://WWW.W3.ORG/TR/HTML4/STRICT.DTD">
<HTML>
<HEAD>
<TITLE>TEXT DES TITELS</TITLE>
</HEAD>
<BODY>
<H1>DAS GUTE ALTE WURM-SPIEL IN FLASH!</H1>
<P>ERST AUF &QUOT;START&QUOT; KLICKEN. DANN LEERTASTE DR&UUML;CKEN. MIT DEM WURM DIE
ANGEZEIGTE ZAHL ANSTEUERN UND TREFFEN. AU&SZLIG;ENR&AUML;NDER UND HINDERNISSE NICHT
BER&UUML;HREN!</P>
<OBJECT CLASSID="CLSID:D27CDB6E-AE6D-11CF-96B8-444553540000"
CODEBASE="HTTP://ACTIVE.MACROMEDIA.COM/FLASH2/CABS/SWFLASH.CAB#VERSION=4,0,0,0"
WIDTH="600" HEIGHT="400">
<PARAM NAME="MOVIE" VALUE="NIBBLES.SWF">
<PARAM NAME="QUALITY" VALUE="HIGH">
<PARAM NAME="SCALE" VALUE="EXACTFIT">
<PARAM NAME="MENU" VALUE="TRUE">
<PARAM NAME="BGCOLOR" VALUE="#000040">
</OBJECT>
</BODY>
</HTML>
```

Observez l'instruction suivante qui télécharge le plug-in Flash. La balise Object est employée pour gérer les Composants ActiveX dans la technologie COM de Microsoft (Composant Object Model).

```
<OBJECT CLASSID="CLSID:D27CDB6E-AE6D-11CF-96B8-444553540000"
CODEBASE=HTTP://ACTIVE.MACROMEDIA.COM/FLASH2/CABS/
SWFLASH.CAB#VERSION=4,0,0,0 WIDTH="600" HEIGHT="400">
```

Voici un autre exemple de travail avec les deux balises OBJECT et EMBED (Source `http://selfhtml.teamone.de/html/multimedia objekte.htm`)

```
<OBJECT CLASSID="CLSID:D27CDB6E-AE6D-11CF-96B8-444553540000"
CODEBASE="HTTP://ACTIVE.MACROMEDIA.COM/FLASH2/CABS/SWFLASH.CAB#VERSION=4,0,0,0"
WIDTH="600" HEIGHT="400">
<PARAM NAME="MOVIE" VALUE="NIBBLES.SWF">
<PARAM NAME="QUALITY" VALUE="HIGH">
<PARAM NAME="SCALE" VALUE="EXACTFIT">
```

```
<PARAM NAME="MENU" VALUE="TRUE">
<PARAM NAME="BGCOLOR" VALUE="#000040">
<EMBED SRC="NIBBLES.SWF" QUALITY="HIGH" SCALE="EXACTFIT" MENU="FALSE"
BGCOLOR="#000000" WIDTH="600" HEIGHT="400" SWLIVECONNECT="FALSE"
TYPE="APPLICATION/X-SHOCKWAVE-FLASH" PLUGINSPAGE
="HTTP://WWW.MACROMEDIA.COM/SHOCKWAVE/DOWNLOAD/
INDEX.CGI?P1_PROD_VERSION=SHOCKWAVEFLASH"></EMBED>
</OBJECT>
```

La vidéo numérique

La vidéo étant une technique analogique, la conversion d'images en 1 et 0 a été un réel challenge pour tous les programmeurs dès la mise en place du couplage entre les caméras et les ordinateurs. Concrètement un film est une série d'images que l'ordinateur doit stocker, sans oublier les couleurs, les formes et le mouvement. Plus il y a d'images dans un intervalle donné de temps, plus le mouvement semble fluide et le film est de bonne qualité. Lorsque vous regardez une vidéo sur l'écran de votre ordinateur, vous visualisez des images qui sont insérées dans des cadres. Plus il y a d'images, plus la taille du fichier augmente. Le nombre de couleurs influe également sur le poids du fichier vidéo. Avec 2 couleurs vous travaillez en noir et blanc, mais avec 256 couleurs, vous pouvez employer 1,7 million de nuances. La vidéo numérique se met en place à partir d'une collection d'images immobiles et ordonnées qui défilent dans un ou plusieurs frames (cadres). Pour contrecarrer la lourdeur excessive des fichiers vidéo, les programmeurs ont inventé des techniques de compression vidéo en essayant de trouver le meilleur compromis. Si le fichier est trop gros, l'ordinateur ne pourra pas afficher les cadres à la cadence voulue. Si le fichier est trop comprimé, l'ordinateur n'aura pas la puissance de décompression en temps réel. Comme dans un film super 8 qui défile dans votre projecteur, les images numériques se succèdent à une certaine cadence qui est mesurée en Frame par seconde ou fps. Une vitesse maximale pour une vidéo est de 30 frames par seconde. Les films sont à 29,75 fps. La plupart des vidéos sur le Web sont à 15 fps. Plus il y a de cadres par seconde, plus le fichier est gros et plus le mouvement est fluide. La taille des cadres peut être de 80x60, 160x120, 176x144, 240x180, 320x240 ou 352x288 pixels. Une vidéo sur le Web dépasse rarement 640x480, parce qu'au-delà, la taille des fichiers est trop énorme, et ce type de vidéo est habituellement réservé aux CD ou aux DVD. Les fichiers vidéo ont différents formats en fonction de la plate-forme qui les utilise. La liste suivante détaille plusieurs formats de fichier vidéo présents sur le Web.

- **MOV.** C'est le format film (séquence QuickTime) original du Web. Les fichiers peuvent être assez gros.
- **QT.** C'est le format QuickTime qui vient des ordinateurs Apple. La lecture d'un fichier exige un plug-in spécial que vous pouvez télécharger sur votre PC.
- **MPG.** Il s'agit du format Motion Picture Expert Group qui est plébiscité comme la meilleure norme disponible, non-propriétaire, pour la vidéo sur le Web.
- **AVI (**Audio Video Interleaved). Il s'agit d'un autre format de fichier utilisé par Windows.

Remarque. La compression des images s'effectue par des codecs qui sont des algorithmes de compression/décompression. Ceux-ci contrôlent la manière dont les fichiers multimédias sont compressés et décompressés lors de l'importation et de l'exportation des fichiers au sein d'applications spécialisées comme Macromédia Flash MX 2004.

Vous trouverez de nombreux lecteurs de fichiers multimédia sur le Web que vous pourrez soit télécharger, soit acheter.

- **RealOne Player**. Il comprend le dernier lecteur multimédia anciennement nommé Real Player, un Jukebox musical et un navigateur intégré permettant d'écouter les formats multimédias les plus courants sur le Web.
- **Windows Media Player 9 Series**. Ce programme est une substitution de Windows Media Player pour regarder des films DiXV ou tout autre format vidéo. Il supporte la lecture des sous-titres qui sont au format MicroDVD
- **QuickTime 6.4**. Il s'agit d'une nouvelle génération de lecteurs spécialisés dans le format MPeG-4. Le logiciel d'Apple fournit une qualité inégalée pour créer, jouer et lire des fichiers sonores et vidéo via Internet.
- **WinDVD Platinum 5.3**. Il s'agit là d'un lecteur DVD simple à utiliser qui combine toutes les fonctions d'un lecteur DVD standard avec un support de sortie TV.
- **Winamp 5.02**. Il s'agit d'une fusion entre les versions 2 et 3 du lecteur Winamp. Le programme peut maintenant extraire vos CD puis les compresser au format AAC ou WAV. Winamp est doté d'une fonction de gravure.

Une vidéo est en général invoquée par l'utilisateur à l'aide d'un programme spécifique comme le lecteur Windows Média (Figure 11.7) mais vous pouvez également visualiser le contenu d'un fichier vidéo grâce à l'élément <OBJECT>.

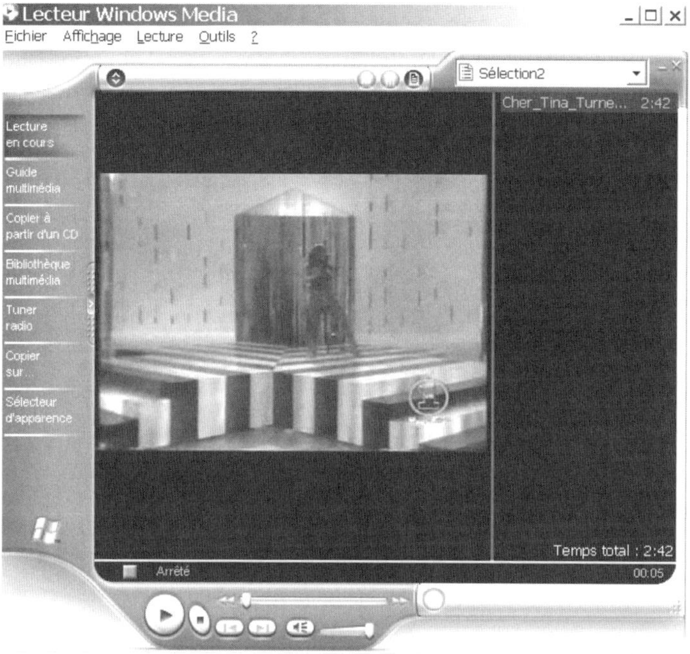

Figure 11.7 : Un clip vidéo dans le lecteur multimédia.

Le code suivant montre l'invocation d'un fichier de type MPEG grâce à la balise <OBJECT>.

```
<OBJECT DATA="TINA_TURNER.MPEG" TYPE="APPLICATION/MPEG">TINA </OBJECT>
```

Vous pourriez également employer la balise <A> pour créer un lien vers le fichier vidéo.

```
<A HREF="TURNER.MPEG" ALT="BONNE MUSIQUE">TINA TURNER></A>
```

Une vidéo étant une succession d'images placées dans des cadres qui défilent à une certaine cadence, il est intéressant d'étudier le mécanisme de création d'une image GIF animée, qui est finalement comparable à une mini-vidéo. La figure 11.8 montre le programme Jasc Animation Shop que vous pouvez tester gratuitement.

Figure 11.8 : Un programme de création d'images animées.

Vous placez toutes les images que vous voulez voir défiler dans un cadre (Figure 11.9). Au moment de l'enregistrement du fichier en tant qu'image définitive, le programme superpose toutes les images et le résultat est un défilement d'images à une certaine cadence dans la page Web.

Vous pouvez télécharger gratuitement Jasc Animation Shop à l'adresse suivante : `http://www.jasc.com/products/?`

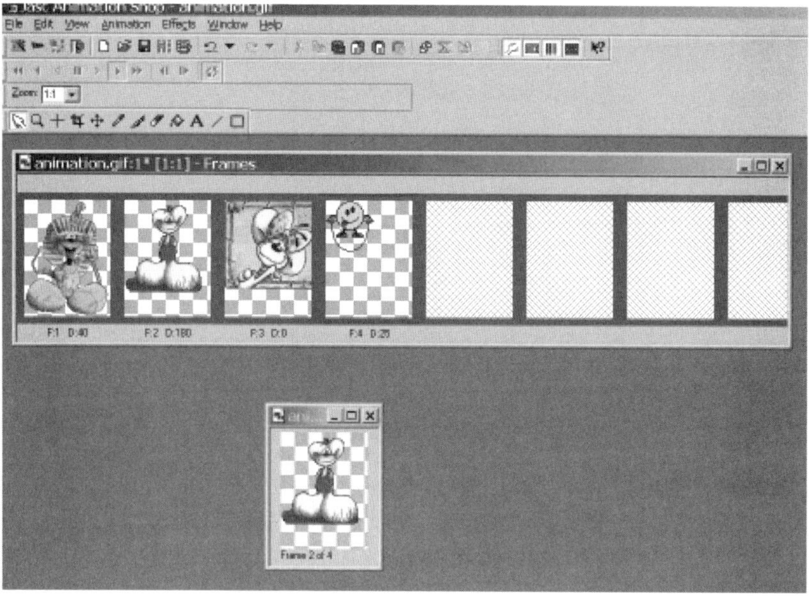

Figure 11.9 : Création d'une image animée.

En résumé

Ce chapitre clôt la partie 2 de ce livre. Vous avez pu étudier certaines techniques de manipulation des objets multimédias comme les fichiers audio et vidéo que vous pouvez gérer très facilement dans Dreamweaver et Flash.

La partie 3 de ce livre aborde un tout autre sujet : les bases de données. Le chapitre 12 rappellera des notions essentielles comme les tables, les enregistrements, les relations, les champs, les requêtes ainsi que le langage SQL.

Partie III

Les bases de données

Cette troisième partie s'adresse à toutes les personnes qui désirent comprendre le fonctionnement des bases de données, dans les environnements de Dreamweaver MX 2004 et d'Internet. Le chapitre 12 rappellera les principaux objets qui forment l'architecture d'une base de données : les tables, les champs, les relations et le langage SQL. Le chapitre 13 s'intéressera au contexte Internet, et en particulier aux techniques de connexion qui permettent d'accéder aux informations stockées dans les tables. Le chapitre 14 portera spécifiquement sur la gestion des formulaires. Enfin, le chapitre 15 terminera cette partie par l'étude des objets de Dreamweaver qui manipulent des enregistrements.

——— Chapitre 12 : Les objets principaux des bases de données
——— Chapitre 13 : Les connexions aux bases de données
——— Chapitre 14 : Les formulaires
——— Chapitre 15 : La gestion des enregistrements

Chapitre 12

Les objets principaux des bases de données

Ce chapitre s'intéresse aux mécanismes généraux qui sont à la base du fonctionnement de toutes les bases de données présentes sur le marché. Vous pourrez découvrir les types de champs, les tables, les enregistrements mais aussi les requêtes SQL dans le cadre de deux bases bien connues : Microsoft Access et MySQL.

——— Le coeur d'une base de données
——— Deux exemples de bases de données
——— Premier contact avec le langage SQL

Le cœur d'une base de données

Une base de données est un dispositif structuré capable de stocker un très grand nombre d'informations. Les machines qui permettent de traiter cette giganteste masse de données sont maintenant issues de la micro-informatique, avec des capacités de stockage de l'ordre du milliard d'octets. Cette configuration matérielle est nécessaire si votre travail vous oblige à gérer des fichiers multimédias, comme des fichiers sonores ou des vidéos. Les applications de bases de données sont prévues pour prendre en compte ces milliards d'octets potentiels.

Les tables

Lorsque les informaticiens veulent définir des bases de données au sein d'une entreprise, pour mieux gérer le flux d'informations qui y circule, effectuent un énorme travail de réflexion (et de dialogue) avec tous les acteurs en relation avec les données à traiter. Par exemple, le service des commandes d'une société ne peut pas fonctionner sans un minimum de contacts avec le service des clients. Les informations communes des deux services doivent ainsi être partagées, et doivent circuler tout le long du système d'informations. Dans une base de données, l'information est stockée à l'intérieur de plusieurs tables qui représentent des groupes de lignes et de colonnes. Les lignes sont appelées des ensembles d'enregistrements ou RecordSet, les colonnes définissent les types de données de la table. Dans une base de données vous pouvez construire autant de tables que vous le désirez, mais pour éviter que les informations soient mal organisées, vous devez éviter de les dédoubler. Par exemple, il serait totalement contre-productif de stocker des noms de clients dans plusieurs tables à la fois. L'important est donc de définir un identifiant unique pour un client spécifique, identifiant qui peut prendre la forme d'un numéro. Notez que ce dernier peut être repris dans une autre table comme la table des commandes ou la table des ventes.

Une table comprend ainsi des colonnes dont le nombre total ne peut pas dépasser 255. Chaque colonne est appelée un champ. Par exemple, la première colonne peut contenir un numéro entier, la deuxième colonne des noms de clients avec une largeur spécifique, la troisième colonne peut afficher une date ou une valeur numérique. Les types de données que vous placez dans une table dépendent de la base de données employée. Il peut y en avoir de plusieurs types : caractère, numérique, date, logique, etc. Notez qu'une table est une structure que vous pouvez modifier après la saisie des données, mais vous devez rester prudent parce que si vous réduisez à 15 caractères une colonne qui au départ était prévue à 30 caractères, vous perdrez certaines informations. De même, il est toujours possible de créer ou de supprimer des colonnes dans une table existante. La suppression d'une colonne dans une table entraîne la suppression immédiate de toutes les données qui y étaient stockées. Imaginez un technicien qui travaille sur une table comprenant 250 000 abonnés, et qui supprime par inadvertance la colonne des noms des abonnés. S'il n'y a pas de sauvegarde, le technicien risque de sérieux problèmes. Des manipulations malheureuses sur une table peuvent provoquer bien des ennuis à l'ensemble des personnes travaillant dans l'entreprise. La table est donc l'élément de stockage de l'information qu'il faut manipuler avec douceur. La base de données Microsoft Access stocke toutes les tables dans un fichier unique .MDB. La vieille base de données Dbase stocke les tables sous un format .DBF. La base de données Paradox crée des tables avec une extension .DB. La figure 12.1 montre un exemple de table Client stockée dans la base de données d'exemples COMPTOIR.MDB de Microsoft Office 2000.

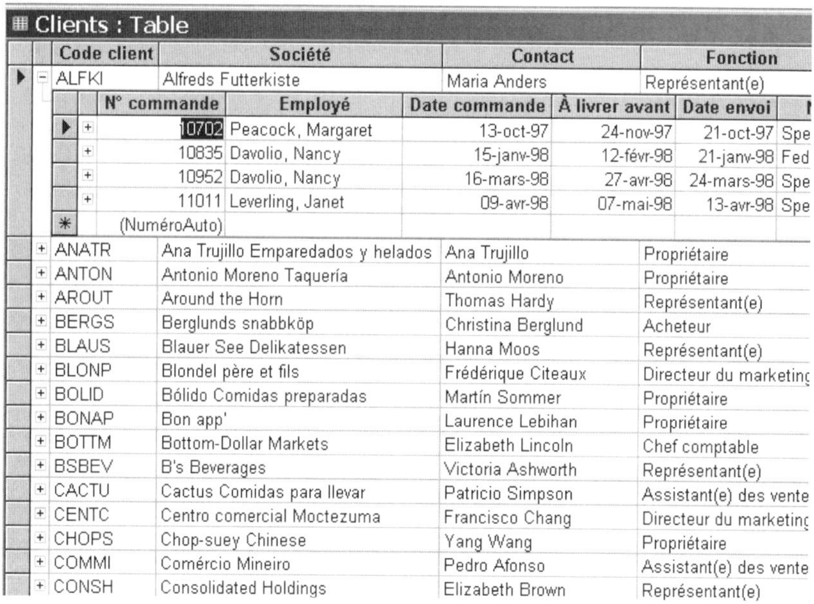
Clients : Table

Code client	Société	Contact	Fonction
ALFKI	Alfreds Futterkiste	Maria Anders	Représentant(e)

N° commande	Employé	Date commande	À livrer avant	Date envoi	!
10702	Peacock, Margaret	13-oct-97	24-nov-97	21-oct-97	Spe
10835	Davolio, Nancy	15-janv-98	12-févr-98	21-janv-98	Fed
10952	Davolio, Nancy	16-mars-98	27-avr-98	24-mars-98	Spe
11011	Leverling, Janet	09-avr-98	07-mai-98	13-avr-98	Spe
(NuméroAuto)					

Code client	Société	Contact	Fonction
ANATR	Ana Trujillo Emparedados y helados	Ana Trujillo	Propriétaire
ANTON	Antonio Moreno Taquería	Antonio Moreno	Propriétaire
AROUT	Around the Horn	Thomas Hardy	Représentant(e)
BERGS	Berglunds snabbköp	Christina Berglund	Acheteur
BLAUS	Blauer See Delikatessen	Hanna Moos	Représentant(e)
BLONP	Blondel père et fils	Frédérique Citeaux	Directeur du marketinç
BOLID	Bólido Comidas preparadas	Martín Sommer	Propriétaire
BONAP	Bon app'	Laurence Lebihan	Propriétaire
BOTTM	Bottom-Dollar Markets	Elizabeth Lincoln	Chef comptable
BSBEV	B's Beverages	Victoria Ashworth	Représentant(e)
CACTU	Cactus Comidas para llevar	Patricio Simpson	Assistant(e) des vente
CENTC	Centro comercial Moctezuma	Francisco Chang	Directeur du marketinç
CHOPS	Chop-suey Chinese	Yang Wang	Propriétaire
COMMI	Comércio Mineiro	Pedro Afonso	Assistant(e) des vente
CONSH	Consolidated Holdings	Elizabeth Brown	Représentant(e)

Figure 12.1 : Une table est un groupe de colonnes et de lignes.

Les types de champs

Chaque colonne contient des données de même type, autrement dit vous ne rencontrerez jamais des données numériques sur une dizaine de lignes, des données alphabétiques sur les 100 lignes suivantes, puis des données de type date sur d'autres lignes. Si le type de données de la troisième colonne est numérique, vous n'aurez que des valeurs numériques dans cette colonne. Ce dispositif est intéressant parce qu'il vous force à être rigoureux quant à l'organisation des données dans la table. Contrairement à un tableur comme Excel où vous pouvez écrire ce que vous désirez dans une colonne, la table d'une base de données restreint votre liberté afin de garantir une meilleure cohérence dans le stockage des informations.

Le tableau 12.1 détaille différents types de champs que vous pouvez créer dans une table, au sein d'une base de données Microsoft Access. Une telle base peut contenir jusqu'à un maximum de 2 milliards de caractères (2 giga octets).

Tableau 12.1 : Quelques types de champs dans la base Access.

Type de champs	Description
BYTE	Un champ de type Octet ne peut comprendre que des valeurs comprises entre 0 et 255.
DATE	Il s'agit du champ date. Vous devez saisir la date dans un format spécifique. Une colonne date affiche les dates ou des heures sous une forme spécifique. La date commence à partir de 1/1/100 jusqu'au 31/12/9999
ENTIER COURT OU INTEGER	Un entier court est inférieur à 32 767 et supérieur à - 32 768.
ENTIER LONG OU LONG	Il s'agit d'un entier compris entre les fourchettes –21470483648 et + 2147483647.
MEMO	Un champ mémo est un champ dans lequel vous saisissez du texte en toute liberté, avec des sauts de lignes et sans être limité à 255 caractères (jusqu'à approximativement 2 milliards de caractères).
MONETAIRE OU CURRENCY	Il s'agit d'un format numérique formaté d'une certaine manière dont les valeurs sont comprises entre -922337203685477 5808 et + 9223372036854775808.
NUMBER	C'est le type numérique qui comporte des valeurs avec virgules.

Type de champs	Description
OUI/NON OU BOOLEAN	Un champ booléen (de Bool, mathématicien du 16e siècle) ne peut contenir que 2 valeurs, 1 ou 0, soit oui ou non ou Yes ou No.
REEL OU DOUBLE	Il s'agit d'une valeur numérique avec précision comprise entre les fourchettes – 179769313486232 et + 179769313486232.
TEXTE OU TEXT	Il s'agit du champ alphanumérique dans lequel vous saisissez des caractères numériques ou de texte. Vous êtes limité à 255 caractères.

Chaque base de données possède des caractéristiques propres et les types de champs n'échappent pas à la règle. La conception des tables découle directement de leurs spécificités. Le tableau 12.2 montre d'autres types de champs que vous rencontrerez dans la base de données MySQL. Cette base de données fait partie du package EasyPHP, sérieuse concurrente des bases Access, SQL Server, Oracle, Power Builder, Paradox ou d'autres encore.

Tableau 12.2 : Quelques types de champs dans la base MySQL.

Type de champs	Description
BIGINT	Un entier large compris entre –9223372036854775808 et 9223372036854775807.
BLOB ou TEXT	Une colonne BLOB ou TEXT avec un maximum de 65 535 caractères.
DATE	Une date qui commence au '1000-01-01' jusqu'à '9999-12-31'.
DATETIME	Une date et une combinaison de dates.
DECIMAL	Un nombre à virgule flottante non compressé.
DOUBLE	Un nombre à virgule flottante à double précision.
ENUM	Une énumération. Il s'agit d'un objet chaîne qui peut avoir seulement une valeur.
FLOAT	Un nombre à virgule flottante.
INT	Un entier de taille normale, de –2147483648 à 2147483647.
INTEGER	Synonyme de INT.
MEDIUMINT	Un entier de taille moyenne, de –8388608 à 8388607.
NUMERIC	Synonyme de DECIMAL.
REAL	Synonyme de DOUBLE.
SMALLINT	Un petit entier. De –32768 à 32767.

Type de champs	Description
TIME	Un temps. De '838:59:59' à '838:59:59'. L'affichage du temps est sous la forme 'HH:MM:SS'.
TIMESTANT	Une durée avec différents formats.
TINYBLOB ou TINYTEXT	Une colonne TEXT ou BLOB (Binary Large Object) avec un maximum de 255 caractères.
TINYINT	Un très petit entier. De –128 à 127.

Pas de doublons

Lorsqu'une table contient une information spécifique, il est hors de question de retrouver celle-ci dans une autre table. Par exemple dans une table des clients, vous ne trouverez que des données appartenant aux différents clients, et le même principe s'appliquera aux tables des produits ou des commandes. Notez qu'un client peut acheter plusieurs produits, ce qui implique une identification précise des clients et des produits. Le client est en général identifié par un code unique qui peut être numérique ou alphabétique. Le produit également est toujours unique et codifié par un numéro ou un code alphabétique. Cette définition de deux entités différentes, le client et le produit, entraîne nécessairement la création de deux tables.

Le tableau 12.3 montre une table Client extrêmement simple.

Tableau 12.3 : Une table Client

ID_Client	Téléphone	Nom	Date appel
1	0152412112	Paul	12/03/04
2	0356425212	Aline	20/02/04
3	0812112121	Joe	01/03/04

Le tableau 12.4 montre la structure de la table des produits. Chaque produit possède aussi un identifiant unique.

Tableau 12.4 : Une table Produit

ID_Produit	Description	Prix	Stock
TB	TABLE	120	12
CH	CHAISE	41	52
AS	ASSIETTE	6	10

Le client peut acheter plusieurs produits. Si nous voulons garder une trace de l'historique des ventes, nous devons créer une troisième table qui rassemblera le client et le produit acheté.

Le tableau 12.5 montre la structure d'une table qui met en place ce que l'on appelle une relation de 1 à plusieurs. Il s'agit d'une relation dans laquelle le client est relié à ses achats.

Tableau 12.5 : Une tablc Client_Produit.

ID_Client	ID_Produit	Quantité
1	TB	1
1	CH	4
2	TB	1
3	AS	12
3	CH	1

Les deux tables précédentes Client et Produit ne possèdent aucune information redondante. La troisième non plus, si on considère que les deux colonnes ID_CLIENT et ID_PRODUIT forment un couple unique. Les couples (1, TB), (1, CH), (2, TB), (3, AS), (3, CH) sont bien uniques.

Remarque : Ce processus de recherche de redondances dans les tables au sein de n'importe quelle base de données s'appelle le processus de normalisation. Il peut se faire en plusieurs étapes mais l'objectif est de réduire, puis d'éliminer toutes les redondances qui existent entre vos tables.

La clé primaire

Pour éviter que l'utilisateur ne puisse saisir deux informations identiques dans une table, les concepteurs de base de données ont défini au sein de chaque table un dispositif appelé clé primaire ou Primary Key en anglais. Ces clés servent également à mettre en place des relations entre les différentes tables. Lorsqu'une base de données possède de nombreuses tables, il est impératif de visualiser d'un seul coup d'œil, l'ensemble de toutes les clés qui relient les tables. On parle de modèle relationnel ou de schéma lorsqu'on veut caractériser une organisation des tables. La figure 12.2 montre une partie du modèle relationnel assez complexe de la base de données Comptoir.mdb. Une clé primaire permet d'identifier chaque enregistrement dans une table. Elle se compose habituellement d'une zone simple mais vous pouvez cependant la baser sur une combinaison de plusieurs champs. La clé primaire devient l'index principal pour la table. Par défaut, les enregistrements apparaissent dans l'ordre croissant, basé sur les valeurs du champ (ou des champs). Il existe d'autres types de clés appelées clés étrangères qu'on caractérise par des index, c'est-à-dire des fichiers annexes qui permettent de mieux trier ou rechercher les données. D'une façon générale, les index accélèrent les traitements informatiques sur les tables.

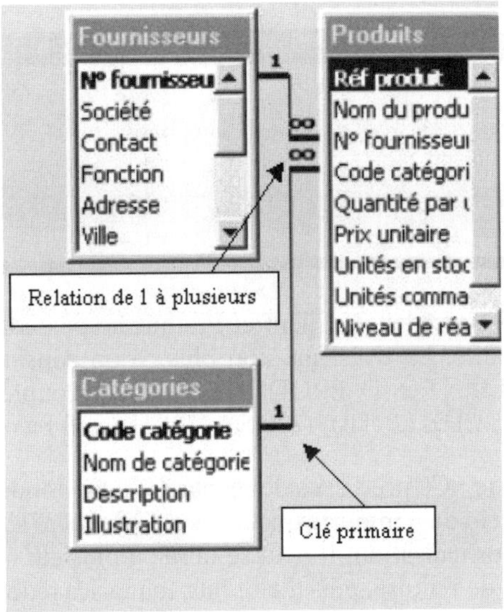

Figure 12.2 : Le modèle relationnel dans Microsoft Access.

Les clés primaires servent aussi à mettre en place des relations entre les tables. Sur la figure 12.2, les clés primaires sont matérialisées par un petit signe 1 et le nom du champ est affiché en gras. Le signe 1 pointe vers un autre champ (avec un signe infini), dont les valeurs sont multiples.

Le modèle relationnel permet de définir toutes les relations nécessaires à une application au sein même de la base de données. Chaque clé primaire est unique et votre programmation future devra prendre en compte cette réalité. Par exemple, vous devrez éviter qu'un utilisateur ne puisse saisir deux codes Catégories identiques.

La liste suivante détaille les trois types de relations présentes dans un modèle relationnel.

- **Un à Un**. Une table est reliée à une autre table par des valeurs communes et strictement identiques.
- **Un à Plusieurs**. La première table possède des valeurs uniques dans une de ces colonnes. Chaque valeur unique a une correspondance dans une autre colonne de la deuxième table. Il peut y avoir plusieurs doublons dans la deuxième table.
- **Plusieurs à Plusieurs**. Deux tables sont reliées ensemble par des colonnes qui possèdent des valeurs communes mais pas nécessairement identiques.

Quelques objets pour SQL Server

Microsoft SQL Server est un gestionnaire de bases de données relationnelles prévu pour travailler dans le contexte client-serveur. Un serveur est capable de fournir et de recevoir des données en provenance de dizaines de postes, soit dans le cadre d'un réseau local, soit avec une organisation Intranet. Dans ce dernier cas, les données sont manipulées par l'intermédiaire d'un navigateur (Netscape, Internet Explorer, Opéra, ou un autre explorateur). Les bases que vous créez dans SQL Server possèdent de nombreux objets (Figure 12.3).

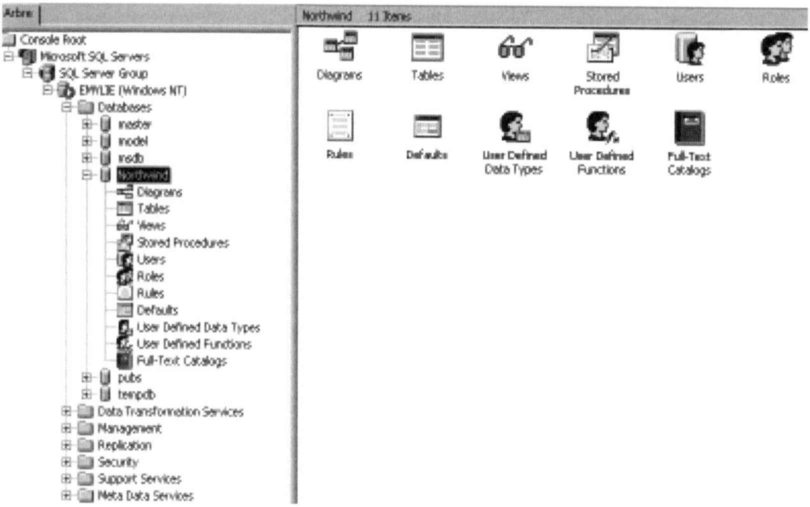

Figure 12.3 : Les objets dans la base SQL Server.

La liste suivante détaille les différents objets que vous rencontrez dans SQL Server.

- **DIAGRAMS**. Il s'agit du modèle relationnel défini en amont et disponible pour toutes les tables. Le diagramme intègre les relations entre les tables, les contraintes et les intégrités référentielles.
- **TABLES**. Elles contiennent toutes les informations et possèdent de nombreuses caractéristiques comme les clés ou les index.
- **VIEWS**. Les vues sont des requêtes nécessaires à la gestion de la base de données. Ce sont souvent des requêtes de sélection crées avec l'instruction SQL SELECT
- **STORES PROCEDURES**. Ce sont des procédures écrites en langage SQL que l'on exécute à partir du serveur.
- **USERS**. Chaque utilisateur possède des autorisations d'accès aux données, mais aussi aux autres objets de la base.
- **ROLES**. Il s'agit de paramètres qui définissent les permissions et les mots de passe affectés à chaque utilisateur.
- **RULES**. Ce sont les contrôles de validité que l'on applique à une colonne d'une table. On les considère plus généralement comme des contraintes SQL.
- **DEFAULT**. Ce sont les valeurs par défaut que l'on ajoute à une table et qui s'affichent lors de la création de nouveaux enregistrements.
- **USED DEFINED DATA TYPES**. Il s'agit des types de données spécifiques définis par l'utilisateur.
- **USED DEFINED FUNCTIONS**. Ce sont des fonctions définies par l'utilisateur.

Remarque : Après que la table a été définie, il faut saisir les données et vous pouvez choisir de ne pas remplir obligatoirement certaines colonnes. En effet certaines informations ne sont pas toujours disponibles au moment de la saisie. L'ensemble des lignes s'appelle un ensemble d'enregistrements ou RecordSet.

Les enregistrements

Une table d'une base de données peut contenir des centaines de milliers d'enregistrements. La saisie des informations peut s'effectuer de plusieurs manières. Vous entrez les nouvelles données directement dans la table par l'intermédiaire d'une grille de saisie (Figure 12.4). Vous utilisez un formulaire que vous avez défini et qui permet de positionner les champs de manière plus agréable en insistant sur une certaine ergonomie. Vous employez un formulaire HTML parce que votre organisation est orientée Intranet ou Internet. Comme nous le verrons plus loin, Dreamweaver MX 2004 facilite considérablement le travail de positionnement des champs.

CustomerID	CompanyName	ContactName	ContactTitle	Address	City	Region	PostalCode	Country
PICCO	Piccolo und mehr	Georg Pipps	Sales Manager	Geislweg 14	Salzburg	<NULL>	5020	Austria
PRINI	Princesa Isabel Vinhos	Isabel de Castro	Sales Representative	Estrada da saúde n. 58	Lisboa	<NULL>	1756	Portugal
QUEDE	Que Delícia	Bernardo Batista	Accounting Manager	Rua da Panificadora, 12	Rio de Janeiro	RJ	02389-673	Brazil
QUEEN	Queen Cozinha	Lúcia Carvalho	Marketing Assistant	Alameda dos Canàrios, 891	Sao Paulo	SP	05487-020	Brazil
QUICK	QUICK-Stop	Horst Kloss	Accounting Manager	Taucherstraße 10	Cunewalde	<NULL>	01307	Germany
RANCH	Rancho grande	Sergio Gutiérrez	Sales Representative	Av. del Libertador 900	Buenos Aires	<NULL>	1010	Argentin
RATTC	Rattlesnake Canyon Gr	Paula Wilson	Assistant Sales Repres	2817 Milton Dr.	Albuquerque	NM	87110	USA
REGGC	Reggiani Caseifici	Maurizio Moroni	Sales Associate	Strada Provinciale 124	Reggio Emilia	<NULL>	42100	Italy
RICAR	Ricardo Adocicados	Janete Limeira	Assistant Sales Agent	Av. Copacabana, 267	Rio de Janeiro	RJ	02389-890	Brazil
RICSU	Richter Supermarkt	Michael Holz	Sales Manager	Grenzacherweg 237	Genève	<NULL>	1203	Switzerl
ROMEY	Romero y tomillo	Alejandra Camino	Accounting Manager	Gran Vía, 1	Madrid	<NULL>	28001	Spain
SANTG	Santé Gourmet	Jonas Bergulfsen	Owner	Erling Skakkes gate 78	Stavern	<NULL>	4110	Norway

Figure 12.4 : Saisie des informations d'une table dans une grille.

Un objet Recordset représente un jeu d'enregistrements issus d'une table d'une base de données. Un jeu est un groupe de lignes qui peut également être le résultat d'une requête. Par exemple, si vous souhaitez visualiser tous les clients qui ont acheté le produit "A12" pour l'année 2004, vous écrirez une requête SQL qui, lors de son exécution, cherchera le groupe de lignes qui correspondra à ces deux critères. Gardez à l'esprit que la recherche des lignes s'effectue toujours en mémoire, et l'affichage du résultat dépend de l'application. Si vous travaillez avec Microsoft Access ou SQL Server, le résultat d'une requête se visualise très simplement dans une grille totalement intégrée, que vous n'aurez pas à programmer. Si vous choisissez un contexte d'applications Internet, vos données seront stockées sur un serveur à distance. Un formulaire de recherche d'informations devra envoyer les critères recherchés vers la base de données et par l'intermédiaire des techniques d'envoi HTML.

Selon que vous choisissez la plate-forme Microsoft (avec IIS) ou bien la plate-forme PHP/MySQL, la manière d'écrire les instructions qui contactent les données dans les tables est totalement différente. Les technologies des plates-formes Client-Serveur n'ont strictement rien à voir avec celles développées pour des bases de données monopostes.

Remarque : Microsoft emploie la technologie des ActiveX pour gérer les objets stockés dans ses bases de données. Si vous décidez de travailler avec une base Access stockée sur le Web, vous devrez manipuler des pages ASP (Active Server Page), un langage comme VBScript ou Javascript, un groupe d'instructions ADO (ActiveX Data Control) qui permet de gérer l'accès aux enregistrements, et enfin une source de connexion pour pointer sur la base de données stockée sur un serveur.

Deux exemples de bases de données

Quand vous travaillez sur les plate-formes Microsoft ou PHP, vous créez et manipulez les objets des bases de données de manière totalement différente.

Une table dans l'environnement de Microsoft Access

Avant de créer une table pour y saisir des informations, vous devez créer une base de données. Cette création n'est pas la tâche la plus importante mais elle reste absolument nécessaire. Une base Access est un conteneur d'objets sauvegardés dans un fichier d'extension .MDB. Vous y rencontrerez des tables, des formulaires, des états, des requêtes, des macro-commandes et des modules Visual Basic pour Application (VBA). Vous pouvez échanger des informations avec l'extérieur de la base, grâce à ses possibilités d'exportation et d'importation, et surtout par l'intermédiaire du modèle d'accès aux données ADO (ActiveX Data Object).

Pour créer une base de données, effectuez les opérations suivantes :

1. Démarrez Access.
2. Choisissez l'option de menu Fichier.
3. Cliquez sur l'onglet Général.
4. Sélectionnez Nouvelle base de données dans cette boîte de dialogue Nouveau (Figure 12.5) et cliquez sur le bouton OK.

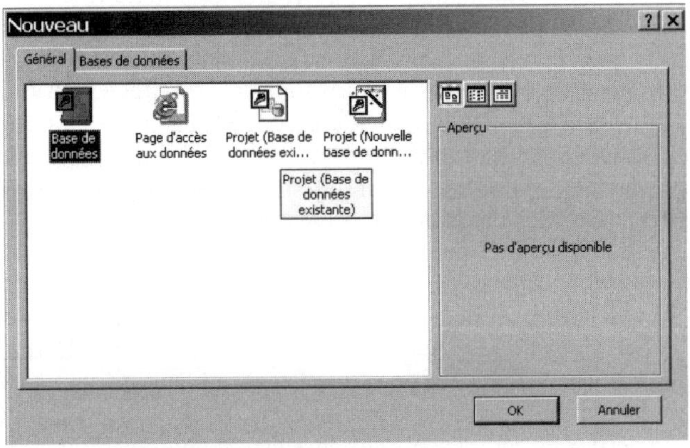

Figure 12.5 : Création d'une nouvelle base de données Access.

5. Enregistrez votre nouvelle base de données dans la boîte de dialogue et cliquez sur le bouton Créer (Figure 12.6). Après cette opération, la base de données est prête pour les autres tâches.

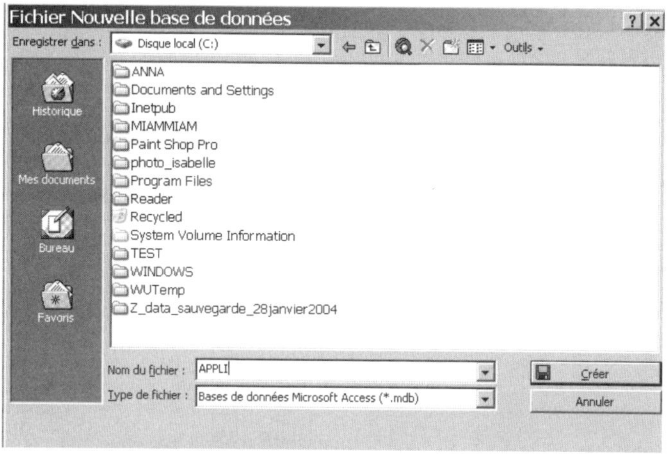

Figure 12.6 : Enregistrement de votre base de données.

Une fois la base établie, vous créez une table en commençant par définir sa structure. La figure 12.7 montre la base prête à l'emploi. En cliquant sur le bandeau vertical, vous sélectionnez l'objet qui vous intéresse. Dans notre cas, c'est l'objet Table qui doit être sélectionné. Cliquez simplement sur le bouton Nouveau pour créer une nouvelle table. Vous pouvez cliquez également sur le bouton « Créer une table en mode création » dans la base.

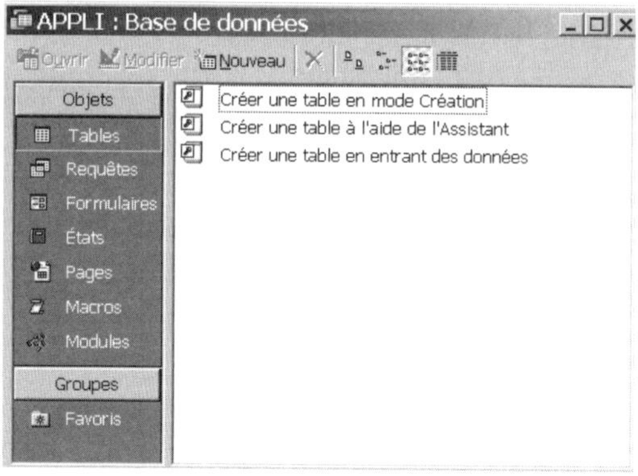

Figure 12.7 : Une base Access prête à l'emploi.

Pour créer une table, effectuez les opérations suivantes :

1. Dans la base de données, cliquez sur l'objet Table.
2. Cliquez sur le bouton Nouveau.
3. Dans la boîte de dialogue Nouvelle table (Figure 12.8), choisissez Mode création puis cliquez sur le bouton OK.

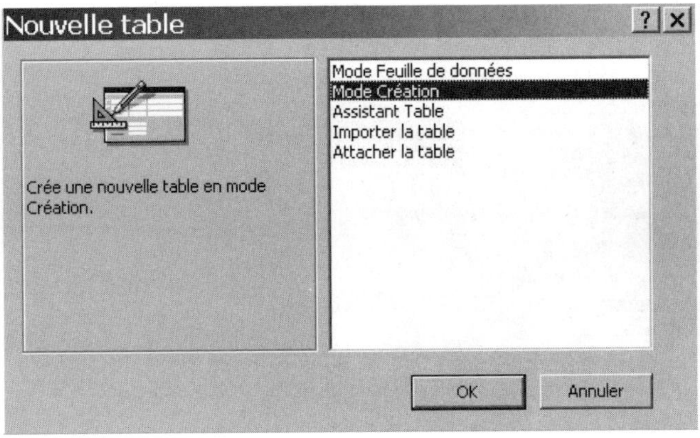

Figure 12.8 : Le mode création.

4. Indiquez les différents champs nécessaires pour votre table (Figure 12.9).
5. Placez le pointeur sur la ligne ID_CLIENT, et cliquez sur la petite clé jaune. Access insérera ainsi une clé primaire dans la table.
6. Enregistrez votre table.

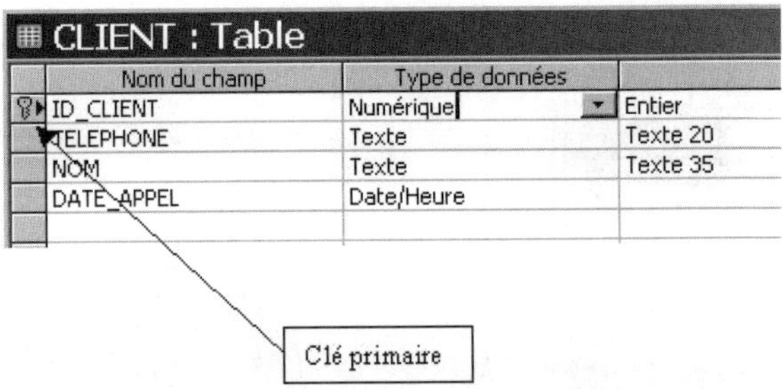

Figure 12.9 : Saisie de la structure des champs dans la table.

Une fois la structure de la table effectuée, vous pouvez saisir les données directement dans la table.

1. Dans la base de données, double-cliquez sur le nom de la table.
2. Saisissez directement les informations dans la grille de saisie (Figure 12.10).

CLIENT : Table

ID_CLIENT	TELEPHONE	NOM	DATE_APPEL
1	0152412112	PAUL	12/03/2004
2	0356425212	ALINE	20/02/2004
3	0812112121	JOE	01/03/2004
0			

Figure 12.10 : Saisie des données dans une table Access.

Remarque : Lorsque les informations sont saisies dans la table, vous pouvez les modifier à tout instant. La base peut se trouver sur un serveur et être partagée par de nombreux utilisateurs au sein d'un réseau local. Elle peut aussi être manipulée par des pages HTML et du code ASP au sein d'un contexte Intranet. Dans ce type d'organisation les utilisateurs ne possèdent pas Access sur leur poste mais accèdent quand même aux informations des tables par l'intermédiaire de leur navigateur. La dernière possibilité est de placer la base Access sur un serveur Internet qui est alors disponible à l'aide d'une adresse URL. Vous devrez alors programmer en langage Vbscript ou Javascript sur des pages ASP de manière à accéder aux enregistrements de la table. Dreamweaver MX 2004 peut éviter la programmation de telles pages mais seulement dans une certaine mesure.

La base MySQL

MySQL est un gestionnaire de base de données SQL capable de créer des tables, des requêtes SQL et d'administrer les informations par l'intermédiaire de n'importe quel navigateur Internet. Les instructions qui permettent de créer des formulaires ou de se connecter à une base sont écrites dans le langage de script PHP et peuvent être employées à l'intérieur des pages HTML. MySQL, PHP et le serveur Apache font partie d'un même package appelé EasyPHP. C'est la version 1.7 qui est la dernière version gratuite et téléchargeable. Vous pouvez ainsi installer gratuitement l'ensemble des programmes nécessaires à la manipulation des tables et des requêtes. La base de données MySQL vous permet de vous connecter à un serveur local (Apache) ou sur un serveur à distance Internet. De même que pour Access, les requêtes SQL fournissent des ensembles d'enregistrements, qui correspondent aux différents critères de la requête.

Remarque : MySQL est un serveur de base de données SQL rapide, robuste et gratuit, sauf si vous désirez le commercialiser ou acheter des licences. Il a été écrit en C et C++, et fonctionne sous Windows, Unix, Linux, etc. De nombreux outils d'administration existent pour la gestion quotidienne des bases MySQL et en particulier phpMyAdmin qui est l'outil principal fourni dans le package complet d'EasyPHP.

Avant de pouvoir créer une base de données, vous devez installer EasyPHP. Téléchargez l'ensemble du package à l'adresse suivante :

`http://www.easyphp.org/.`

Lorsque vous aurez terminé l'installation de EasyPHP, un signe E noir apparaîtra dans la barre de la date, en bas à droite de l'écran. En cliquant du droit sur ce « grand E », vous afficherez un menu contextuel. Choisissez Administration dans ce menu. Vous accéderez à une page d'accueil (Figure 12.11) qui vous permettra de lancer la page spécifique d'administration des bases de données MySQL.

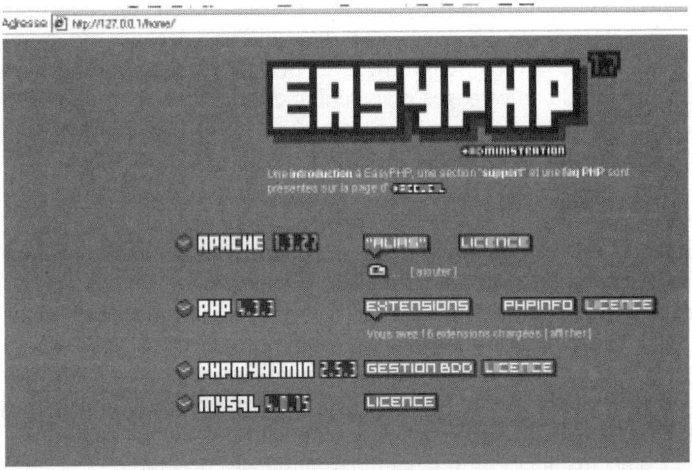

Figure 12.11 : La page d'accueil pour l'administration des bases de données et du serveur Apache.

Pour démarrer la gestion des bases de données MySQL, cliquez sur le lien GESTION BDD dans la page d'accueil. La figure 12.12 montre votre page de démarrage pour la création des bases de données et des tables.

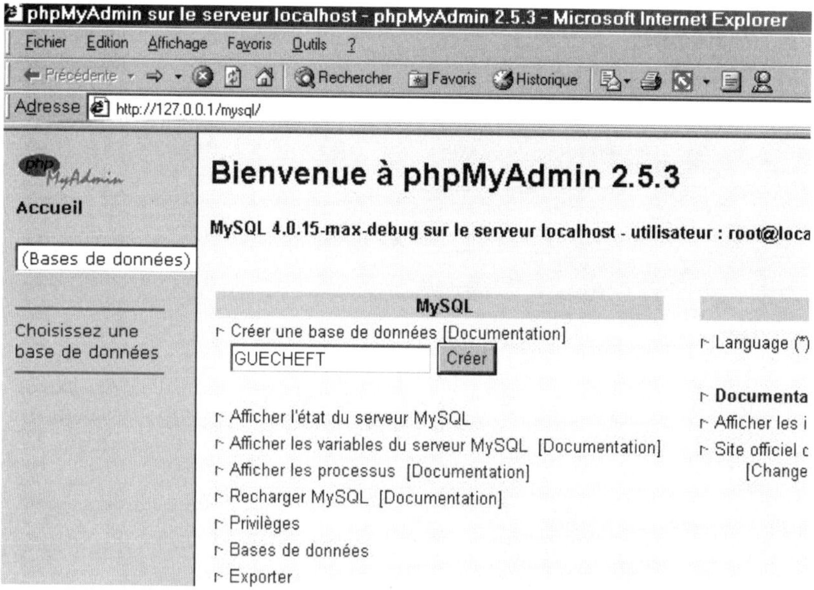

Figure 12.12 : La page de bienvenue de l'outil d'administration des bases de données dans EasyPHP 1.7.

Pour créer une base de données MySQL, effectuez les opérations suivantes :

1. Dans la zone Créer une base de données, indiquez un nom de base de données.
2. Cliquez sur le bouton Créer. La figure 12.13 montre une page dans laquelle vous pourrez par la suite créer les différentes tables de votre base de données.

Pour créer une table PRODUIT dans la base Guecheft, effectuez les opérations suivantes :

1. Tapez le nom de la table dans la zone Nom.
2. Indiquez le nombre de champs dans la zone Champs.
3. Cliquez sur le bouton Exécuter pour créer la table. La figure 12.14 montre la page de saisie des champs

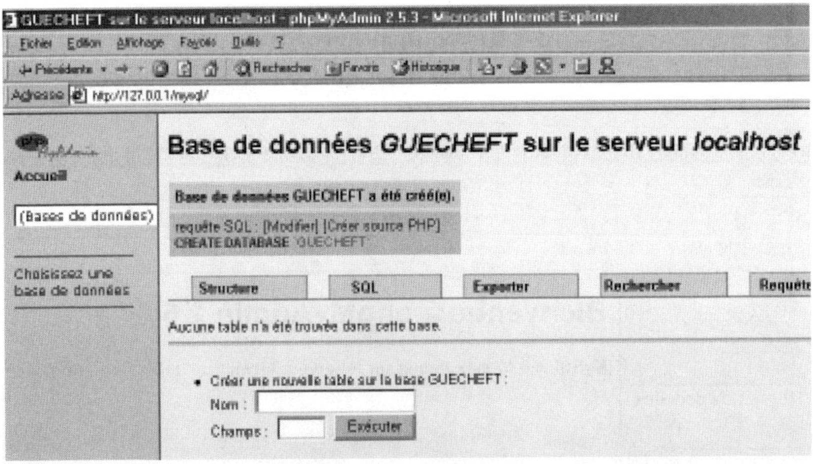

Figure 12.13 : La page de contrôle des objets de la base MySQL.

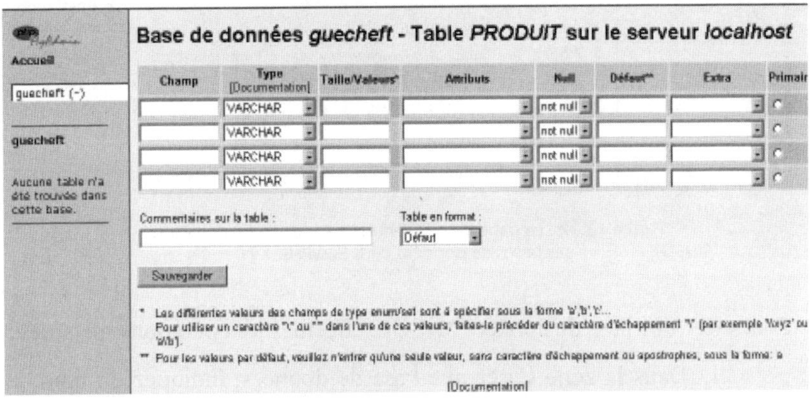

Figure 12.14 : Définition des champs dans la table.

En cliquant sur la liste déroulante de la colonne Type, l'ensemble des types de champs apparaît (Figure 12.15). Vous pouvez rechercher d'autres informations sur ces types en cliquant sur le lien Documentation situé juste au-dessous du nom de la colonne Type. Les informations sont alors affichées en anglais dans une autre page de votre navigateur.

Indiquez chaque nom de champ et ses caractéristiques sur chaque ligne. Quand vous avez terminé la description de la table, cliquez sur le bouton Sauvegarder. L'administrateur crée physiquement la table et affiche une page de contrôle pour la gestion des futurs enregistrements (Figure 12.16).

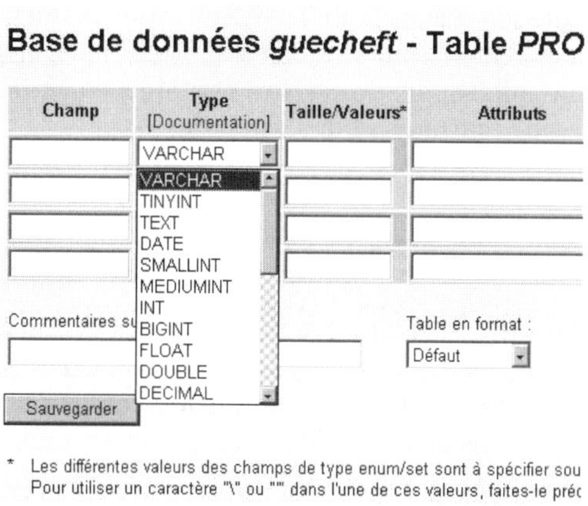

Figure 12.15 : Les types de champs dans MySQL.

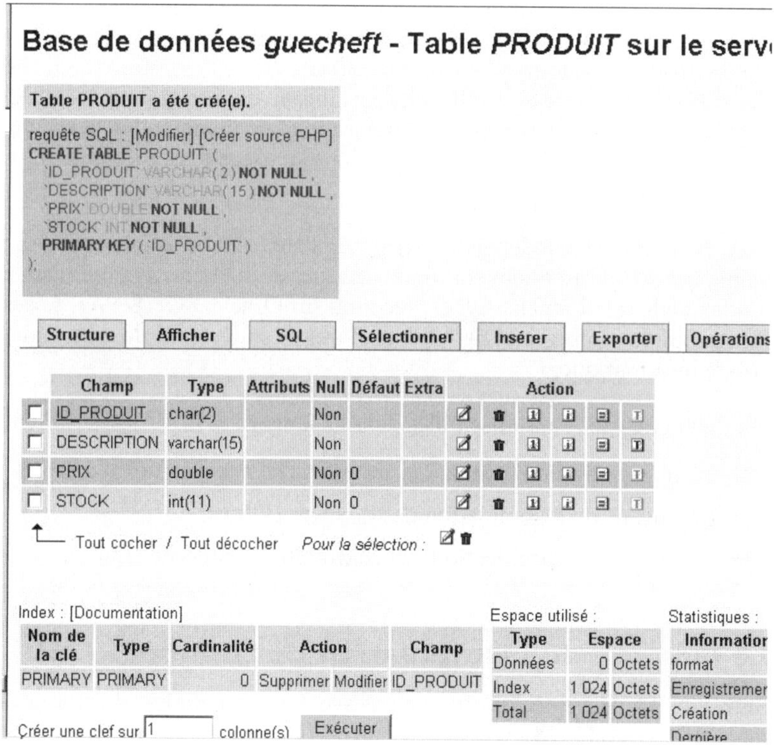

Figure 12.16 : Récapitulatif de la structure d'une table.

Remarque : Le package PHP/MySQL vous permet de gérer des tables et des requêtes au sein même de votre navigateur et par conséquent, la philosophie du produit est calquée d'entrée de jeu sur les principes de l'intranet et de l'Internet.

Premier contact avec le langage SQL

Le langage SQL (Structured Query Language) est un langage d'interrogation structuré. Il concerne les données qui sont stockées dans une base de données relationnelles. Ce langage est organisé autour d'un modèle théorique qui représente un ensemble de concepts et de règles permettant de décrire les données. Ce modèle est considéré comme relationnel, c'est-à-dire qu'il favorise les relations entre les informations. Comme nous l'avons vu dans les sections précédentes de ce chapitre, les données sont stockées dans des tables, elles-mêmes structurées en colonnes et en lignes. Un champ d'une table 1 peut être relié à un autre champ d'une table 2 par l'intermédiaire d'une relation. Ce modèle relationnel de description des données a été théorisé et développé il y a plus de 30 ans par le laboratoire de recherche d'IBM à San José en Californie. Le langage de manipulation des données relationnelles se compose d'un ensemble de commandes permettant d'interroger et de modifier les informations stockées dans des tables d'une base de données.

SQL est un langage indépendant et généraliste, capable d'interroger et de manipuler des informations sur toutes les bases de données organisées autour d'un modèle relationnel. SQL est reconnu sur Oracle, SQL Server, Access, Power Builder, Informix, DB2, et bien d'autres systèmes de la mini et de la grosse informatique.

On distingue trois sous-ensembles dans ce langage :

- Le langage d'interrogation des données (DDL).
- Le langage de manipulation des données (DML).
- Le langage de spécification des contraintes d'intégrité (LSCI).

Le langage de manipulation des données LMD

SQL est un langage déclaratif avec une syntaxe très simple qui emploie des mots clés. Le code suivant détaille l'expression générale d'une requête SQL :

```
SELECT colonne1, colonne2, colonne3,...
FROM nomTable1, nomtable2,...
WHERE expression logique
GROUP BY colonne1, colonne2
HAVING condition recherche après le regroupement
ORDER BY colonne1, colonne2 DESC;
```

La clause SELECT

La commande SELECT constitue, à elle seule, le moyen d'interroger une base de données. Elle permet de sélectionner certaines colonnes d'une table, de définir des critères pour affiner le contenu du résultat. Vous pouvez combiner des informations venant de plusieurs tables grâce à des opérations de jointure, d'union, d'intersection, ou de différence relationnelle. On peut introduire un commentaire à l'intérieur d'une commande SQL en l'encadrant par les signes /* et */ . Voici une expression SQL :

```
SELECT * FROM  nom_table ;
```

- **nom_table**. Il s'agit du nom de la table sur laquelle porte la sélection.
- *. Cela signifie que toutes les colonnes de la table sont sélectionnées.

Dans cet exemple, toutes les lignes sont sélectionnées. On peut limiter la sélection à certaines colonnes, en indiquant une liste de noms de colonne à la place de l'astérisque.

Par exemple, l'expression suivante affiche seulement les colonnes ID_CLIENT, NOM, TELEPHONE de la table CLIENT.

```
SELECT ID_CLIENT, NOM, TELEPHONE FROM  CLIENT ;
```

La clause DISTINCT

L'expression DISTINCT peut être ajoutée derrière la commande SELECT afin d'éliminer les doublons. Par exemple, le code suivant affiche toutes les valeurs présentes dans le champ ID_CLIENT de la table CLIENT_PRODUIT en éliminant les doublons :

```
SELECT DISTINCT ID_CLIENT FROM CLIENT_PRODUIT
```

La clause WHERE

La clause WHERE permet de spécifier les lignes à sélectionner. En d'autres termes, elle définit des restrictions de lignes. Elle est toujours suivie d'une expression logique vraie ou fausse qui est évaluée. Si le résultat de l'expression logique est vrai, la ligne est sélectionnée. La syntaxe est la suivante :

```
SELECT *
FROM  nom_table
WHERE expression_logique
```

Le code suivant recherche toutes les lignes de la table CLIENT_PRODUIT qui concernent le client 1. Une expression logique peut contenir une chaîne de caractères entre apostrophes. On peut également exprimer des expressions plus complexes en utilisant des opérateurs et des fonctions.

```
SELECT *
FROM CLIENT_PRODUIT
WHERE ID_CLIENT=1
```

Les opérateurs

Le langage SQL propose de nombreux opérateurs que vous pouvez employer dans la clause WHERE. Le tableau 12.6 les détaille.

Tableau 12.6 : Les opérateurs dans SQL.

Opérateurs	Description
=	Égal
!=	Différent
<	Inférieur
<=	Inférieur ou égal
>	Supérieur
>=	Supérieur ou égal

Opérateurs	Description
BETWEEN	Entre
AND	Et. L'opérateur AND est prioritaire par rapport à l'opérateur OR. Des parenthèses peuvent être utilisées pour imposer une priorité dans l'évaluation de l'expression logique.
IN	Dans
LIKE	Comme
OR	Ou
_	Remplace exactement 1 caractère.
NULL	Une valeur NULL est une valeur non définie. Vous pouvez ainsi ajouter une ligne à une table sans spécifier de valeur pour les colonnes non obligatoires. La valeur NULL est différente de la valeur zéro qui est bien définie.
IS NOT NULL	L'opérateur IS NOT NULL permet de construire une expression logique vraie si la valeur n'est pas NULL.
%	Remplace une chaîne de caractères de longueur quelconque, y compris de longueur nulle.

La clause ORDER BY

Cette commande permet de classer le résultat d'une interrogation, c'est-à-dire de trier le jeu de résultats issu de la requête SQL. En général les lignes constituant le résultat d'une commande SELECT sont obtenues dans un ordre indéterminé. Vous pouvez choisir que le résultat soit classé dans un ordre ascendant ou descendant, en fonction du contenu d'une ou plusieurs colonnes et avec 16 critères de classement possibles. Les critères de classement sont spécifiés dans une clause ORDER BY dont la syntaxe est la suivante :

```
ORDER BY NOM_COL1, NOM_COL2, NOM_COL3, … [DESC]
```

Le classement se fait d'abord selon la première colonne spécifiée dans la commande ORDER BY. Les lignes qui ont la même valeur dans la première colonne sont ensuite classées selon la deuxième colonne, etc. Pour chaque colonne, le classement peut être ascendant (par défaut) ou descendant (DESC). Un ordre de classement est défini en employant la position des colonnes présentes derrière la commande SELECT. Dans un classement, les valeurs NULL sont toujours en tête, quel que soit l'ordre du classement.

La clause GROUP BY

Vous pouvez regrouper des lignes en fonction de valeurs communes présentes sur une ou plusieurs colonnes. Le résultat est une seule ligne par groupe. Vous pouvez effectuer des calculs et des statistiques grâce à cette clause Group By. L'exemple suivant montre un regroupement sur la colonne ID_CLIENT dans la table CLIENT_PRODUIT avec la recherche du prix maximum par client. Dans cet exemple, le résultat numérique est affiché dans une nouvelle colonne appelée BEST.

```
SELECT ID_CLIENT, MAX(PRIX) AS BEST
FROM CLIENT_PRODUIT
GROUP BY ID_CLIENT
```

Le tableau 12.7 détaille les fonctions de calcul que vous pouvez utiliser au sein d'un regroupement de lignes.

Tableau 12.7 : Les instructions de regroupement SQL.

Fonctions	Description
AVG	Indique la valeur moyenne d'une expression.
COUNT	Indique le nombre de valeurs non nulles dans un groupe de lignes.
MIN	Indique la valeur minimale.
MAX	Indique la valeur maximale.
STD	Indique l'écart type.
SUM	Indique la somme d'un groupe de valeurs.
VARIANCE	Indique la variance d'un groupe de valeurs.

La clause HAVING

Vous employez cette clause lorsque vous désirez tester une condition logique sur un groupe de lignes déjà sélectionné par la clause Group By. Sans cette clause, tous les groupes sont renvoyés. Le code suivant affiche un groupement de lignes de la table CLIENT_PRODUIT

```
SELECT ID_PRODUIT,SUM(PRIX)
FROM CLIENT_PRODUIT
GROUP BY ID_PRODUIT
```

```
HAVING PRIX>100
```

Les clauses UNION, INTERSECT ET MINUS

Les clauses UNION, UNION ALL, INTERSECT et MINUS combinent les lignes renvoyées par deux instructions SELECT dans le cadre d'une opération d'ensemble. Ce type de requête permet de créer un jeu de résultats issus de différentes requêtes, mais qui portent sur les mêmes colonnes. Ces deux requêtes peuvent avoir des critères différents. Le code suivant montre un exemple de requête d'UNION.

```
SELECT *
FROM CLIENT_PRODUIT
WHERE PRIX<1000 ORDER BY PRIX ;

UNION

SELECT * FROM CLIENT_PRODUIT
WHERE AND(ID_CLIENT=1 , PRIX>5000)
```

Les jointures

Une jointure est une opération permettant de combiner des informations venant de plusieurs tables. Dans SQL vous pouvez joindre jusqu'à 256 tables. Une jointure se formule simplement en spécifiant plusieurs tables derrière la clause FROM.

Le code suivant montre la définition générale.

```
SELECT Colonne1, colonne2, etc
FROM  nom_table1, nom_table2, etc
WHERE condition logique
```

Remarque : Si vous omettez de placer la condition WHERE, vous créez un jeu de lignes qui représente un produit cartésien, c'est-à-dire une correspondance entre tous les champs.

Il existe plusieurs formes de jointures :

- **Equi-jointure**. Il s'agit de la relation de 1 à plusieurs que nous avons abordée au début de ce chapitre. Une valeur dans une colonne d'une table possède des correspondances dans une autre colonne d'une autre table.

```
SELECT  CLIENT_PRODUIT.ID_PRODUIT, PRODUIT.DESCRIPTION
FROM CLIENT_PRODUIT, PRODUIT
WHERE CLIENT_PRODUIT.ID_PRODUIT = PRODUIT.ID_PRODUIT
```

- **Jointure d'une table sur elle-même**. Vous rassemblez des informations provenant d'une ligne d'une table avec d'autres informations provenant d'une autre ligne de la même table. Cela oblige à renommer les colonnes résultats pour éviter toute ambiguïté.
- **Jointure externe.** Il s'agit d'une jointure qui intervient lorsque des valeurs dans une ligne n'ont pas de correspondance dans les autres tables. On colle le signe (+) sur le nom de la colonne dans laquelle il manque des éléments. En d'autres termes, on réalise une correspondance avec les lignes de l'autre table qui n'ont pas de correspondant.

Le langage de définition des données LDD

Le langage de définition des données est le langage qui permet de créer, supprimer ou modifier la structure des tables. Il existe aussi des commandes qui modifient, suppriment ou insèrent des informations dans une ou plusieurs tables d'une base de données. Les commandes SQL sont les suivantes :

- **INSERT INTO**. Cette commande permet d'ajouter de nouvelles lignes dans une table.
- **UPDATE**. Cette commande permet de modifier le contenu des données dans les lignes d'une ou plusieurs tables.
- **DELETE FROM**. Cette commande permet de supprimer des lignes dans une ou plusieurs tables.
- **CREATE TABLE**. Cette commande crée la structure d'une table avec ses champs, ses propriétés, ses index et ses contraintes.
- **ALTER TABLE**. Cette commande sert à modifier la structure d'une table.
- **DROP TABLE**. Cette commande supprime une table.

La commande INSERT INTO

Cette instruction permet d'insérer une nouvelle ligne dans une table existante. La ligne peut provenir d'une autre table si vous employez les techniques de jointure entre deux tables.

La syntaxe générale est la suivante :

```
INSERT INTO NOMTABLE (champ1,champ2,etc)
VALUES ('valeur1','valeur2',etc);
```

La commande UPDATE

Elle permet la modification de valeurs contenues dans une ou plusieurs colonnes d'une table. Cette instruction peut modifier un grand ensemble de lignes en une seule opération. La syntaxe est la suivante :

```
UPDATE NomTable
SET Champ1=valeur1,Champ2=valeur2
WHERE condition logique
```

La commande DELETE FROM

Cette instruction permet de supprimer une ou plusieurs lignes dans une table. Sa syntaxe est la suivante :

```
DELETE FROM NomTable WHERE condition logique
```

La commande CREATE TABLE

La commande CREATE TABLE vous permet de créer une table dans une base de données. La syntaxe vous permet de définir les propriétés, les contraintes d'intégrité et d'autres caractéristiques. La syntaxe générale est la suivante :

```
CREATE TABLE nomdetable (champ1 type1, champ2 type2, …)
```

Le tableau 12.8 détaille les types de champs les plus courants que vous pouvez employer dans cette expression SQL.

Tableau 12.8 : Quelques types de champs pour la commande CREATE TABLE.

Type	Mot Clé
Date Heure	DATETIME
Entier court	INTEGER
Entier long	LONG,
Logique	YESNO
Mémo	MEMO
Monétaire	CURRENCY
Numérotation automatique	COUNTER
Objet Binaire	BINARY(50)
Objet OLE	LONGBINARY
Octet	BYTE
Réel double	DOUBLE
Réel simple	SINGLE
Réplication	GUID
Texte	TEXT(50)

Vous pouvez créer une clé primaire en utilisant l'attribut PRIMARY KEY dans l'expression avec la clause de contrainte CONSTRAINT.

```
CREATE TABLE NomTable (Colonne Type CONSTRAINT NomClé PRIMARY KEY, Colonne2 Type)
```

La commande ALTER TABLE

L'instruction ALTER TABLE vous permet de supprimer ou d'ajouter un champ à l'intérieur même de la structure d'une table existante. Vous pouvez ainsi modifier la structure d'une table déjà créée. La commande ALTER fonctionne en créant une table temporaire et en y copiant toutes les informations.

```
ALTER TABLE NomTable attribut Nouveau_Champ
```

Employez la clause DROP pour supprimer une colonne dans la table :

```
ALTER TABLE NomColonne DROP CODE
```

La commande DROP TABLE

Cette instruction supprime une table et doit être utilisée avec prudence. La syntaxe est la suivante :

```
DROP TABLE NomTable
```

En résumé

Ce chapitre a rappelé la structure générale des bases de données en s'intéressant au cœur du dispositif : la table. Vous avez étudié la manière de créer une table avec Microsoft Access et MySql. Vous devez porter une attention toute particulière au langage SQL et à ses multiples variantes, parce que tout développement sur le Web en relation avec des bases de données emploie systématiquement le SQL pour créer, supprimer, ou modifier des lignes dans une table. Le chapitre 13 détaillera les principes de mise en place d'une base de données sur Internet ainsi que les techniques de connexion vers les enregistrements en utilisant Dreamweaver MX 2004.

Chapitre 13

Connexion en temps réel

Dans ce chapitre, vous découvrirez des techniques de connexion appliquées aux bases de données Access et MySQL avec la collaboration de Dreamweaver MX 2004. Le contexte Internet permet de mieux appréhender les questions qui se posent, dès qu'un transfert d'information s'établit entre un client (l'explorateur Internet) et un serveur à distance.

- Côté-serveur, côté-client
- Connexion à une base access avec VBSCRIPT et ADO
- Connexion à une base MYSQL avec PHP
- Les objets de Dreamweaver pour la gestion des enregistrements

Côté-serveur, côté-client

Pour réaliser une application de gestion avec une base de données dans le contexte d'Internet, vous placez d'abord les fichiers de la base sur un serveur à distance. Les opérations que vous effectuerez avec les tables dans cette base, ne seront possibles qu'une fois la connexion établie avec la base de données. Cette connexion est effectuée dans des scripts stockés du côté du serveur et invoquée à partir du navigateur. Un script est un groupe d'instructions que vous écrivez dans un langage spécifique à une plate-forme donnée. Par exemple si vous travaillez avec Microsoft et ses bases Access ou SQL Server, vous devrez écrire des scripts en VBScript ou Javascript, à l'intérieur de pages ASP (Active Server Page). Dans le cas de la plate-forme PHP, vous écrirez des scripts avec le langage PHP.

Des scripts du côté du serveur

Toutes les instructions qui agissent sur les tables doivent être écrites dans des scripts stockés sur le serveur. On dit que le script est côté-serveur, par opposition à l'expression côté-client qui indique que le script est stocké sur l'ordinateur du visiteur. Par exemple si vous devez insérer une nouvelle ligne dans une table, vous emploierez la commande INSERT INTO que vous « mettrez en marche à distance » et qui fera son travail du côté du serveur. Quand vous remplissez un formulaire pour rechercher des informations sur le Web, vous manipulez une page qui provient directement d'un serveur à distance. Les instructions HTML sous-jacentes à la page sont téléchargées du serveur vers votre navigateur qui les interprète et les exécute. Le serveur est donc cette entité, mystérieuse pour la plupart des gens, mais bien réelle sur laquelle sont stockés des pages HTML, des pages ASP, des images, des vidéos, des scripts Javascript, Vbscript, Jscript, Perl, PHP, etc.

Un serveur est un ordinateur présent dans le monde, connecté à Internet par d'autres serveurs et qui fournit de nombreux services. Par exemple la plate-forme .NET de Microsoft propose des services (Figure 13.1) totalement intégrés à la gestion des pages Web et des bases de données.

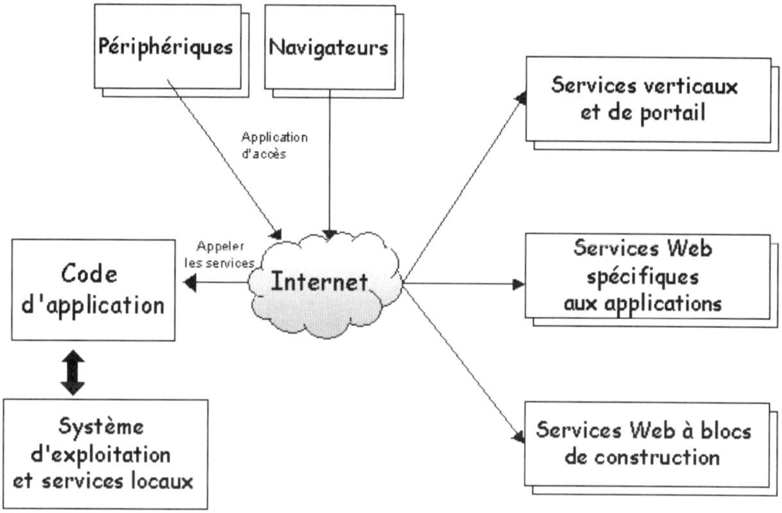

Figure 13.1 : Les services .NET de Microsoft (photo Microsoft).

D'autres plates-formes sont tout aussi performantes comme Oracle qui offre une gamme impressionnante d'options pour l'administration des bases de données en ligne pendant les opérations de maintenance, et même en cas d'accident imprévu. Ces services ne sont pas toujours présents sur les petites bases de données comme Microsoft Access où les opérations de maintenance sont effectuées par des scripts qui s'exécutent du côté du serveur. Avec Microsoft Access, la base peut être modifiée en local sur votre ordinateur puis téléchargée sur le serveur à distance. Les gros dispositifs de base de données comme Oracle ou SQL Server peuvent supporter des milliers d'entreprises et des dizaines de milliers d'utilisateurs simultanés sur une même instance de base de données, avec des contenus et une sécurité très élaborés. Les serveurs doivent fournir une sécurité à toute épreuve :

- Aucune perte de données ne doit être possible.
- Des fonctions de réparation doivent exister en cas d'accident ou d'erreur humaine.
- Des requêtes datées doivent être disponibles pour récupérer les erreurs humaines.
- Une reprise rapide du système doit être assurée en cas de panne.

- Les données doivent pouvoir être échangées en toute sécurité par l'intermédiaire du langage XML.
- La portabilité des informations doit être transparente via le support intégré de XML, des applets JSP, des servlets Java et des transactions par l'intermédiaire de SQL.

Vous trouverez de très nombreuses informations sur la base de données Oracle et les serveurs adéquats à l'adresse : http://www.oracle.com/fr/ . La figure 13.2 montre la page d'accueil de Oracle France.

Figure 13.2 : La page d'accueil de la base de données Oracle.

Remarque. D'une manière générale, les langages proposés pour écrire des scripts du côté du serveur sont capables de construire des pages HTML de façon dynamique à partir de sources de données comme de simples fichiers de texte ou des Systèmes de Gestion de Base de Données Relationnelles (SGBDR). Une page HTML dynamique est construite à la volée puis envoyée vers la page du navigateur. Il peut s'agir de données qui proviennent d'un traitement transactionnel, ou des données documentaires. On oppose traditionnellement les pages dynamiques aux pages statiques qui correspondent généralement aux pages de navigation côté-client.

Les scripts du côté du client

On appelle script côté-client un groupe d'instructions qui définit les pages HTML que le visiteur verra dans son navigateur. Les scripts sont toujours écrits en HTML, avec du PHP, du Javascript, du VBScript ou un autre langage capable d'être mélangé à du HTML. Lorsqu'un visiteur d'une page Web recherche une information, il renseigne un formulaire et envoie les données vers le serveur, qui est à l'écoute 24 heures sur 24. Les scripts côté-client complètent le langage de présentation HTML et permettent de contrôler les objets dans les formulaires. Par exemple, un script peut avertir le visiteur qu'il a oublié de remplir une zone obligatoire. Un script peut aussi piloter le comportement et l'enchaînement des pages HTML. Aujourd'hui, les deux langages employés pour écrire des scripts du côté du client sont PHP et JavaScript.

Un effort de normalisation pour le Javascript

Les caractéristiques d'écriture des scripts côté-client font l'objet d'une normalisation réalisée sous l'égide de l'European Computer Manufacturers Association (ECMA). Cette association a proposé le standard Ecma-Script, qui repose sur plusieurs technologies existantes, dont les plus connues sont JavaScript (Netscape) et JScript (Microsoft). Le JavaScript est un langage SOO (Script Oriente Object), développé par NETSCAPE qui l'a introduit dans son Navigator 2.0 en 1996. Afin de rendre ce langage accessible aux autres navigateurs (Opera, Internet Explorer, Mozilla, etc.), un procédé de normalisation a été entrepris en 1996 et la norme ECMA-262[ECM99] a été définie pour le Javascript.

Un script Javascript peut s'écrire de plusieurs façons dans la page HTML. Il commence toujours par une déclaration du langage :

```
<script language='JavaScript'>
//placez ici les instructions du script
</script>
```

Mais le script peut aussi être stocké dans un fichier annexe et être invoqué par une instruction SRC :

```
<script src='monfichier.js'></script>
```

Vous pouvez trouver de très nombreuses informations sur le langage Javascript sur le site de Devedge (Figure 13.3) :

```
http://devedge.netscape.com/index_fr.html
```

Figure 13.3 : Un site pour les développeurs de pages Web.

Les scripts côté-client peuvent piloter des événements

Le pilotage événementiel des objets dans une page HTML est le dispositif qui contrôle ce qui doit se passer lorsqu'un visiteur manipule un objet. Par exemple, si un visiteur oublie de saisir une information essentielle dans un formulaire, celui-ci doit avertir qu'une zone doit être renseignée avant que les données ne soient transmises vers le serveur à distance. La gestion des événements est une particularité du langage Javascript et permet d'ajouter un certain dynamisme à vos pages Web. Les événements vous permettent d'activer des programmes et d'effectuer des actions. Lorsque le visiteur en effectue une qui est interceptée par le navigateur, il se déclenche un programme écrit la plupart du temps dans une fonction Javascript. Il peut y avoir plusieurs types d'événements, par exemple, lorsque vous survolez un objet avec la souris ou si vous appuyez sur une touche spécifique du clavier. Le chargement d'une page peut également être considéré comme un événement et déclencher une action d'affichage d'une autre fenêtre.

Les événements sont toujours rattachés aux objets présents dans la page HTML. Lorsque les objets sont manipulés, l'interpréteur Javascript intercepte les événements et effectue les actions définies par le script. L'ensemble des événements est regroupé au sein d'une classe d'événements appelée EVENT. Chaque événement possède des propriétés particulières. Par exemple l'événement onClick indique que l'on a cliqué sur un objet comme un bouton poussoir ou une image. La syntaxe des événements en Javascript est toujours la même :

```
onEvenement="fonction()" ou onEvenement="code Javascript"
onClick="Tranfert()"
```

Vous trouverez 4 grands types d'événements.

- Événement de souris.
- Événement de clavier.
- Événement de sélection.
- Événement de changement.

Le tableau 13.1 détaille les événements liés à la souris.

Tableau 13.1 : Les événements liés à la souris.

Événement	Comportement
onClick	Un clic sur un des boutons de la souris.
onDblClick	Un double-clic sur un des boutons de la souris.
onMouseDown	Un bouton de la souris reste enfoncé.
onMouseUp	Un bouton de la souris est relâché.
onMouseOver	Le curseur de la souris survole une zone.
onMouseOut	Le curseur de la souris quitte la zone survolée.
onMouseMove	Le curseur de la souris est en mouvement.

Le tableau 13.2 détaille les événements liés au clavier.

Tableau 13.2 : Les événements liés au clavier.

Événement	Comportement
onKeyDown	Une touche du clavier est enfoncée.
onKeyUp	Une touche du clavier est relâchée.
onKeyPress	Une touche du clavier est enfoncée puis relâchée.

Le tableau 13.3 détaille les événements liés à la sélection des objets (boutons ou cadres). On parle souvent de focus, de zone active et de cible de clic de souris.

Tableau 13.3 : Les événements liés à la sélection.

Événement	Comportement
onFocus	Indique qu'une zone en relation avec un événement est sélectionnée.
onBlur	La zone rattachée à l'événement est désélectionnée.
onSelect	La zone rattachée à l'événement a été sélectionnée.
onDragDrop	Un objet est sélectionné et glissé vers une fenêtre.
onMove	La fenêtre active est déplacée.
onResize	La fenêtre active est redimensionnée.
onSubmit	Le bouton de formulaire de type submit a été enfoncé.
onReset	Le bouton de formulaire de type reset a été enfoncé.

Le tableau 13.4 détaille les événements liés au changement.

Tableau 13.4 : Les événements liés au changement.

Événement	Comportement
onAbort	Le chargement d'une image a été arrêté.
onChange	Un élément du formulaire a été modifié.
onError	Il s'est produit une erreur lors du chargement d'une image ou d'une fenêtre.
onLoad	Le chargement d'une image ou d'une page est terminé.
OnUnLoad	La page est remplacée par une autre.

Les scripts avec Dreamweaver

Les langages de script ont évolué avec les nouvelles versions des navigateurs. Javascript 1.1 est apparu avec la version 2 de Netscape Navigator. Navigator 3 a amélioré Javascript de manière significative avec la version 1.2 et la gestion des objets dynamiques HTML. Notez que le Javascript de Microsoft s'appelle « Jscript ». Le langage JavaScript n'a rien à voir avec le langage Java qui s'adresse à un public de développeurs et de spécialistes de la programmation. Javascript peut être manipulé par une gamme d'utilisateurs non informaticiens professionnels. Notez que l'apprentissage de Javascript demande quand même un réel effort d'investissement. L'autre langage est le VBScript ou Microsoft Visual Basic Scripting Edition, développé par Microsoft et basé sur le langage de programmation Visual Basic. VBScript est utilisé pour la gestion des pages ASP et des bases de données Access et SQL Server.

Insertion d'un objet script dans une page

Pour insérer un script Javascript avec Dreamweaver MX 2004, effectuez les opérations suivantes :

1. Positionnez le point d'insertion à l'endroit où vous souhaitez insérer le script.
2. Choisissez la commande Insertion / HTML.
3. Sélectionnez Objets Script.
4. Choisissez Script.

La figure 13.4 montre la boîte de dialogue dans laquelle vous pouvez taper directement le code Javascript.

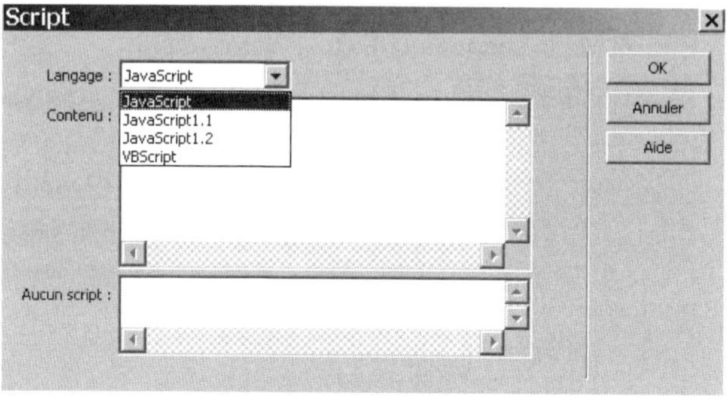

Figure 13.4 : Saisie de code Javascript.

5. Cliquez sur le bouton OK pour terminer.

Le code suivant montre la trame proposée automatiquement par Dreamweaver :

```
<script language="JavaScript" type="text/JavaScript">
'ici le texte
</script>
```

Vous pouvez aussi utiliser le panneau Insérer dans la catégorie HTML (Figure 13.5).

Figure 13.5 : La catégorie HTML du panneau Insérer.

Création d'un fichier .JS

Un fichier Javascript possède l'extension .JS et peut être créé directement dans Dreamweaver. Vous pouvez ainsi centraliser de nombreuses fonctions qui seront utilisées dans plusieurs pages de votre site. En réalité, un fichier .JS est un simple fichier de texte. Pour créer un fichier Javascript, effectuez les opérations suivantes :

1. Choisissez la commande Fichier / Nouveau.
2. Sélectionnez la catégorie Page de base dans la partie gauche de la fenêtre (Figure 13.6).
3. Choisissez Javascript dans la partie droite de la fenêtre.
4. Cliquez sur le bouton Créer pour commencer la saisie du code Javascript ligne par ligne. Vous constaterez que les lignes sont numérotées.
5. Enregistrez le fichier.

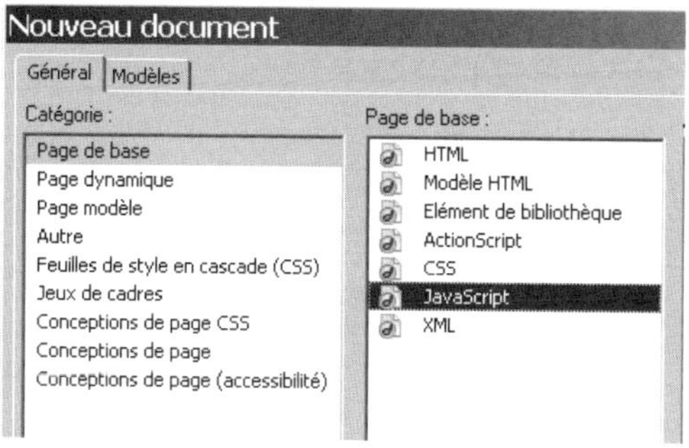

Figure 13.6 : Création d'un fichier Javascript.

Modifier les paramètres de coloration du code

Vous pouvez modifier de nombreux paramètres d'affichage du code grâce à la fenêtre des préférences de Dreamweaver. Effectuez les opérations suivantes :

1. Choisissez la commande Edition / Préférence.
2. Sélectionnez la catégorie Coloration du code.
3. Dans la partie droite de la boîte de dialogue (Figure 13.7), cliquez sur le bouton Modifier le modèle coloration.

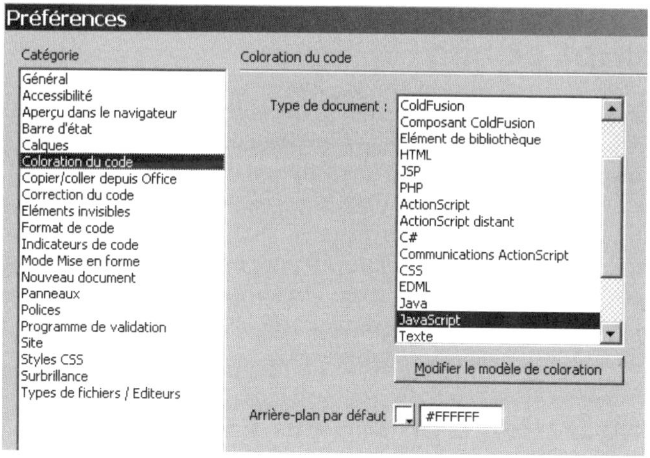

Figure 13.7 : Modification de la coloration du code.

Vous pouvez modifier très facilement la couleur des différentes fonctions et caractéristiques de Javascript (Figure 13.8).

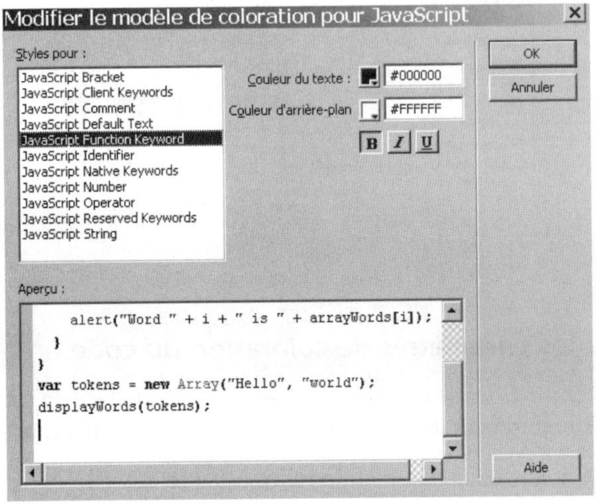

Figure 13.8 : Modification de la couleur des caractéristiques de Javascript.

Connexion à une base Access avec vbscript et ado

Avec Dreamweaver MX 2004, vous pouvez créer des pages Web qui récupèrent des informations stockées dans une base de données à distance. De nombreux dispositifs permettent l'administration d'une base, comme PHPAdmin pour la base MySQL ou les outils très perfectionnés de SQL Server. La plupart du temps ce sont les administrateurs qui créent, modifient ou suppriment les objets de la base de données. Vous pouvez néanmoins transférer des fichiers de base de données avec Dreamweaver en définissant un site Dreamweaver, comme vous avez pu le voir au début de ce livre.

Configuration d'un serveur FTP

Pour renseigner Dreamweaver sur les paramètres d'un serveur à distance que vous désirez utiliser, effectuez les opérations suivantes :

1. Démarrez Dreamweaver.
2. Choisissez la commande Site / Gérer les sites.
3. Cliquez sur le bouton Nouveau.
4. Choisissez Serveur FTP et RDS.
5. Indiquez les paramètres de configuration du site à distance (Figure 13.9).

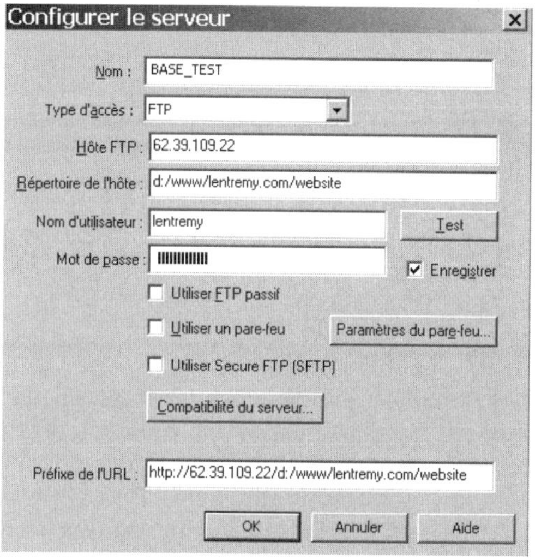

Figure 13.9 : Les paramètres du site à distance.

Une fois la connexion réussie, Dreamweaver affiche tous les répertoires du site à distance dans le panneau Fichier (Figure 13.10).

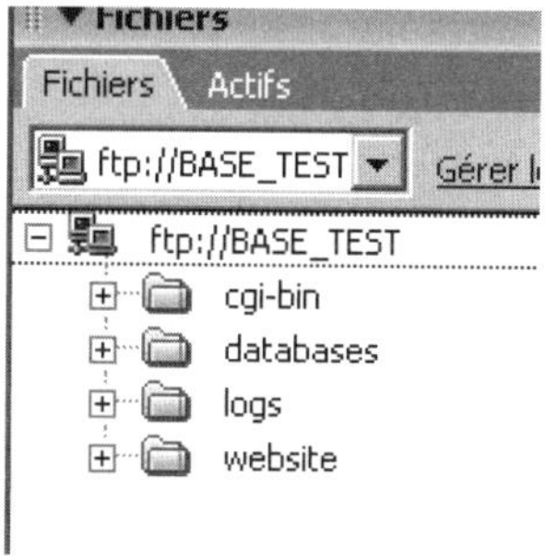

Figure 13.10 : Les répertoires du site FTP à distance.

Création d'une base Access et transfert FTP vers un site à distance

Les utilisateurs de Microsoft Access savent que tous les objets de la base de données sont stockés dans un seul et même fichier dont l'extension est .MBD. Les tables, les requêtes, les états, les formulaires, les macros et les modules VBA (Visual Basic Application) sont regroupés dans un seul conteneur. Créez une base de données avec Microsoft Access et nommez-la TEST.MDB. Cette base comprend une seule table INFO dont les données sont décrites dans le tableau 13.5. Il n'y a pas de clé unique dans cette table.

Tableau 13.5 : La table INFO.

Nom	Age	Secteur
Pierre	38	Lyon
Anna	11	Paris
Emylie	7	Paris
Anton	27	Nice
Sue	45	Nice

Avant de pouvoir travailler avec les caractéristiques de la base sur un site Internet, vous devez la transférer avec le protocole FTP. Pour ce faire, employez un logiciel de transfert FTP ou directement par l'intermédiaire de votre navigateur à l'aide d'une adresse FTP, comme l'adresse FTP://lentremy:mot_de_passe@62.39.109.22/. Une fois que la base a été transférée vous pouvez vérifier son existence avec Dreamweaver dans le panneau Fichiers (Figure 13.11).

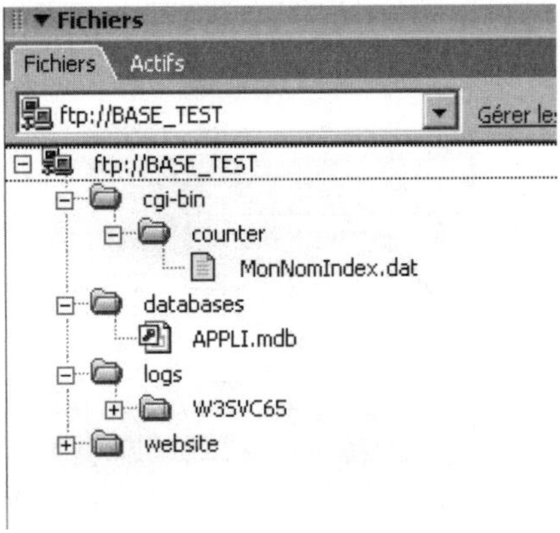

Figure 13.11 : Une base de données Access sur un serveur FTP.

Quand la base de données est bien placée sur le site à distance, il ne reste plus qu'à employer des pages ASP-VBScript et le code VBScript pour accéder aux objets présents dans la base.

Connexion à une base Access avec VBScript

Autant ne pas se voiler la face, les connexions à des bases de données Access situées à distance sont du domaine du développeur. Même si Dreamweaver propose un certain nombre d'outils pour se connecter plus ou moins facilement à une base, le moment arrive très vite où les problèmes nécessitent une bonne compréhension des instructions VBScript et du modèle d'accès aux données ADO. Ce modèle est un groupe d'instructions capables d'accéder aux tables et aux enregistrements. Gardez à l'esprit que les scripts qui se connectent à une base sont toujours placés du côté du serveur. En d'autres termes, tous les scripts que vous écrirez pour établir une connexion et une extraction de données vers le navigateur devront être stockés sur le site à distance. Si des enregistrements doivent être extraits de la base, c'est toujours le serveur qui exécutera cette tâche en premier, pour ensuite réafficher les informations demandées vers la page du visiteur.

Les chaînes de connexion

Chez Microsoft, une chaîne de caractères est nécessaire pour se connecter à une base de données stockée sur un serveur à distance. Vous pouvez avoir des paramètres dans cette chaîne qui définissent des noms d'utilisateurs ou des mots de passe intégrés. Il existe autant de chaînes de caractères que de bases de données différentes. Les bases Access peuvent se partager entre de nombreux utilisateurs.

Si vous travaillez dans un contexte Workgroup, le format des chaînes de connexion pourra être le suivant :

```
VariableConn.Open "Driver={Microsoft Access" & "Driver (*.mdb)};" &
"Dbq=C:\somepath\Mabase.mdb;" & "SystemDB=c:\somepath\Mabase.mdw;", "myUsername",
myPassword"
```

Si vous travaillez avec une seule base de données en mode exclusif, vous pourrez utiliser le format suivant :

```
VariableConn.Open "Driver={Microsoft Access" & " Driver (*.mdb)};" &
"Dbq=C:\somepath\Mabase.mdb;" & "Exclusive=1;" & "Uid=admin;" & "Pwd="
```

Remarque. Le format exclusif empêche un autre utilisateur du réseau d'accéder aux objets de votre base. Ce mode est souvent employé lorsque des opérations de maintenance sont effectuées sur la base et que l'accès aux tables ou aux autres objets de la base est restreint.

Si vous devez partager une base de données avec d'autres utilisateurs sur un réseau local ou sur une organisation Intranet, employez le format suivant :

```
Conn.Open "Driver={Microsoft Access" &
"Driver (*.mdb)};" & "Dbq=\\myPath\Mabase.mdb;" &
"Uid=admin;" &
"Pwd="
```

Pour une base d'extension .MDB située sur une machine distante ou un service XML Web Service par l'intermédiaire de SOAP Toolkit ou ASP.NET, ou encore SQL Server avec une chaîne de connexion IP, ou une adresse URL de type ADO avec une page Web ASP à distance ou une chaîne de connexion RDS ou MS Remote, employez le format suivant :

```
<%
codeConn.Open "Driver={Microsoft Access" & "Driver (*.mdb)};" &
"Dbq=" & Server.MapPath(".") & "\mabase.mdb;" &
"Uid=admin;" &
"Pwd="
%>
```

Pour une base de données Access placée sur un site à distance dans le cadre d'une page ASP qui utilise le vocabulaire du modèle ADO (ActiveX Data Object), employez le code VBScript suivant pour définir la chaîne de connexion :

```
Set CN = CreateObject("ADODB.CONNECTION")
CN.Provider="Microsoft.Jet.OLEDB.4.0"
CN.ConnectionString=Server.MapPath("../..") & "\NomRepertoire\NomBase.MDB"
```

Notez que d'autres chaînes plus complexes peuvent être imposées par les applications de bases de données.

Dans le code ci-dessous, une variable objet appelée CN est définie par l'instruction SET. On y affecte une commande ADO qui met en mémoire toutes les propriétés et les méthodes nécessaires à la connexion à une base de données.

```
Set CN = CreateObject("ADODB.CONNECTION")
```

Microsoft a développé un système d'accès aux bases de données assez performant qui nécessite la présence d'un fournisseur de données.

```
CN.Provider="Microsoft.Jet.OLEDB.4.0"
```

La chaîne de connexion spécifie le nom de la base et son emplacement sur le serveur à distance.

```
CN.ConnectionString=Server.MapPath("../..") &
"\NomRepertoire\NomBase.MDB"
```

Les accès à la table d'une base de données

Une fois que la connexion est établie avec la base de données, vous devez pointer sur une table puis lire l'ensemble des enregistrements. Ceux-ci correspondent à la table ou au résultat d'une requête SQL. Le mot clé qui permet d'ouvrir une table est Open. On l'appelle également une méthode, ce qui correspond à un verbe d'action.

Cette méthode Open est reliée à la variable qui a défini la connexion à la base de données.

```
CN.Open()
```

Lorsqu'on s'adresse à une table, on s'intéresse en réalité aux enregistrements qui y sont stockés. Le modèle d'accès aux données ADO vous oblige à créer une autre variable objet à laquelle on affecte toutes les propriétés et les méthodes d'un Recordset ou jeu d'enregistrements. On crée ce qu'on appelle une nouvelle instance d'un Recordset, c'est-à-dire un conteneur qui est prêt à recevoir certains enregistrements en provenance de la table.

```
Set RC=CreateObject("ADODB.RECORDSET")
```

Vous devez ensuite définir les colonnes et les critères de recherche qui seront appliqués à la table. C'est évidemment une requête SQL qui est utilisée dans le modèle ADO, en relation avec les deux variables objets qui pointent respectivement sur la table et sur la connexion à la base.

```
RC.OPEN "SELECT NOM, AGE, SECTEUR  FROM INFO WHERE SECTEUR='PARIS' ORDER BY AGE DESC ",CN
```

À partir du moment où aucune erreur ne s'est produite dans la connexion et l'extraction de données, le script doit renvoyer les informations demandées vers le visiteur sur son navigateur. VBScript emploie le mot-clé Response.write (chaîne de caractères) pour renvoyer du texte vers n'importe quel navigateur. Le contenu de la table peut ainsi être renvoyé dans un tableau ou dans la page grâce à l'utilisation des instructions HTML. Le code ci-dessous crée un tableau et lit le Recordset ligne par ligne pour afficher les informations dans la page du navigateur côté client :

```
' ----- Partie REPONSE DU SERVEUR
response.write("<TABLE BORDER='1'>")
'je définis l'entête
Response.Write("<TR><TH>NOM</TH><TH>AGE</TH><TH>SECTEUR</TH></TR>")
```

```
'je répète pour toutes les colonnes du recorset
Do Until RC.EOF
'j'affiche les colonnes de la table
response.write("<TR>")
Response.Write("<TD>" & RC("NOM") & "</TD>")
Response.Write("<TD>" & RC("AGE") & "</TD>")
Response.Write("<TD>" & RC("SECTEUR ") & "</TD>")
Response.write("</TR>")
'je passe à l'enregistrement suivant
RC.Movenext
'je reviens à la boucle
loop
Response.Write("</TABLE>")
'------- Fermeture des variables
SET CN = NOTHING
SET RC = NOTHING
</SCRIPT>
```

Remarquez dans le code ci-dessus la balise <TR> qui crée une colonne. La balise <TH> crée l'en-tête de colonne et la balise <TD> crée la ligne dans le tableau. L'expression Do Until RC.EOF (faire jusqu'à ce qu'on arrive à la fin) indique simplement une structure de contrôle qui effectue une boucle sur le Recordset défini en mémoire. Cette structure VBScript se termine toujours par l'instruction loop. Le code suivant montre le script complet d'extraction de données :

```
<HTML>
<script language="VBScript" RUNAT="SERVER">
'je recherche dans la base de données stockée sur le serveur
Set CN = CreateObject("ADODB.CONNECTION")
CN.Provider="Microsoft.Jet.OLEDB.4.0"
CN.ConnectionString=Server.MapPath("../..") & "\DATABASES\APPLI.MDB"
'j'ouvre la base
CN.Open()
'je crée une nouvelle instance d'un Recordset
Set RC=CreateObject("ADODB.RECORDSET")
RC.OPEN "SELECT NOM, AGE, SECTEUR  FROM INFO WHERE SECTEUR='PARIS' ORDER BY AGE DESC ",CN
' ----- Partie REPONSE DU SERVEUR
response.write("<TABLE BORDER='1'>")
'je définis l'entête
Response.Write("<TR><TH>NOM</TH><TH>AGE</TH><TH>SECTEUR</TH></TR>")
```

```
'je répète pour toutes les colonnes du recorset
Do Until RC.EOF
'j'affiche les colonnes de la table
response.write("<TR>")
Response.Write("<TD>" & RC("NOM") & "</TD>")
Response.Write("<TD>" & RC("AGE") & "</TD>")
Response.Write("<TD>" & RC("SECTEUR ") & "</TD>")
Response.write("</TR>")
'je passe à l'enregistrement suivant
RC.Movenext
'je reviens à la boucle
loop
Response.Write("</TABLE>")
'------- Fermeture des variables
SET CN = NOTHING
SET RC = NOTHING
</SCRIPT>
</HTML>
```

Connexion à une base MySQL

Le grand concurrent de Microsoft est bien sûr l'application de gestion de base de données MySQL qui recueille encore et toujours un grand succès. La programmation et l'administration des bases de données sont totalement différentes de ce que l'on peut rencontrer chez Microsoft. Grâce au langage PHP, vous mélangez les instructions de présentation HTML avec celles qui permettent de récupérer des données issues des tables.

Le serveur Apache

Avant de tester en réel votre application de base de données MySQL sur un serveur à distance, il est recommandé de la tester en local sur le serveur Apache. Rappelons que le projet Apache est le résultat d'un effort de développement, visant à réaliser le code source d'un serveur Web robuste, complet et accessible à tous. Le projet a été initié par un groupe de volontaires et de nombreuses personnes ont ensuite collaboré au niveau des idées, du code et de la documentation. Apache est gratuit et basé sur le protocole HTTP. L'objectif est de fournir à un maximum de personnes et d'organisations, une plate-forme capable de réaliser des tests et des applications de production. Vous pouvez trouver de très nombreuses informations sur le site Apache.org à l'adresse `www.apache.org` (Figure 13.12).

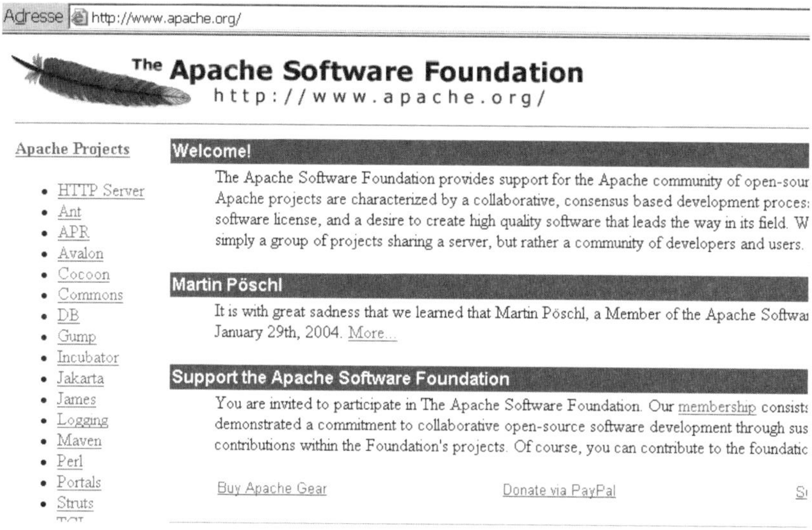

Figure 13.12 : Le site de Apache.org

La mise en fonction du serveur Apache s'effectue automatiquement au moment de l'installation du package EasyPHP. La dernière version est EasyPHP 1.7. Si vous rencontrez des difficultés avec cette version, n'hésitez pas à prendre la version 1.6 qui fonctionne très bien. Vous pouvez télécharger gratuitement cette version sur le site de Easyphp.org à l'adresse suivante :

`http://www.easyphp.org/telechargements.php3`.

Un programme EasyPhp_1.6.exe vous permettra d'installer en toute sécurité le package contenant toutes les fonctionnalités de PHP, MySQL, et du serveur Apache. La figure 13.13 montre les paramètres du serveur Apache en action.

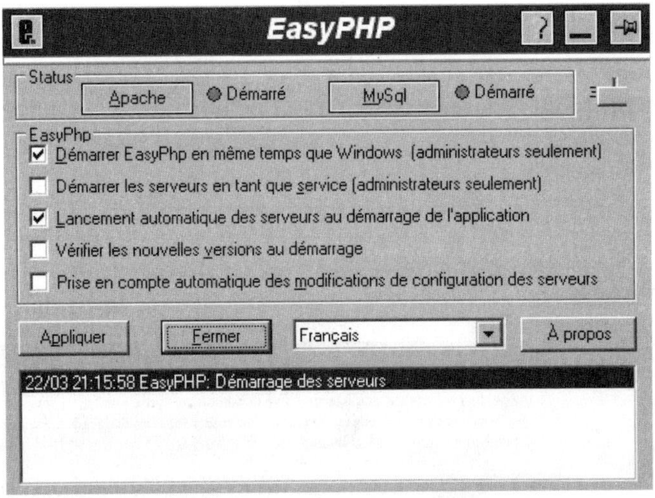

Figure 13.13 : Le serveur Apache en action.

Une fois le serveur démarré, vous pouvez créer votre base de données grâce au dispositif d'administration des bases de données.

Création d'une base STAT avec EasyPHP

Pour créer une base de données avec PHP/MySQL, effectuez les opérations suivantes :

1. Cliquez du droit sur l'icône noire d'EasyPHP dans la barre d'état.
2. Choisissez Administration. Remarquez que la page Web qui s'affiche possède l'adresse caractéristique `http://127.0.0.1/home/` (Figure 13.14)
3. Cliquez sur le lien PHPMyAdmin.

Dans MySQL, la gestion d'une base de données s'effectue par l'intermédiaire de nombreuses instructions SQL, automatiquement définies lorsque vous remplissez les zones de saisie des pages présentées par EasyPHP. Par exemple la figure 13.15 montre la création de la base STAT.

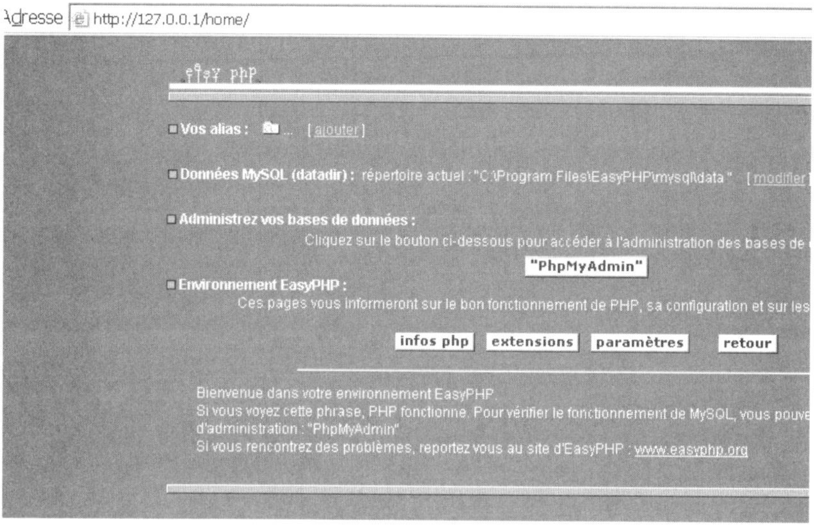

Figure 13.14 : La page d'accueil de EasyPHP pour l'administration des bases de données.

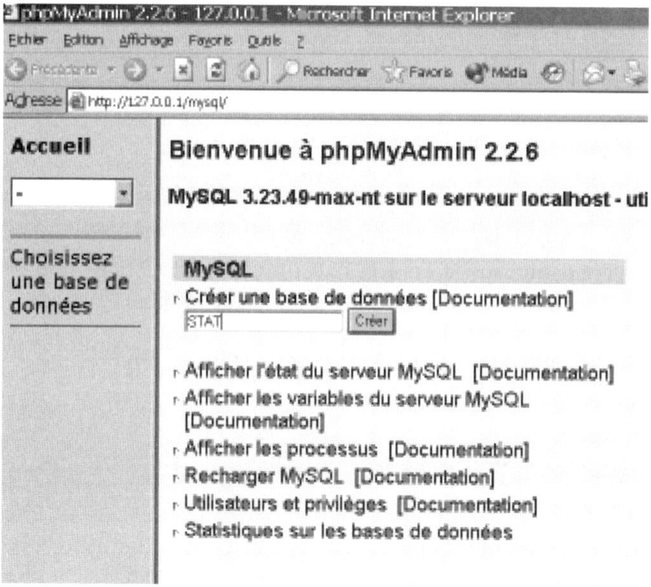

Figure 13.15 : Création de la base STAT.

Lorsque la base a été créée, vous devez définir les tables. La figure 13.16 montre la page de création de celles-ci.

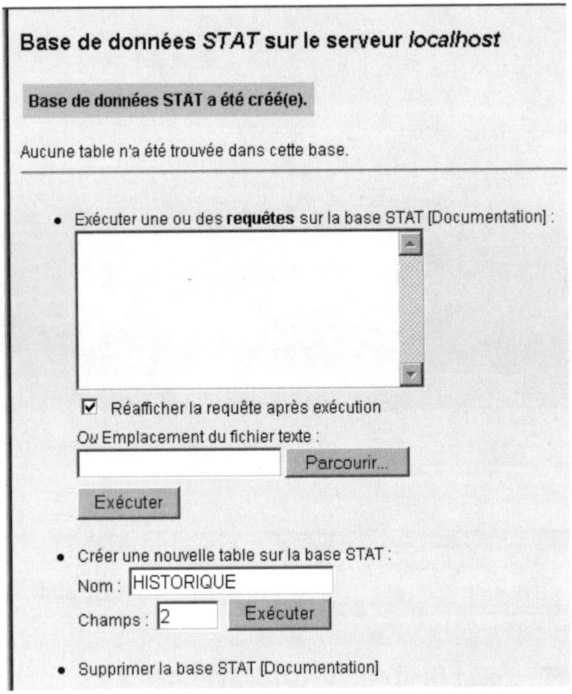

Figure 13.16 : Création d'une table HISTORIQUE dans la table.

Après avoir cliqué sur le bouton Exécuter, MySQL affiche une page dans laquelle vous indiquez les noms des champs de la table (Figure 13.17).

Le code SQL suivant montre la syntaxe de cette création :

```
CREATE TABLE `HISTORIQUE` (`CODE` VARCHAR(2) NOT NULL, `REPONSE` VARCHAR(1) NOT NULL);
```

La figure 13.18 montre la page de récapitulation, ainsi que le bouton Insérer qui vous permet de saisir des données dans la table.

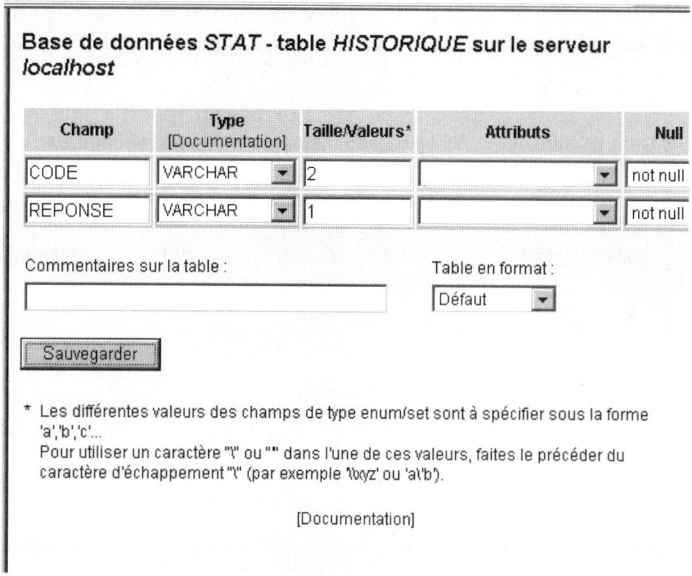

Figure 13.17 : Définition des champs dans la table.

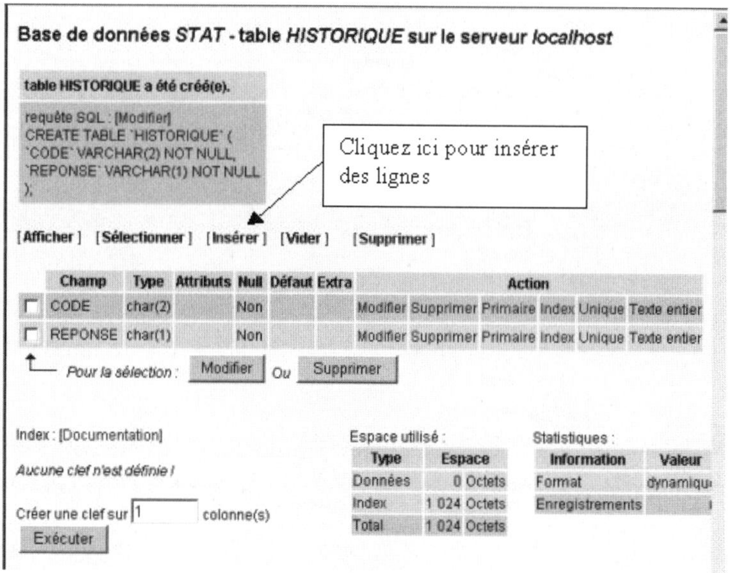

Figure 13.18 : La structure des tables.

Vous saisissez des données dans la table par l'intermédiaire du formulaire montré sur la figure 13.19. C'est le bouton Exécuter qui valide les données.

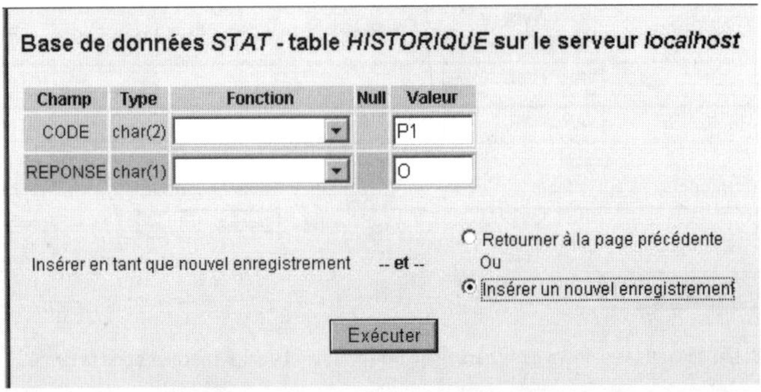

Figure 13.19 : Saisie des données page par page.

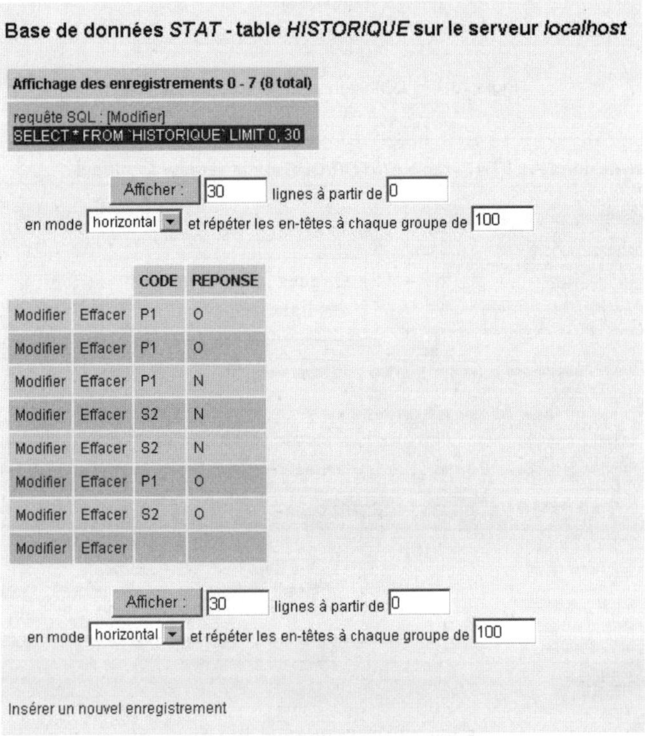

Figure 13.20 : Les enregistrements de la table.

La requête SQL montre l'insertion de données dans la table.

```
INSERT INTO `HISTORIQUE` (`CODE`, `REPONSE`) VALUES ('P1', '0');
```

Remarquez le bouton Afficher de la figure 13.18 qui vous permet de visualiser l'ensemble des enregistrements dans la table (Figure 13.20). La requête SQL exécutée pour cet affichage est la suivante :

```
SELECT * FROM `HISTORIQUE` LIMIT 0, 30
```

Remarque. Les trois fichiers qui correspondent à cette base de données sont stockés dans le répertoire c:\programfiles\easyphp\mysql\data\stat. Il s'agit des fichiers historique.frm, historique.myd et historique.myi. Vous pourrez noter également que le nom de la base correspond à un répertoire, les fichiers indiquant les tables.

Connexion à une base MySQL avec Dreamweaver

Comme vous avez pu le constater, la gestion des enregistrements d'une table avec EasyPHP et son PHPMyAdmin n'est pas très simple, et on peut imaginer faire mieux avec Dreamweaver MX 2004. Pour travailler avec des lignes d'une table au sein de pages PHP, vous devez d'abord configurer un serveur d'évaluation.

Les paramètres du serveur d'évaluation avec PHP

Au début de ce livre, vous avez découvert la gestion d'un site Dreamweaver avec ses trois structures :

- **Les infos locales**. Il s'agit du répertoire de stockage des pages Web.
- **Les infos distantes**. Ce sont les paramètres qui interviennent lorsque vous voulez échanger des données avec un serveur à distance.
- **Le serveur d'évaluation**. Des informations essentielles pour un serveur local.

Les tâches suivantes définissent un serveur d'évaluation qui prend en compte la base de données STAT qui a été créée avec les outils de EasyPHP.

1. Démarrez Dreamweaver MX 2004.

2. Créez une page PHP.
3. Choisissez l'option de menu Sites / Gérer les sites.
4. Cliquez sur le bouton Nouveau.
5. Sélectionnez Site.
6. Indiquez les paramètres pour les infos locales (Figure 13.21).

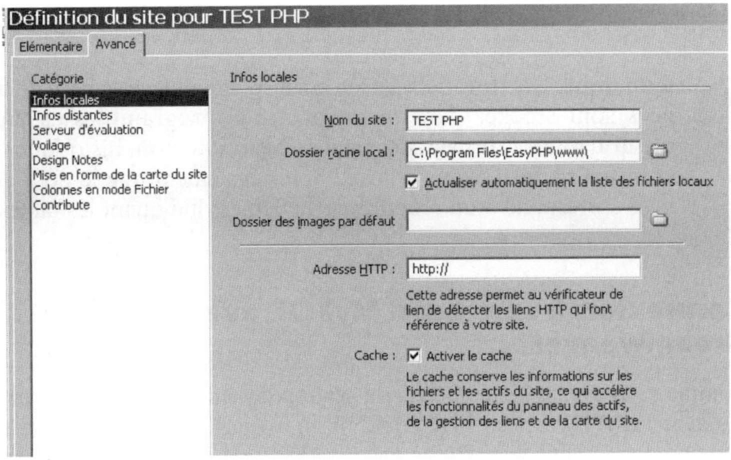

Figure 13.21 : Les infos locales.

7. Sélectionnez la catégorie Infos Distantes. Ne définissez aucun paramètre (Figure 13.22).

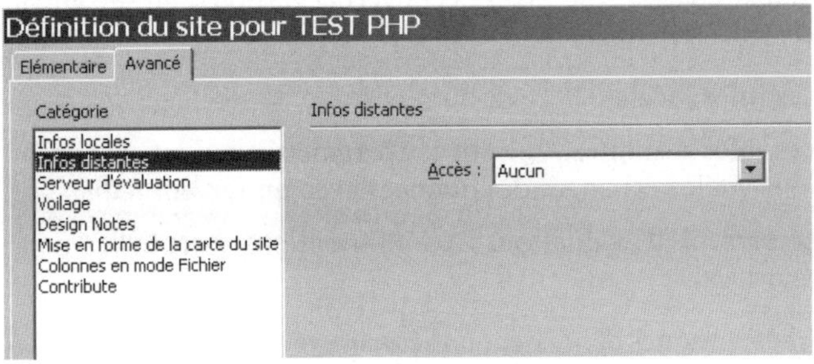

Figure 13.22 : Les infos à distance.

8. Sélectionnez la catégorie Serveur d'évaluation (Figure 13.23). Le dossier du serveur d'évaluation indique le répertoire où sont stockés les fichiers correspondant aux tables de la base MySQL. Dans l'exemple de la section précédente, il s'agit de C:\Program Files\EasyPHP\mysql\data\STAT\.

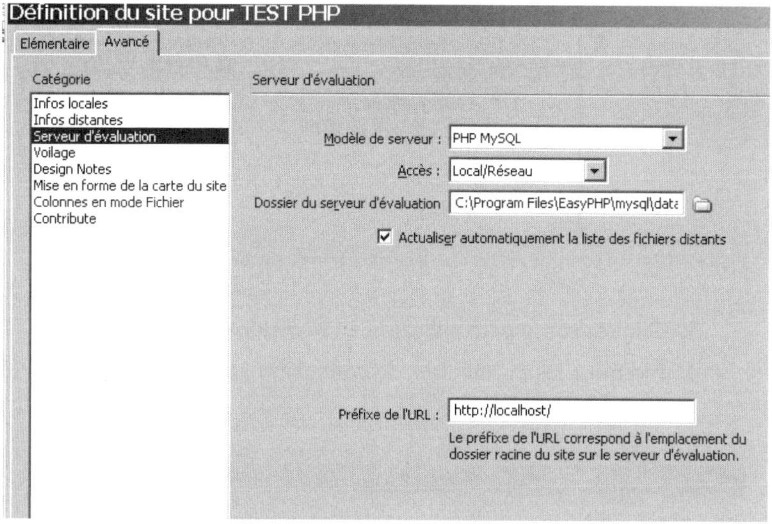

Figure 13.23 : les paramètres du dossier d'évaluation.

9. Cliquez sur les bouton OK puis Terminer pour fermer la fenêtre de gestion des sites.

Une fois que le serveur d'évaluation a été correctement défini, l'étape de connexion à la base commence.

Paramétrage de la connexion de la base de données PHP

Pour vous connecter à une base de données, effectuez les opérations suivantes :

1. Cliquez sur l'option de menu Fenêtre.
2. Choisissez Base de données. Le panneau Application doit s'ouvrir, comme le montre la figure 13.24.

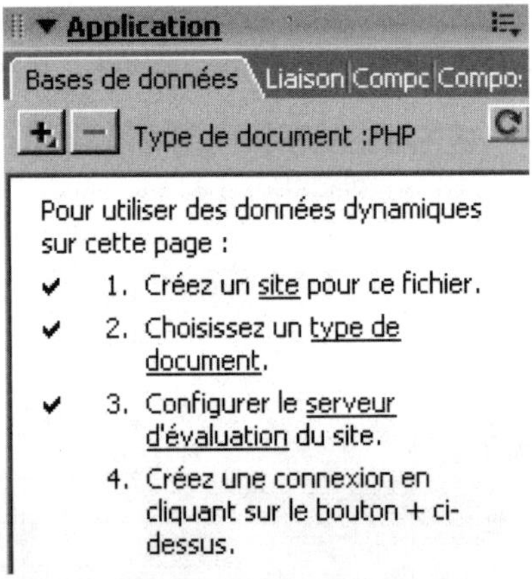

Figure 13.24 : Le panneau Application avant le paramétrage de la base de données PHP.

3. Cliquez sur le petit signe (+) et sélectionnez Connexion MySQL.
4. Indiquez les paramètres de connexion à la base de données (Figure 13.25).

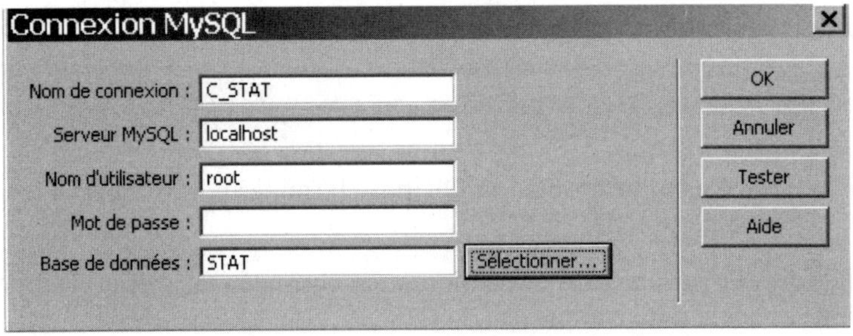

Figure 13.25 : Les paramètres de connexion à la base STAT.

5. Cliquez sur le bouton OK pour fermer la boîte de dialogue. Si Dreamweaver vous redemande un mot de passe, passez outre et cliquez de nouveau sur le bouton OK.

Vous pourrez remarquer le nom de la table et ses champs dans le panneau Application (Figure 13.26).

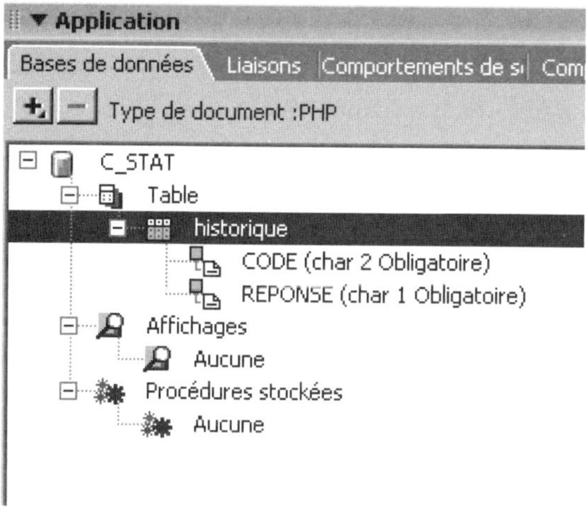

Figure 13.26 : Connexion réussie à la base MySQL.

Les objets de Dreamweaver pour la gestion des enregistrements

Lorsque la connexion à une base de données a été établie, vous pouvez mettre en place de très nombreuses pages PHP qui possèdent tous les outils nécessaires à la bonne gestion des enregistrements.

Les comportements de serveur

Dreamweaver MX 2004 propose un nombre très important de dispositifs considérés comme des comportements de serveur. En voici quelques-un.

- Jeu d'enregistrements.
- Région répétée-Tableau dynamique.
- Pagination du jeu d'enregistrements.
- Afficher le nombre d'enregistrements.
- Texte dynamique.
- Insérer un enregistrement.

- Mettre à jour l'enregistrement.
- Supprimer l'enregistrement.
- Elément de formulaire dynamique.
- Authentification de l'utilisateur.

Au moment de son insertion dans la table, chaque comportement crée du code PHP spécifique. Vous retrouvez ces dispositifs de comportement dans la barre d'outils du panneau Insérer dans la catégorie Application (Figure 13.27).

Figure 13.27 : les comportements de serveur.

Insertion d'un jeu d'enregistrements

Pour placer un jeu d'enregistrements d'une table dans une page PHP, effectuez les opérations suivantes :

1. Cliquez sur l'outil Jeu d'enregistrements dans le panneau Insérer.
2. Indiquez les paramètres de la table ou de la requête SQL (Figure 13.28).

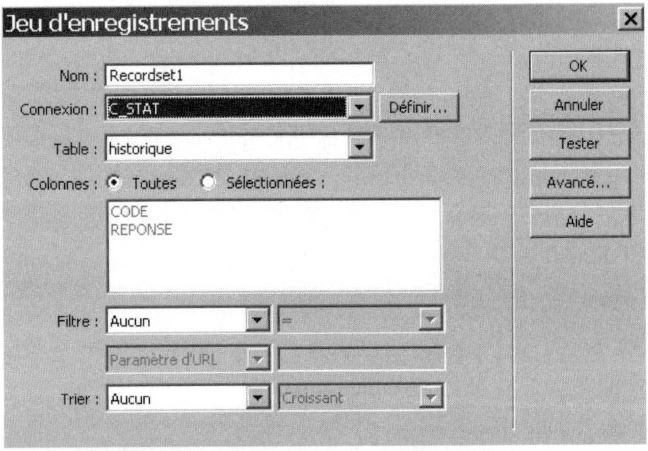

Figure 13.28 : Les paramètres du jeu d'enregistrements.

3. Cliquez sur le bouton OK. Le panneau liaison affiche alors le nom de la table et ses champs. La figure 13.29 montre l'arbre hiérarchique mis en place.

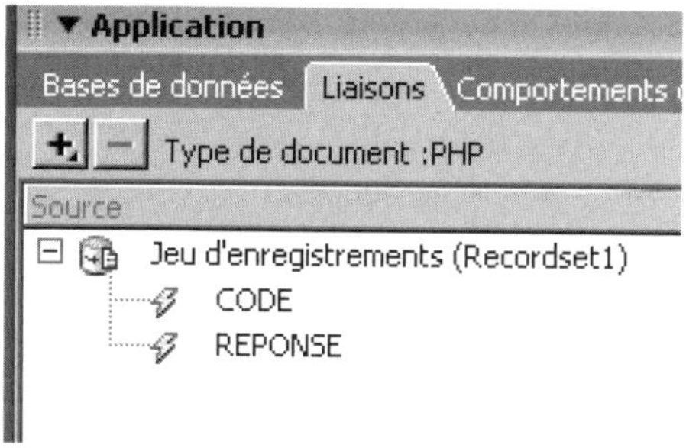

Figure 13.29 : Les champs prêts à être utilisés dans la page.

4. Faites glisser les champs dans la page. Vous pourrez constater la liaison entre le nom du champ et le nom du jeu d'enregistrements appelé Recordset (Figure 13.30)

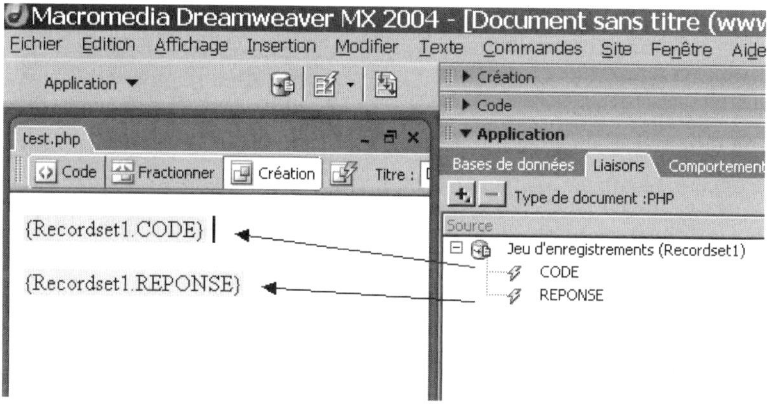

Figure 13.30 : Les champs sont glissés dans la page PHP.

Si vous effectuez un aperçu dans le navigateur, vous constaterez que les données du premier enregistrement s'affichent alors. Le code PHP/MySQL ci-dessous est créé automatiquement par Dreamweaever :

```
<?php require_once('Connections/C_STAT.php'); ?>
<?php
mysql_select_db($database_C_STAT, $C_STAT);
$query_Recordset1 = "SELECT * FROM historique";
$Recordset1 = mysql_query($query_Recordset1, $C_STAT) or die(mysql_error());
$row_Recordset1 = mysql_fetch_assoc($Recordset1);
$totalRows_Recordset1 = mysql_num_rows($Recordset1);
?>
<!DOCTYPE HTML PUBLIC "-//W3C//DTD HTML 4.01 Transitional//EN" "http://www.w3.org/TR/
html4/loose.dtd">
<html>
<head>
<title>Document sans titre</title>
<meta http-equiv="Content-Type" content="text/html; charset=iso-8859-1">
</head>

<body>
<p><?php echo $row_Recordset1['CODE']; ?>
</p>
<p><?php echo $row_Recordset1['REPONSE']; ?></p>
</body>
</html>
<?php
mysql_free_result($Recordset1);
?>
```

Région répétée-Tableau dynamique

Un tableau dynamique permet d'afficher les informations d'une table directement dans un tableau. La figure 13.31 montre la fenêtre de renseignements demandés par Dreamweaver.

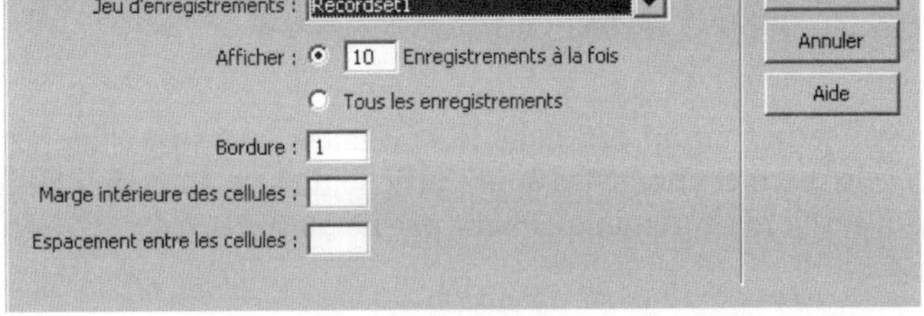

Figure 13.31 : Les paramètres du tableau dynamique.

Fermez la fenêtre en cliquant sur le bouton OK. Dreamweaver affiche immédiatement un objet tableau-répété dans la page (Figure 13.32). Constatez l'apparition des données au moment de l'aperçu dans votre navigateur (Figure 13.33).

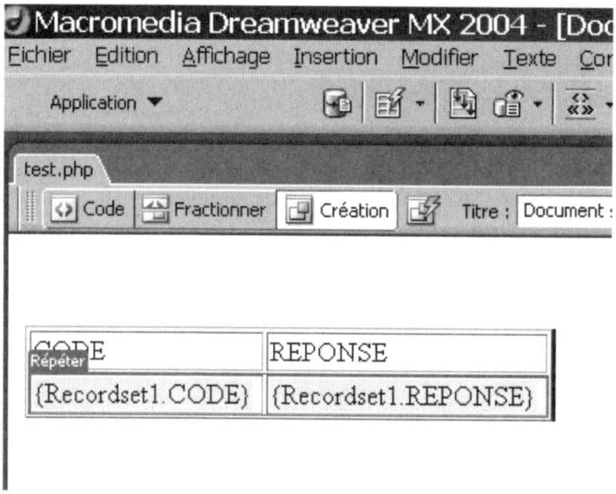

Figure 13.32 : L'objet répété tableau dynamique dans la page.

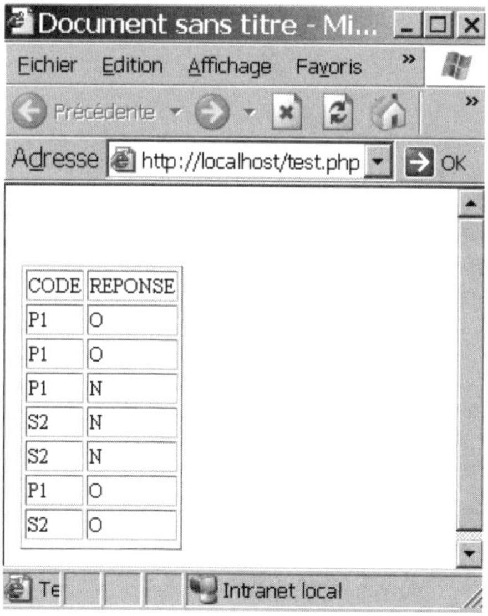

Figure 13.33 : Les données de la table sont affichées dynamiquement.

Le code suivant montre la programmation de cet objet répété :

```
<?php require_once('Connections/C_STAT.php'); ?>
<?php
$maxRows_Recordset1 = 10;
$pageNum_Recordset1 = 0;
if (isset($_GET['pageNum_Recordset1'])) {
  $pageNum_Recordset1 = $_GET['pageNum_Recordset1'];
}
$startRow_Recordset1 = $pageNum_Recordset1 * $maxRows_Recordset1;

mysql_select_db($database_C_STAT, $C_STAT);
$query_Recordset1 = "SELECT * FROM historique";
$query_limit_Recordset1 = sprintf("%s LIMIT %d, %d", $query_Recordset1,
$startRow_Recordset1, $maxRows_Recordset1);
$Recordset1 = mysql_query($query_limit_Recordset1, $C_STAT) or die(mysql_error());
$row_Recordset1 = mysql_fetch_assoc($Recordset1);

if (isset($_GET['totalRows_Recordset1'])) {
  $totalRows_Recordset1 = $_GET['totalRows_Recordset1'];
} else {
  $all_Recordset1 = mysql_query($query_Recordset1);
  $totalRows_Recordset1 = mysql_num_rows($all_Recordset1);
}
$totalPages_Recordset1 = ceil($totalRows_Recordset1/$maxRows_Recordset1)-1;
?>
<!DOCTYPE HTML PUBLIC "-//W3C//DTD HTML 4.01 Transitional//EN" "http://www.w3.org/TR/
html4/loose.dtd">
<html>
<head>
<title>Document sans titre</title>
<meta http-equiv="Content-Type" content="text/html; charset=iso-8859-1">
</head>

<body>
<p> </p>

<table border="1">
  <tr>
    <td>CODE</td>
    <td>REPONSE</td>
  </tr>
  <?php do { ?>
```

```
  <tr>
    <td><?php echo $row_Recordset1['CODE']; ?></td>
    <td><?php echo $row_Recordset1['REPONSE']; ?></td>
  </tr>
  <?php } while ($row_Recordset1 = mysql_fetch_assoc($Recordset1)); ?>
</table>
</body>
</html>
<?php
mysql_free_result($Recordset1);
?>
```

Gestion des enregistrements

Vous pouvez créer un dispositif de gestion des enregistrements à partir du menu Insérer avec les objets de la catégorie Application.

Insertion de champs de table

Pour placer des zones de texte dans une page et les affecter directement aux champs de la table, effectuez les opérations suivantes :

1. Placez les champs de texte dans la page sans utiliser de formulaires. La figure 13.34 montre deux zones de texte et des intitulés.

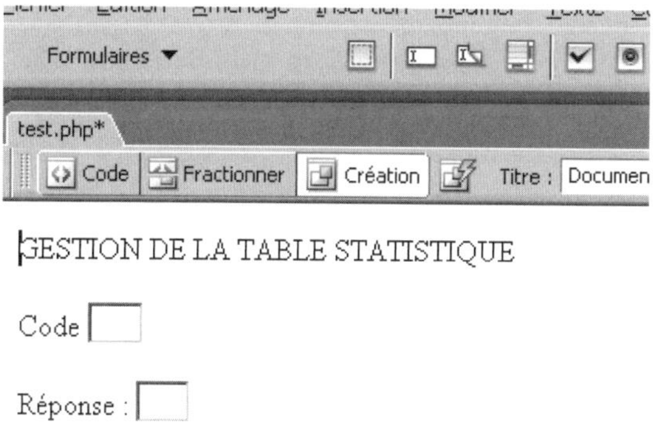

Figure 13.34 : Placement des zones de texte.

2. Affichez la barre d'outils Application et cliquez sur le bouton Jeu d'enregistrements.
3. Indiquez de nouveau les informations montrées plus haut sur la figure 13.28.
4. Cliquez sur le bouton Champ de texte dynamique (Figure 13.35)

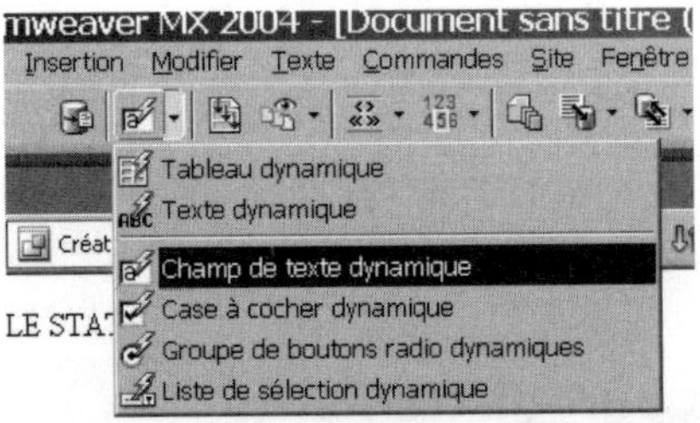

Figure 13.35 : Insertion d'un champ de texte dynamique.

5. Indiquez la correspondance entre le nom du champ de texte et le nom du champ de la table. Le nom du champ de texte peut être modifié grâce aux propriétés de la zone de texte. Sélectionnez d'abord le nom du champ de texte, puis cliquez sur le bouton qui a la forme d'un éclair jaune placé à droite de la zone Définir la valeur sur (Figure 3.36).

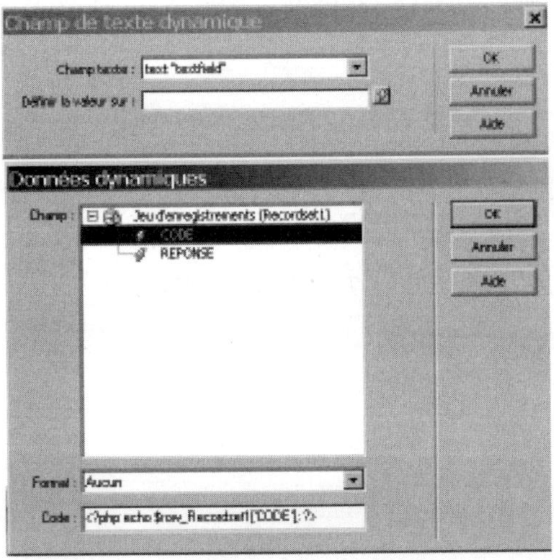

Figure 13.36 : Correspondance entre une zone de texte et un champ de la table.

Le code suivant montre la programmation automatique effectuée par Dreamweaver pour ces deux champs :

```
<?php require_once('Connections/C_STAT.php'); ?>
<?php
mysql_select_db($database_C_STAT, $C_STAT);
$query_Recordset1 = "SELECT * FROM historique";
$Recordset1 = mysql_query($query_Recordset1, $C_STAT) or die(mysql_error());
$row_Recordset1 = mysql_fetch_assoc($Recordset1);
$totalRows_Recordset1 = mysql_num_rows($Recordset1);
?>
<html>
<head>
<title>Document sans titre</title>
<meta http-equiv="Content-Type" content="text/html; charset=iso-8859-1">
</head>

<body>
<p>GESTION DE LA TABLE STATISTIQUE</p>
<p> Code
  <input value="<?php echo $row_Recordset1['CODE']; ?>" name="textfield" type="text"
size="5">
</p>
<p>R&eacute;ponse :
  <input value="<?php echo $row_Recordset1['REPONSE']; ?>" name="textfield2" type="text"
size="5">
</p>
</body>
</html>
<?php
mysql_free_result($Recordset1);

mysql_free_result($Recordset2);
?>
```

Affichage du comportement du champ de texte

Pour afficher le comportement en cours du champ de texte, effectuez les opérations suivantes :

1. Cliquez du droit dans la zone de texte.

2. Sélectionnez Modifier la balise (Figure 13.37).

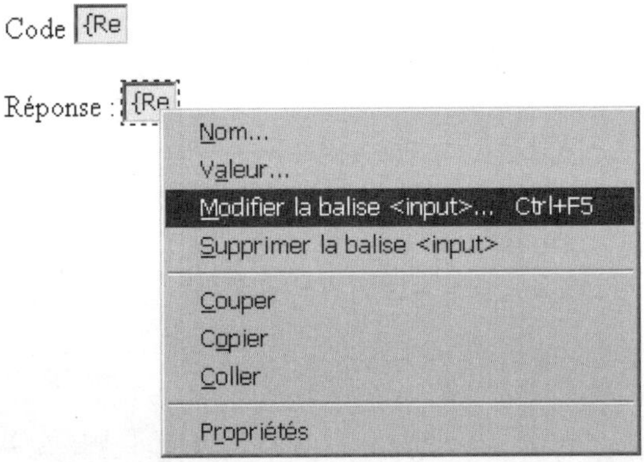

Figure 13.37 : Modification du comportement de la zone de texte.

La figure 13.38 montre tous les événements que vous pouvez appliquer à un objet et celui en cours dans l'objet Champ de texte.

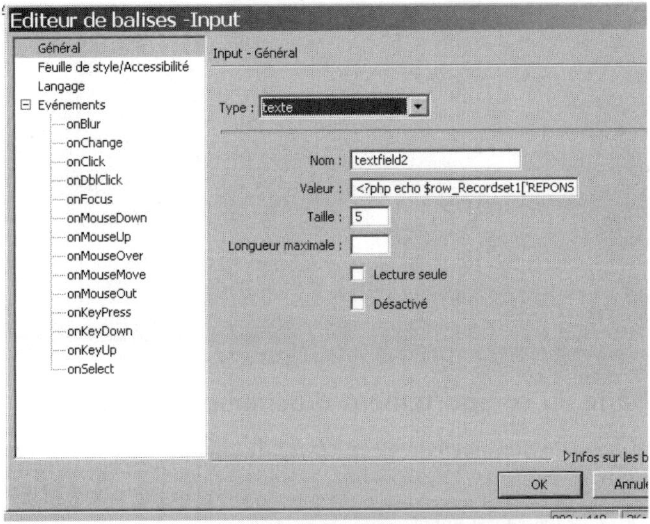

Figure 13.38 : Les comportement d'un objet champ de texte.

Insertion d'une barre de navigation

Pour placer une barre de navigation, cliquez simplement sur l'outil Barre de navigation du jeu d'enregistrements. La figure 13.39 montre cet objet inséré dans la page.

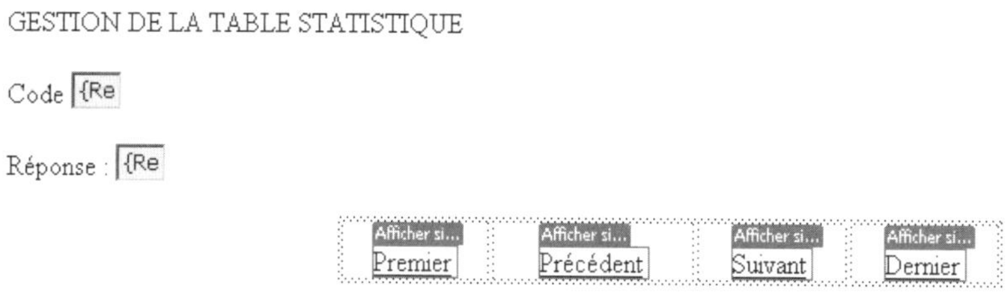

Figure 13.39 : Pagination du jeu d'enregistrements.

Le code suivant détaille la programmation du déplacement dans les enregistrements.

```
<?php require_once('Connections/C_STAT.php'); ?>
<?php
$currentPage = $_SERVER["PHP_SELF"];

$maxRows_Recordset1 = 1;
$pageNum_Recordset1 = 0;
if (isset($_GET['pageNum_Recordset1'])) {
  $pageNum_Recordset1 = $_GET['pageNum_Recordset1'];
}
$startRow_Recordset1 = $pageNum_Recordset1 * $maxRows_Recordset1;

mysql_select_db($database_C_STAT, $C_STAT);
$query_Recordset1 = "SELECT * FROM historique";
$query_limit_Recordset1 = sprintf("%s LIMIT %d, %d", $query_Recordset1,
$startRow_Recordset1, $maxRows_Recordset1);
$Recordset1 = mysql_query($query_limit_Recordset1, $C_STAT) or die(mysql_error());
$row_Recordset1 = mysql_fetch_assoc($Recordset1);

if (isset($_GET['totalRows_Recordset1'])) {
  $totalRows_Recordset1 = $_GET['totalRows_Recordset1'];
```

```
} else {
  $all_Recordset1 = mysql_query($query_Recordset1);
  $totalRows_Recordset1 = mysql_num_rows($all_Recordset1);
}
$totalPages_Recordset1 = ceil($totalRows_Recordset1/$maxRows_Recordset1)-1;

$queryString_Recordset1 = "";
if (!empty($_SERVER['QUERY_STRING'])) {
  $params = explode("&", $_SERVER['QUERY_STRING']);
  $newParams = array();
  foreach ($params as $param) {
    if (stristr($param, "pageNum_Recordset1") == false &&
        stristr($param, "totalRows_Recordset1") == false) {
      array_push($newParams, $param);
    }
  }
  if (count($newParams) != 0) {
    $queryString_Recordset1 = "&" . htmlentities(implode("&", $newParams));
  }
}
$queryString_Recordset1 = sprintf("&totalRows_Recordset1=%d%s", $totalRows_Recordset1,
$queryString_Recordset1);
?>
<html>
<head>
<title>Document sans titre</title>
<meta http-equiv="Content-Type" content="text/html; charset=iso-8859-1">
</head>

<body>
<p>GESTION DE LA TABLE STATISTIQUE</p>
<p> Code
  <input value="<?php echo $row_Recordset1['CODE']; ?>" name="textfield" type="text"
size="5">
</p>
<p>R&eacute;ponse :
  <input value="<?php echo $row_Recordset1['REPONSE']; ?>" name="textfield2" type="text"
size="5">
<table border="0" width="50%" align="center">
  <tr>
    <td width="23%" align="center">
      <?php if ($pageNum_Recordset1 > 0) { // Show if not first page ?>
          <a href="<?php printf("%s?pageNum_Recordset1=%d%s", $currentPage, 0,
 $queryString_Recordset1); ?>">Premier</a>
```

```
        <?php } // Show if not first page ?>
      </td>
      <td width="31%" align="center">
        <?php if ($pageNum_Recordset1 > 0) { // Show if not first page ?>
          <a href="<?php printf("%s?pageNum_Recordset1=%d%s", $currentPage, max(0,
$pageNum_Recordset1 - 1), $queryString_Recordset1); ?>">Pr&eacute;c&eacute;dent</a>
        <?php } // Show if not first page ?>
      </td>
      <td width="23%" align="center">
        <?php if ($pageNum_Recordset1 < $totalPages_Recordset1) { // Show if not last page
?>
        <a href="<?php printf("%s?pageNum_Recordset1=%d%s", $currentPage,
min($totalPages_Recordset1, $pageNum_Recordset1 + 1), $queryString_Recordset1); ?>">Sui
vant</a>
        <?php } // Show if not last page ?>
      </td>
      <td width="23%" align="center">
        <?php if ($pageNum_Recordset1 < $totalPages_Recordset1) { // Show if not last page
?>
        <a href="<?php printf("%s?pageNum_Recordset1=%d%s", $currentPage,
$totalPages_Recordset1, $queryString_Recordset1); ?>">Dernier</a>
        <?php } // Show if not last page ?>
      </td>
    </tr>
</table>
</p>
</body>
</html>
<?php
mysql_free_result($Recordset1);

mysql_free_result($Recordset2);
?>
```

Quelques fonctions MySQL de base de données

Toutes les opérations de gestion d'une base de données MySQL peuvent être effectuées par l'intermédiaire de l'administrateur PhpMyAdmin. Mais vous pouvez également employer des fonctions spécifiques MySQL. Les grands principes que vous devez gardez à l'esprit pour travailler avec une base de données MySQL sont les suivants :

- Connexion au serveur stockant la base.
- Sélection de la base de données.
- Utilisation de requêtes pour interroger, modifier ou supprimer des enregistrements d'une table.

Le tableau 13.6 montre les fonctions de connexion à une base MySQL.

Tableau 13.6 : Les fonctions de connexion à une base MySQL.

Fonctions	Descriptions
mysql_connect	Ouvre une connexion vers un serveur MySQL.
mysql_pconnect	Ouvre une connexion persistante vers un serveur MySQL.
mysql_close	Ferme la connexion MySQL.

Le tableau 13.7 détaille les fonctions de gestion des bases MySQL.

Tableau 13.7 : Les fonctions de gestion des bases MySQL.

Fonctions	Descriptions
MySQL_create_db	Crée une base de données MySQL.
MySQL_db_name	Lit les noms des bases de données.
MySQL_drop_db	Efface une base de données MySQL.
MySQL_list_dbs	Liste les bases de données disponibles sur le serveur.

Le tableau 13.8 détaille les fonctions de requêtes.

Tableau 13.8 : Les fonctions de requêtes.

Fonctions	Descriptions
MySQL_db_query	Envoie une requête MySQL vers un serveur MySQL.
MySQL_query	Envoie une requête SQL à un serveur MySQL.
MySQL_fetch_row	Renvoie une ligne résultat sous la forme d'un tableau.

Le tableau 13.9 détaille les fonctions de manipulation des tables.

Tableau 13.9 : Les fonctions de manipulation des tables.

Fonctions	Descriptions
MySQL_field_table	Renvoie le nom de la table.
MySQL_field_seek	Place le pointeur de résultat vers un offset donné.
MySQL_list_tables	Liste les tables d'une base de données.
MySQL_fetch_field	Renvoie les données enregistrées dans une colonne, sous forme d'objet.
MySQL_field len	Renvoie la longueur du champ spécifié.
MySQL_fetch_object	Renvoie les lignes résultats sous la forme d'un objet.
MySQL_list_rows	Renvoie le nombre de lignes d'un jeu de résultat.

Le tableau 13.10 détaille les fonctions de manipulation des champs.

Tableau 13.10 : Les fonctions de manipulation des champs.

Fonctions	Descriptions
MySQL_field_type	Renvoie le type de la colonne dans le résultat courant.
MySQL_field_name	Renvoie le nom d'une colonne.
MySQL_list_fields	Liste des champs du résultat MySQL.
MySQL_num_fields	Renvoie le nombre de champs d'un jeu de résultat.
MySQL_result	Renvoie un champ d'un jeu de résultat.
MySQL_select_db	Sélectionne une base de données MySQL.
MySQL_tablename	Lit le nom de la table qui contient un champ spécifié.

En résumé

Dans ce chapitre, vous avez étudié la notion de script côté-serveur et côté-client. Vous avez appris que le langage Javascript peut piloter les événements des objets au sein des scripts présents sur le navigateur. Dreamweaver possède un formidable potentiel de connexion à des bases de données. Celles-ci peuvent se trouver sur votre ordinateur en local, ou bien sur un serveur à distance. Ce chapitre a aussi montré la manière de se connecter à une base Access et les outils visuels qui permettent de définir de nombreux objets pour accéder à une base MySQL, dans le contexte du package EasyPHP/MySQL. Le chapitre 14 s'intéressera à la mise en place des formulaires avec Dreamweaver MX 2004.

Chapitre 14

Les formulaires

Ce chapitre s'intéresse aux formulaires et aux objets que vous employez pour mettre en place un dialogue efficace entre un serveur et un navigateur.

——— Les objets du formulaire
——— Contact avec le serveur

Les objets du formulaire

Les formulaires permettent de rassembler et de fournir des informations personnalisées. Vous y placez du texte, mais aussi des champs de saisie, des boutons poussoirs, des listes déroulantes, des champs mémo, des cases à cocher ou des boutons radio. D'une façon générale, les visiteurs renseignent des zones d'informations dans un formulaire qui apparaît sur leur propre machine. Quand ils ont terminé, ils cliquent sur un bouton de validation de formulaire appelé bouton Submit. On dit qu'ils soumettent le formulaire. Les informations sont alors envoyées vers un serveur qui les reçoit et les traite. Le langage JavaScript est capable de contrôler l'information saisie avant la soumission du formulaire. Cette opération facilite grandement le traitement ultérieur du serveur qui n'a pas à contrôler la validité des informations fournies. Pour insérer des objets de formulaire avec Dreamweaver MX 2004, effectuez les opérations suivantes :

1. Démarrez Dreamweaver.
2. Créez une page HTML.
3. Choisissez l'option de menu Insertion / Formulaire.
4. Sélectionnez un objet dans le sous-menu (Figure 14.1).

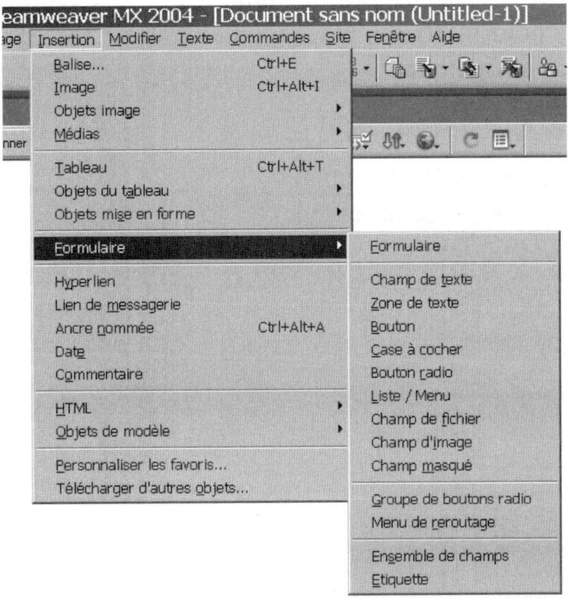

Figure 14.1 : Les objets de formulaire.

Vous pouvez également sélectionner ces objets à partir du menu Insérer dans la catégorie Formulaire. Lorsque vous insérez un objet indépendamment d'un formulaire, Dreamweaver vous demande s'il doit ajouter une balise de formulaire, c'est-à-dire s'il doit créer un formulaire pour cet objet. Si vous répondez oui, un rectangle rouge entoure l'objet. Sinon l'objet est placé directement dans la page. Ce rectangle rouge représente justement un formulaire et vous pouvez modifier ses propriétés dans le panneau des propriétés.

Insertion d'un formulaire

Pour insérer un simple formulaire dans la page, effectuez les opérations suivantes :

1. Choisissez la commande Insertion / Formulaire.
2. Sélectionnez Formulaire.

Dreamweaver crée un rectangle rouge dans la page. Les propriétés du formulaire sont les suivantes :

- **Nom du formulaire**. Il s'agit d'un nom unique qui identifie le formulaire. Si vous n'attribuez aucun nom au formulaire, Dreamweaver génère un nom en utilisant la syntaxe "formn" et augmente la valeur de n pour chaque nouveau formulaire ajouté à la page.
- **Action**. Il s'agit d'un chemin d'accès au script ou à la page qui traitera le formulaire.
- **Methode**. Il s'agit de la méthode à utiliser pour transmettre les données du formulaire au serveur. Les valeurs sont POST ou GET. La méthode POST permet d'incorporer les données du formulaire dans la requête HTTP. C'est la méthode qui est employée la plupart du temps parce qu'elle garantit la confidentialité des informations envoyées vers le serveur à distance. Le transfert s'effectue par l'intermédiaire des noms attribués aux objets du formulaire. Lorsqu'un programme stocké sur le serveur reçoit les informations provenant du formulaire, il emploie les noms des objets au sein même de sa programmation. Notez que cet échange de données entre le formulaire et le serveur est une simple affaire de programmation de variables. La méthode GET est totalement différente, parce qu'elle passe les valeurs des objets du formulaire dans une adresse URL au vu et au su de tout le monde. Cette méthode GET ne peut pas être utilisée pour le transfert de gros formulaires parce que la longueur des adresses est limitée à 8192 caractères. Si la quantité de données envoyées est trop importante, celles-ci seront tronquées, ce qui se produit lorsque des résultats inattendus ou un échec du traitement se produisent.

- **Cible**. Il s'agit de définir la fenêtre dans laquelle s'afficheront les données renvoyées par le serveur. Les valeurs cibles sont les suivantes : **_blank** ouvre le document de destination dans une nouvelle fenêtre sans nom, **_parent** ouvre le document de destination dans la fenêtre parente de celle affichant le document actif, **_self** ouvre le document de destination dans la même fenêtre que celle dans laquelle le formulaire a été envoyé, **_top** ouvre le document de destination au sein de la fenêtre en cours. Cette valeur permet de s'assurer que le document de destination occupe la fenêtre entière, même si le document d'origine était affiché dans un cadre.

Le code du formulaire créé automatiquement par Dreamweaver est le suivant :

```
<!DOCTYPE HTML PUBLIC "-//W3C//DTD HTML 4.01 Transitional//EN"
"http://www.w3.org/TR/html4/loose.dtd">
<html>
<head>
<title>Document sans nom</title>
<meta http-equiv="Content-Type" content="text/html; charset=iso-8859-1">
</head>
<body>
<FORM action="test.php" method="post" name="FORM_1" target="_blank" id="FORM_1">
</FORM>
</body>
</html>
```

Insertion d'un champ de texte

Pour insérer un champ de texte dans le formulaire, effectuez les opérations suivantes :

1. Cliquez à l'intérieur du formulaire.
2. Choisissez la commande Insertion / Formulaire.
3. Sélectionnez Champ de texte.

Les propriétés du champ sont les suivantes :

- **Champ de texte**. Il s'agit d'un nom attribué au champ de texte.
- **Larg. de carac.** Indique le nombre maximal de caractères pouvant être affichés dans le champ.

- **Nbre max. de caract.** Définit le nombre maximum de caractères qu'il est possible de saisir dans le champ pour les champs de texte à une seule ligne.
- **Nbre de lignes**. Définit la hauteur du champ pour les champs de texte à plusieurs lignes. Cette option n'est disponible que lorsque l'option Multiligne est sélectionnée.
- **Retour à la ligne**. Indique la manière dont les données saisies par l'utilisateur sont affichées lorsqu'il saisit plus d'informations que celles acceptables dans la zone de texte. Cette option n'est disponible que lorsque l'option Multiligne est sélectionnée. **Désactivé(e)** ou **Par défaut** empêchent le retour à la ligne automatique du texte. **Virtuel** définit un retour à la ligne automatique dans la zone de texte. Lorsque l'entrée dépasse la limite droite de la zone de texte, le texte est renvoyé automatiquement à la ligne. Lors de l'envoi des données pour traitement, le retour à la ligne n'est pas appliqué. Les données sont envoyées en tant que chaîne unique. **Physique** définit un retour à la ligne automatique des données dans la zone de texte. Ce retour à la ligne est envoyé lors du transfert vers le serveur.
- **Type**. Désigne le type de champ. Les valeurs sont : ligne simple, multiligne ou mot de passe.
- **Val. init.** Il s'agit d'une valeur par défaut attribuée lors du premier chargement du formulaire.
- **Classe**. Permet d'appliquer des règles de style CSS à l'objet.

La figure 14.2 montre l'insertion d'un champ de texte à une ligne et d'une zone de texte à 10 lignes.

Le code suivant montre la programmation créée automatiquement par Dreamweaver :

```
<!DOCTYPE HTML PUBLIC "-//W3C//DTD HTML 4.01 Transitional//EN"
"http://www.w3.org/TR/html4/loose.dtd">
<html>
<head>
<title>Document sans nom</title>
<meta http-equiv="Content-Type" content="text/html; charset=iso-8859-1">
</head>
<body>
<form action="test.php" method="post" name="FORM_1" target="_blank" id="FORM_1">
  <p>Nom du client :
```

```
    <input name="textfield" type="text" size="40">
  </p>
  <p>R&eacute;sum&eacute; :
    <textarea name="textfield2" cols="40" rows="10">Compte Rendu
    </textarea>
  </p>
  <p> </p>
  <p> </p>
  <p> </p>
  <p> </p>
</form>
</body>
</html>
```

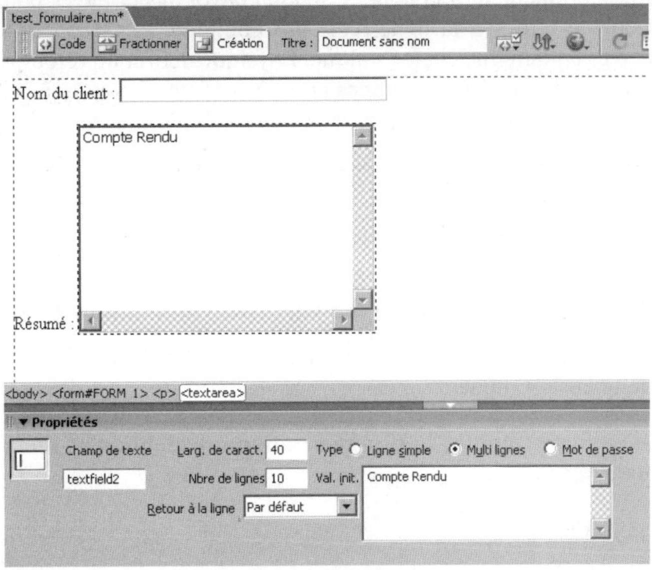

Figure 14.2 : Un champ de texte dans un formulaire.

Insertion d'une zone de texte

Une zone de texte est simplement un champ de texte multiligne. Pour créer une telle zone, effectuez les opérations suivantes :

1. Cliquez à l'intérieur du formulaire.

2. Choisissez la commande Insertion / Formulaire.
3. Sélectionnez Zone de texte.

Insertion d'un bouton

Un bouton peut posséder trois fonctions.

- Il valide le formulaire et démarre l'envoi des informations vers le serveur.
- Il remet à zéro les champs du formulaire, sans envoyer les données saisies vers le serveur.
- Il est considéré comme un simple bouton poussoir capable d'exécuter une fonction Javascript (ou un autre langage) ou un programme pré-défini.

Pour créer un bouton dans un formulaire, effectuez les opérations suivantes :

1. Cliquez à l'intérieur du formulaire.
2. Choisissez la commande Insertion / Formulaire.
3. Sélectionnez Bouton.

Les propriétés du bouton sont les suivantes :

- **Nom du bouton**. Il s'agit du nom donné au bouton. Le mot clé Submit indique que le formulaire envoie les données à un script de traitement. Le mot clé Cancel réinitialise les valeurs initiales des champs du formulaire sans que les données soient envoyées.
- **Etiquette.** Détermine le texte qui doit apparaître sur le bouton.
- **Action**. Indique ce qui se passe lorsque le bouton est cliqué.
- **Classe**. Permet d'appliquer des règles de style CSS à l'objet bouton.

Le code suivant montre un bouton qui valide le formulaire :

```
<body>
<form action="test.php" method="post" name="FORM_1" target="_blank" id="FORM_1">
<p>Nom du client :
<input name="textfield" type="text" size="40"></p>
<p><input type="submit" name="Submit" value="Envoyer"></p>
</form>
</body>
```

Insertion d'une case à cocher

Une case à cocher vous permet de choisir entre deux états, vrai ou faux. Ce dispositif est pratique lorsque vous devez saisir des informations qui n'ont que deux valeurs. Pour placer une case à cocher dans un formulaire, effectuez les opérations suivantes :

1. Cliquez à l'intérieur du formulaire.
2. Choisissez la commande Insertion / Formulaire.
3. Sélectionnez Case à cocher

Les propriétés de la case à cocher sont les suivantes :

- **Case à cocher**. Il s'agit d'un nom que vous attribuez et qui ne peut pas contenir d'espaces, ni de caractères spéciaux.
- **Valeur**. Il s'agit de la valeur à envoyer au serveur lorsque la case à cocher est activée. Il peut s'agit de n'importe quelle valeur
- **Etat initial**. Indique si la case à cocher est activée ou non lors du chargement du formulaire dans le navigateur.
- **Classe**. Permet d'appliquer des règles de style CSS à l'objet.

Le code suivant montre la programmation HTML de la case à cocher :

```
<p>
A repondu
<input name="checkbox" type="checkbox" value="2" checked>
</p>
<p>Specialiste
<input name="checkbox2" type="checkbox" value="0">
</p>
```

Insertion d'un bouton radio

Un groupe de boutons radio permet de mettre en place un choix unique pour plusieurs options. Par exemple vous pourriez choisir la langue vivante Allemand pour la première langue vivante LV1 pour votre enfant qui rentre en 6e. La figure 14.3 montre les trois boutons radio en place dans le formulaire. Pour placer un bouton radio dans un formulaire, effectuez les opérations suivantes :

1. Cliquez à l'intérieur du formulaire.
2. Choisissez la commande Insertion / Formulaire.
3. Sélectionnez Bouton Radio.

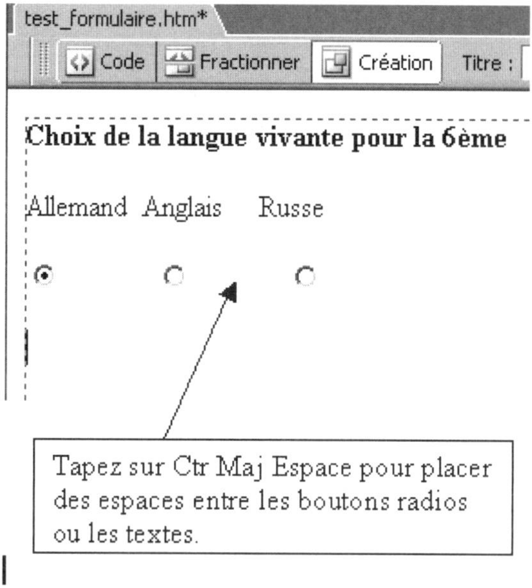

Figure 14.3 : Des boutons radio dans un formulaire.

Les propriétés d'un bouton radio sont les suivantes :

- **Bouton radio**. Il s'agit d'un nom attribué à l'objet. Un groupe de boutons radio doit partager le même nom pour permettre une sélection mutuellement exclusive. Ce nom ne peut pas contenir d'espaces, ni de caractères spéciaux.
- **Valeur**. Il s'agit d'une valeur à envoyer au serveur lorsque le bouton radio est sélectionné.
- **État initial**. Détermine si le bouton radio est sélectionné ou non lors du chargement du formulaire dans le navigateur.
- **Classe**. Permet d'appliquer des règles CSS à l'objet.

Le code suivant montre la programmation d'un groupe de trois boutons radio dans un formulaire :

```
<!DOCTYPE HTML PUBLIC "-//W3C//DTD HTML 4.01 Transitional//EN"
"http://www.w3.org/TR/html4/loose.dtd">
<html>
<head>
<title>Document sans nom</title>
<meta http-equiv="Content-Type" content="text/html; charset=iso-8859-1">
</head>
<body>
<form action="test.php" method="post" name="FORM_1" target="_blank" id="FORM_1">
  <p><strong>Choix de la langue vivante pour la 6&egrave;me</strong></p>
  <p>Allemand  Anglais     Russe</p>
  <p>
    <input name="Radiobutton" type="radio" value="A" checked>
               
    <input type="radio" name="Radiobutton" value="B">
               
    <input type="radio" name="radiobutton" value="C">
  </p></form></body></html>
```

Remarque. Vous pouvez insérer un espace insécable dans votre page en choisissant la commande : Insertion/HTML/Caractères Spéciaux/ Espace Insécable. C'est l'expression ** ** qui indique cet espace.

Insertion d'une liste/menu

Une liste permet de proposer des valeurs pré-définies à votre visiteur. Il peut s'agir d'une liste de noms de villes, ou de personnes ou même des valeurs numériques. Pour insérer une liste, effectuez les opérations suivantes :

1. Cliquez à l'intérieur du formulaire.
2. Choisissez la commande Insertion / Formulaire.
3. Sélectionnez Liste/Menu

Les propriétés d'une liste Menu sont les suivantes :

- **Liste/Menu**. Il s'agit d'un nom unique attribué à la liste ou au menu.

- **Type**. Indique s'il s'agit d'une liste ou d'un menu. Avec l'option Menu, le menu se déroule lorsque l'utilisateur clique dessus. Avec l'option Liste, une liste déroulante d'éléments se déroule. Sélectionnez l'option Menu si vous souhaitez qu'un seul choix soit visible lorsque le formulaire s'affiche dans un navigateur. Pour afficher les autres choix, l'utilisateur doit cliquer sur la flèche vers le bas. Activez l'option Liste si vous souhaitez présenter la liste d'une partie ou de la totalité des options lorsque le formulaire s'affiche dans un navigateur ou si vous souhaitez permettre aux utilisateurs de sélectionner plusieurs éléments.
- **Hauteur**. Cette option n'est disponible que pour le type Liste uniquement et définit le nombre d'éléments affichés dans le menu.
- **Sélections**. Cette option n'est disponible que pour le type Liste uniquement et indique si l'utilisateur peut sélectionner plusieurs éléments dans la liste.
- **Valeurs de la liste**. Ce dispositif ouvre une boîte de dialogue qui vous permet d'ajouter des éléments au menu.
- **Classe**. Permet d'appliquer des règles CSS à l'objet.
- **Initialement sélectionné**. Définit les éléments sélectionnés par défaut dans la liste. Cliquez sur un ou plusieurs éléments dans la liste.

La figure 14.4 montre la saisie des informations d'une liste dans le dispositif Valeurs de la liste.

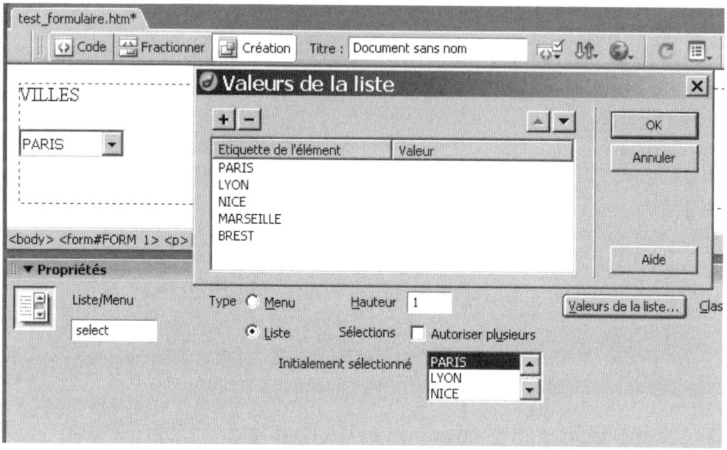

Figure 14.4 : Dispositif de remplissage d'une liste déroulante.

Le code suivant montre la programmation de cette liste :

```
<html>
<head>
<title>Document sans nom</title>
<meta http-equiv="Content-Type" content="text/html; charset=iso-8859-1">
</head>
<body>
<form action="test.php" method="post" name="FORM_1" target="_blank" id="FORM_1">
  <p>VILLES </p>
  <p>
    <select name="select" size="1">
      <option selected>PARIS</option>
      <option>LYON</option>
      <option>NICE</option>
      <option>MARSEILLE</option>
      <option>BREST</option>
    </select>
  </p>
  <p>  </p>
</form>
</body>
</html>
```

Insertion d'un champ de fichier

Un champ de fichier est une zone qui récupère le nom d'un fichier choisi dans une boîte de dialogue. Cette boîte est appelée grâce à un bouton Parcourir (Figure 14.5).

Pour Insérer un champ de fichier, effectuez les opérations suivantes :

1. Cliquez à l'intérieur du formulaire.
2. Choisissez la commande Insertion / Formulaire.
3. Sélectionnez Champ de Fichiers.

Les propriétés d'un champ de Fichier sont les suivantes :

- **Champ fichier**. Il s'agit du nom du champ de fichier.
- **Largeur de caractère**. Il s'agit du nombre maximum de caractères à afficher dans le champ.

- **Nbre max. de caract**. Il s'agit du nombre maximum de caractères que peut contenir le champ.

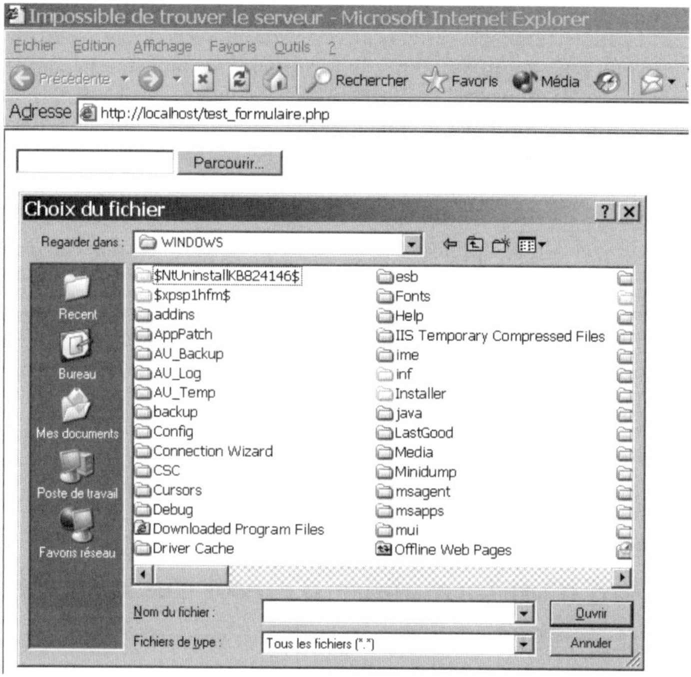

Figure 14.5 : Recherche de dossiers à l'aide du champ de fichier.

Le code suivant montre la programmation de ce champ de Fichier :

```
<body>
<form action="" method="post" enctype="multipart/form-data" name="form1">
  <p>
    <input type="file" name="file">
  </p>
  <p> </p>
  <p> </p>
  <p> </p>
</form>
```

Contact avec le serveur

Lorsque votre formulaire est finalisé, il faut le tester dans un contexte client-serveur. En d'autres termes, vous envoyez des informations vers un serveur qui les récupère pour les traiter. Par conséquent vous devez créer un script côté-serveur qui sera invoqué par le formulaire en tant que programme de récupération des données. Ce programme peut être écrit en PHP si vous travaillez dans le contexte de EasyPHP/MySQL, mais aussi en VBScript si vous employez la plate-forme Microsoft avec les bases de données Access ou SQL Server. Ce programme de récupération des données pourrait tout aussi bien être écrit en PERL au sein d'une plate-forme UNIX. L'exemple ci-dessous traite une application au sein de la plate-forme EsayPHP. Un formulaire sera mis en place dans une page PHP. La méthode utilisée pour le transfert des données est la méthode POST qui est plus sécurisante que la méthode GET. Le formulaire invoquera un programme PHP côté-serveur qui indiquera au visiteur qu'il a bien reçu les données envoyées. Les objets de l'application sont les suivants :

- Nom du formulaire : F_VISITEUR.PHP
- Script de récupération des données : S_RECUP.PHP

Création d'un formulaire d'envoi des données

Le formulaire F_VISITEUR.PHP demande au visiteur de renseigner deux champs :

- NOM
- SECTEUR (SUD, EST, NORD, OUEST)

Dreamweaver MX 2004 permet de mettre en place ce formulaire très facilement.

1. Démarrez Dreamweaver MX 2004.
2. Créez une page PHP.
3. Créez un formulaire et placez les zones comme le montre la figure 14.6.
4. Vérifiez bien l'existence de votre serveur d'évaluation dans lequel sera stocké le script de récupération des données issues du formulaire.

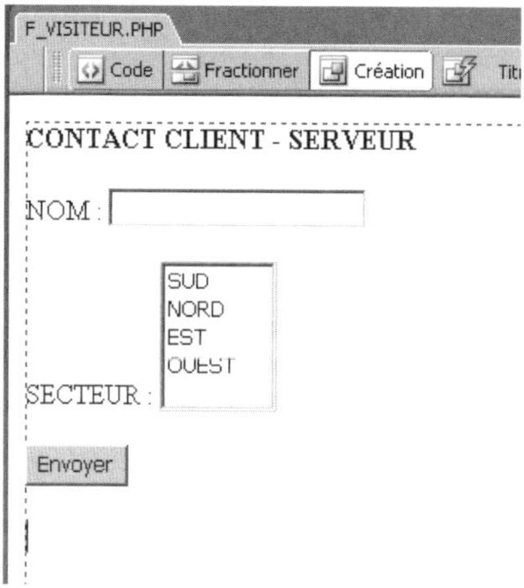

Figure 14.6 : Le formulaire de saisie.

Les noms des objets sont très importants pour la programmation ultérieure :

- NOM : TXT_NOM
- SECTEUR : LST_SECTEUR
- Nom du formulaire : F_NOMS

Action du formulaire : appel du script S_RECUP.PHP stocké sur le serveur dans le répertoire C:\Program Files\EasyPHP\www. Le code créé automatiquement par Dreamweaver pour ce formulaire est le suivant :

```
<!DOCTYPE HTML PUBLIC "-//W3C//DTD HTML 4.01 Transitional//EN" "http://www.w3.org/TR/
html4/loose.dtd">
<html>
<head>
<title>Document sans titre</title>
<meta http-equiv="Content-Type" content="text/html; charset=iso-8859-1">
</head>
<body>
<form action="S_RECUP.PHP" method="post" name="F_NOMS" id="F_NOMS">
  <p align="left"><strong>CONTACT CLIENT - SERVEUR </strong></p>
  <p>NOM :
    <input name="TXTNOM" type="text" id="TXTNOM" size="25">
</p>
  <p>SECTEUR :
```

```
    <select name="LST_SECTEUR" size="5" id="LST_SECTEUR">
      <option>SUD</option>
      <option>NORD</option>
      <option>EST</option>
      <option>OUEST</option>
    </select>
  </p>
  <p>
    <input type="submit" name="Submit" value="Envoyer">
  </p>
  <p> </p>
  <p> </p>
</form>
</body>
</html>
```

Portez votre attention sur le code ci-dessous qui définit le formulaire :

```
<FORM ACTION="S_RECUP.PHP" METHOD="POST" NAME="F_NOMS" ID="F_NOMS">
```

L'attribut ACTION est extrêmement important puisque c'est à cet emplacement qu'est appelé le script qui va traiter les valeurs indiquées par le visiteur. Le formulaire envoie les valeurs en employant la méthode POST, c'est-à-dire qu'il passe un couple (Nom_du champ, Valeur) vers le script S_RECUP.PHP. Par exemple si le visiteur a entré le nom PAUL dans la zone de texte, la méthode POST (qui provient directement du protocole HTTP), va envoyer le couple (TXT_NOM, PAUL) vers le script S_RECUP.PHP.

Récupération des données en provenance d'un formulaire

Pour récupérer des données en provenance d'un formulaire, il vous suffit de programmer quelques lignes de code PHP et le tour et joué. La syntaxe PHP a été abordée au début de ce livre mais notez tout de même que le nom du champ est considéré comme une variable et par conséquent précédé d'un signe $. La figure 14.7 montre la page PHP correspondant au script de récupération des données.

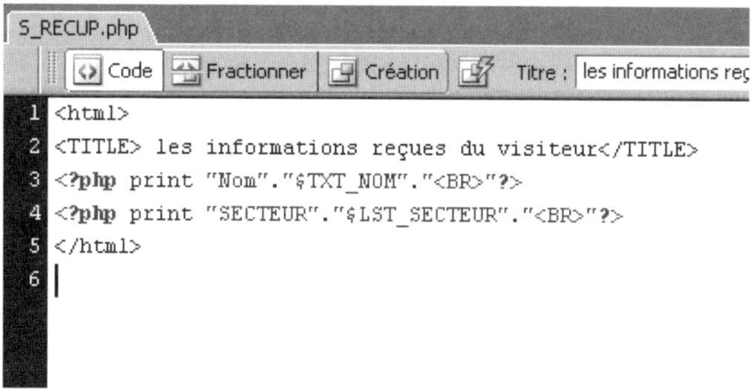

Figure 14.7 : Récupération des données du formulaire.

Le code est le suivant :

```
<HTML>
<TITLE> LES INFORMATIONS REÇUES DU VISITEUR</TITLE>
<?PHP PRINT "NOM"."$TXT_NOM"."<BR>"?>
<?PHP PRINT "SECTEUR"."$LST_SECTEUR"."<BR>"?>
</HTML>
```

En résumé

Ce chapitre a abordé les objets que vous pouvez insérer très facilement dans un formulaire. Vous pouvez modifier leurs propriétés pour mieux les manipuler. Il faut néanmoins garder à l'esprit que les techniques de transfert d'informations entre un formulaire et un serveur sont du domaine de la programmation. Le chapitre 15 s'intéressera aux nombreux comportements des objets et au langage Javascript.

Partie IV

Programmation

Cette quatrième partie s'adresse à toutes les personnes qui s'intéressent à la programmation. Le chapitre 15 vous fera découvrir les comportements des objets et leur pilotage événementiel, tandis que le chapitre 16 rappellera les grands principes de Javascript.

—— Chapitre 15 : Le comportement des objets

—— Chapitre 16 : Le langage Javascript

Chapitre 15

Le comportement des objets

Ce chapitre s'intéresse au pilotage événementiel des objets qu'on appelle plus couramment les comportements. Dreamweaver fournit tout un ensemble de mécanismes qui facilitent la navigation dans les pages ou qui permettent de contrôler la saisie dans les formulaires. Les comportements permettent de déclencher des actions contrôlées par le langage Javascript. Notez que le code qui est écrit automatiquement par Dreamweaver n'est pas toujours très simple à décrypter, mais après la phase d'apprentissage du Javascript, les outils de Dreamweaver vous rendront de nombreux services.

——— Pilotage événementiel des objets
——— Les codes proposés par Dreamweaver
——— Référence aux manuels O'REILLY

Pilotage événementiel des objets

Une page Web est composée d'une hiérarchie d'objets et comme nous l'avons vu à maintes reprises au cours de ce livre, les parties principales sont les suivantes :

- Le corps de la page est identifié par la balise <HTML>.
- L'en-tête de la page est identifié par la balise <HEAD>.
- La page est identifiée par la balise <BODY>.
- Un formulaire est identifié par la balise <FORM>.
- La partie réservée au script identifiée par la balise <SCRIPT>.

À chaque objet, peuvent être définis un ou plusieurs comportements. Par exemple, vous pouvez cliquer sur une image ou sur un bouton, votre pointeur de souris peut survoler un lien, une page qui se charge à l'écran peut déclencher l'apparition d'une autre fenêtre, en d'autres termes, tous les événements dépendent des objets sur lesquels ils s'appliquent. C'est le langage Javascript qui est utilisé la plupart du temps pour contrôler les événements en exécutant des scripts. Dans Dreamweaver un comportement associe deux paramètres : l'événement et l'action proprement dite.

Le panneau des comportements

Dreamweaver propose un panneau regroupant tous les comportements possibles pour les objets que vous placez dans votre page. Pour afficher ce panneau, effectuez les opérations suivantes :

1. Choisissez l'option de menu Fenêtres.
2. Cliquez sur Comportements.
3. Dans le panneau, cliquez sur l'icône Afficher tous les événements (Figure 15.1).

Les événements changent en fonction des objets placés dans la page. Par exemple, la figure 15.2 montre un champ placé dans la page et ses événements attitrés. Remarquez le nom de la balise placée en haut du panneau.

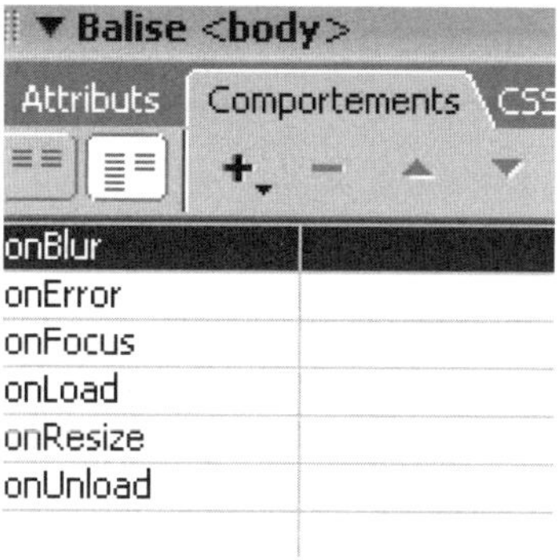

Figure 15.1 : Le panneau des comportements montre des événements de page.

Figure 15.2 : Les événements de champ de texte.

Quelques événements

Les événements sont multiples et dépendent des objets. Certains sont spécifiques à la souris, d'autres au clavier.

Les événements d'un champ de texte

Un champ de texte est déterminé par la balise INPUT avec un attribut de type Text.

```
<input type="text" name="textfield">
```

Les événements que vous pouvez manipuler sont les suivants :

- **OnBlur**. Vous quittez le champ.
- **OnChange**. Vous changez quelque chose dans le champ.
- **OnFocus**. Vous pointez sur le champ.
- **OnKeyDown**. Vous enfoncez une touche de fonction du clavier.
- **OnKeyPress**. Vous enfoncez une touche du clavier alphabétique.
- **OnKeyUp**. Vous relâchez la touche du clavier enfoncée.
- **OnSelect**. Vous sélectionnez le champ.

Les événements de la page

Une page est définie par une balise <BODY>. Les événements que vous pouvez lui appliquer sont les suivants :

- **OnBlur**. Vous quittez la page.
- **OnError**. En cas d'erreur.
- **OnFocus**. Vous pointez sur le champ.
- **OnLoad**. Au moment du chargement de la page.
- **OnResize**. Lorsque la page est redimensionnée.
- **OnUnload**. Lorsque la page est déchargée de la mémoire et disparaît de l'écran.

Les événements d'un bouton radio

Un bouton radio est spécifié par la balise Input mais avec le paramètre "radio" affecté dans l'attribut "type".

```
<input type="radio" name="radiobutton" value="radiobutton">
```

Les événements sont les suivants :

- **OnBlur**. Vous quittez le bouton.
- **OnClick**. Vous cliquez sur le bouton.
- **OnFocus**. Vous pointez sur le bouton.
- **OnMouseDown**. Vous enfoncez le bouton de la souris.
- **OnMouseUp**. Vous relâchez le bouton de la souris.

Les événements d'une liste déroulante

Une liste déroulante est spécifiée par la balise Select.

```
<select name="select"> </select>
```

Les événements sont les suivants :

- **OnBlur**. Vous quittez la liste.
- **OnChange**. Vous changez quelque chose dans la liste.
- **OnFocus**. Vous pointez sur la liste.

Programmation dans un formulaire

Le contrôle des objets par la programmation Javascript ne peut s'effectuer correctement que si ceux-ci sont placés dans un formulaire. La raison en est la hiérarchie des objets dans la page Web.

Référencement des objets d'un formulaire

Lorsqu'un formulaire contient des champs ou d'autres objets, il mémorise ces objets dans une sorte de tableau interne indexé en mémoire. Vous pouvez par la suite accéder à ces objets par des variables spécifiques et contrôler facilement le contenu des champs par une simple programmation Javascript. Tous les éléments d'un formulaire sont référencés par un tableau appelé **elements[]**. Le numéro de l'indice commence à 0, c'est-à-dire que le premier élément est défini par **elements[0]**, le deuxième élément est défini par **elements[1]**, etc. De nombreuses expressions référencent les éléments et la liste suivante en détaille quelques-uns :

- **document.form1**. Cette expression indique le formulaire dont le nom a été défini par form1.
- **document.form1.elements**. Cette expression représente une collection d'éléments.
- **document.toto.elements.length**. Cette expression indique le nombre d'éléments présents dans le formulaire nommé toto.
- **document.FAPPLI.elements[0].name**. Cette expression indique le nom du premier élément dans le formulaire FAPPLI.

La figure 15.3 montre un formulaire qui contient 3 champs de texte et un bouton poussoir.

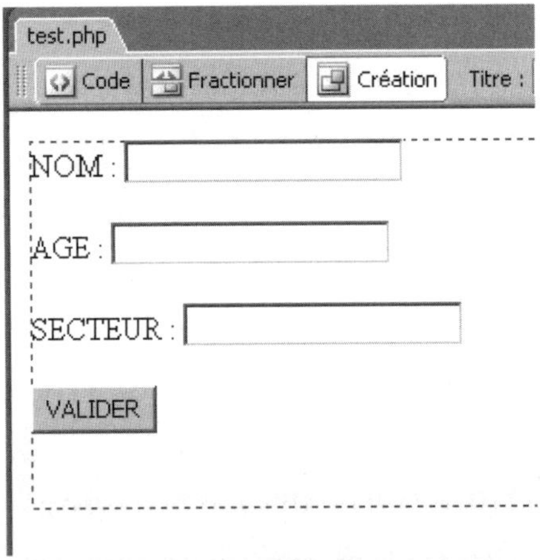

Figure 15.3 : Un formulaire de saisie.

En cliquant du droit sur le bouton poussoir, vous verrez apparaître un menu contextuel proposant l'option Modifier la balise Input. La figure 15.4 montre l'ensemble des événements disponibles pour cette balise.

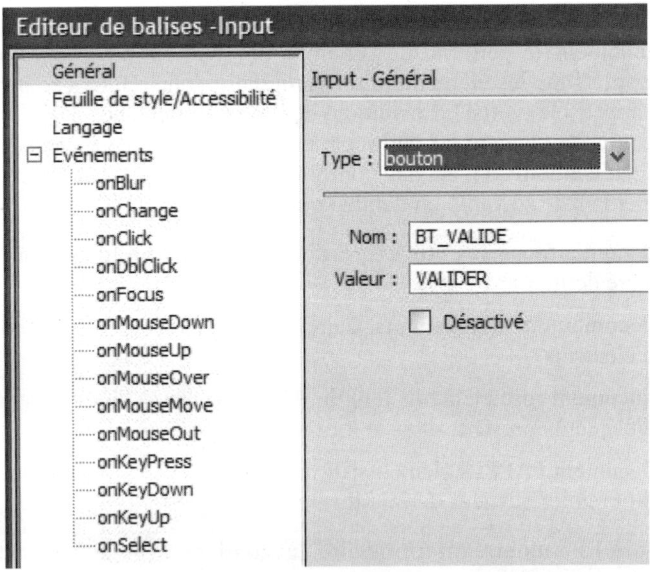

Figure 15.4 : Les événements sont disponibles dans l'éditeur de balises.

Après avoir cliqué sur l'événement désiré, vous pouvez programmer celui-ci dans une fenêtre. Le code suivant montre une écriture d'appel d'une fonction Javascript qui détaille l'ensemble des objets présents dans le formulaire. Cette fonction est invoquée par l'intermédiaire du bouton poussoir et du comportement OnClick.

```
<html>
<head>
<title>Document sans nom</title>
<meta http-equiv="Content-Type" content="text/html; charset=iso-8859-1">
<Script language="JavaScript">
function Liste_objet(form1)
{alert(document.form1.elements.length);
//répète pour tous les objets
for (var i=0;i<document.form1.elements.length;i++)
//affiche le nom de l'objet
alert(i + " " + document.form1.elements[i].name);
}
</Script>
</head>
<body>
<form name="form1">
<p>NOM :
<input name="TXTNOM" type="text" id="TXTNOM">
</p>
<p>AGE :
    <input name="TXTAGE" type="text" id="TXTAGE">
  </p>
  <p>SECTEUR :
    <input name="TXTSECTEUR" type="text" id="TXTSECTEUR">
</p>
  <p>
    <input type="button" name="Submit" value="VALIDER" onClick="Liste_objet(form1)"
  </p>
  <p>  </p>
</form>
</body>
</html>
```

Contrôler que les champs de texte sont bien renseignés

Pour contrôler que les zones de texte d'un formulaire ont bien été renseignées au moment de la validation du formulaire, vous devez parcourir toutes les zones par une boucle for et un test if. Ce contrôle teste si les champs sont vides. Dans cette affaire, une condition ET intervient qui est transcrite en Javascript par l'opérateur &&. Notez que l'opérateur OU logique se définit par le signe || qui est accessible sur le clavier en tapant deux fois sur les touches ALTGR 6. Si les champs ne sont pas bien renseignés, vous devez prévenir le visiteur de votre page. Le code suivant emploie une fonction test() dans laquelle est passée une variable v correspondant au nom de chaque objet du formulaire.

```
<HTML>
<script language = "JavaScript">
function test(v)
{
  for (var i=0;i<v.length-1;i++)
    {
      if (v.elements[i].value=="")
        {
        alert("le champ " + v.elements[i].name + " est vide");
        }
    }
}
</script>
<FORM name="form1">
nom <Input type="text" name="txtnom"  maxlength=10><BR>
age <Input type="text" name="txtage"  maxlength=2><BR>
sex <Input type="text" name="txtsex"  maxlength=1><BR>
<Input type="button" value="validation" name="btvalide"  onclick="test(form1)">
</FORM> </HTML>
```

Récupération de la valeur d'une liste

Une liste est définie par une balise <SELECT> dans la terminologie HTML. Supposons que la liste soit nommée ma_liste. L'expression suivante exprime la valeur du choix effectué par le visiteur lorsqu'il clique sur un élément dans la liste.

- **form1.ma_liste.value**. Indique la valeur de la liste ma_liste du formulaire form1.

- **form1.txtnom.value**. Indique la valeur du champ de texte appelé txtnom du formulaire form1.

Le code suivant montre un exemple d'affectation de la valeur d'une liste dans un champ de texte (Figure 15.5).

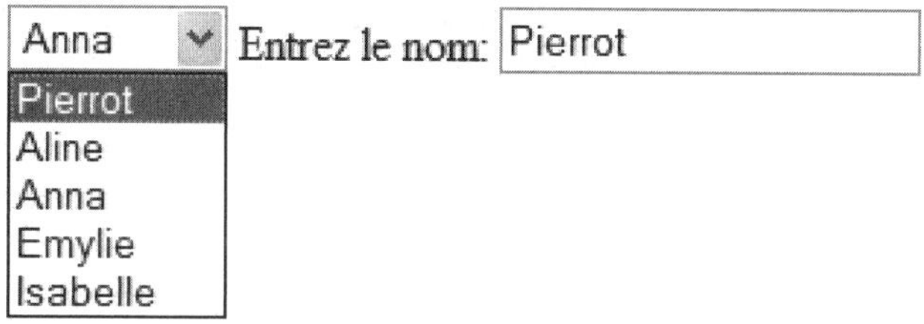

Figure 15.5 : Programmation d'une liste.

```
<HTML>
<FORM name="form1">
<SELECT NAME ="ma_liste"
 SIZE="0" onclick="form1.txtnom.value=form1.ma_liste.value">
<OPTION value="Pierrot " > Pierrot
<OPTION value="Aline "> Aline
<OPTION value="Anna " > Anna
<OPTION value="Emylie "        > Emylie
<OPTION value="Isabelle"   > Isabelle
</SELECT>
Entrez le nom: <input type="text" name="txtnom" value="">
</FORM>
</HTML>
```

Les codes proposés par Dreamweaver

Dreamweaver MX 2004 met à votre disposition des exemples de code que vous pouvez insérer directement dans votre page, soit en double-cliquant sur le nom du code, soit en glissant ce nom vers la page. Pour visualiser l'ensemble des codes fournis par Dreamweaver, effectuez les opérations suivantes :

1. Cliquez sur l'option de menu Fenêtre.
2. Choisissez Fragments de code.

La figure 15.6 montre ce panneau des fragments de code.

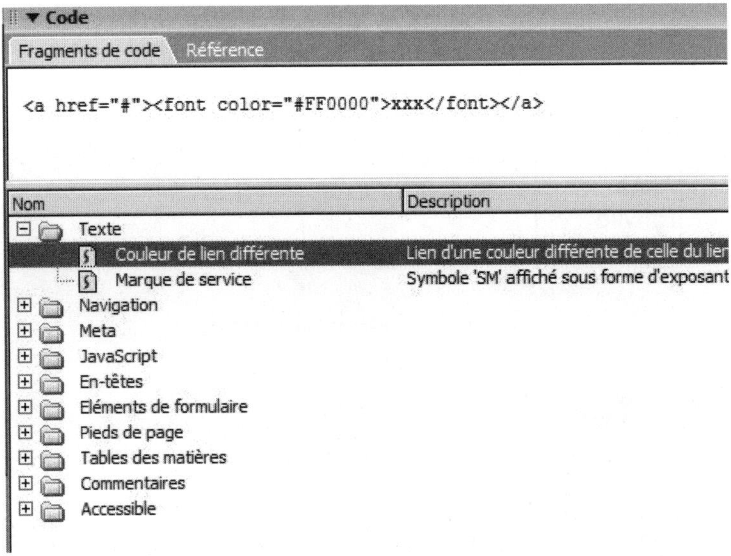

Figure 15.6 : Les fragments de code Javascript proposés par Dreamweaver.

Le texte

Voici le code proposé pour modifier la couleur d'un lien :

```
<a href="#"><font color="#FF0000">xxx</font></a>
```

Si vous devez afficher un symbole sous forme d'exposant, Dreamweaver propose le code suivant :

```
<sup>sm</sup>
```

Remarque : Vous pouvez ajouter de nouveaux fragments de code en cliquant du droit sur la catégorie.

Les fonctions Javascript du navigateur

Les fonctions sont multiples dans Javascript et proposent de nombreux dispositifs de programmation.

Les infos du navigateur

Le code ci-dessous permet de récupérer les infos du navigateur, comme le nom de l'application, la version de l'application, ou bien si le navigateur reconnaît le langage Javascript.

```
// Example:
// var b = new BrowserInfo();
// alert(b.version);
function BrowserInfo()
{
  this.name = navigator.appName;
  this.codename = navigator.appCodeName;
  this.version = navigator.appVersion.substring(0,4);
  this.platform = navigator.platform;
  this.javaEnabled = navigator.javaEnabled();
  this.screenWidth = screen.width;
  this.screenHeight = screen.height;
}
```

Redirection du navigateur

Tous les internautes n'utilisent pas le même navigateur. La fonction ci-dessous adapte la configuration du visiteur à la programmation.

```
function browserRedirect()
{
var ns4 = document.layers;
var ns6 = document.getElementById && !document.all;
var ie4 = document.all;
if(ns4) URLStr = "1.html";
 else if(ns6) URLStr = "2.html";
 else if(ie4) URLStr = "3.html";
 else URLStr = "4.html";
 location = URLStr;
```

Détection du navigateur

Cette fonction permet de tester si la version du navigateur est inférieure à la version 4.

```
function browserVer4Detect()
{
  if(navigator.appVersion.substring(0,1) < 4)
    URLStr = "1.html";
  else
    URLStr = "2.html";
  window.location = URLStr;
}
```

Désactiver le clic droit

Cette fonction permet de désactiver le bouton droit de la souris. Cette fonction n'est valable que dans Windows uniquement. Cela peut être rendu nécessaire lorsque vous voulez empêcher un visiteur d'accéder à certaines actions possibles avec le bouton droit.

```
function disableRightClick(e)
{
  var message = "Right click disabled";

  if(!document.rightClickDisabled) // initialize
  {
    if(document.layers)
    {
      document.captureEvents(Event.MOUSEDOWN);
      document.onmousedown = disableRightClick;
    }
    else document.oncontextmenu = disableRightClick;
    return document.rightClickDisabled = true;
  }
  if(document.layers || (document.getElementById && !document.all))
  {
    if (e.which==2||e.which==3)
    {
```

```
      alert(message);
      return false;
    }
  }
  else
  {
    alert(message);
    return false;
  }
}
disableRightClick();
```

Détecter les plates-formes Windows ou MacIntosh

Selon les applications, il est indispensable de connaître la plate-forme du visiteur de la page Web. Cette fonction emploie l'expression navigator.appVersion.

```
function platformDetect()
{
  if(navigator.appVersion.indexOf("Win") != -1)
  {
    alert("Windows");
  }
  else if(navigator.appVersion.indexOf("Mac") != -1)
  {
    alert("Macintosh");
  }
  else alert("Other");
}
```

Imprimer la page

La fonction suivante imprime la page en cours :

```
function printPage()
{
print(document);
}
```

Rediriger le visiteur vers une adresse URL

Cette fonction emploie l'expression Location et la méthode Redirect qui permettent de se déplacer vers une autre page.

function redirect(URLStr) { location = URLStr; }

Afficher des messages dans la barre d'état

Cette fonction vous permet d'afficher du texte dans la barre d'état située en bas de la fenêtre.

```
function setStatusBar(msgStr)
{
self.status = msgStr;
}
```

Connaître la position de la souris

Cette fonction est intéressante pour récupérer l'emplacement du pointeur de souris. Elle peut être employée dans les applications de jeu ou d'enseignement par ordinateur où il est important d'agir en fonction d'un clic de souris.

```
/*
Example:
function test()
{
  if (document.layers) getMouseLoc;     //NS
  else if (document.all) getMouseLoc(); //IE
  alert(mouseLocation.x+","+mouseLocation.y);
}
in the BODY:
<a href="#" onmouseover="test()">test</a>
*/
function Point(x,y) {  this.x = x; this.y = y; }
mouseLocation = new Point(-500,-500);
function getMouseLoc(e)
{
  if(!document.all)  //NS
  {
    mouseLocation.x = e.pageX;
```

```
    mouseLocation.y = e.pageY;
  }
  else              //IE
  {
    mouseLocation.x = event.x + document.body.scrollLeft;
    mouseLocation.y = event.y + document.body.scrollTop;
  }
  return true;
}
//NS init:
if(document.layers){ document.captureEvents(Event.MOUSEMOVE); document.onMouseMove =
getMouseLoc; }
```

Les éléments de formulaires

Dreamweaver propose de nombreuses fonctions que vous pouvez utiliser dans vos formulaires.

Le bouton fermer la fenêtre

Il s'agit d'un classique bouton poussoir dont le comportement est de fermer la fenêtre en cours.

```
<input type=button value="Close Window" onClick="javascript:self.close();">
```

Effacement d'un champ de texte en fonction d'un test

Cette expression teste si le contenu d'une zone de texte est égal à une chaîne de caractères, puis la réinitialise.

```
<input type="text" name="n" value="Your message"
onFocus="if(this.value=='Your message')this.value='';">
```

Un menu déroulant avec 9 valeurs de 0 à 9

Il s'agit d'un menu qui affiche 9 chiffres.

```
<select name="x">
  <option value=0>0</option>
  <option value=1>1</option>
```

```
  <option value=2>2</option>
  <option value=3>3</option>
  <option value=4>4</option>
  <option value=5>5</option>
  <option value=6>6</option>
  <option value=7>7</option>
  <option value=8>8</option>
  <option value=9>9</option>
</select>
```

Un menu des mois de 1 à 12

Il s'agit des mois de l'année.

```
<select name="month">
  <option value="1">1</option>
  <option value="2">2</option>
  <option value="3">3</option>
  <option value="4">4</option>
  <option value="5">5</option>
  <option value="6">6</option>
  <option value="7">7</option>
  <option value="8">8</option>
  <option value="9">9</option>
  <option value="10">10</option>
  <option value="11">11</option>
  <option value="12">12</option>
</select>
```

Les années de 1998 à 2000

Un menu des années.

```
<select name="YYYY">
  <option value="2002">2002</option>
  <option value="2001">2001</option>
  <option value="2000">2000</option>
  <option value="1999">1999</option>
  <option value="1998">1998</option>
</select>
```

Référence aux manuels O'REILLY

Au cours de votre travail avec Dreamweaver, vous pouvez rechercher des informations à l'aide de la touche Aide (F1). Mais vous disposez également d'un ensemble de manuels électroniques écrits par la compagnie O'REILLY. Vous y accédez de la manière suivante :

1. Choisissez l'option de menu Fenêtre.
2. Cliquez sur Référence. La liste déroulante vous affiche tous les manuels disponibles (Figure 15.7).

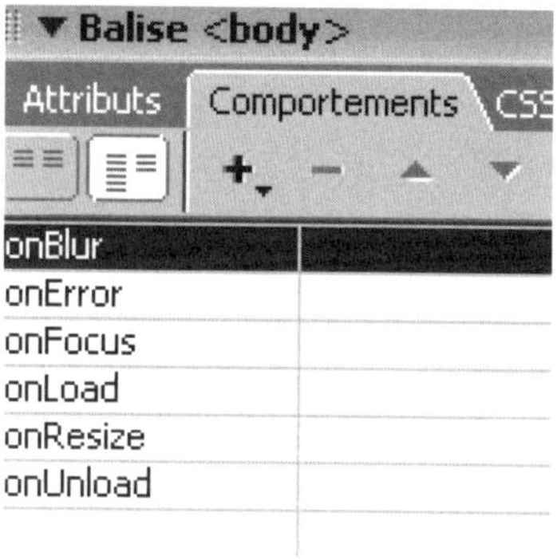

Figure 15.7 : Les livres O'REILLY sont intégrés dans Dreamweaver MX 2004.

En résumé

Ce chapitre a développé la notion de comportement qui implique un événement et une action. Le langage Javascript permet un contrôle total de la page Web côté-client. Dreamweaver propose également des fragments de code que vous pouvez modifier à votre guise, et des manuels électroniques très complets fournis par la compagnie O'REILLY. Le chapitre 16 terminera ce livre en apportant un éclairage sur le langage Javascript.

Chapitre 16

Le langage Javascript

Ce chapitre s'intéresse au langage Javascript et à ses caractéristiques générales. Vous découvrirez des mots-clés, des expressions et des structures de contrôle qui peuvent vous aider dans la réalisation de vos pages Web.

——— Quelques objets
——— Des exemples simples

Quelques objets

Vous employez le langage Javascript dans une application Web pour valider des données ou pour contrôler certains objets. D'une façon générale vous programmez du côté du client, mais il arrive parfois que certains scripts décrivent et exécutent des processus et des interactions entre un client et un serveur. Dans la mesure où un serveur Internet gère des centaines de visiteurs, une application WEB se doit de diminuer la charge du serveur de manière systématique en proposant des réponses rapides. Il faut garder à l'esprit qu'une fois la page téléchargée sur l'ordinateur du client, le serveur peut s'occuper d'autres visiteurs. Avant de commencer à programmer en Javascript, vous devez porter votre attention sur la hiérarchie des objets dans la page. Ceux que vous avez manipulés avec Dreamweaver sont visibles mais certains ne le sont pas. Afin de mieux aider les scripts à contrôler ces objets, les fabricants de navigateurs se sont réunis et ont défini un modèle objet de documents (DOM). Celui-ci ressemble simplement à un plan d'organisation d'objets (Figure 16.1).

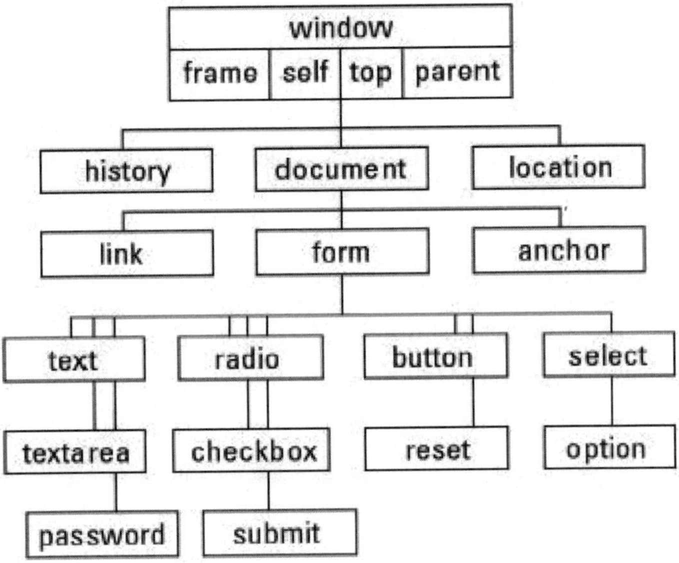

Figure 16.1 : Le DOM.

Chaque génération d'explorateur a apporté son modèle objet et des efforts de normalisation ont été réalisés par les deux grands concurrents en la matière : Netscape Navigator et Internet Explorer. C'est l'organisme W3C qui regroupe les grandes orientations du modèle objet de document.

Comme vous pouvez le constater, le haut de la hiérarchie est l'objet Window, qui représente simplement la zone de contenu de la fenêtre de l'explorateur. À cet emplacement, les documents HTML apparaissent. Notez que dans un environnement multicadres, chaque cadre est considéré également comme une fenêtre. Un objet formulaire est en général invisible à l'œil nu et les visiteurs ne voient que le contenu du formulaire, c'est-à-dire les champs, les intitulés, les listes ou les boutons poussoirs. Un document peut avoir plusieurs formulaires, le code HTML peut posséder plusieurs paires (<FORM>...</FORM>). Quand une page se charge en mémoire, l'ordinateur exécute chaque instruction HTML en définissant un plan des objets générés par les balises (ou étiquettes) HTML dans le document. L'objet window existe toujours pour chaque document. Chaque objet window contient également un objet appelé location qui permet de récupérer des informations en provenance d'une adresse URL. Lorsqu'un document est chargé, l'explorateur génère un objet document. Notez que tous les objets peuvent être référencés, c'est-à-dire que l'on peut y accéder par programmation Javascript. Les expressions sont multiples et dépendent des objets. Le tableau 16.1 détaille certaines expressions de référencement des objets que vous manipulez quotidiennement dans un navigateur.

Tableau 16.1 : Des exemples de référencement d'objets.

Objet	Expression Javascript
La version du navigateur	navigator.appVersion.
Le nom de l'application	navigator.appName.
Le document	window.document.
Le formulaire	window.document.NomduFormulaire.
Champ de saisie dans un formulaire	window.document.NomFormulaire.NomChamp.
Un bouton dans le formulaire	window.document.NomFormulaire.NomBouton .
La valeur d'un champ de texte dans un formulaire	window.document.NomFormulaire.NomChamp.Value Notez que vous pouvez omettre le mot window.
Le premier formulaire dans le document	document.forms[0]
Le deuxième formulaire dans le document	document.forms[1]

Objet	Expression Javascript
Nombre total d'objets formulaires présents dans le document courant	document.forms.length
Nom du formulaire	document.NomChamp
La valeur du champ toto du 1er formulaire	document.forms[1].toto.value
Tester si un élément de formulaire est vide	If (form.elements[i].value == "")
La fenêtre courante qui contient le document du script	self
Un texte dans la barre de statut.	window.statut="montexte"
Un texte dans une boîte de dialogue	window.alert("montexte")
Une boîte de dialogue de confirmation	window.confirm("texte")
Une boîte de dialogue dans laquelle vous pouvez saisir du texte	window.prompt("message","réponse par défaut")
Se déplacer dans une autre page	location.href="nouvelle adresse"
Ecrire dans le document	document.write("texte")
Fin de l'écriture du texte dans le document	document.close()
Est-ce qu'une fenêtre est fermée ?	NomFenetre.closed
Je vide la valeur du 1er élément du 1er formulaire du document	document.form[0].elements[0].value=""
Est-ce que la case Nomcase du 1er formulaire du document est cochée ?	document.forms[0].NomCase.checked()
Le nombre de boutons radio dans un groupe	document.forms[0].Nomgroupe.length.
Numéro d'index de l'élément sélectionné dans une liste	document.form[0].NomListe.selectedIndex
Le texte qui apparaît sur l'écran dans l'objet Select sur la nième option	document.forms[0].NomListe.options[n].text

Objet	Expression Javascript
La valeur contenu dans le paramètre Value de la liste dans le Select	document.forms[0].NomListe.options[n].value
Le texte de l'option sélectionné en passant par un numéro d'index	NomListe.options[NomListe.selectedIndex].text
L'objet qui contient le script dans lequel le mot clé est utilisé	this
Passer un formulaire entier dans une variable	This.form
Soumettre un formulaire	document.forms[0].submit()
Sélectionner un champ dans un formulaire	Document.NomFormulaire.NomCahmp.select
Déplacer une fenêtre à un emplacement donné	Window.moveto(x,y)
Ouvrir une nouvelle fenêtre	window.open("nomFenetre","","height=valeur, width=valeur",etc)
Fermer une fenêtre	NomFenetre.close()

Des exemples simples

L'écriture de Javascript est simple si l'on respecte la syntaxe nécessaire. Cette section montre quelques exemples Javascript.

Affichage d'une ligne de texte dans un document

Le code suivant montre l'écriture d'un script placé à l'intérieur de la balise <HTML> qui définit une ligne de texte avec une petite taille.

```
<HTML>
<SCRIPT LANGUAGE-"JAVASCRIPT">
DOCUMENT.WRITE("ESKA UNE REFERENCE DANS L'EDITION ".FONTSIZE(5))
</SCRIPT>
</HTML>
```

Affichage d'une boîte d'alerte

C'est l'instruction Alert qui affiche un message dans une boîte de dialogue :

```
<HTML>
<SCRIPT LANGUAGE="JAVASCRIPT">
ALERT ("EDITION")
</SCRIPT>
</HTML>
```

Des variables en action

Les variables se déclarent à l'aide de l'instruction VAR. Remarquez le signe // qui permet d'insérer un commentaire dans le code.

```
<SCRIPT LANGUAGE="JAVASCRIPT">
//DEFINITION DES VARIABLES
VAR HT=10
VAR TVA = 1.166
//CALCUL DU TTC
DOCUMENT.WRITE("HT : " + HT + "<BR>")
DOCUMENT.WRITE("TVA : " + TVA + "<BR>")
DOCUMENT.WRITE("LE TOTAL TTC EST : " + HT*TVA + " EURO")
</SCRIPT>
</HTML>
```

Une fonction Javascript

Une fonction est un groupe d'instructions qui effectuent une tâche spécifique. La déclaration s'effectue dans la partie <HEAD> de votre document HTML ou bien directement après la balise <SCRIPT>. Une fonction peut contenir des variables placées entre parenthèses. Le contenu réel de la fonction est placé entre accolades.

```
<HTML>
<SCRIPT LANGUAGE="JAVASCRIPT">
FUNCTION AFFICHE()
{DOCUMENT.WRITE("HI")
```

```
}
//J'APPELLE LA FONCTION
AFFICHE()
</SCRIPT>
</HTML>
```

Une boucle dans un script Javascript

Une boucle est une répétition d'instructions un certain nombre de fois. Le code suivant affiche le contenu d'une variable TXT un nombre vMax de fois.

```
<HTML>
<SCRIPT Language="JavaScript">
//définition de la fonction contenant une boucle
function Taille(TXT,vMax)
{for (i=0;i<vMax;i++)
document.write(txt.fontsize(i)+"<BR>")
}
//appel de la fonction
Taille("MANGER DE LA GRAMMAIRE ",10)
</SCRIPT>
</HTML>
```

L'expression for (i=0;i<vMax;i++) indique que le pointeur i va avoir une valeur allant de 0 jusqu'à vMax. L'expression i++ signifie une incrémentation de la variable i, c'est-à-dire que i augmente de 1 en 1. Cette formulation i++ provient du langage C.

La condition IF ... Then dans Javascript

La condition Si - Alors dans JavaScript s'emploie de la manière suivante :

```
IF(CONDITION VRAIE)
{
 INSTRUCTIONS;
}
```

Par exemple, le code suivant teste le contenu d'une variable N :

```
<HTML>
<SCRIPT Language="JavaScript">
//je teste une condition
N=12
if (N==12)
{alert("DOUZE");
}
</SCRIPT>
</HTML>
```

Remarque : Si la condition n'est pas vraie, l'interpréteur JavaScript ignore les instructions placées à l'intérieur des accolades, et exécute les instructions placées après l'accolade de fermeture.

La condition IF ... Then ... Else

La condition Si - Alors - Sinon se met en place de la manière suivante :

```
IF(CONDITION VRAIE)
{ INSTRUCTIONS 1;
}
ELSE
{ INSTRUCTIONS 2;
}
```

Le code suivant teste la version du navigateur :

```
<HTML>
<SCRIPT LANGUAGE="JAVASCRIPT">
VAR VERSION =WINDOW.NAVIGATOR.APPVERSION
VAR NUMVERSION=VERSION.SUBSTR(0,1)
IF( NUMVERSION =="4")
{ALERT(VERSION);}
ELSE
{ALERT("AUTRE VERSION QUE LA 4 ");}
</SCRIPT>
</HTML>
```

Les opérateurs ET et OU

Employez l'expression **&&** pour l'opérateur ET et l'expression || (touche AltGr 6) pour l'opérateur OU. La syntaxe d'utilisation de l'opérateur ET est la suivante :

```
<HTML>
<SCRIPT Language="JavaScript">
var a=12
var b=16
if (a==12 && b==16)
{alert("condition vraie");}
</SCRIPT></HTML>
```

La syntaxe d'utilisation de l'opérateur OU est la suivante :

```
<HTML>
<SCRIPT LANGUAGE="JAVASCRIPT">
VAR A=12
VAR B=15
IF (A==12 || B==16)
{ALERT("CONDITION VRAIE");}
</SCRIPT> </HTML>
```

La boucle while

Une instruction While permet d'exécuter un groupe d'instructions un certain nombre de fois, en fonction d'une condition logique. Tant que cette condition est vraie, les instructions placées à l'intérieur des accolades se répètent. La syntaxe de la boucle While est la suivante :

```
WHILE(CONDITION VRAIE)
{ACTIONS A EFFECTUER}
}
```

Le code suivant répète l'affichage du contenu d'une variable 100 fois mais pas plus :

```
<HTML>
<SCRIPT LANGUAGE="JAVASCRIPT">
VAR A=1
WHILE (A<=100)
{
DOCUMENT.WRITE(A+"<BR>")
//J'AUGMENTE A DE 1
A++
}
</SCRIPT></HTML>
```

Vous sortez d'une boucle en utilisant l'instruction **break;** comme le montre le code suivant :

```
<HTML>
<SCRIPT LANGUAGE="JAVASCRIPT">
VAR A=1
WHILE (A<=100)
{
IF(A==WINDOW.NAVIGATOR.APPVERSION)
BREAK;
DOCUMENT.WRITE(A+"<BR>")
A++
}
</SCRIPT>
</HTML>
```

Invocation d'un script externe

Vous pouvez stocker vos scripts dans des fichiers externes dont l'extension est **.js**. Vous les invoquez à partir de la balise <Script Language>. Le code suivant montre l'appel d'un script appelé JOUER.JS et stocké sur le disque C:\ .

```
<HTML>
<SCRIPT LANGUAGE="JAVASCRIPT" SRC = "C:\JOUER.JS"></SCRIPT>
</HTML>
```

Invocation d'un script provenant d'un serveur à distance

Renseignez simplement la propriété SRC de la balise SCRIPT.

```
<HTML>
<SCRIPT LANGUAGE="JAVASCRIPT"
SRC = "HTTP://MAPAGEPERSO.NOOS.FR/JOUER.JS">
</SCRIPT>
</HTML>
```

La boîte de dialogue de saisie Prompt

Le langage JavaScript propose une instruction **Prompt()** qui affiche une boîte de dialogue avec un texte d'invite et une zone de saisie. Une valeur par défaut peut y être placée automatiquement. La syntaxe de l'instruction Prompt est la suivante :

```
PROMPT("TEXTE D'INVITE","VALEUR PAR DEFAUT DANS LA ZONE DE SAISIE");
```

Le code suivant demande au visiteur de saisir une valeur :

```
<HTML>
<SCRIPT LANGUAGE="JAVASCRIPT">
REP=PROMPT("ENTREZ LA VALEUR","2000");
ALERT(REP)
</SCRIPT>
</HTML>
```

Vous pouvez empêcher le visiteur de sortir de la boîte s'il n'a pas renseigné la zone de saisie. Il suffit d'employer la structure de contrôle While pour tester si le retour de l'instruction Prompt ne renvoie pas la valeur NULL.

```
<HTML>
<SCRIPT LANGUAGE="JAVASCRIPT">
VAR REP=NULL
```

```
WHILE (REP==NULL)
{REP=PROMPT("ENTREZ LA VALEUR ","");}
DOCUMENT.WRITE(REP)
</SCRIPT>
</HTML>
```

La boîte de dialogue de confirmation

La commande **Confirm()** permet de répondre à une question OUI/NON. La réponse est stockée dans une variable.

```
<HTML>
<SCRIPT LANGUAGE="JAVASCRIPT">
REP=CONFIRM("CONTINUEZ ?")
IF (REP==TRUE)
{
DOCUMENT.WRITE("OK");}
ELSE
{
DOCUMENT.WRITE("ANNULATION");
}
</SCRIPT></HTML>
```

Comment manipuler les chaînes de caractères en Javascript ?

Vous manipulez des chaînes de caractères à l'aide d'instructions bien connues dans d'autres langages. Le tableau 16.2 détaille les principales instructions.

Tableau 16.2 : Les instructions de manipulation de chaînes de caractères.

Instructions	Description
LENGTH	Longueur de la chaîne.
CHARTAT()	Cherche un caractère dans une chaîne. Le début de la chaîne commence à 0.
INDEXOF(CHAINE, DEPART DE LA RECHERCHE)	Recherche la position d'une lettre ou d'un groupe de lettres dans une chaîne de caractères.

Instructions	Description
SUBSTRING(DEBUT DE LA RECHERCHE, LONGUEUR)	Renvoie une sous-chaîne de chaîne de caractères.
TOLOWERCASE()	Transforme en minuscule une chaîne de caractères.
TOUPPERCASE()	Transforme en majuscule une chaîne de caractères.

Le code suivant affiche la longueur d'une variable :

```
<HTML>
<SCRIPT LANGUAGE="JAVASCRIPT">
VAR T="JE MANGE DE LA GRAMMAIRE AVEC DU JAVASCRIPT EN DESSERT"
DOCUMENT.WRITE(T.LENGTH)
</SCRIPT>
</HTML>
```

Le code suivant recherche une lettre spécifique dans une chaîne de caractères :

```
<HTML>
<SCRIPT LANGUAGE="JAVASCRIPT">
VAR T = "JE MANGE DE LA GRAMMAIRE AVEC DU JAVASCRIPT EN DESSERT"
//JE RECHERCHE LE 15 EME CARACTERE
DOCUMENT.WRITE(T.CHARAT(15))
</SCRIPT>
</HTML>
```

Le code suivant recherche la première chaîne "DE" dans la chaîne de caractères. On utilise l'instruction indexOf.

```
<HTML>
<SCRIPT LANGUAGE="JAVASCRIPT">
VAR T = "JE MANGE DE LA GRAMMAIRE AVEC DU JAVASCRIPT EN DESSERT"
//JE RECHERCHE LA CHAINE
VAR RECH="DE"
DOCUMENT.WRITE(T.INDEXOF(RECH,0))
</SCRIPT>
</HTML>
```

Extraction d'une sous-chaîne

Employez l'instruction **Substr** pour extraire une sous-chaîne en fonction de la position de départ et du nombre de caractères à extraire.

```
<HTML>
<SCRIPT LANGUAGE="JAVASCRIPT">
VAR T = "JE MANGE DE LA GRAMMAIRE AVEC DU JAVASCRIPT EN DESSERT"
// J'EXTRAIT 5 CARACTERES A PARTIR DE LA 4EME POSITION
DOCUMENT.WRITE(T.SUBSTR(4,5))
</SCRIPT>
</HTML>
```

Transformation d'une chaîne en minuscule ou en majuscule

Employez l'instruction **TOLOWERCASE()** pour transformer une chaîne de caractères en minuscule et **TOUPPERCASE** pour transformer une chaîne de caractères en majuscule.

```
<HTML>
<SCRIPT LANGUAGE="JAVASCRIPT">
VAR T = "JE MANGE DE LA GRAMMAIRE AVEC DU JAVASCRIPT EN DESSERT"
DOCUMENT.WRITE(T.TOLOWERCASE())
</SCRIPT>
</HTML>
```

Toutes les techniques d'ouverture de fenêtre avec Javascript

Vous ouvrez une nouvelle fenêtre grâce à l'instruction Open et ses nombreux paramètres. La syntaxe de l'instruction Open est la suivante :

```
VARIABLE = OPEN(URL, NOM_DE_LA_FENÊTRE, PARAMÈTRES)
```

Le tableau 16.3 détaille les paramètres.

Tableau 16.3 : Les paramètres de l'instruction Open

Paramètres	Description
TOOLBAR	Affichage de la barre d'outils.
LOCATION	Affichage du champ Adresse ou localisation.
DIRECTORIES	Affichage des boutons d'accès rapide, les valeurs sont yes ou no.
STATUS	Affichage de la barre d'état, les valeurs sont yes ou no.
MENUBAR	Affichage de la barre de menus, les valeurs sont yes ou no.
SCROLLBARS	Affichage des barres de défilement, les valeurs sont yes ou no.
RESIZABLE	Redimensionnement de la fenêtre, les valeurs sont yes ou no.
WIDTH	Largeur de la fenêtre en pixels.
HEIGHT	Hauteur de la fenêtre en pixels.

Ouverture d'une fenêtre

Le code suivant montre cette syntaxe quelque peu particulière de Javascript :

```
VARIABLE = OPEN("","MAFENETRE","TOOLBAR=NO/YES,LOCATION=NO/YES,
DIRECTORIES=NO/YES,MENUBAR=NO/YES,SCROLLBARS=NO/YES,
RESIZABLE=NO/YES" )
```

Remarque. Les paramètres doivent être placés dans une longue chaîne de caractères placée entre guillemets.

Une fenêtre vierge

Le code suivant montre un exemple d'ouverture d'une fenêtre vierge sans paramètre, dans laquelle le programme écrit le mot Hello.

```
<HTML>
<SCRIPT LANGUAGE="JAVASCRIPT">
NOUVELLE = OPEN("","MA_FENÊTRE")
NOUVELLE.DOCUMENT.WRITE("HELLO")
</SCRIPT>
</HTML>
```

Vous pouvez décider de supprimer plusieurs parties d'une fenêtre en insérant des paramètres spécifiques dans l'instruction d'ouverture de la fenêtre.

Une fenêtre sans la barre d'adresse

Le code suivant supprime la zone Adresse d'une nouvelle fenêtre.

```
<HTML>
<SCRIPT LANGUAGE="JAVASCRIPT">
NOUVELLE = OPEN("","MA_FENETRE","LOCATION=NO")
NOUVELLE.DOCUMENT.WRITE("HELLO")
</SCRIPT>
</HTML>
```

Une fenêtre redimensionnée à l'ouverture

Lorsque vous créez une nouvelle fenêtre avec JavaScript, la taille de celle-ci est figée. Pour permettre la modification de la hauteur et de la largeur, employez le paramètre RESIZABLE. Le code suivant enlève la zone Adresse et autorise la modification de la taille.

```
<HTML>
<SCRIPT LANGUAGE="JAVASCRIPT">
NOUVELLE = OPEN("","MAFENETRE","LOCATION=NO,RESIZABLE=YES")
NOUVELLE.DOCUMENT.WRITE("BONJOUR")
</SCRIPT>
</HTML>
```

Une fenêtre avec un ascenseur

Vous pouvez aussi placer ou non un dispositif d'ascenseur dans la fenêtre. Employez le paramètre Scrollbars.

```
<HTML>
<SCRIPT LANGUAGE="JAVASCRIPT">
NOUVELLE = OPEN("","MAFENETRE","LOCATION=NO,RESIZABLE=YES,
```

```
SCROLLBARS=YES")
NOUVELLE.DOCUMENT.WRITE("BONJOUR")
</SCRIPT>
</HTML>
```

Une fenêtre avec la barre des outils

Pour afficher la barre des outils dans une fenêtre, employez le paramètre TOOLBAR comme le montre le code suivant :

```
<HTML>
<SCRIPT LANGUAGE="JAVASCRIPT">
NOUVELLE = OPEN("","MAFENETRE","LOCATION=NO,RESIZABLE=YES,
SCROLLBARS=YES,TOOLBAR=YES")
NOUVELLE.DOCUMENT.WRITE("BONJOUR")
</SCRIPT>
</HTML>
```

Une fenêtre avec une largeur en pixel

Pour définir une fenêtre avec une largeur en pixel, employez le paramètre WIDTH à l'intérieur de l'instruction Open avec l'unité de mesure px.

```
<HTML>
<SCRIPT LANGUAGE="JAVASCRIPT">
NOUV1 = OPEN("","MAFENETRE","WIDTH=20PX")
NOUV1.DOCUMENT.WRITE("20 PIXELS DE LARGE")
</SCRIPT>
</HTML>
```

De même, la hauteur se définit par le paramètre HEIGHT.

```
<HTML>
<SCRIPT LANGUAGE="JAVASCRIPT">
NOUV1 = OPEN("","MA_FENÊTRE","WIDTH=100,HEIGHT=50")
NOUV1.DOCUMENT.WRITE("100 PIXELS DE LARGE ET 50 PIXELS DE
HAUT")
</SCRIPT>
</HTML>
```

Ouverture d'une fenêtre dans laquelle s'affichent des informations HTML

Pour ouvrir une fenêtre et y placer du contenu enregistré en tant que fichier HTML, indiquez une adresse URL dans le premier paramètre de l'instruction Open. Le code suivant charge une page prix.htm dans la fenêtre nouvellement créée par JavaScript.

```
<HTML>
<SCRIPT LANGUAGE="JAVASCRIPT">
FPRIX = OPEN("HTTP://WWW.MAPAGE.NOOS.FR/PRIX.HTM","")
</SCRIPT>
</HTML>
```

Vous pouvez y ajouter des barres d'outils si vous le désirez, comme le montre le code suivant :

```
<HTML>
<SCRIPT LANGUAGE="JAVASCRIPT">
FPRIX = OPEN("HTTP://WWW.MAPAGE.NOOS.FR/PRIX.HTM","MENUBAR=YES,
TOOLBAR=NO,STATUS=YES,LOCATION=NO")
</SCRIPT>
</HTML>
```

Fermer une fenêtre avec JavaScript

Employez l'instruction Nom_de_fenêtre.Close(). Le code suivant ferme une fenêtre.

```
<HTML>
<SCRIPT LANGUAGE="JAVASCRIPT">
F1= = OPEN("HTTP://WWW.MAPAGE.NOOS.FR/PRIX.HTM","")
ALERT("FERMEZ LA FENETRE")
F1.CLOSE()
</SCRIPT>
</HTML>
```

Les événements

Comme vous avez pu le voir dans les chapitres précédents de ce livre, un événement est une réponse à une action particulière de l'utilisateur. Les événements sont spécifiques à certaines balises. Le tableau 16.4 rappelle encore une fois les principaux événements et leurs significations que vous rencontrerez dans votre travail avec Javascript.

Tableau 16.4 : Les événements dans JavaScript

Événements	Description
OnAbort	Quand l'utilisateur annule le chargement d'une image.
OnBlur	Quand un élément de formulaire perd le focus ou quand une fenêtre ou un cadre perd le focus. Le focus est la partie noire qui apparaît dans un champ, ou un autre élément en fonction de la position du pointeur de la souris.
OnChange	Quand un champ de type Select, text ou textarea perd le focus. Cet événement est souvent utilisé pour valider une modification.
OnClick	Quand un objet est cliqué.
OnDblClick	Quand un utilisateur double-clique sur un élément de formulaire ou un lien.
OnDragDrop	Quand un utilisateur dépose un objet (comme un fichier) sur la fenêtre de l'explorateur.
OnError	Quand le chargement d'un document ou d'une image provoque une erreur.
OnFocus	Quand un élément de formulaire, une fenêtre, un cadre, un ensemble de cadres ou une zone de saisie reçoit le focus.
OnKeyDown	Quand une touche de fonction est enfoncée.
OnKeyPress	Quand une touche du clavier alphabétique est enfoncée.
OnKeyUp	Quand une touche du clavier est relâchée.
OnLoad	Quand l'explorateur termine le chargement d'une fenêtre ou de tous les cadres Frames dans un FrameSet.
OnMouseDown	Quand un bouton de souris est relâché.
OnMouseMove	Quand le curseur est déplacé.
OnMouseOut	Chaque fois que le pointeur de la souris quitte une zone AREA ou un lien à partir de l'intérieur de cette zone.
OnMouseOver	Chaque fois que le pointeur de la souris se situe au-dessus d'un objet ou d'une zone.
OnMouseUp	Quand un bouton de la souris est relâché.
OnMove	Quand un utilisateur ou un script déplace une fenêtre ou un cadre.

Événements	Description
OnReset	Quand un utilisateur annule un formulaire par un bouton d'annulation.
OnResize	Quand un utilisateur ou un script redimensionne une fenêtre ou un cadre.
OnSelect	Quand un utilisateur sélectionne du texte à l'intérieur d'un texte ou d'un champ TEXTAREA.
OnSubmit	Quand un utilisateur soumet (submit) un formulaire.
OnUnload	Quand un utilisateur quitte le document.

L'événement OnBlur

To Blur en anglais signifie effacer, estomper, brouiller. Un événement Blur apparaît quand le pointeur de la souris passe d'une fenêtre à l'autre, d'un cadre à l'autre, ou d'un formulaire à l'autre. Le code suivant ouvre une fenêtre et prévient l'utilisateur si celui-ci la quitte.

```
<HTML>
<SCRIPT LANGUAGE="JAVASCRIPT">
NOUVELLE = OPEN("","MAFEN1")
NOUVELLE.DOCUMENT.WRITE("CIO")
</SCRIPT>
<BODY ONBLUR="ALERT('VOUS PASSEZ D\'UNE FENETRE A L\'AUTRE')"
</BODY>
</HTML>
```

Remarque. L'utilisation du signe \ dans le code permet de transformer l'apostrophe (\') en littéral et non en caractère de séparation de chaînes de caractères.

L'événement OnUnload

L'événement OnUnload permet de contrôler la fermeture de la fenêtre du navigateur.

```
<HTML>
<BODY ONUNLOAD="ALERT('VOUS QUITTEZ LA FENETRE')">
</BODY>
</HTML>
```

L'événement Onload

Avec cet événement vous contrôlez l'ouverture de la fenêtre. Le code suivant définit des paramètres de fenêtre à cet instant.

```
<HTML>
<SCRIPT>
FUNCTION OUVRE()
{
//JE POSITIONNE LA FENETRE EN HAUT A GAUCHE DE L'ECRAN
WINDOW.MOVETO(0,0);
//JE REDIMENSIONNE LA FENETRE
WINDOW.RESIZETO(SCREEN.WIDTH,SCREEN.HEIGHT);
}
</SCRIPT>
<BODY ONLOAD="OUVRE()">
<H1>OUVERTURE DU CARNAVAL</H1>
</BODY>
</HTML>
```

Les cases à cocher sont-elles cochées ?

Dans un formulaire il arrive souvent que certains contrôles soient nécessaires pour vérifier l'état des cases à cocher avant d'envoyer les informations vers le serveur. Les tests de programmation utilisent la condition IF avec le signe de comparaison ==. L'exemple suivant affiche trois cases Nom, Age et Secteur. Le code contrôle si ces trois cases sont bien cochées. Deux fonctions sont utilisées, l'une affiche n'importe quel message et l'autre contrôle si les cases ont été cochées.

```
<SCRIPT LANGUAGE="JAVASCRIPT">
//FONCTION D'AFFICHAGE
FUNCTION FMESS (LIGNE)
{ALERT(LIGNE)
}
//FONCTION DE CONTROLES
FUNCTION CONTROLE(MON_FORM)
{
IF (
(MON_FORM.CHECK1.CHECKED) == TRUE && (MON_FORM.CHECK2.CHECKED)==TRUE &&
(MON_FORM.CHECK3.CHECKED)==TRUE )
```

```
FMESS("LES TROIS CASES SONT COCHEES")
ELSE
FMESS("LES TROIS CASES NE SONT PAS COCHEES") }
</SCRIPT>
<HTML>
<FORM NAME=" MON_FORM ">
CHOISISSEZ UNE DES VALEURS ET VALIDEZ : <BR>
<INPUT TYPE="CHECKBOX" NAME="CHECK1" VALUE="1"> NOM <BR>
<INPUT TYPE="CHECKBOX" NAME="CHECK2" VALUE="2"> AGE <BR>
<INPUT TYPE="CHECKBOX" NAME="CHECK3" VALUE="3"> SECTEUR <BR>
<INPUT TYPE="BUTTON" VALUE="TEST" ONCLICK="CONTROLE(MON_FORM)">
</FORM>
</HTML>
```

Récupération de la sélection d'une liste

Lorsque vous sélectionnez une valeur dans une liste, Javascript peut vous aider à mettre en mémoire votre choix grâce à l'instruction SELECTEDINDEX.

```
<HTML>
<SCRIPT LANGUAGE="JAVASCRIPT">
FUNCTION VALIDE(MONFORM)
{
ALERT("L\'ELEMENT CHOISI EST : " + (MONFORM.MALISTE.SELECTEDINDEX+1));
}
</SCRIPT>
<FORM NAME="MONFORM">
<SELECT NAME ="MALISTE" SIZE="5">
<OPTION VALUE="1" > JANVIER
<OPTION VALUE="2" > FEVRIER
<OPTION VALUE="3" > MARS
<OPTION VALUE="4" > AVRIL
<OPTION VALUE="5" > MAI
</SELECT>
<INPUT TYPE="BUTTON" NAME="BTVALIDE" VALUE="VALIDATION" ONCLICK="VALIDE(MONFORM)">
</FORM>
</HTML>
```

En résumé

Ce chapitre a montré l'intérêt qu'il peut y avoir à investir dans le langage Javascript. Il intervient de manière significative dans la manipulation des objets présents dans le navigateur. Javascript permet également de contrôler facilement les pages avant l'envoi des données vers un serveur à distance. Ce langage peut sembler complexe à première vue, mais il vous rendra de nombreux services surtout si vous l'utilisez conjointement avec Dreamweaver MX 2004.

Index

A

A. 332, 366
- ACTIVE 348
- HOOVER 348
- LINK 347
- VISITED 347

ABBR 332
ACROBAT READER 255
ACRONYM 332
ACTIFS 67
ACTION 457
ACTIVEX 258, 260
ADDRESS 332
ADMINISTRATION IIS 88
ADO 111, 390
ADODB 112
ADODB.RECORDSET 426
ADROTATOR 115
AIF 256, 364
ALERT 498
ALIGN 259, 367, 368
ALL_HTTP 106
ALL_RAW 106
ALLUSERSPROFILE 106
ALT 229
ALTER TABLE 404, 406
ANCRE 21, 153
AND 401
APACHE 80, 87, 428
APERÇU/DÉBOGAGE 93
APPDATA 106
APPL_MD_PATH 106
APPL_PHYSICAL_PATH 106
APPLET 254, 332
APPNAME 495
APPVERSION 485, 495
ARCHIVE 259
AREA 332
ARPANET 71
ASP 110, 424
- JAVASCRIPT 7
- VBSCRIPT 7
- NET 7
- PING 114

AU 256, 364
AUTH_PASSWORD 106
AUTH_TYPE 106
AUTH_USER 106
AUTOLOAD 262, 367
AUTOPLAY 262, 263
AUTOSTART 262, 367
AVG 402
AVI 372

B

BALISE DIV 22
BASE 332
BASEFONT 332
BDO 332
BEGINLIBRARYITEM 175
BETWEEN 401
BGSOUND 366
BIG 332
BIGINT 383
BITMAP 244
BLANK 32, 315
BLOB 383

BLOCKQUOTE 332
BMP 226
BODY 115, 304, 332
BOLD 329
BOOLEAN 383
BORDER 229, 367, 368, 340
BORDER-BOTTOM-WIDTH 340
BORDER-LEFT-WIDTH 340
BORDER-STYLE 340
BORDER-TOP-WIDTH 340
BORDER-WIDTH 340
BOTTOMFRAME 297
BOUTON 24
BOUTON RADIO 24, 463
BR 332
BUTTON 332
BYTE 382

C

CADRES 300
CALQUE 22, 183, 285
CAPTION 332
CARTE DU SITE 63
CASE A COCHER 24, 462
CDONTS 114
CELLULES 269
CENTER 332
CERT_COOKIE ID 106
CERT_FLAGS 106
CERT_ISSUER 106
CERT_KEYSIZE 106
CERT_SECRETKEYSIZE 106
CERT_SERIALNUMBER 106
CERT_SERVER_ISSUER 106
CERT_SERVER_SUBJECT 106
CERT_SUBJECT 106
CFABORT 122
CFAPPLICATION 122
CFBREAK 122
CFCACHE 122
CFCASE 122
CFCATCH 122
CFCOL 122
CFCOLLECTION 122
CFCOOKIE 122
CFDEFAULTCASE 122
CFDUMP 122
CFELSE 123
CFELSEIF 123
CFEXIT 123
CFFILE 123
CFFLUSH 123
CFFORM 123
CFGRAPH 123
CFGRAPHDATA 123
CFGRID 123
CFGRIDCOLUMN 123
CFGRIDROW 123
CFGRIDUPDATE 123
CFHEADER 123
CFHTMLHEAD 123
CFHTTP 123
CFHTTPPARAM 123
CFIF 123
CFINCLUDE 123
CFINDEX 123
CFINPUT 123
CFINSERT 123
CFLOCATION 123
CFLOCK 123
CFLOOP 123
CFMAIL 123
CFMAILPARAM 123
CFML 125
CFMODULE 123
CFOBJECT 123
CFOUTPUT 124
CFPARAM 124
CFPROCPARAM 124
CFPROCRESULT 124
CFQUERY 124
CFQUERYPARAM 124
CFREPORT 124
CFRETHROW 124
CFSAVECONTENT 124

CFSCHEDULE 124
CFSCRIPT 124
CFSEARCH 124
CFSELECT 124
CFSET 124
CFSETTING 124
CFSILENT 124
CFSLIDER 124
CFSTOREDPROC 124
CFSWITCH 124
CFTABLE 124
CFTEXTINPUT 124
CFTRANSACTION 124
CFTREE 124
CFTREEITEM 125
CFTRY 125
CFUPDATE 125
CGI-BIN 143
CHAMP
  DE FICHIER 24, 446
  DE TEXTE 24
  D'IMAGE 24
  MASQUE 24
CHARTAT 504
CIBLE 458
CITE 332
CLASS 229, 338
CLASSID 254, 259, 368
CLIENT/SERVEUR 46
CLSID 368
CM 347
CODE 43, 332
CODEBASE 260, 368
CODENAME 485
CODETYPE 260, 368
CODEUR 10
COL 332
COLD FUSION 7, 116
COLGROUP 332
COLOR 115, 340, 357
COLS 305, 307
COLSPAN 274
COM 370
COMMONPROGRAMFILES 106
COMPUTERNAME 106
COMSPEC 107
CONFIRM 504
CONNECTION 107
CONNECTIONSTRING 425
CONSOLE 367
CONTENT_LENGTH 107
CONTENT_TYPE 107
CONTROLLER 263
CONTROLS 367
CÔTÉ-CLIENT 140, 410
CÔTÉ-SERVEUR 142
COUNT 402
CREATE TABLE 404, 432
CREATEOBJECT 112
CSS 8, 190, 324
CURRENCY 382
CUTEFTP 144

D

DATA 260, 368
DATE 383
DATE_LOCAL 107
DATETIME 383
DD 332
DECIMAL 383
DECLARE 260, 368
DEFAULT 388
DEL 333
DELETE FROM 404
DESC 401
DESIGNER 10
DFN 333
DIAGRAMS 388
DIR 229, 305, 333
DIRECTORIES 507
DISTINCT 399
DIV 175, 285, 333, 342
DL 333
DOCUMENT 317, 479
DOCUMENT_PATH_INFO 107

DOCUMENT_ROOT 107
DOM 315
DONNEES DYNAMIQUES 27
DOUBLE 383
DRIVER 424
DROP TABLE 404, 407
DT 333
DXF 226

E

EASYPHP 80, 89, 394
ELEMENTS 479
ELSE 101
ELSEIF 102
EM 33, 347, 357
EMBED 261, 366
ENDTIME 367
ENUM 383
EPS 226
EQUI-JOINTURE 404
ETIQUETTE 24
EVENEMENTS 415
EVENT 415
EX 347
EXTENSION AUTOMATIQUE 278

F

FIELDSET 333
FIREWORKS 244
FIXE 278
FLASH 251, 255
FLOAT 383
FONT 115, 325, 333, 340
FONT-FAMILY 340
FONT-SIZE 341
FONT-STYLE 341
FONT-VARIANT 341
FONT-WEIGHT 341
FOR 104
FORM 333
FORMULAIRE 23
FRACTIONNER 43
FRAME 304, 308, 311, 333
FRAMEBORDER 305, 309, 313
FRAMESET 304, 305, 319, 333
FRAMESET 308
FRAMESPACING 313
FTP 46, 69, 70, 71, 143, 421
FUNCTION 498

G

GATEWAY_INTERFACE 107
GETENV 101, 110
GIF 226, 227
GUID 406

H

H1 333
H2 333
H3 333
H4 333
H5 333
H6 333
HAVING 403
HEAD 115, 333
HEIGHT 229, 260, 262, 367, 368, 507
HEIGHT 341
HIDDEN 367
HISTORY 317
HOMEDRIVE 107
HOMEPATH 107
HOST 107
HOSTNAME 72
HOTE DISTANT 73
HR 138, 333
HREF 150, 153, 263
HSPACE 260, 368

HTML 7, 71, 110, 115, 304, 333
HTTP 46
HTTP
_ACCEPT 107
_ACCEPT_CHARSET 107
_ACCEPT_ENCODING 107
_ACCEPT_LANGUAGE 107
_CONNECTION 107
_COOKIE 107
_HOST 107
_REFERER 107
_REQUEST 107
_USER_AGENT 108
_VARIABLES 47
HTTPS 108
_KEYSIZE 108
_SECRETKEYSIZE 108
_SERVER_ISSUER 108
_SERVER_SUBJECT 108
HYPERLIEN 20, 150

I

I 333
ID 229, 260, 339
IF 100
IFRAME 333
IIS 81, 111
ILAYER 285
IMAGES 21
IMG 333
IMPORTER 353
IN 347, 401
INDEXOF 504
INFO-BULLE 155
INHERIT 358
INPUT 333
INS 333
INSERT INTO 404
INSTANCE_ID 108
INSTANCE_META_PATH 108
INT 383
INTEGER 382, 383
INTERSECT 403
IS NOT NULL 401
ISINDEX 333
ISMAP 229

J

JAVA 257
JAVAENABLED 485
JAVASCRIPT 91
JEU
DE CHAMP 24
D'ENREGISTREMENTS 27
JMAIL 114
JOINTURE 403, 404
JPEG 226, 227
JS 418
JSP 7

K

KBD 334

L

LABEL 334
LANG 229, 305
LANGUAGE 112
LASTMOD 114
LAYER 285
LCK 80
LEFTFRAME 297
LEGEND 334
LENGTH 496, 504
LETTER-SPACING 341
LI 134, 334
LIBRARY 173
LIEN 21, 231, 149, 154
LIKE 401
LINE-HEIGHT 341

LINK 334
LIST-STYLE 341
LIST-STYLE-IMAGE 341
LIST-STYLE-POSITION 341
LIST-STYLE-TYPE 341
LISTE/MENU 24, 464
LOCAL/RESEAU 58, 70
LOCAL_ADDR 108
LOCALHOST 53
LOCATION 317, 507
LOGON_USER 108
LOGONSERVER 108
LONG 382
LONGDESC 229, 230, 309
LOOP 262, 367

M

MAINFRAME 297
MAP 334
MARGIN
  -BOTTOM 341
  -LEFT 341
  -RIGHT 341
  -TOP 341
MARGINHEIGHT 309, 311
MARGINWIDTH 309, 311
MAX 402
MEDIUMINT 383
MEMO 382
MENU 334
MENU DE REROUTAGE 24
MENUBAR 507
META 219, 305, 334
METHODE 457
MIDI 364
MIN 402
MINUS 403
MISE EN FORME 21
MM 347
MODE STANDARD 22
MODE TABLEAUX DEVELOPPES 22
MODELE EN CASCADE 348
MODELES 157
MODELES IMBRIQUES 170
MOV 372
MOVETO 497
MP3 364
MPEG 256
MPG 372
MYSQL 86, 87, 393, 428
MYSQL
  _CLOSE 452
  _CONNECT 452
  _CREATE_DB 452
  _DB_NAME 452
  _DB_QUERY 452
  _DROP_DB 452
  _FETCH_FIELD 453
  _FETCH_OBJECT 453
  _FETCH_ROW 452
  _FIELD_LEN 453
  _FIELD_NAME 453
  _FIELD_SEEK 453
  _FIELD_TABLE 453
  _FIELD_TYPE 453
  _LIST_DBS 452
  _LIST_FIELDS 453
  _LIST_ROWS 453
  _LIST_TABLES 453
  _NUM_FIELDS 453
  _PCONNECT 452
  _QUERY 452
  _RESULT 453
  _SELECT_DB 453
  _TABLENAME 453

N

NAME 230, 260, 309, 317, 368
NAVIGATOR 316
NET FRAMEWORK 111
NETSCAPE 413
NOFRAMES 334
NORESIZE 309, 310

NOSCRIPT 334
NOTHING 113
NULL 401
NUMBER 382
NUMBER_OF_PROCESSORS 108
NUMERIC 383

O

OBJECT 254, 334, 366, 368
OL 134, 334
OLE 261
ONABORT 416, 511
ONBLUR 416, 478, 511
ONCHANGE 416, 478, 479, 511
ONCLICK 415, 478, 511
ONDBLCLICK 415, 511
ONDRAGDROP 416, 511
ONERROR 416, 478, 511
ONFOCUS 416, 478, 511
ONKEYDOWN 416, 478, 511
ONKEYPRESS 416, 478, 511
ONKEYUP 416, 478, 511
ONLOAD 416, 478, 511
ONMOUSEDOWN 415, 478, 511
ONMOUSEMOVE 415, 511
ONMOUSEOUT 415, 511
ONMOUSEOVER 415, 511
ONMOUSEUP 415, 478, 511
ONMOVE 416, 511
ONRESET 416, 512
ONRESIZE 416, 478, 512
ONSELECT 416, 478, 512
ONSUBMIT 416, 512
ONUNLOAD 416, 478, 512
OPEN 426, 506
OPTGROUP 334
OPTION 334
OR 401
ORACLE 412
ORDER BY 401
OS 108

P

P 334
PADDING 341
  -BOTTOM 342
  -LEFT 342
  -RIGHT 342
  -TOP 342
PARAM 253, 261, 334, 368
PARENT 32, 315
PASSWORD 72
PATH 108
PATH_INFO 108
PATH_TRANSLATED 108
PATHEXT 108
PAUSEBUTTON 367
PC 347
PCX 227
PHOTO CD 226
PHP 7, 46, 413
PHP/MYSQL 398
PHP_SELF 108
PHPINFO 105
PICT 227
PLAYBUTTON 367
PLAYEVERYFRAME 263
PLUG-IN 254
PLUGINSPACE 262, 367
PNG 227
POP 143
POSITION
  ABSOLUTE 347
PRE 334
PRIMARY KEY 385
PRINT 101, 103
PROCEDURES STOCKÉES 27
PROCESSOR
  _ARCHITECTURE 108
  _IDENTIFIER 108
  _LEVEL 108
  _REVISION 108
PROGRAMFILES 108
PS 226

PT 347
PWS 53, 80
PX 347

Q

Q 334
QT 372
QUERY_STRING 108
QUICKTIME 255, 365

R

RDS 58, 70, 421
REAL 383
REAL AUDIO 364
REALONE PLAYER 372
REALPLAYER 255
RECORDSET 113
REFERENCE 173
REFERER 109
REGION
  FACULTATIVE 158
  MODIFIABLE 158
  REPETEE 27, 158
REMOTE
  _ADDR 109
  _HOST 109
  _IDENT 109
  _PORT 109
  _USER 109
REQUEST_METHOD 109
REQUEST_URI 109
RESIZABLE 507
RESPONSE.WRITE 112
RIGHTFRAME 297
ROLES 388
ROWS 305
ROWSPAN 274
RULES 388
RUNAT 112

S

S 334
SAMP 334
SCREENHEIGHT 485
SCREENWIDTH 485
SCRIPT 112, 334
SCRIPT_NAME 109
SCROLLBARS 507
SCROLLING 309
SELECT 334, 399
SELECTEDINDEX 514
SELECTION 244
SELF 32, 315
SERVER 115
SERVER.MAPPATH 425
SERVER
  _ADDR 109
  _ADMIN 109
  _NAME 109
  _PORT 109
  _PORT_SECURE 109
  _PROTOCOL 109
  _SIGNATURE 109
  _SOFTWARE 109
SERVEUR
  D'EVALUATION 62, 80
  INTERNET 105
SESSIONNAME 109
SET 425
SGBDR 412
SHAPES 368
SHOCKWAVE 255
SITE
  A DISTANCE 145
  D'EVALUATION 145
  DISTANT 73
  LOCAL 145
SIZE 115, 329
SMALL 334
SMALLCONSOLE 367
SMALLINT 383
SMARTUPLOAD 114

SMTP 143
SNDREC32.EXE 362
SOO 413
SOURCE SAFE 58, 70
SPAN 285, 334, 345
SQL 112, 393
SQL SERVER 387
SRC 230, 308, 309, 367, 413, 502
SRC 153, 231
STANDBY 260, 368
STARTIME 367
STATUS 507
STD 402
STOPBUTTON 367
STORES PROCEDURES 388
STRIKE 334
STRONG 128, 334, 357
STYLE 130, 230, 305, 235, 334
STYLES CSS 327
SUB 335
SUBSTR 506
SUBSTRING 505
SUM 402
SUN MICROSYSTEMS 257
SUP 335
SUPPORT 21
SWT 251
SYSTEMDRIVE 109
SYSTEMROOT 109

T

TABINDEX 368
TABLE 335
TABLEAU 21, 269
TABLEAU REPETE 171
TABLES 388
TARGET 263, 313
TBODY 335
TCP/IP 46, 71
TD 268, 335
TEMP 110
TEXT 383
-ALIGN 342
-DECORATION 342
-INDENT 342
-TRANSFORM 342
TEXTAREA 335
TEXTE FLASH 302
TFOOT 335
TH 268, 335
THEAD 335
TIFF 227
TIME 384
TIMESTANT 384
TINYBLOB 384
TINYINT 384
TITLE 115, 230, 260, 305
TMP 110
TOLOWERCASE 505, 506
TOOLBAR 507
TOP 32, 315
TOPFRAME 297
TOUPPERCASE 505, 506
TR 268, 335
TT 335
TYPE 260, 367, 368

U

U 335
UL 133, 335
UNION 403
UNIX 257
UPDATE 404
URL 71, 110, 150
URLSTR 485
USEMAP 230, 368
USER ID 72
USER-AGENT 110
USER_NAME 110
USERDOMAIN 110
USERPROFILE 110
USERS 388

V

VALUE 260
VAR 335
VARIANCE 402
VBA 422
VBSCRIPT 46, 91
VECTEUR 244
VERSION 485
VIEWS 388
VOLUME 367
VOLUMELEVER 367
VSPACE 260, 368

W

WAV 256, 362, 364
WEB 244
WEBDAV 58, 70
WEIGHT 329
WHERE 400
WHILE 103, 501
WHITE-SPACE 342
WIDTH 230, 260,342, 367, 368, 507
WINAMP 372
WINDIR 110
WINDOW 316
WINDVD 372
WMA 364
WORD-SPACING 342
WPG 227
WRITE 113

X

X-POWERED-BY 110
XHTML 192
XLS 212
XML 210, 412

Z

ZONE DE TEXTE 24